O EURO E O MUNDO

THE EURO AND THE WORLD
L'EURO ET LE MONDE

PAULO DE PITTA E CUNHA e MANUEL PORTO
(Coord.)

O EURO E O MUNDO

THE EURO AND THE WORLD
L'EURO ET LE MONDE

ALMEDINA

TÍTULO:	O EURO E O MUNDO
COORDENADORES:	PAULO DE PITTA E CUNHA e MANUEL PORTO
EDITOR:	LIVRARIA ALMEDINA – COIMBRA www.almedina.net
DISTRIBUIDORES:	LIVRARIA ALMEDINA ARCO DE ALMEDINA, 15 TELEF.239 851900 FAX. 239 851901 3004-509 COIMBRA – PORTUGAL LIVRARIA ALMEDINA – PORTO R. DE CEUTA, 79 TELEF. 22 2059773 FAX. 22 2039497 4050-191 PORTO – PORTUGAL EDIÇÕES GLOBO, LDA. RUA S. FILIPE NERY, 37-A (AO RATO) TELEF. 21 3857619 FAX: 21 3844661 1250-225 LISBOA – PORTUGAL LIVRARIA ALMEDINA ATRIUM SALDANHA LOJA 31 PRAÇA DUQUE DE SALDANHA, 1 TELEF. 21 371269/0 atrium@almedina.net LIVRARIA ALMEDINA – BRAGA CAMPOS DE GUALTAR UNIVERSIDADE DO MINHO 4700-320 BRAGA TELEF. 253 678 822 braga@almedina.net
EXECUÇÃO GRÁFICA:	G.C. – GRÁFICA DE COIMBRA, LDA. PALHEIRA – ASSAFARGE 3001-453 COIMBRA Email: producao@graficadecoimbra.pt JANEIRO, 2002
DEPÓSITO LEGAL:	172921/01

Toda a reprodução desta obra, seja por fotocópia ou outro qualquer processo, sem prévia autorização escrita do Editor, é ilícita e passível de procedimento judicial contra o infractor

ÍNDICE/TABLE OF CONTENTS/TABLE DES MATIERES

Prefácio 7

Palavras de Abertura

L'Euro, Achèvement et Point de Départ – *Pierre Maillet* 15

PARTE I – AS POLÍTICAS COMPLEMENTARES
COMPLEMENTARY POLICIES/LES POLITIQUES COMPLEMENTAIRES

The Coordination of Budgetary Policy in the Context of the Statibility
and Growth Pact – *Alan Butt Philip* 37
Tax Harmonisation – *Paulo de Pitta e Cunha* 45
How much Fiscal Sustainability do we need in Stage III of the EMU? –
Fritz Breuss 55
Alternatives à l'Harmonisation? – *Mario Abad* 83
The EU Tax Harmonisation Programme and Monetary Union – *I. G.
Barnes* 87
Value-Added Tax Harmonisation and the Euro: The Implications of the
New Commission Proposals – *Theodore Georgakopoulos* 95
The Euro and the Citizens – *Emil J. Kirchner* 101
The EU Budgetary Policy in the Framework of the Final Stage of the EMU
– *Franco Prausselo* 111
The Constitutional Framework of the Economic and Monetary Union as
an Economic Union – *Martin Seidel* 121
The Consequences of Monetary Union – *Ramon Tamames* 127
Conclusion: The Opposing Institutional Parties of Economic and Monetary
Union – *Willem Molle* 135

PARTE II – O EURO E AS OUTRAS MOEDAS MUNDIAIS
THE EURO AND THE OTHER WORLD CURRENCIES/ L'EURO
ET LES AUTRES MONNAIES MONDIALES

Le Statut International de l'Euro et son Taux de Change – *Armand Denis
Schor* 145

Modern Exchange Rate Theory and Schumpeterian Economic Analysis: New Approach and Application to the Euro – *Paul J.J. Welfens* 153

Comment Appliquer l'Article 109 du Traité de l'Union Européenne? – *Thiébaut Flory* 199

The Impact of Euro on International Monetary and Financial Markets – *Joaquim Muns* 209

Le Rôle de L'Euro dans le Système Monétaire International de Demain: Perspectives et Aléas – *Jacques Bourrinet* 221

The Euro, the Banks and the Euro-Euro – *Peter Holmes* 227

Les Accords Monetaires entre l'Euro et les Devises non Communnautaires – *Joël Lebullenger* 233

Banking Macromergers, EMU and Globalization – *Sara Gonzáles* and *Juan Mascareñas* 251

Future Prospects of Exchange Rate Policy Coordination in the Euro Area – *Mariam Camarero* and *Cecilio R. Tamarit* 261

Euro Exchange Rate Policy – *Rodney Thom* 267

Conclusion: The Euro Compared to other World Currencies – *Aníbal Cavaco Silva* 273

PARTE III – O EURO E OS BLOCOS REGIONAIS
THE EURO AND THE REGIONAL BLOCS/L'EURO
ET LES BLOCS REGIONAUX

The Evolution of the *Rapport de Forces* at World Level – *Manuel Porto*.... 281

EMU and the CEE Candidate States – *Tibor Palankai* 299

The Euro: The American View – *Dominick Salvatore* 303

A View from Latin America – *Renato G. Flôres* 315

External Aspects of the Euro – An East Asian Perspective – *Soko Tanaka* 323

Les Incidences de l'Euro sur l'Afrique (le cas de la zone CFA) – *Luc Marius Ibriga* 355

L'Euro et la Méditerranée – *Felice Gnagnarella* 369

Conclusion: The Euro and its Perception by World Blocs – *Tibor Palankai* ... 373

Palavras de Encerramento

L'Initiative des Chairs Jean Monnet – *Leo Tindemans* 381

Facing Europe and the EMU: Reform or Die – *António Sousa Franco* 383

The Single Currency as a Factor for Political and Institutional Change – *Marcelino Oreja* 405

The Role of the Euro in the Balanced Development of World Trade – *Francisco Seixas da Costa* 415

PREFÁCIO

A entrada em pleno funcionamento do euro no dia 1 de Janeiro de 2002, com a circulação das espécies monetárias, veio dar maior actualidade a implicações ainda menos estudadas da nova moeda; perdendo naturalmente relevo a problemática ligada à sua criação.

Entre as questões menos estudadas estará a das implicações externas do euro. Depois de uma pequena referência no Relatório One Market, One Money, em 1990, esteve 'esquecida' durante alguns anos, podendo dizer-se que só a partir de 1997, em boa parte na sequência de um documento da Comissão Europeia (SEC (97) 803, sobre External Aspects of Economic and Monetary Union), passou a merecer um interesse maior.

É certo que com a sua criação, como moeda escritural, no dia 1 de Janeiro de 1999, começou a suscitar uma atenção muito especial a paridade da nova moeda face ao dólar e às demais moedas mundiais, dando-se compreensivelmente grande relevo à perda de valor que se verificou até Setembro de 2001. Mas mesmo essa situação nunca ou raramente foi considerada em todas as suas implicações, sendo além disso de prever que a entrada em circulação das espécies monetárias tenha implicações também a tal propósito.

Entre os raros casos de iniciativas de reflexão sobre as implicações externas do euro avultou um Seminário organizado em Portugal (Coimbra e Lisboa), de 1 a 3 de Julho de 1998, pela DG-X da Comissão Europeia (Acção Jean Monnet e Meios Universitários), em colaboração com as Cadeira Jean Monnet e a AREP (Associação Internacional de Estudos Europeus), afiliada portuguesa do ECSA (European Community Studies Association).

Foi um Seminário de assinalável êxito, que juntou alguns dos especialistas mais reputados da Europa, quase todos Professores Jean Monnet, e ainda de outros continentes (América do Norte e do Sul, África e Ásia), com o objectivo de se conhecer a sua percepção acerca *da 'moeda europeia'. A par de problemas estritamente económicos, foram considerados problemas muito relevantes de ordem institucional, como são os casos da responsabilidade pela política cambial e da participação do 'Euro-12' (então Euro-11) no Fundo Monetário Internacional.*

São textos que mantêm o maior interesse, mesmo acrescido, no primeiro ano de funcionamento pleno da nova moeda. Foram aliás actualizados pelos seus autores, onde julgaram necessário. Trata-se, pois, de textos de 2001, ou mesmo de 2002.

Tendo as comunicações tido primeiro uma circulação mais limitada, vem agora a AREP proceder à sua publicação em livro (com o acréscimo de duas intervenções): em edição da Almedina, que mais uma vez quis associar-se a uma iniciativa no domínio da integração europeia.

Destinando-se o livro a um público qualificado, conhecedor das línguas estrangeiras mais próximas, decidimos publicar todas as comunicações apenas na língua em que foram apresentadas. Mais do que uma razão de redução de custos, moveu-nos a segurança de que se fica a conhecer assim melhor o pensamento de cada um dos autores.

Pelas razões apontadas, será por certo uma edição com um acolhimento muito favorável, em Portugal, em outros países da Europa e ainda em países de outros continentes, onde não pode ser indiferente a existência de uma moeda de tão grande relevo a nível mundial.

Paulo de Pitta e Cunha
Manuel Carlos Lopes Porto

PREFACE

The full implementation of the euro, including its circulation in notes and coins from the 1ˢᵗ January 2002, gives a tone of actuality to aspects until now less studied; on the other hand, questions related to the introduction of the new currency have naturally lost importance.

The external implications of the euro are amongst the least analised questions up to now. After a short reference in the report One Market, One Money, *in 1990, it can be said that it was practically 'forgotten' for some years. Only after 1997 did it attract some attention, which was to some extent due to a document issued by the European Commission (SEC (97) 803 on the* External Aspects of Economic and Monetary Union*).*

Indeed, after its creation as banking currency, on the 1ˢᵗ January 1999, a particular attention was paid to the external value of the euro vis a vis the dollar (and other world currencies), particularly to the loss of value which ocurred up to September 2001. However, this evolution was scarcely even considered in all its implications. Now, it can be expected that the circulation of species will also produce results in the external acceptance of the euro.

Amongst the few cases of study around this topic one might consider a Seminar held in Portugal (Coimbra and Lisbon), on 1st – 3ʳᵈ July 1998, organized by DG-X of the European Commission (Jean--Monnet Project and Universities), in collaboration with Jean Monnet Chairs and AREP (International Association for European Studies), the Portuguese branch of ECSA (European Community Studies Association), on the external implications of the euro.

The Seminar was a remarkable success, gathering some of the most distinguished European experts, most of them Jean Monnet Professors, as well as some experts from other continents (North and South America, Africa and Asia), who expressed their insights on the European currency. Side by side with strictly economic issues, impor-

tant institutional questions were also discussed: such as liability for the external value of the euro and the participation of Euro-12 (by that time Euro-11) in the International Monetary Fund (IMF).

Papers presented are immensely relevant, even more so, now that we have the full circulation of the euro. Papers were updated by the authors, in those instances where they judged it necessary: they are, therefore, 2001 or even 2002 papers.

Having been the object of a first and limited publication, AREP took the initiative of publishing them in a book (with the addition of two oral communications, now also in written form): published by Almedina, a Coimbra publisher, that accepted once again to work in the field of European integration issues.

The book is targeted at a qualified audience, familiar with foreign languages. Therefore, we decided to publish the papers only in the language in which they were presented. This decision was made so as to maintain unchanged the reasoning of each author, more than for cost--saving reasons.

For all the above mentioned reasons, we are certain that the book will be widely accepted, in Portugal, in other European countries as well as in other continents. Such an important currency at world wide level will of course always arise a great deal of interest.

Paulo de Pitta e Cunha
Manuel Carlos Lopes Porto

PREFACE

L'entrée pleine en vigueur de l´euro, avec la mise en circulation des espèces monétaires au 1ᵉʳ janvier 2002, soulignera des implications moins étudiées de la nouvelle monnaie; au moment où des problèmes liés à la création de la monnaie n'auront plus d' importance.

Parmi les questions les moins étudiées se trouve celle des implications externes de l'euro. Après une courte référence dans le Rapport One Market, One Money, *de 1990, elle est tombée dans 'l'oubli' pendant quelques années. Ainsi on peut dire que seulement après 1997, à la suite d' un document de la Commission Européenne (SEC (87) 83, sur les* Aspects Externes de l' Union Economique et Monétaire*), celui-ci a commencé à susciter un plus grand intérêt.*

Il est vrai que lors de sa création comme monnaie scripturale, le 1 janvier 1999, la parité de la nouvelle monnaie face au dollar et aux autres monnaies mondiales a suscité un grand intérêt. Mais sa dépréciation jusqu'à septembre 2001 n'a presque jamais été envisagée dans toutes les implications. Maintenant, force est de constater que la mise en circulation des espèces aura aussi des implications dans ce domaine.

Parmi les rares initiatives de réflexion sur les implications externes de l'euro, nous avons eu un Séminaire organisé au Portugal (Coimbra et Lisbonne), les 1-3 juillet 1998, par la DG-X de la Commission Européenne (Action Jean Monnet et Milieux Universitaires), en collaboration avec les Chairs Jean Monnet et l'AREP (Association International d' Etudes Européens), affiliée portugaise de l'ECSA (European Community Studies Association).

On peut souligner le succès du Séminaire, avec quelques uns des spécialistes les plus réputés d'Europe, la plupart Professeurs Jean Monnet, ainsi que d'autres spécialistes venus de différents continents (Amérique du Nord et du Sud, Afrique et Asie), ayant comme objectif de mieux connaître leur vision sur la 'monnaie Européenne'. On a abordé, en plus des problèmes strictement économiques, des problèmes institutionnels importants: tel que le problème de la responsabilité de la politique de change et le problème de la participation de l'Euro-12 (à ce moment là Euro-11) au Fonds Monétaire International (FMI).

Ce sont des textes qui ont le plus grand intérêt, même un intérêt accru dans la première année de la mise en circulation des espèces monétaires. Ils ont d'ailleurs été revus et actualisés par les auteurs là où ce fut jugé nécessaire. Il s'agit de textes de 2001, ou même voire de 2002.

Comme les communications ont eu une divulgation limitée durant le Séminaire et après la tenue de celui-ci, l'AREP a pris l'initiative de les publier en livre (avec l'addition de deux communications présentées en forme verbale): chez Almedina, une maison d'édition de Coimbra qui a voulu s'associer à nouveau à une initiative dans le domaine de l'intégration Européenne.

Le livre s'adresse à un public de spécialistes multilingues; par conséquent, les textes sont présentés seulement dans leur version originale. Ce n'est pas une raison de réduction des coûts qui nous a motivé, mais plutôt le fait de mieux connaître la pensée précise de chaque auteur dans sa langue.

Au vu de toutes les raisons exposées, nous sommes sûrs que le livre aura une acceptation très favorable au Portugal, tout comme dans d'autres pays d'Europe ainsi que dans des pays d'autres continents, où on ne peut pas rester indifférent à l'existence d'une monnaie avec un rôle si important dans le plan mondial.

Paulo de Pitta e Cunha
Manuel Carlos Lopes Porto

PALAVRAS DE ABERTURA

L'EURO, ACHÈVEMENT ET POINT DE DÉPART

Pierre MAILLET,
Université de Lille I

INTRODUCTION

La mise en place de l'euro marque un achèvement, mais de ce fait, elle constitue en même temps un point de départ, car elle nous oblige à repenser profondément la construction européenne.

1. L'achèvement, c'est celui du décloisonnement, de la mise en place du grand marché, avec les diverses politiques d'accompagnement indispensables, opération démarrée lors de la signature du traité de Rome le 25 Mars 1957, confirmée par la signature de l'Acte unique en 1987, parachevée par le traité de Maastricht en 1992. Les problèmes nouveaux, abordés lors de la préparation du traité d'Amsterdam, mais non résolus par celui-ci, c'est l'instauration d'une Europe politique, c'est la mises en place d'une stratégie extérieure, définissant clairement la place voulue par l'Europe dans un monde en pleine évolution.

A une vision quasi exclusivement économique doit succéder une ambition équilibrant mieux les aspects économiques, politiques, sociaux et culturels: à un comportement nettement introverti doit succéder un comportement à dominante orientée vers l'extérieur.

De la chrysalide de la Communauté européenne fortement introvertie, doit sortir le papillon de l'Union politique européenne ouverte sur le monde.

L'Euro dans le monde, titre de notre colloque, au service de l'Europe dans le monde.

Section I – L'Euro comme achèvement de quarante and d'efforts vers le grand marché.

2. L'ambition sous-jacente au traité de Rome, c'est une réalisation économique dans la ligne de ce qui est plaidé depuis une dizaine d'années, et notamment au congrès de La Haye de 1948, dont nous venons de célébrer le trentième anniversaire, par des économistes de renom, couronnés ultérieurement par le prix Nobel, Meade, Tinbergen, Maurice Allais. Ce message peut se résumer en une expression: décloisonner les économies nationales du continent, pour créer un grand marché qui doit permettre une meilleure valorisation des facteurs de production par une spécialisation géographique plus poussée et une exploitation plus intense des économies d'échelle. Après le repliement des économies européennes, consécutif à la grande crise de 1929 et surtout à la seconde guerre mondiale, il s'agit de faire disparaître tous les obstacles aux échanges intra-européens qui ont été accumulés pendant plus de quinze ans.

3. L'idée est en harmonie avec l'objectif général du GATT qui est de libéraliser progressivement les échanges commerciaux de biens et services (non financiers), mais elle va beaucoup plus loin dans trois directions: d'une part, supprimer intégralement et rapidement les obstacles aux échanges et non pas seulement les atténuer progressivement, d'autre part, assurer la mise en oeuvre des quatre libertés qui ajoutent donc la libre circulation des capitaux et des hommes, enfin compléter celle-ci par des politiques d'accompagnement, de caractère social pour atténuer les coûts sociaux engendrés par les fortes restructurations de l'appareil productif et de caractère économique, d'une part en assurant la cohérence des politiques macro-économiques nationales, d'autre part en mettant en place une politique commerciale extérieure commune.

Nous avons là des éléments qui différencient profondément le «marché commun européen» des tentatives actuelles en divers points de la planète de création de zones de libre-échange ou de simples marchés communs.

4. La visée est ambitieuse. Néanmoins demeure encore une lacune sérieuse pour arriver à une véritable intégration, en effet, le traité de Rome indique que les Etats membres considèrent leurs politiques économiques comme une question d'intérêt commun et les coordonnent (art.103), il n'envisage nullement une union monétaire.

Dès sa signature, ce silence préoccupe divers économistes; des personnalités reconnues, comme Jacques Rueff en France, soulignent immédiatement que l'intégration économique ne pourra pleinement s'effectuer que si on met en place une véritable union monétaire.

Mais le message ne passe pas, car il paraît trop ambitieux et sa concrétisation ne semble pas nécessaire. De fait, pendant la décennie soixante, les taux de croissance sont très élevés, le chômage est faible ou en baisse, la stabilité des prix est à peu près assurée, l'Etat providence procure la stabilité sociale et les évolutions économiques des pays membres sont suffisamment encourageantes pour que les taux de change intra-communautaires à 6 restent très stables. Tout baigne dans l'huile.

C'est vers 1970 que commencent à apparaître les difficultés, avec les ajustements de change du Franc et du D.M., qui préoccupent la Commission (d'où les deux plans Barre de 1970), puis le Conseil qui met en place le Comité Werner; dans son rapport, bref mais vigoureux, celui-ci prône dès 1971 la mise en place assez rapide de l'Union économique et monétaire. Il faudra environ 20 ans pour que l'idée soit formellement adoptée par le traité de Maastricht, puis encore 6 ans pour qu'elle passe dans les faits. Pourquoi ce délai? Trois éléments ont joué:

– l'ampleur du saut, économique et politique, que constitue l'adoption d'une union monétaire, on va y revenir;

– le premier élargissement, en 1973, qui introduit dans le club un membre important qui est réticent – il l'est toujours –, à toute idée d'union monétaire et, plus largement, à toute coordination poussée des politiques macro-économiques; il l'a exprimé en se distanciant de la mise en oeuvre du système monétaire européen.

– lés difficultés macro-économiques depuis le début de la décennie 70, se manifestant notamment dans la progression, quasi ininterrompue, du chômage.

5. Quelques années de complet désordre monétaire ont mené la CEE au bord de la disparition, dont l'a sauvée le sursaut stimulé par Helmut Schmidt et Valéry Giscard d'Estaing, soutenus par Roy Jenkins au nom de la Commission, et conduisant à la mise en place du SME.

Paradoxalement, le succès de celui-ci a mené certains à conclure qu'il était suffisant; de plus, comme il rétablissait les conditions de base d'un bon fonctionnement du grand marché, il a permis l'Acte unique, qui fixait au ler janvier 1993, l'achèvement du marché intérieur, et poussé les entreprises à s'y préparer activement.

C'est peu à peu qu'on a pris conscience qu'un pas supplémentaire, en matière monétaire, était nécessaire, d'où la signature du traité de Maastricht, prévoyant la mise en place de l'Union monétaire, dont la raison d'être essentielle était de protéger définitivement les entreprises contre le risque de modifications des taux de change entre monnaies européennes et de les pousser alors, notamment pour leurs décisions de long terme d'implantation géographique et de stratégies commerciales, à considérer systématiquement l'ensemble de l'économie européenne comme leur terrain de jeu.

L'idée d'une union monétaire était donc motivée essentiellement par des considérations micro-économiques. Mais elle s'est heurtée alors à des mises en garde des macroéconomistes se demandant si l'économie de la Communauté constituait vraiment une zone monétaire optimale (au sens de la théorie économique élaborée en prolongement des travaux de Mundell et Mac Kinnon, d'où la définition des critères de convergence comme condition minimale pour qu'un pays et sa monnaie puissent participer à l'UM, avec ses deux volets, la monnaie unique et la politique monétaire commune.

Bien qu'apparemment de nature macro-économique, l'Union monétaire se situe donc parfaitement dans la ligne de la création d'un grand marché européen, dont elle constitue dans une large mesure le parachèvement. Le Traité de Rome était quelque peu déséquilibré, entre la première partie définissant de façon très claire la mise en place du grand marché, et la seconde partie, se limitant à exprimer les modalités des politiques macro-économiques; un profond rééquilibrage est réalisé avec le traité de Maastricht.

Il n'est donc pas illégitime de présenter l'Euro comme l'achèvement de quarante ans d'efforts dans une direction précise, celle du grand marché. Mais il serait irréaliste de se limiter à une telle appréciation, car l'objectif initial n'est pas encore complètement atteint et surtout la validité de cet objectif dans le monde d'aujourd'hui est à repenser sérieusement.

6. Tout d'abord plusieurs lacunes importantes restent à combler.

L'Euro ne sera un achèvement que s'il est en plein succès. Il faut pour cela qu'il réponde aux deux attentes qu'il suscite:

– l'attente économique: faciliter les échanges, constituer une monnaie forte (c'est-à-dire, assurant intérieurement la stabilité des prix et, de ce fait, recherchée extérieurement), les juges, ce seront les entreprises, qui essaieront de mieux profiter du grand marché, et les «marchés», marché des capitaux et marché des devises; leur verdict s'observera au montant des investissements transfrontières, au niveau du taux d'intérêt, à la stabilité du change extérieur;

– l'attente socio-politique; on a annoncé que la mise en place de l'Euro devrait faciliter la croissance, améliorer l'emploi; les juges, ce seront les populations; leur verdict s'exprimera notamment dans l'urne, aux élections nationales des prochaines années et aux élections européennes (pas encore en 1999, mais en 2004); si celles-ci sont défavorables aux gouvernements en place, leurs remplaçants seront tentés de reprendre une certaine liberté de politique. La réponse à ces deux attentes comprend un volet micro et un volet macro économique.

7. Le volet micro, regroupe deux termes. Le premier, le plus spectaculaire mais très temporaire, c'est la préparation de l'ensemble des opérateurs, particuliers, mais surtout entreprises, au basculement des monnaies actuelles vers l'Euro; les banques, les gouvernements, la Commission européenne, font un gros effort d'information et de préparation et, au dire des spécialistes, l'opération se présente sous un jour favorable; deux sessions du colloque confirmeront, je pense, cette vision réconfortante.

Le second aspect micro concerne l'achèvement des harmonisations qui paraissent nécessaires au bon fonctionnement du grand marché; les entreprises évoquent classiquement à cet égard la fiscalité et la politique sociale.

L'harmonisation fiscale se présente comme une oeuvre de longue haleine; on a estimé nécessaire de commencer par la fiscalité indirecte, mais on n'est parvenu ni à l'adoption de taux uniformes pour la TVA, ni à l'application du principe de taxation au lieu d'origine, les dates de mise en oeuvre étant constamment repoussées, sous la pression des ministres des finances, qui craignent des effets négatifs sur leurs rentrées fiscales et veulent conserver la possibilité de moduler les recettes budgétaires, soit pour répondre à des chocs extérieurs, soit pour adapter le budget de l'Etat lorsque des élections changent les grands objectifs politiques. Quant à la fiscalité directe, on prend de plus en plus conscience de l'utilité de l'harmonisation, mais on se heurte ici au refus farouche de certains pays qui craignent des déplacements de capitaux et une modification du rôle de leur place financière. On comprend donc que le cheminement vers l'harmonisation fiscale ait été nettement plus lent qu'on ne l'avait envisagé au départ et on devine que la progression ne se fera que si elle est sous-tendue par une forte motivation politique. Pour des raisons politiques et sociales analogues, le rapprochement des politiques sociales soulève des difficultés encore plus grandes, sur lesquelles on reviendra un peu plus loin.

Enfin, certains ajustements du cadre juridique demeurent nécessaires; il s'agit notamment de l'adoption d'un statut juridique de société européenne, destiné à faciliter les fusions trans-frontières, mais qui butte depuis plus de vingt-cinq ans sur le traitement de la participation du personnel aux décisions de l'entreprise; l'obstacle est une différence culturelle de pays.

Le volet macro, c'est la mise en oeuvre de politiques économiques, monétaire et budgétaire, nationales et européennes, favorisant la stabilité des prix et la force extérieure de l'Euro pour satisfaire les marchés financiers, la réduction du chômage pour satisfaire les populations, on y reviendra plus loin.

8. D'autre part, au traitement de ces lacunes, qui restent dans la ligne de pensée du traité de Rome, et dont on débat abondamment, devrait s'ajouter un profond rajeunissement de la vision de la construction européenne, pour au moins deux grandes raisons:

– si le traité de Rome s'est limité à la construction économique de l'Europe, alors que le lancement de l'opération par le discours de Robert Schuman (et diverses prises de position consécutives au congrès de La Haye) suggérait une progression équilibrée sur les deux terrains économique et politique, c'est que l'ambition politique initiale a été cassée pour longtemps, par l'échec de la CED (Communauté européenne de défense); deux générations après, il est plus que temps de rétablir l'équilibre;

– l'environnement international, tant économique que technique, de l'Europe a beaucoup changé:

• d'un côté, la libéralisation des échanges de biens, services et capitaux a énormément progressé au niveau mondial, tout particulièrement entre l'Europe et les pays économiquement les plus développés non européens. On s'est rapproché fortement d'une situation de libre-échange, en ramenant les taux de douane à des niveaux très faibles et donc peu protecteurs et en réduisant fortement les obstacles non tarifaires aux échanges. L'uniformisation technique de la planète, dans de nombreux cas le grossissement du marché nécessaire pour exploiter à fond les économies d'échelle, enfin la facilité de circulation des capitaux incitent dans le même sens à considérer que, économiquement, l'espace européen devient progressivement trop petit (et le prochain élargissement aux P.E.C.D. ne modifiera pas nettement la situation).

On comprend alors que nombre de responsables, économiques ou politiques puissent s'interroger sur la pertinence de la poursuite de la mise en place intégrale d'un marché commun européen se différenciant de l'espace libre-échange du fait constitué au moins par les pays de l'O.C.D.E. Un nombre croissant d'entreprises considèrent que le terrain de jeu (the playing field) normal déborde largement l'Europe, et estiment que la tâche primordiale des institutions est de réduire les principaux obstacles qui demeurent au commerce mondial, plutôt que de raffiner la mise en place du marché commun et s'engagent hardiment dans des opérations de partenariat extra-européens (pouvant aller jusqu'à des fusions – le dernier exemple[1] en date est celle entre Daimler-Benz et Chrysler).

- sur un terrain beaucoup plus politique, on a vu surgir d'autre part la récente proposition défendue avec force par sir Leon Brittan (et adoptée par la Commission, mais écartée par le Conseil) de créer une vaste zone de libre-échange atlantique. Dans ce cas comme dans l'autre, la vision du grand marché, dont la création a été pendant quatre décennies la ligne de force essentielle de la construction de la Communauté, puis de l'Union, change de contenu géographique: au décloisonnement prioritaire d'une partie du continent européen doit succéder un décloisonnement entre continents.

9. L'achèvement du grand marché intérieur et la mise en place de l'Euro vont ainsi se heurter à deux ensembles de difficultés. Le pre-

---

[1] On notera que la description classique des gains à attendre de l'Euro se réfère essentiellement à des éléments micro-économiques: économies de transactions sur les monnaies, comparaison plus facile des réalités économiques des divers pays menant à une meilleure exploitation des avantages comparatifs, bénéfice d'une devise internationale (monnaie de compte – par exemple pour le pétrole – et monnaie de règlement).

mier concerne respectivement l'harmonisation fiscale, le rapprochement des politiques sociales, la coordination des politiques budgétaires nationales. Sujets techniques, diront certains. En fait, quelques décennies d'expérience ont montré qu'il s'agit là de problèmes délicats, car ils mettent en jeu des aspects profondément politiques, touchant les fondements socio-culturels des nations concernées.

La seconde difficulté est plus subtile. Selon toute vraisemblance, la mise en place de l'Euro favorisera le processus d'intégration du système productif, en facilitant la comparaison pardessus les frontières des avantages comparatifs; toutefois cette progression exigera de nouveaux efforts et une interrogation sur la pertinence de tels efforts sera soulevée par un nombre croissant de personnes, responsables économiques et politiques, mais aussi l'homme de la rue, sous deux formes: les uns demanderont s'il ne faut pas changer géographiquement le terrain de jeu, comme le font déjà de grandes entreprises, et comme on l'a vu plus haut, l'esquissent certaines propositions; d'autres se crisperont sur les réalités nationales et traîneront des pieds (sous des prétextes variés) sur le chemin menant à plus d'intégration, au risque de fragiliser tout l'édifice, y compris leur propre appartement. Aux uns et aux autres, il s'agit de montrer l'intérêt d'une troisième voie, consistant à renforcer l'union politique, en remettant enfin au premier rang des priorités ce qui constituait il y a un demi siècle l'un des deux grands objectifs de la construction européenne.

SECTION II – L'EURO A L'AUBE DE L'EUROPE POLITIQUE

10. Pourquoi une Europe politique? La réalité internationale n'est pas (pas encore?) un monde de relations harmonieuses, mais la conjonction de relations de coopératives et de partenariat, à base de confiance, et de relations conflictuelles, expression d'une volonté de domination; cela s'observe aussi bien sur le terrain économique) que dans le domaine politique. Un ensemble humain de la dimension de l'Europe unie (aujourd'hui 350 millions d'habitants, dans quelques années près de 400) ne peut raisonnablement pas se laisser balloter au grè d'évolutions commandées par d'autres ensembles: ce serait une double démission, pour ses propres habitants (et leur style de vie), bien sûr, mais aussi pour le reste de la planète: l'Europe doit participer activement à l'évolution, technique, économique, culturelle, de celle-ci et doit apporter une contribution à l'instauration (difficile) d'un climat spécifique[2].

Par la construction d'une Europe politique, nous entendons alors l'établissement d'institutions adaptées à gérer l'ensemble des grands problèmes politiques, internes et externes, qu'une interprétation équilibrée de la notion de subsidiarité conduit à renvoyer au niveau décisionnel le plus élevé:

- une gestion synthétique de la politique macro-économique,
- la définition et la mise en oeuvre d'une politiquc étrangère,
- l'utilisation politique de la puissance économique fournie au continent par le grand marché,
- la création d'une véritable citoyenneté européenne (troisième pilier, politique culturelle et politique de solidarité).

Dans ce colloque consacré à l'Euro, on se focalisera sur les deux premiers thèmes, en se limitant, par les deux autres, à remarquer que l'intensification de l'intégration doit conduire:

– à renforcer le rôle de la politique de R.D. et à mieux harmoniser la politique de concurrence avec la stratégie extérieure de l'Union (contamination d'une évolution vers une vision très extravertie de celle-ci),

– à vérifier que la transformation géographique de l'appareil productif se fera bien en conformité avec l'objectif de cohésion économique et sociale (notamment la réduction des disparités régionales de développement).

A L'europe a besoin d'une véritable politique macro-économique structurée

11. *A un grand marché et un système productif de plus en plus intégré doivent correspondre une politique macro-économique unique*

---

[2] Feldstein, Martin ("EMU and International Conflict", *Foreign Affairs*, vol. 78, November/December, pp. 60-73), voit dans cette ambition une source de conflits; et il est certain qu'un monde vraiment multipolaire réduit la marge de jeu de la superpuissance, mais au profit de plus de diversité que paraît une condition de coexistence pacifique, et que doit donc être acceptée: toutes les maisons du village planétaire n'ont aucune raison d'être identiques. Cette affirmation va évidemment à l'encontre des thèses comme celles soutenues par Brzezinski, Zbigniew (*The Grand Chessboard*, Basic Books, 1977 *Le grand échiquier. L'Amérique et le reste du monde*, Bayard éditions 1997).

dans sa conception, mais pouvant connaître une certaine diversification dans son exécution. L'Europe évolue dans ce sens depuis au moins deux décennies, avec un rapprochement des politiques nationales; la mise en place de l'Euro oblige logiquement à aller plus loin.

12. La grande novation du SME avait été l'obligation acceptée par tous les partenaires, d'une convergence des évolutions économiques, qui ne pourrait découler que d'une cohérence des politiques économiques, elle-même résultat d'une certaine coordination. Mais celle-ci se faisait entre des politiques nationales, dont tous les éléments, notamment les volets monétaire et budgétaire, demeuraient entre les mains des gouvernements nationaux. Cherchant à assurer la stabilité des taux de change pour favoriser le bon fonctionnement du marché intérieur, ayant pris l'engagement de rechercher la cohérence des politiques, les gouvernements ont vu progressivement se réduire leur marge de jeu (notamment en matière monétaire). Néanmoins, ils conservaient une appréciable latitude dans le contenu de leur policy-mix.

Avec la mise en place de l'Euro et de l'union monétaire, le phénomène s'accélère. La politique monétaire unique va s'imposer à tous, même si les Banques Centrales nationales conservent un peu d'autonomie dans le choix des instruments pour tenir compte des diversités nationales; en particulier la valeur visée comme objectif par la hausse du niveau général des prix devra être la même pour tous les partenaires. D'autre part, la disparition des monnaies nationales va éliminer totalement et définitivement le recours à la modification des taux de change comme instrument de réponse au risque d'évolutions de prix différentes du fait de chocs asymétriques (que les écarts soient dus à des risques économiques – comme le fut en son temps, vers 1973, la hausse brutale du prix du pétrole – seuls à des raisons sociales – telles que des pressions inégales à des hausses salariales): les seuls mécanismes d'ajustement différencié et adapté à la variété des réalités nationales se trouvent alors d'une part dans le marché du travail (ajustement par l'emploi, les salaires, la production globale), d'autre part dans le volet budgétaire, enfin dans certaines mesures d'encadrement législatif ou réglementaire (pourvu qu'elles ne soient pas interdites par les traités européens). Si on veut éviter que les ajustements à des chocs asymétriques se fassent uniquement par la modification (à la baisse) de l'emploi, il faut que les politiques budgétaires puissent être adaptées aux spécificités des économies nationales; nous sommes encore loin, en effet, d'une économie européenne complètement intégrée.

Mais on sait, par raisonnement et par expérience, que l'effet de la stratégie budgétaire d'un pays dépend de celle des autres, et en même temps exerce une influence sur l'évolution économique des partenaires. Chaque pays peut ainsi avoir intérêt à coordonner sa stratégie budgétaire avec celles des autres. On sait aussi que certains problèmes communs, comme celui du chômage, peuvent trouver un élément de réponse dans une stratégie européenne coordonnée.

Pour fonctionner correctement, l'UEM exige donc une coordination budgétaire au niveau de l'Union, non pas pour utiliser le budget'européen qui restera longtemps beaucoup trop petit pour avoir une réelle influence conjoncturelle mais pour assurer la cohérence des 15 budgets nationaux entre eux et avec la politique monétaire[3].

Il faut ainsi disposer d'un mécanisme institutionnel qui permette la définition, dans l'Union (à 15), d'une politique macro-économique structurée comprenant seize éléments émanant de seize autorités dotées chacune d'une forte indépendance.

13. Avant d'exprimer un peu plus loin des remarques sur ce mécanisme, précisons comment se présentent les exigences.

On attribue classiquement à la politique économique 5 grands objectifs, à savoir les 3 du triangle magique, stabilité des prix, plein emploi, équilibre extérieur, puis la croissance et l'efficacité de l'économie, enfin un objectif social d'équité dans la répartition des revenus. Si l'Union européenne était aussi fortement intégrée qu'un état national, chaque objectif prendrait une valeur unique pour l'ensemble de l'Union; il n'en est point ainsi, et les populations européennes ont une forte aspiration au maintien des diversités nationales; le principe de subsidiarité va dans le même sens. Quel degré de variété est alors économiquement supportable, quel degré d'harmonisation est alors socialement et politiquement tolérable?

Reprenons chacun des objectifs.

A l'objectif de croissance à moyen terme et d'efficacité est affecté le grand marché, dont c'est la raison d'être. Toutefois, même si c'est

---

[3] La pratique de toute fédération est d'avoir un substantiel budget fédéral, d'où de vigoureux plaidoyers en faveur d'une forte croissance du budget européen. Une telle position est économiquement logique, mais le réalisme politique rend totalement invraisemblable une telle perspective avant longtemps. Il faut donc s'organiser autrement.

un jeu à somme positive, il n'est pas automatique que chaque pays, a fortiori chaque région, en profite pleinement; c'est avec pleine conscience de ce risque qu'on a défini dans le traité un objectif de cohésion économique et sociale et mis en place une politique régionale de l'Europe (avec comme instrument principal les Fonds structurels). Il n'est pas non plus automatique que chaque sous-ensemble de la population en profite, d'où des politiques sectorielles d'accompagnement; c'est le cas, par exemple, de la politique agricole commune.

Du fait de la monnaie unique, l'Union n'aura plus qu'une seule balance des paiements, dont l'équilibre, notamment par une politique de change, relève de la compétence de l'Union.

Pour la même raison, étant donné le rôle dominant joué par la politique monétaire vis-à-vis de l'objectif de stabilité des prix, l'existence de la PMC empêche tout nuancement géographique de cet objectif.

Nous avons donc trois objectifs pour lesquels il est nécessaire d'avoir une stratégie unique. Il en va tout différemment pour les deux autres objectifs.

14. Si les grandes préoccupations de caractère social sont de même nature dans tous les pays européens (notamment continentaux) – ce qui différencie l'Europe des Etats-Unis et du Japon –, il s'en faut toutefois de beaucoup que les priorités relatives soient identiques et que les modalités concrètes détaillées des politiques sociales soient les mêmes; beaucoup plus qu'une prétendue absence de volonté politique, cette réalité explique qu'on ait relativement peu progressé sur le chemin d'une politique sociale européenne commune. A cette diversité de vision sociale, les populations demeurent attachées, même si les syndicats essaient de pousser à une harmonisation par le haut, et l'organisation institutionnelle de l'Europe de demain doit en tenir compte, pour pousser constamment au meilleur compromis entre le rapprochement des mesures sociales (législatives et réglementaires ou budgétaires) qui est nécessaire pour un bon fonctionnement économiquement efficace du grand marché et le respect des aspirations à la diversité.

15. Enfin, l'objectif du plein emploi est certainement le plus complexe, l'incapacité de l'Europe à l'atteindre depuis près de deux décennies le prouve clairement. La variété des diagnostics et des réponses proposées est forte, l'insuffisance de coordination des stratégies nationales ne l'est pas moins. L'attitude par le Conseil européen d'octobre

1997 consacré spécialement à ce thème ne laisse pas de surprendre: si l'affirmation que le traitement du chômage relève essentiellement des pays membres vient pertinemment confirmer que le réalités – économiques et sociologiques – sont nettement différentes entre les pays membres et donc que le choix des mesures doit être adapté à chaque situation, il n'en demeure pas moins qu'elle sous-estime de façon assez curieuse l'impact que peut avoir une stratégie commune, ou du moins qu'elle marque une réticence face à toute idée de stratégie macro-économique coordonnée et de stimulation de la croissance, alors qu'il y a un large consensus intellectuel pour estimer que seule celle-ci peut permettre de réduire progressivement le chômage[4].

En fait, on est actuellement dans une situation assez incohérente;

D'une part, par le pacte de stabilité, on a imposé à chaque gouvernement une contrainte forte venant s'opposer à toute stimulation de caractère budgétaire se traduisant par un déficit temporaire (sauf en cas de recession forte).

La motivation justifiée, est que la couverture de ce déficit par l'emprunt viendrait pomper sur le marché des capitaux, au détriment d'emprunts privés destinés à financer des investissements productifs dans les autres pays de l'Union. Le raisonnement est pertinent; mais autant l'argument est valable, tant qu'il s'agit d'éviter qu'un – ou quelques – pays ne pratique une telle politique qui ne peut être efficace, du fait des effets de fuite, autant il perd de sa pertinence contre une statégie d'ensemble où tous les pays pratiqueraient des stimulations, certes différenciées, mais coordonnées: le déficit menerait à une relance conjoncturelle et ne serait donc que temporaire. Mais les institutions actuelles ne faciliten nullement l'adoption d'une statégie européenne ambitieuse, qui par son caractère global et coordonné, pourrait constituer un sérieux élément de lutte contre le chômage.

Aussi bien la version actuelle du pacte de stabilité, s'imposant à chaque pays sans considération de ce que font les autres, que l'absence d'un pouvoir économique européen, fort, garantissant une réelle coordination des stratégies nationales, s'opposent à la définition et la mise en

---

[4] Plus largement, on peut évoquer les expériences récentes, où des politiques restrictives, ayant tendance à maintenir les taux d'intérêt à un niveau élevé, ont eu une part de responsabilité dans le chômage européen; or ces politiques étaient largement contraintes par la dynamique européenne, avec des politiques budgétaires encadrées par les critères de Maastricht, et des politiques monétaires très voisines de fait. II faudrait sortir de ce carcan.

oeuvre d'une véritable politique macro-économique européenne de lutte contre le chômage. C'est grave.[5]

16. A la situation actuelle de coordination très douce des politiques macro-économiques nationales sous leurs deux volets, monétaire et budgétaire, qui a permis le respect des critères de convergence de Maastricht – et donc la mise era place de 1'Euro –, mais n'a pas apporté de réelle contribution à la lutte contre le chômage qui est le défi décisif de l'Europe, va succéder une situation où nous aurons une politique monétaire européenne unique, remplaçant les politiques nationales mais toujours une coordination douce des politiques budgétaires nationales, soumises à des contraintes individuellement fortes, enfin un déséquilibre des pouvoirs entre une puissante autorité monétaire unique et une autorité économique relativement faible.

Le risque est alors de voir une Banque centrale européenne, soucieuse à juste titre d'instaurer sa crédibilité, insister de façon quasi--exclusive sur l'objectif de stabilité des prix, au détriment du «soutien aux politiques économiques générales dans la Communauté», prévu par le traité (art.105), et une faible insistance mise par le pouvoir économique sur la lutte pour 1'emploi. Si certains économistes purs peuvent se contenter d'une telle situation (qui est même souhaitée par certains), de nombreux responsables économiques ou politiques, estiment qu'une telle perspective fait peser sur l'avenir de 1'Euro un grave élément de fragilité, ce qui serait extrêmement imprudent.[6]

En termes ramassés, on est obligé de constater qu'on a accordé un poids décisif au respect de conditions économiques devant prémunir 1'Euro contre des risques d'instabilité des prix (une explosion de caractère économique) – ce qui était raisonnable –, mais qu'on a, jusqu'à maintenant, passé largement sous silence le risque d'une explo-

---

[5] Il n'est peut être pas inutile de rappeler en plus qu'il n'y a pas de justification économique précise à la recherche à tout prix de l'équilibre ou de l'excédent budgétaire. La seule vraie contrainte économique, c'est le financement de la dette politique et ceci dépend du taux de croissance et du taux d'intérêt. (cf. Pasinetti, Luigi, "Le mythe ou la folie des critères budgétaires", *Journal of Cambridge Economics*, janvier 1998).
[6] Certains estiment que c'est surtout à court terme que le risque est élevé et que, ultérieurement, on peut attendre un certain pragmatisme, comme celui qu'a su pratiquer depuis plusieurs années la Réserve fédérale.

sion de caractère politique, les populations exigeant un recours accru à des mesures nationales contre le chômage.

Il est urgent alors d'assurer un rééquilibrage entre les deux volets de l'UEM. Dans les deux pays où la Banque centrale dispose d'une autonomie garantie par la constitution, elle trouve à côté d'elle un gouvernement fort. A côté d'elle, et non contre elle: l'efficacité économique globale de ces deux pays est favorisée par une concertation permanente entre deux pouvoirs également forts. C'est une procédure du même genre qu'il faut instaurer dans l'Union Européenne.

B L'Europe a un urgent besoin d'une politique extérieure

17. L'Euro, mais aussi l'OMC, le GATS, le G7, Rio et Kyotol'effet de serre, le marché mondial, six personnages en quête d'une politique étrangère commune de l'Europe contribuant à une meilleure gestion du système mondial.

La construction européenne s'est réalisée en même temps que s'amplifiait l'internationalisation économique et la mondialisation, mais n'a pas suffisamment veillé à s'adapter à celle-ci. Certes, dès le traité de Rome, l'insertion de la Communauté dans l'économie planétaire a été organisée par la mise en place de la politique commerciale commune, idée qui répondait parfaitement aux besoins de l'époque, où les relations économiques extérieures étaient essentiellement de nature commerciales. Parlant d'une voix unique, la CEE a pu jouer un rôle de premier plan dans les diverses négociations organisées par le GATT et parvenir à ce que les conclusions ne lui soient pas défavorables.

Mais déjà depuis quelques années, l'amplification des domaines couverts par la mondialisation, et demain avec la mise en place de l'Euro, la nature et l'acuité des problèmes à traiter changent; plus précisément, les réponses aux thèmes économiques sont de plus en plus imbriqués avec la politique étrangère au sens large (et noble) du terme: *la PESC devient alors un des piliers fondamentaux de l'Union européenne*. Précisons.

18. Avec l'Euro devenue une monnaie mondiale, la coordination monétaire mondiale se fera entre les trois grandes monnaies. Une telle coordination ne peut se faire sur une base exclusivement monétaire par un dialogue entre banques centrales, car elle est inévitablement une certaine expression de rapports de force politiques.

C'est également au terme de discussions entre les grandes puissances qu'on peut espérer parvenir à définir des modalités d'encadrement institutionnel du marche mondial des capitaux qui permettent de bénéficier des gains d'efficacité économique procurés par la libre circulation des capitaux de moyen terme sans subir les influences néfastes sur les taux de change des pressions à très court terme de l'impact exclusivement volatil des déplacements des capitaux de court terme. Des propositions ont été faites, comme celle de la taxe de Tobin, il reste à les adopter; le FMI ne paraît pas hostile à une telle remise en ordre, encore faut-il qu'il soit soutenu; l'Europe parlant d'une seule voix peut jouer un rôle de premier plan.

Il en va de même pour les affrontements au sein de l'Organisation mondiale du commerce, où les thèmes qui vont être à traiter dans les prochaines années dépassent nettement en importance les sujets très sectoriels des années passées: la philosophie sous-jacente à la libéralisation des échanges de services, la mise en place d'une politique de concurrence mondiale, le traitement plus spécifique de tout ce qui relève du culturel, autant de sujets dont le traitement peut avoir un impact substantiel sur des données aussi importantes que le développement comparé des grands secteurs monopolistiques, l'aérospatial déjà source de conflits depuis des années, les télécommunications et plus largement la diffusion de l'information, enfin les activités à caractère culturel. L'Europe doit veiller à sauvegarder son avenir.

Enfin les débats autour des notions de développement durable correspondent à des problèmes réels, même s'ils sont souvente abordés de façon confuse. Une certaine réorientation du style de développement des pays développés paraît indispensable à terme, mais comme elle exige des infléchissements qui ne sont pas dans la ligne de la seule économie de marché à base de concurrence, elle ne peut s'effectuer que sous la pression des gouvernements qui agissent de façon concertée. C'est un problème type de politique étrangère.

19. Comment prendre des positions cohérentes entre elles sur tous ces points si on ne les replace pas dans une vision structurée des relations de l'Union avec le reste du monde, en d'autres termes, si on n'en vérifie pas la compatibilité avec la PESC?

Les relations économiques internationales ne peuvent pas être organisées pour elles-mêmes, elles doivent être mises au service d'une conception de la place de l'Union dans le monde, si on veut que celle-ci oeuvre pleinement au service de la paix et de l'équilibre mondial. Cette conception est de nature fondamentalement politique.

C Le besoin d'un gouvernement européen

20. Aussi bién pour la mise en oeuvre équilibrée de l'Union économique et monétaire que pour la définition et la mise en oeuvre d'une politique étrangère commune, l'Unio européenne a besoin de faire un sérieux pas en avant vers l'union politique, disposant d'un gouvernement européen.

C'est aux spécialistes du droit constitutionnel et de la science politique qu'il revient de proposer des formules correctes; une séance du colloque est d'ailleurs prévue pour cela. On va donc se limiter ici à quelques remarques.

21. Les discussions préparatoires au traité d'Amsterdam, tant celles de la CIG proprement dite que celles des divers spécialistes, ont clairement mis en lumière que pour beaucoup le grand défi que va maintenant devoir affronter l'Union concerne la mise en place d'un véritable gouvernement européen assurant de façon satisfaisante les deux tâches de tout gouvernement:

– refléter clairement et fidèlement les aspirations essentielles des populations dans la définition des objectifs poursuivis et de leur hiérarchie; cela concerne notamment tous les aspects d'organisation structurelle (économique, sociale, culturelle),

– être en mesure de prendre avec rapidité les décisions qu'impose fréquemment l'immersion de l'Union dans un monde complexe, rapidement évolutif et largement à base d'affrontements (politiques et économiques); cela concerne évidemment la politique étrangère au sens strict, mais aussi d'autres domaines où une coordination avec les pays du reste du monde ou au contraire une riposte rapide à leurs comportements est une condition d'efficacité (stratégie monétaire, politique, scientifique et de recherche, etc.).

Ce sont là deux exigences fondamentales pour la mise en place d'une «Europe politique».

A la première, la réponse classique des pays occidentaux est la formule de la démocratie parlementaire, avec décisions prises à la majorité (mais assurant un certain respect de la minorité). Pour l'Union, la question clé concerne la base de calcul de la majorité: les populations ou les nations. La réponse des traités européens a jusqu'à maintenant privilégié la seconde, mais avec des pondérations tenant compte des effectifs des populations. Une réponse plus ambitieuse apparaît dans la proposition des deux chambres, l'une représentant les populations, et l'autre les Etats. Il faut également assurer une meilleure coexistence entre le Parlement européen et les Parlements nationaux.

A la seconde exigence, la réponse nationale classique est donnée par l'existence d'un gouvernement, responsable devant le Parlement, mais ayant des compétences importantes, notamment en matière budgétaire et en matière de politique étrangère. Ce sont les de domaines où les Institutions communautaires actuelles présentent de graves déficiences.

Enfin la conception d'un gouvernement européen digne de ce nom sera évidemment à concilier avec la règle fondamentale de subdiarité, ce qui se traduira pour le partage des compétences, par l'une des trois formules: exclusivité nationale (ou régionale), exclusivité européenne, coexistence de compétences. Sur ce partage, l'expérience des deux politiques communes du traité de Rome apporte quelques enseignements. La politique concernant l'agriculture a toujours été mise en oeuvre avec coexistence d'actions communautaires et d'actions nationales (avec des financements d'ampleurs pas très différentes). Au contraire, pour la politique commerciale commune, si le mandat de négociation avec les pays tiers était défini par le Conseil des ministres, la gestion des négociations était le fait de la Commission toute seule, formule qui a été couronnée de succès. Demain, la PMC sera très centralisée (même si les banques centrales nationales conservent quelques tâches concrètes), tandis que les politiques budgétaires resteront nationales, mais devraient être fortement coordonnées, et c'est cette coordination qu'il faut renforcer, l'objectif est assez clair. La question est beaucoup plus délicate pour la PEC; on voit mal les pays accepter dans un avenir prévisible d'abandonner totalement (ou même largement), leurs compétences en la matière; le contenu de la PEC ne pourra donc être que le résultat de compromis. Mais comme sa mise en oeuvre passe largement par des négociations, il faut un négociateur européen unique (selon la boutade, qui le président des Etats-Unis ou le premier ministre de Chine doit-il appeler au téléphone). Le sujet a été soulevé, lors de la CIG, de la personnalité de M. PESC: quelle stature (un homme politique ou un haut fonctionnaire)? quel rattachement institutionnel, la Commission (son président, un vice-président) ou le Conseil des Ministres? la solution adoptée actuellement correspond au profil le plus modeste et le moins communautaire, et ne peut être considérée que comme une réponse tout-à-fait provisoire.

SECTION III – UNE ULTIME QUESTION: LE RENFORCEMENT DE L'INTEGRATION A COMBIEN?

22. La forte diversité de vues entre les pays européens sur l'avenir de l'Europe a donné naissance depuis plusieurs années à l'idée d'une participation différenciée des pays membres au processus d'intégration. Les débats sur les concepts d'Europe à géométrie variable, d'Europe à plusieurs vitesses, de noyau dur ont alimenté revues et colloques, mais de façon un peu abstraite au départ. Puis trois évènements ont donné beaucoup plus de consistance à cette idée d'un nouveau schéma possible d'architecture institutionnelle de l'Europe. Le traité de Maastricht a prévu explicitement la possibilité de la coexistence, parmi les pays membres, de deux sous-ensembles, l'un groupant les participants à l'Union monétaire et l'autre les pays restant en dehors, et une décision du Conseil européen a prévu une organisation des relations entre les deux sous forme d'un SME bis. Puis le mémorandum allemand Schaüble-Lammers prônant un noyau dur a mis le sujet sur la table des chancelleries. Enfin le traité d'Amsterdam a entrouvert une voie institutionnelle avec la formule des coopérations renforcées. Du domaine académique, le sujet est passé à celui des décideurs politiques, et la création de l'Euro, en mai 98, a concrétisé ce passage à une Europe économique différenciée.

Le sujet va être d'autant plus d'actualité que l'Union a officiellement lancé fin mars le processus d'élargissement, alors que l'approfondissement institutionnel, dont on parle depuis plusieurs années, n'est toujours pas engagé du fait d'un profond désaccord sur les modalités entre les partenaires. Une voie de second best possible ne serait-elle pas *alors de mener de front l'élargissement dans le cadre institutionnel actuel et un renforcement institutionnel dans un cadre géogragraphique plus restreint*, menant à la coexistence d'une Union large, mais moyennement intégrée, et d'un noyau dur (il faudra lui trouver un nom plus attractif) nettement plus intégré politiquement – et donc, par conséquence, économiquement –, pouvant constituer un modèle pour, plus tard, l'Europe tout entière? Utopie? les utopies sont parfois nécessaires pour sortir des impasses.

Le sujet de l'Europe différenciée ne cessera plus d'être sur la table, même s'il est vu par les uns comme un spectre à refouler, par les autres comme le seul moyen réaliste actuel d'avancer sur la voie de l'intégration. L'action Jean Monnet doit se préparer à en débattre sereinement, mais rapidement.

CONCLUSION
L'Euro, Trait d'union entre deux formes d'Europe

1950: le lancement d'une Europe unie est motivée par des considérations autant politiques qu'économiques;

1957-1998: le volet économique est délibérément privilégié et de spectaculaires réalisations ont vue le jour. Mais après 40 ans, le moteur économique de la construction européenne a épuisé sa capacité de propulsion et il faut rééquilibrer l'opération. La mise en place de l'Euro peut favoriser ce rééquilibrage.

Après 1999: une politique monétaire unique permettant le parachèvement du marché intérieur, une monnaie unique pouvant être sur un pied d'égalité avec les deux autres grandes monnaies mondiales, la perspective d'une politique étrangère commune redonnant à l'Europe sa place de premier plan dans le monde, le tout favorisé par la mise en place d'une Europe politique, autant de possibilités qui ouvrent des horizons aussi nouveaux, aussi enthousiasmants, aussi prometteurs que ceux vers lesquels s'embarquaient, il y a cinq siècles, les conquistadors que sont évoqués dans le splendide monument de Belem dédié à la gloire d'Henri le Navigateur.

PARTE I

AS POLÍTICAS COMPLEMENTARES
COMPLEMENTARY POLICIES
LES POLITIQUES COMPLEMENTAIRES

THE COORDINATION OF BUDGETARY POLICY IN THE CONTEXT OF THE STABILITY AND GROWTH PACT

Alan Butt PHILIP,
University of Bath

Coordination and cooperation between the institutional parties concerned is absolutely essential to the success of the project of EU economic and monetary union. In no way is the system set up to govern economic and monetary union (EMU) one which is intended to set the parties in opposition to each other. Experience may however prove otherwise.

Monetary and fiscal policy are two sides of the same macro-economic coin. Under the Maastricht conditions for EMU, monetary policy will be centralised, while fiscal policy will be decentralised. Maastricht and subsequent agreements by the EU all aim to preserve a balance between three policy objectives in this regard — fiscal discipline, autonomy and coordination.[1]

Yet, according to Christopher Johnson, "The paradox of EMU is that member states will have to use fiscal policy more actively to offset their loss of control over monetary policy, yet that same monetary policy requires some limits on fiscal policy."[2]

Changes in the policy mix between the two, for example when the broad economic policy impact remains the same, mean that if inte-

---

[1] J D Hansen and J U-M Nielsen, *An Economic Analysis of the EU*, McGraw-Hill, London, 1997, pp. 164-179.

[2] C Johnson, *In With The Euro: Out With The Pound*, Penguin, Harmondsworth, 1996, pp. 106-107.

rest rates are cut, the budget deficit must be reduced — and if interest rates are raised, the budget deficit has to be raised.

The area of national autonomy will be entirely confined to the fiscal policy side of the policy mix, now that member states will no longer control monetary policy and will have lost the use of the exchange rate instrument. Thus national economic policy needs can only be factored into the policy mix by use of fiscal policy measures — so-called fine tuning. One of the problems here is that fiscal policy measures usually take some time to work through the economy before they have their full effect. None of this means that member states will have to conform to the same tax and spend positions to reach the budgetary targets set for them: some states will remain low tax/low spend countries, while other could stay as high tax/high spend countries — yet both could achieve the same overall budgetary position.

Coordination is necessary between the fiscal and monetary policy sides of macroeconomic policy under conditions of EMU for at least 3 reasons:

1) because fiscal and monetary policy interact upon each other, as explained above;

2) because of concerns about the possibility of a member state acting as a 'free rider' in the system (e.g. by allowing an excessive public sector deficit to occur at national level) and thus damaging the credibility of the currency as a whole;

3) the need to provide a collective response to the occurrence of asymmetric shocks in the Euro-zone.

Coordination on such policy matters will have to occur at many different levels:

    a) between the European Central Bank (ECB) and Ecofin (the Council of Ministers specialised meetings of economics and finance ministers);

    b) between the ECB and the member states through the ESCB (European System of Central Banks);

    c) between member states themselves;

    d) between those states in the Euro-zone and those member states not in the single currency.

At the heart of the coordination process will stand first, the Commission gathering statistics, monitoring economic performance, and providing advice and assessments to the Council. Then there will also be the new Economic and Financial Committee, where the member

The Coordination of Budgetary Policy

states, the Commission and the ECB will meet. Somewhere along the line we may also come across the controversial Euro X grouping of member states who are in the single currency together, but this potential grouping has no formal standing in the decision-making process.

Coordination Mechanisms

The mechanisms for achieving such coordination between fiscal and monetary policy are as follows:

1) A common macroeconomic policy framework has been agreed by the Council of Ministers[3]. This has three principal characteristics: a price stability-oriented monetary policy; continuing efforts to contain and consolidate public finances; and the achievement of nominal wage trends consistent with the price stability objective, with real wage trends remaining below any increase in productivity. This last objective is designed to strengthen the profitability of investment, which in turn is likely to lead to the creation of employment.

The Council of Ministers has agreed that member states should be invited periodically to present annually updated convergence programmes in order to reinforce both the credibility of the macroeconomic framework and the effectiveness of the coordination process. All member states, whether participating in the single currency or not, will be expected to produce convergence programmes[4].

General principles to be applied by all countries in the EU are spelled out in these economic policy guidelines. So expenditure

---

[3] Council Recommendations of 8 July 1996, in OJ L 179, 18 July 1996.

[4] Convergence programmes are expected to provide the following information:

(i) a medium-term objective for the budgetary position of close to balance or in surplus, the adjustment path and the expected path for the general government debt ratio; the medium-term monetary policy objectives and the relationship of those objectives to price and exchange rate stability;

(ii) the main assumptions about expected economic developments (growth, employment, inflation and other important variables);

(iii) a description of budgetary and other economic policy measures being taken and/or proposed to achieve the objectives of the programme;

(iv) an analysis of how changes in the main economic assumptions would affect the budgetary and debt position.

increases are frowned on if this leads to a further rise in the tax burden. Government spending should be re-directed towards investment in infrastructure, human capital and active labour market measures. The public services need to be made more efficient, and any attempts to reduce the overall tax burden must not put at risk deficit reduction.

Supplementary measures by member states are also called for which are aimed at improving product and service markets and which would thus enhance individual countries' overall economic performance. These include a reinforcement of competition policy measures, curbs on state aids, a better record in transposing single market legislation, and specific measures to help small and medium-sized businesses.

2) Some of the famous Maastricht convergence criteria will continue in force — namely the three per cent of GDP limit on the size of the public sector deficit in any year in any member state, and the sixty per cent ceiling on the size of overall public sector debit in relation to a state's GDP.

3) Another mechanism is the excessive deficit procedure under which member states considered by the system to be in danger of breaching the public sector deficit limit are advised, warned, monitored closely, publicly warned, denied access to EIB funds, required to make exceptional deposits to the ECB, and possibly even fined, as the culmination of a series of pre-ordained steps designed to ensure internal accountability by member states to each other and collective responsibility.

4) Finally there is the stability and growth pact itself. This arose as a supplement to the terms of the Maastricht Treaty in relation to EMU following concerns expressed by market analysts that market disciplines might not be sufficient to dissuade countries from financing excessive deficits[6]. From 1995 a complementary stability and growth pact was strongly pressed by the German finance minister, Dr. Theo Waigel, and the final terms of this pact were agreed by a Council resolution at the time of the negotiations in June 1997 which led to the Treaty of Amsterdam[7].

Under the terms of the pact the member states undertake to comply with the medium-term budgetary objective of reaching positions

---

[5] Council Regulation 1467/97 of 7 July 1997, in OJ L 209, 2 August 1997.

[6] See for example the discussion in Johnson, op. cit., pp. 121-123.

[7] Resolution of the European Council on the Stability and Growth Pact, 17 June 1997, in OJ C 236, 2 August 1997.

The Coordination of Budgetary Policy

close to balance or that are in surplus, and to make public any Council recommendations to them. They promise to take prompt corrective budgetary action if needed to meet the objectives of their programmes for achieving convergence or price stability, and also to correct excessive deficits as quickly as possible after they emerge. The Commission is given the primary role in monitoring the budgetary performance of each member states, and the Council is expected to impose sanctions where an excessive deficit arises and to explain in writing the reasons behind any decision not to take action. It should be noted that these are decisions of the European Council and thus do not have legal force under EU law. The sanctions take the form of sliding-scale non-interest bearing deposits, convertible into fines.

5) The surveillance and coordination of budgetary positions and economic policies during the third stage of EMU is further defined in a Council Regulation of 7 July 1997[8].

Here member states participating in the single currency will have to provide a *stability programme* annually to show how they are meeting key targets which they should publish. If these are deemed unsatisfactory, then the Council will make recommendations to the member state, and may even publish them. The first stability programmes must be submitted before 1 March 1999.

Even member states not in the single currency will be expected to provide annual *convergence programmes* with similar information and requirements. The Council may also make recommendations to a member state with whose convergence programme it is unhappy, and may even publish this advice.

If all this coordination works well, then the single currency should gain both credibility and legitimacy. There should also be a gradual harmonisation of the economic cycle. Conditions for achieving the maximum benefits from the single market will have been established, and much greater competition across borders between companies should ensue. For the system to work well, there will have to develop a lot more mutual trust and mutual understanding between the partners in EMU.

---

[8] Council Regulation 1466/97 of 7 July 1997, in OJ L 209, 2 August 1997.

Possible Implementation Problems

However, there are quite clearly problems which may ensue in the implementation of all these agreements to try to coordinate effectively EU macroeconomic policy and national budgetary policies. For example, there is no guarantee that individual member states while each achieving their targeted budgetary position will necessarily arrive at an aggregate policy stance which is appropriate for the EU as a whole.

Again, member states are expected to try to balance their budgets over time. But if this does not happen, and member states tend towards public sector deficits of around 2% to 3% of GDP annually, then they will not have room for manoeuvre to expand domestic demand during times of recession and unemployment. In such circumstances would member states be allowed by the Council to cross the 3% deficit limit? There might be heavy political pressures to allow this to happen.

Another problem arises if there are differences of view between the Commission and the new Economic and Financial Committee in regard to excessive deficits, or individual member state stability or convergence programmes. It is unclear how such differences of view are to be treated and resolved.

If the reference values for public sector deficits and overall government debt are precisely enforced then the administration of budgetary policy at national level will be almost mechanical, thereby greatly reducing national autonomy. Coordination will be good, but the policy-setting process will be rather inflexible. Flexibility will however be needed as soon as asymmetric shocks or asynchronous business cycles have to be dealt with[9].

But if the reference values are interpreted rather liberally, then national fiscal and budgetary policy can be set more flexibly; national autonomy will remain strong, but coordination will become rather difficult — about as easy as coordinating eleven lumps of jelly! The EU authorities are bound be to caught between the scylla of subsidiarity and the charybdis of effective coordination of economic policies.

If a member state breaches the public sector deficit limits, and is publicly rebuked by the Council, it will suffer higher credit risk effects on its national euro-denominated debt (which will increase its debt

---

[9] See Wolfgang Münchau, 'ECB must manage the mix', *Financial Times*, 13 January 1998.

servicing costs) as well as suffering fines by the EU authorities, both of which will make the public sector deficit of that member state even worse. If a member state in this position challenged the EU as a whole and refused to correct the situation, could the EU respond effectively?

There is also an issue about making a distinction between real convergence and nominal convergence. All the above mechanisms are designed to achieve nominal convergence through a series of bench--marking procedures. How then is real convergence and greater cohesion between the member states to be achieved? One way might have been by use of excessive deficits, but that is now excluded. Another way might be by great expansion of the structural funds as proposed in the MacDougall Report of 1977, but that does not seem to be politically practical just now[10]. That leaves differential growth rates between individual member states as the only mechanism for closing the gap between rich and poor in the EU, and it is very doubtful that these differential growth patterns alone can be relied upon to do the job, especially when the maximum permitted public sector deficit is such a small proportion of national GDP.

In the event of asymmetric shocks occurring, it would be logical in conditions of the EMU (and in the absence of national exchange rate adjustments as a policy option) for the EU budget to make available transfer payments to finance current expenditure at national level, thereby avoiding a member state falling into an unintended excessive deficit position. But the EU does not, it seems, want to think about its responsibilities in this regard. Subsidiarity in these circumstances does not seem to be even-handed, but is a one-way street.

In conclusion, there do seem to be grounds for concern on several points in the way of budgetary positions of the member states will be achieved. There will be more centralisation and less subsidiarity than at first meets the eye, except when it really matters, in the case of extreme asymmetric shocks. There could be less flexibility than the system is designed to permit because of the overriding concern for price stability, and less room to assert growth and employment objectives through national budgetary policies than many may imagine. There is in any case a wider accountability problem concerning the

---

[10] Sir Donald MacDougall has revisited this issue more recently in 'Economic and Monetary Union and the European Community Budget', *National Institute Review*, No. 140, May 1992.

ability of democratically elected representatives at the level of national Parliaments, as well as the European Parliament, to scrutinise properly the economic policy-making process and to call national government ministers and the EU authorities to full account for their actions. The pressures inside the system governing the third stage of EMU could prove to be very hard to contain without further developments of EU policies and mechanisms for legitimating them.

TAX HARMONISATION

Paulo de PITTA E CUNHA,
Universidade de Lisboa

1. The widespread changes brought to the Treaty of Rome (presently the EC Treaty) by the Single European Act, the Treaty on European Union and the Treaty of Amsterdam did not concern the provisions on taxation. In this field the original structure of the Treaty was maintained, it being dominated by rules aiming at eliminating tax discrimination on imports and exports of products and providing for border tax adjustments (articles 95 and 96).

The possibility of harmonisation of national laws on turnover taxes, excise duties and other types of indirect taxation is expressly foreseen in article 99; and this provision provided the legal base for the developments which occurred in the areas of value added taxation and excise duties.

With regard to direct taxation, no specific similar clause exists in the EC Treaty. This did not, however, refrain the Council from entering the field of harmonisation of direct taxation, namely through the merger and parent-subsidiariy directives, on the basis of article 100.

Both article 99 and article 100 require the Council to act unanimously; and when the single European Act introduced article 100-A in the Treaty, allowing the Council to act by a qualified majority in regard to measures on establishment of the internal market, tax provisions were expressly excluded from this more flexible voting scheme.

2. Tax harmonisation has not been considered as an end in itself, but as a means to eliminate fiscal obstacles to the free movement of goods, persons, services and capital within the Community.

In the field of indirect taxation, the need to provide for accurate border tax adjustments led to the approval of the first and second directives on the value added tax system. After the decision on the own resources of the Community, further efforts of harmonising the tax base materialised, a few years later, in the sixth directive.

With the challenge of the single market, having the same characteristics of an internal national market, the objective of eliminating the tax frontiers became central to the tax harmonisation process.

No agreement having been reached in the Council on the establishment of a system based on the perception of tax at the country of origin, transition arrangements were set up, by which the collection of tax in the country of destination was made compatible with the removal of the frontiers, and some alignment of rates was achieved.

In the area of excise duties, directives adopted in 1992 harmonised structures and established a minimum harmonisation of rates, in what concerns tobacco, alcoholic drinks and petroleum products.

3. The process of harmonisation of turnover taxes, which is still awaiting the "definitive system" that was initially supposed to be established in 1997, developed in three main steps.

The first was the introduction of the common system of value added tax, through the first and second VAT directives of April 1967; the second corresponded to the adoption of the sixth directive, in May 1977, in which a common base of assessment for the value added tax was set up in detail; the third took place in December 1991, when a further directive was approved in regard to the abolition of tax frontiers, involving transitional arrangements to be applicable until the end of 1996 — which have been continued since then.

Under a directive of October 1992, the member States agreed to apply a standard rate of value added tax, not lower that 15 per cent, and up to two reduced rates (minimum 5 per cent), on specified items of goods and services.

In this transitional system, only purchases by private individuals are taxed in the country of origin (with the exception of purchases of new cars and sales at distance); the taxation of purchases by taxable persons takes place in the country of destination, but the concepts of exportation and importation are replaced by intra-Community supply and acquisition of goods, as instead of the fiscal controls at the internal frontiers, which are abolished, the intra-community acquisition is reported on the value added return.

The system foreseen in the 1991 directive was conceived as a transitional one. The Commission should submit to the Council before the end of 1994 proposals for the definitive system, to be applied after 1996.

In the system devised by the Commission, which was finally disclosed in a paper presented in July 1996, the distinction between domestic and intra-Community transactions disappears, all transactions within the Community being taxed as if performed within a single member State.

This system involves a reallocation mechanism of tax revenues between member states, and further harmonisation of rates. Other aspects of the structure of value-added taxes should also be harmonised.

No debate has yet been proposed for the implementation of the definitive system.

4. Tax harmonisation being a delicate process, as it restrains the budgetary freedom of the member States, it is not surprising that efforts in this area have been limited to the removal of the most apparent or immediate tax obstacles to economic integration. The priority which was given to the harmonisation of turnover taxes and excise duties is explained by their immediate effect on prices and by the need to eliminate the tax frontiers.

In regard to direct taxes (taxes on individuals and corporations), the reluctance of member States to accept the loss of their fiscal sovereignty implied in tax harmonisation arrangements has been particularly strong.

The priority of removing tax obstacles to economic integration is not so clearly perceived as in the case of the taxes on goods and transactions. And direct taxes, namely taxes on personal income, are traditionally dominated by economic policy choices of the national governments and parliaments.

5. In the first period of the direct tax harmonisation efforts in the European Community, the Commission, following the pattern of the initiatives on indirect taxation, undertook the full harmonisation of the system of company taxation and of withholding tax on dividends. Such was the purpose of the proposal for a directive submitted to the Council in 1975. The rates of the national corporation taxes should be between 45% and 55%; and the member States should fix the amount of imputation credit between similar limits.

This proposal was withdrawn in 1990, when the Commission, in its "Guidelines on company taxation", adopted a new approach, reflecting the concern on subsidiarity, and concentrating on "measures essential to the completion of the internal market". The idea of global harmonisation was abandoned, as the States, for the sake of preserving tax sovereignty, has shown their unwillingness to be involved in approximation of tax rates and tax bases. In the same year, the Council adopted the merger Directive and the parent-subsidiary Directive. The Commission also submitted directive proposals on intra-group interests and royalties and on the taking into account of foreign losses.

In the 1990 approach, the Commission ceased to envisage overall harmonisation of the corporate tax system, along the pattern established by the sixth VAT directive in the indirect tax field, as the idea of an advanced harmonisation of direct taxes had lost its appeal, and took the more pragmatic approach of tax harmonisation in specific sectors. But the instruments used in the effort of harmonisation were still the same.

Since 1994, a more flexible approach has been adopted by the Commission, in which, together with directives aimed at resolving specific tax issues, co-ordination efforts are undertaken in regard to more general matters, in the form of initiatives that are not legally binding, as in the case of the code of conduct, or of the 1994 recommendation on the tax treatment of non residents.

It is likely the ambitious proposals of the Ruding Committee report on the harmonisation of company taxation system, rates and bases will for a long time remain frozen, as the States do not seem to be interested on modifying their attitude on such matters.

6. The process of globalisation, notwithstanding its positive consequences in the area of national tax policy — convergence of tax reforms on objectives of base broadening and rate reductions, elimination of tax barriers to capital flows —, has the negative effect of, through the adoption of competitive tax provisions, leading to the erosion of the tax bases of other countries.

As a consequence, a part of the tax burden is shifted to taxes on labour, consumption and non mobile factors, to the detriment of the equity of the tax systems, and creating a negative influence on employment.

On April 1998, the OECD Council approved a report of the Committee of Fiscal affairs on harmful fiscal competition, including a set of guidelines for dealing with such situations: it is recommended that the member States refrain from adopting new measures that constitute harmful tax practices, that a list of existing measures representing such practices be drawn, that within the period of 5 years such measures be removed.

Nowhere in the OECD Council recommendation, or in the report of the Committee on Fiscal Affairs, tax harmonisation is considered. A "co-ordinated approach" is advocated, to be undertaken through a "Forum on Harmful Tax Practices"; but it is visible that the emphasis is placed on the exchange of information between tax authorities (one of the recommendations included in appendix to the OECD Council statement relate to the access to banking information on tax purposes), no reference being made to an approximation of withholding taxes on savings.

In the dissenting statements by Luxembourg and Switzerland it is stressed that the model of coexistence, in which withholding taxes constitute an alternative to exchange of information, was ignored.

The same problem — counteracting harmful tax competition — is the central concern behind the new "global" approach of the Commission on tax issues (realistically taking into consideration the principle of subsidiarity and the difficulties posed by the requirement of unanimity in the area of taxation).

OECD being interested in the effect of globalisation on tax competition among the industrial countries at large, the problem has of course very different features in the frame of the European Union, where an experience of intense economic integration — a single market completed by monetary unification — is being pursued.

7. In the context of the European Union, the diagnose is the same. The main concern is the stagnation of the tax revenues of the member States and the erosion of the tax base caused by fiscal competition — tax burden on self-employed labour and energy tending to decline; that on the less mobile, employed labour, tending to increase. Reference is made to the threat of unfair or harmful competition on the revenues from internationally mobile business.

Due to the integration of the markets, the phenomenon of fiscal degradation, which is observed in the world at large, is particularly felt in the Community. Given these challenges to the tax policies of the member States, closer co-ordination of tax measures is recommended, namely in the framework of the effort to reduce employment.

The "package approach" that was suggested by the Commission involves:

- the approval of a code of conduct in the field of business taxation, reflecting the political agreement of all member states;
- a modified proposal of the draft Directive on the taxation of savings, combining the system of a minimum withholding tax with that of information between tax administrations on the interest income of non residents;
- and a draft Directive aimed at eliminating withholding taxes on cross-border interest and royalty payment between associated companies.

8. Paradoxically, the co-ordination of taxation policies for the purpose of counteracting harmful measures may be supported with the argument of defending national sovereignty. The international mobility of the bases and downward fiscal competition creates a risk of erosion of the member States tax revenues.

Co-operation and harmonisation, on the lines of the above mentioned "package approach", seems to be a way of giving back to the States some of the powers in the field of taxation that have been lost through negative tax competition.

But a further challenge is taking shape, menacing the European Union as a whole, even after successful intra-Community harmonisation: that of electronic transactions circumventing national tax rules and national tax bases.

9. In the European Community, tax harmonisation has been an instrument to facilitate the functioning of the internal market for products and production factors.

As advances towards a fully free market for capital and labour were slower then those related to the market for goods and services, indirect taxation came to the forefront. The greatest achievement in tax harmonisation so far remains the adoption of the common value added tax system. The problems of harmonising direct taxation were traditionally regarded as less urgent or more remote; moreover, member

States consistently perceive national policies regarding income taxes as constituting a bulwark of their sovereign rights.

In harmonising national taxes, close attention should be paid to the tax policies of countries outside the European Union. The phenomenon of globalisation renders difficult far a group of countries to harmonise tax measures if a similar policy is not followed by outside competitors. This can be illustrated by the proposal for a Council directive introducing a tax on carbon dioxide emissions and energy, the purpose of which is fighting the "greenhouse effects". Such proposal, presented by the Commission in 1992 and still not approved, was conditional on the introduction of similar tax measures in other OECD countries, due to its effects on the competitiveness of industry.

10. Spillover effects of economic integration are well known. To a certain extent, the decision of creating the monetary union was a result of the institution of the internal market: the risks of exchange--rate volatility representing an obstacle to the free movement of goods, services and factors, the member States were driven to accelerate the process of economic integration, replacing flexible exchange-rate by fixed rates, and, as the preservation of exchange-rate stability implies a full co-ordination of monetary policy, ultimately replacing national currencies by a common unit controlled by a supranational central bank.

Economic and monetary union is not only related with money matters: the control over national fiscal policy is also considered, in the form of binding rules on the limits of the size of the national budget deficits and on their financing. In the course of the second step of the formation of economic and monetary union, the member States accepted to reinforce the provisions of the EC Treaty on the control of excessive budgetary deficits through the adoption of a "stability pact", under which the value of the applicable fines in regard to countries in default was fixed, and a pledge not to invoke the exceptional character of excessive deficits in the contest of mild recessions was undertaken.

11. The centralisation of monetary policy, as an inseparable feature of the monetary union, together with the establishment of binding budgetary rules, deprive the States of their main national tools of economic management.

Due to differences in economic structures, shocks specific to one or two countries may occur, which can no more be cushioned by national weapons (exchange-rate policy, monetary policy, fiscal policy). In regard to such asymmetric shocks, a system of fiscal transfers based on the central budget of the Union might be of great utility; but such system, which is in force in modern federations, does not exist in the context of the European Union.

While, in the case of monetary policy, it can be said that sovereignty is transferred from the national level to the centre, the same does not happen in regard to fiscal policy, where the sacrifice of freedom by the States creates a policy vacuum, as no global budgetary powers are granted to central authorities.

The Community budget provides the financing necessary for the implementation of the various policies, its spending concerning mainly the common agricultural policy and the structural funds. The system of finance is based on the Community's own resources — the proceeds of the common external tariff and of the agricultural import levies, the VAT component, the contribution based on GNP.

In itself, the limit presently established to the total dimension of the budget — 1.27% of the Community GDP — does not allow for the extension of the functions to new actions related to the task of facing the effects of asymmetric shocks — not to speak of the necessity of further reducing national differences in productivity and capital endowment.

12. In spite of the lack of enthusiasm in regard to any forms of fiscal federalism, it cannot be excluded that a spillover effect in this direction occurs, having as a starting point the constitution of the monetary union with its complementary contents of binding budgetary rules. And, as new functions would be undertaken by the Community, new sources of finance should be devised as well, going beyond the traditional structure of own resources and eventually leading to the transfer, to some extent, of the power to tax to the central authorities of the European Union.

The Community would, in such context, be able to use a fiscal policy for macro-economic management, based on a budget differing from the present one in dimension and structure. In the field of taxation, its activities, which have been restricted to harmonisation efforts aiming at eliminating the impact of tax obstacles to market integration, would enter a completely new stage, where existing monetary federalism, achieved through the creation of the monetary union, would be matched by elements of fiscal and tax federalism. And, in turn, the spillover effect might then be a powerful force towards political union.

The introduction of a supranational European corporation tax could be a central element of such advanced step in political and economic integration. But the idea cannot be expected to materialise in the foreseeable future, due to the reluctance of the member States to surrender their tax powers.

13. In comparison to the outstanding progress made in monetary integration, the field of taxation and tax policy was left far behind. In spite of the developments of supranationality brought by the Single European Act and strengthened by the Treaty on European Union, decisions on tax matters continue to be submitted to the unanimity rule. Tax harmonisation was operated, it being however basically restricted to the area of indirect taxes, as progress in direct tax harmonisation has been very slow and relates only to very specific areas. Even in the field of turnover taxes, the definitive regime based on collection at the country of origin has been postponed to an uncertain date.

It is too early to expect that the spillover effects of monetary union begin to unfold. But the perspective of economic and monetary union has already given new impetus to a movement of harmonisation of direct taxes, although this time through softer instruments, as in the case of the recently approved "code of conduct".

14. What will be the impact of EMU on the tax field? Does EMU imply further approximation of tax systems, or, on the contrary, will it reinforce the willingness of the member States to retain national powers on taxation?

In the pure logic of the development of the integration process, once the level of monetary union is reached, further tax co-ordination is to be expected. With the suppression of exchange-rate risks within the Community, differences on taxes on income from capital become more visible, and the need for tax harmonisation in this sector increases.

But the reluctance of the member States of abandoning their power of veto in regard to tax harmonisation, assorted with the strength of the principles of subsidiarity and proportionality in Community action, points to the other direction.

Even if the path towards further fiscal harmonisation prevails, it seems that ideas of advanced tax integration, such as that of introducing genuine European tax categories, are not feasible in the foreseeable future, as the actual mood in Europe is not in favour of federal type achievements in integration.

References

DALY, M., "Harmonization of Corporate Taxes in a Single European Market: Recent Developments and Prospects", *Canadian Tax Journal*, Vol. 40, no. 5, 1992.

FARMER, P. and LYAL, R., *EC Tax Law*, Oxford, 1994.

EASSON, A., "Harmonization of Direct Taxation in the European Community: from Neumark to Ruding", *Canadian Tax Journal*, Vol. 40, no. 3, 1992.

HINNEKENS, L., "The Monti Report: the Uphill Task of Harmonizing Direct Tax Systems of EC Member States", *EC Tax Review*, 1997-1.

MONTAGNIER, G., "Harmonisation Fiscale Communautaire", *Revue Trimestrielle de Droit Européen*, no. 2, 1997.

OECD, *Harmful Tax Competition. An Emerging Global Issue*. Paris, 1998.

TERRA, B. and WATTEL, P., *European Tax Law*, Second Edition, Deventer, 1997.

HOW MUCH FISCAL SUSTAINABILITY DO WE NEED
IN STAGE III OF THE EMU?

Fritz BREUSS,
University of Economics and Business Administration, Vienna

1. Introduction[1]

Euroland, consisting of 11 EU Member States, had an excellent start on January 1, 1999. All pains of fulfilling the convergence criteria seem forgotten. Already in the run-up phase the fixation of the bilateral conversion rates made Euroland a rock in the breakers of financial crises around Europe (in Russia, Asia and Latin America). Interest rates and inflation rates declined and converged to common levels – a necessary condition to start with a central monetary policy. Questions concerning the co-ordination of economic policy in EMU as well as its external representation stood in the limelight of political interest. The necessity of the fiscal criteria and also of fiscal sustainability seems to be pushed into the background. More so, the political constellation of a socialist-dominated Euroland may give way for a regime change. Full employment is taking over the highest priority from price stability. In spite of these – suspected or actual – winds of change, the Economic and Monetary Union (EMU) is based on legal arrangements which clearly require sustainability of the fiscal criteria, also in stage III of EMU. These requirements are layed down in the Treaty establishing the European

---

[1] An extended version of this paper with the title "Sustainability of the Fiscal Criteria in Stage III of the EMU" has been published as IEF Working Paper No. 29, Vienna, August 1998 (*Breuss*, 1998).

Comunity (TEC), the Maastricht Treaty, and in the Council resolutions concerning the Stability and Growth Pact (SGP).

This article, therefore, concentrates on problems of fiscal sustainability. It tries to answer the question whether fiscal sustainability in a period of near-price stability is still a necessary target for EMU. After a discussion of the different concepts and definitions of fiscal sustainability in chapter 2, an evaluation is made whether the 11 EMU members have already reached fiscal sustainability (chapter 3). In chapter 4 simulations on the lines of the OCA philosophy are carried out in order to study the macro economic effects (in particular concerning the fiscal variables) of asymmetric shocks to the EMU-11, given a common monetary policy. Finally, conclusions are drawn.

2. Concepts of Fiscal Sustainability

The discussion on "sustainability of fiscal policy" has a long tradition and goes back to *Keynes* (1923) and *Domar* (1944). For *Blanchard-Chouraqui-Hagemann-Sartor* (1990, p. 8) "Sustainability is basically about good housekeeping. It is essentially about whether, based on the policy currently on the books, a government is headed towards excessive debt accumulation. Thus, a good indicator of sustainability is one which sends clear and easily interpretable signals when current policy appears to be leading to a rapidly growing debt to GDP ratio." The theory of public debt knows many arguments for long-run limits to the public debt (see *Stobbe*, 1998) which are basically also the rationale for justifying the convergence criteria in the TEC and equivalently applicable to those of the SGP:
- Crowding-out of private investments[2]
- Loss of overall efficiency with negative consequences for economic growth

---

[2] The *IMF* (1996, p. 50) quotes studies suggesting that the run-up in public debt over the last twenty years has increased real interest rates globally by 100 to 250 basis points or more. Higher real interest rates are likely to have led to lower investment spending globally, and over time to lower capital stocks, lower capital--labour-ratios, smaller increase in labour productivity, and hence slower real income growth. These losses can cumulate over time into major reductions in living standards.

- Intergenerational effects of income distribution ("generational accounting")
- Temptation to inflate in order to reduce the real burden of the debt (*Dornbusch*, 1997)
- Danger of insolvency of the state (*Domar*, 1944, *Tobin*, 1984)
- Increasing interest rate burdens limit the room for manoevre of fiscal policy
- Via spill-overs the lack of fiscal disciplin (excessive deficits) may endanger the solvency position of other countries (in particular members of the EMU) ("market discipline" argument by *Lane*, 1992)
- New fiscal theory of price determination derives the danger of inflation from the intertemporal budget (solvency) constraint of states (*Woodford*, 1994, 1995, 1996, 1997).

Fiscal sustainability or the sustainability of public debt is approached in different ways. In the following, it is differentiated between the more short-term approach in the Maastricht Treaty ("excessive deficit procedure"), the medium-term approach ("economics of fiscal consolidation") and the long-term approach ("generational accounting", the effects of "population ageing").

2.1 Excessive Deficit Procedure

"Sustainability" is mentioned in Article 109j(1) of the Treaty, which specifies that the Commission has to examine whether Member States have achieved "a high degree of sustainable convergence" and that the convergence criterion for the public finances relates to "the sustainability of the government financial position". However – as is also admitted in the Convergence Report by the Commission (*EC*, 1998, p. 100) – no specific definition of "sustainability" is given in the Treaty. Article 109j(1) specifies further that budgetary sustainability will be apparent when a Member State is not in a position of excessive deficit as determined in accordance with Article 104c(6). Therefore, if a Member State meets the budgetary convergence criteria and is not the subject of a decision on the existence of an excessive deficit, the Treaty assumes as a matter of principle that its public finances are sustainable. Moreover, Article 104c(3) of the Treaty specifies that for the examination of the government budgetary position „... all other relevant factors, including the medium-term economic and budgetary position of the Member State" should be taken into account.

The *"excessive deficit procedure"* set out in Article 104c of the Treaty and the associated Protocol No 5 determines the steps to be followed to reach a decision by the Council that an excessive deficit exists. The Commission is required (in paragraph 2 of Article 104c) to "monitor the development of the budgetary situation and of the stock of government debt in the Member States with a view of identifying gross errors". In particular, compliance with budgetary discipline is to be examined by the Commission on the basis of the following two criteria:

- a) "whether the ratio of the planned or actual government deficit to gross domestic product exceeds a reference value (specified in the Protocol 5 as 3 %), unless:
  - either the ratio has declined substantially and continuously and reached a level that comes close to the reference value;
  - or, alternatively, the excess of the reference value is only exceptional and temporary and the ratio remains close to the reference value;
- b) whether the ratio of government debt to gross domestic product exceeds a reference value (specified in the Protocol 5 as 60%), unless the ratio is sufficiently diminishing and approaching the reference value at a satisfactory pace".

Hence, the excessive deficit procedure applies to the simultaneous examination of deficits and debt positions over a not consistently defined time horizon[3]. The "criterion on the government budgetary position referred to in the second indent of Article 109j(1) of this Treaty shall mean that *at the time of the examination* the Member State is not the subject of a Council decision under Article 104c(6) of this Treaty that an excessive deficit exists". (Protocol No 6 on the convergence criteria of Article 109j). Although primarily the past period before the examination date is relevant (at least for the deficits) the debt position is seriously not to be qualified without making forecast into the future.

---

[3] The "excessive deficit procedure" – the interplay of deficits, debt and economic growth – can easily be derived from the *Domar* (1994) formula. Accordingly, after infinite many periods the dynamics of the public debt converges to: $b_\infty = d / \psi$, where b is the debt-to-GDP ratio (e.g., 0.60), d is the deficit-to-GDP ratio (e.g., 0.03) and ψ is the rate of growth of nominal GDP (e.g. 0.05).

In the 1998 application of the excessive deficit procedure, which was carried out with the overall convergence assessment both, the "actual" year (1997) and the "planned" year (1998) were taken into consideration to evaluate the government deficit ratios (3% of GDP).

In the latest examination on 25 March 1998, the Commission recommended to the Council to abrogate the decisions on the existence of an exessive deficit in a further nine Member States (Belgium, Germany, Spain, France, Italy, Austria, Portugal, Sweden and the United Kingdom). The Council with the decision of 2 May 1998 accepted these recommandations. Hence, 14 Member States (all except Greece) are not the subject of an excessive deficit decision and are considered as fulfilling the criterion on the government budgetary position (see *EC*, 1998, pp. 85-89). In 1997 all Member States (with the exception of Greece) had budget deficits below 3% of GDP. Among those Member States with debt ratios higher than the reference value, the debt ratio declined in 1997 in all of them except Germany[4].

Although never defined explicitly what is meant by "sustainability" the "excessive deficit procedure" gives enough flexibility to interpret the fiscal position of the Member States in the way the literature defines sustainability in this respect. On several occasions the Commission in its Convergence Report 1998 (e.g. *EC*, 1998, p. 90) addresses the necessity of continuing with the fiscal consolidation process in the future. It is pointed out that the commitment concerning fiscal sustainability was strengthened with the adoption of the Stability and Growth Pact (SGP)[5] at the Amsterdam Council in June 1997. Under

---

[4] On May 2, 1998 the European Council, in a meeting in the composition of the Heads of State or Government has decided that 11 EU member states will start with the EMU on January 1, 1999. This decision was based on a recommendation by the Council (ECOFIN) which in turn relied on two convergence reports, one carried out by the Commission (*EC*, 1998) and one by the European Monetary Institute (*EMI*, 1998), dating March 25, 1998. The chosen 11 EU member states had fulfilled the convergence criteria (inflation, deficit, debt, ERM participation and long-term interest rates).

[5] The Stability and Growth Pact (SGP) consists of two Council Regulations and two Resolutions of the European Council (Euro Papers, 1997): Council Regulation (EC) No 1466/97 of 7 July 1997 on the strengthening of the *surveillance of budgetary positions* and the *surveillance and coordination of economic policies* (OJ L 209, 02/08/1997 p. 1); Council Regulation (EC) No 1467/97 of 7 July 1997 on *speeding up* and *clarifying* the implementation of the *excessive deficit procedure* (OJ L 209, 02/08/1997, pp. 6-11); Resolution of the European Council on the *Stability*

the pact, Member States will have to respect the medium-term budgetary objective of positions "close to balance or in surplus". This requirement is much stronger as the fiscal criteria of Article 109j of the Treaty. By continuing the efforts in the coming years, Member States participating in the Euroland will put their public finances in a more favourable position to face the budgetary consequences of potential adverse economic developments (*EC*, 1998, p. 90).

Formally, *debt sustainability* is derived from the simple book--keeping relation, which describes the evolution of the debt (to GDP ratio) over time t as

$$b_t = \frac{(1+i)}{(1+\psi)} b_{t-1} + pd_t + sf_t - \lambda_t, \tag{1}$$

where $b_t = B_t / Y_t$ is nominal public debt to nominal GDP ratio (gross debt), i is the (constant) nominal interest rate (on public debt), ψ is the (constant) rate of growth of nominal GDP, $pd_t = (G_t - T_t) / Y_t$ is nominal primary deficit to nominal GDP ratio (G is public expenditure except payments for the public debt; T is tax revenue), sf_t are stock-flow adjustments to GDP ratio (changes in net holdings of financial assets, changes in the value of debt denominated in foreign currency and revenues from privatisation), $\lambda_t = (iM_{t-1}) / Y_t$ is seigniorage.

Starting from equation (1), debt dynamics (the change of the debt to GDP ratio between period t and $t-1$ - within one year) are described by the equation

$$\Delta b_t = b_t - b_{t-1} = \frac{(i-\psi)}{(1+\psi)} b_{t-1} + pd_t + sf_t - \frac{\lambda_t}{(1+\psi)}. \tag{2}$$

This equation represents the dynamic government budget constraint. The first term ("interest rate-growth differential" or the interest rate adjusted for economic growth $((i-\psi)/(1+\psi))$ can be decom-

---

and Growth Pact, Amsterdam, 17 June 1997 (OJ C 236, 02/08/1997, p. 1); Resolution of the European Council on *growth and employment*, Amsterdam, 16 June 1997 (OJ C 236, 02/08/1997, p. 3).

posed in a "nominal interest rate effect" ($i/(1+\psi)b_{t-1}$), in a "real growth effect" ($\theta/(1+\psi)b_{t-1}$) and in a "GDP deflator effect" ($p/(1+\psi)b_{t-1}$), where θ is the rate of growth of real GDP and p is the GDP deflator (see *Deutsche Bundesbank*, 1997a, p. 24). The term "interest rate-growth differential" $(i-\psi)/(1+\psi)$ can easily be expressed in real terms as $(r-\theta)/(1+\theta)$ with r the real interest rate (on public debt; see *EC*, 1996, p. 13). The second component consists of the primary balance (if positive it is in deficit, if negative it has a surplus). The third term is the stock-flow adjustment and the fourth term ist seigniorage (see also the Convergence Reports 1998 of *EC* (1998) and *EMI* (1998)).

"A sustainable fiscal policy can be defined as a policy such that the debt to GDP ratio eventually converges back to its initial level." *(Blanchard-Chouraqui-Hagemann-Sartor*, 1990, p. 11). In order to fulfil the condition of debt sustainability a primary surplus is necessary to "finance" a certain level of debt (given that the additional income sources, stock-flow adjustments - $sf_t = 0$ - and seigniorage - $\lambda_t/(1+\psi) = 0$ - are negligible).

If one sets $\Delta b_t = 0$ in equation (2) one can derive the debt stabilising primary balance in percent of GDP, pd_t^* which is necessary in order to stabilize the debt to GDP ratio on a certain level:

$$pd_t^* = -\frac{(i-\psi)}{(1+\psi)}b_{t-1}. \qquad (3)$$

As long as the rate of interest on the public debt (i) exceeds the economy's nominal growth rate (ψ), public debt will tend to grow faster than GDP unless a country runs a primary surplus. The larger the wedge between the interest rate and the nominal growth rate, the larger the primary surplus needed to stabilize the debt to GDP ratio.

Comparing the actual primary balance with the debt stabilising one, results in the *"debt stability gap"* (pd_Δ):

$$pd_\Delta = pd_t - pd_t^* \qquad \text{or} \qquad pd_\Delta = pd_t + \frac{(i-\psi)}{(1+\psi)}b_{t-1} \qquad (4)$$

If one starts from the present debt to GDP ratio of b_0 one can calculate the primary balance which is necessary in order to target a certain reference value (e.g. the reference value of the Maastricht

Treaty of 60% of GDP: b_n^M) within a time period of n years with the following formula (see *Deutsche Bundesbank*, 1997a, p. 31):

$$pd_n^* = -\left[\frac{(i-\psi)}{(1+\psi)}b_0 + \frac{1}{q_n}(b_0 - b_n^M)\right], \qquad (5)$$

$$\text{with} \quad q_n = \frac{x^n - 1}{x - 1} \qquad \text{and} \quad x = \frac{1+i}{1+\psi}$$

Starting from the initial debt to GDP ratio and assumptions on the growth rate of nominal GDP and on the nominal interest rate, equation (5) allows to calculate the value of the primary balance which is necessary in order to reach the level of the target debt GDP ratio (60%) in n years. As one can imagine the primary balance depends heavily on the assumptions made concerning the growth rate of GDP and its relation to the interest rate as well as the time span a country wishes to reach the target level. The result of such calculations, done by the European Commission, can be found in Table 1.

2.2 Economics of Fiscal Consolidation

The economist's definition of sustainability according to the inter-temporal budget constraint of equation (3) is a forward-looking concept and is somewhat abstract and therefore of little practical use. Although it defines exactly under which conditions a fiscal policy (represented by the overall primary balance) leads to a sustainable debt level, this concept says little which concrete measures must be taken in order to consolidate the budget.

A look into past episodes of fiscal consolidations and the analysis of their successes or failures might give concrete hints, which fiscal policy strategy leads to lasting successes and which is only shortlived without sustainability. The *IMF* (1996) as well as studies by other authors (e.g. *Alesina-Perotti*, 1997; *Alesina-Ardagna*, 1998, *Perotti--Strauch-von Hagen*, 1997) argue along this way. These studies develop a concept of sustainability focusing on the controllability of public finances. This approach requires a disaggregate view of the government budget. Not only the (primary) budget balance is scrutinized but also the detailed structure of (tax) revenues and expenditure categories. *Perotti-Strauch-von Hagen* (1997, p. 51) base their practical approach to assessing the sustainability of a country's public finances on four principles: (a) a focus on controllability of fiscal flows and the deficit; (b) a disaggregate view of the composition of government spending and revenues to detect the symptoms of non-sustainability; (c) attention to institutional failures causing non-sustainability; (d) the use of measures and constraints that are relatively easy and uncontroversial in the implementation. The authors rest their analysis on case studies of fiscal stabilizations, of which they classify failures (Ireland, 1982-84; Sweden, 1983-90) and successes (United Kingdom, 1979-80; Ireland, 1987-89; Denmark, 1983-86) and three adjustments about their success the authors are undecided (France, 1994-96; Germany, 1994-96; Sweden, 1994-96).

Alesina-Perotti (1997) and *Alesina-Ardagna* (1998) follow a similar approach to assess practically sustainability of fiscal consolidations. The analysis of periods of large fiscal contractions raises many questions: (a) Does the composition of the fiscal adjustment matter for it beeing long lasting? (Expenditure cuts or tax increases). (b) Are fiscal consolidations always contractionary, as a demand-sided Keynesian view would suggest? The answer is no. Due to supply-side effects accompanied by wage arrangements and devaluations, an expansionary effect can be expected. (c) Are fiscal adjustments politically costly? (Governments that implement large fiscal adjustments typically remain in office!).

Alesina-Perotti (1997, pp. 220 ff) consider a sample of 20 OECD countries for the period 1960-94. They focus upon periods of very tight fiscal policy (fiscal contraction), in particular, relatively large budget adjustments. A period of tight fiscal policy is defined (*definition 1*: tight fiscal policy) as a year in which the cyclically adjusted primary deficit falls by more than 1.5 percent of GDP or a period of two consecutive years in which the cyclically adjustment primary deficit falls by at least 1.25 percent a year in both years. A more important definition (*definition 2*: successful consolidation) is used to identify successes of fiscal consolidations. A period of tight fiscal policy is successful if (1) in the three years after the tight period the ratio of the cyclically adjusted primary deficit to GDP is on average at least 2 percent of GDP below the last year of the tight period or (2) three years after the last year of the tight period the ratio of debt to GDP is 5 percent of GDP below the level of the last year of the tight period. In *definition 3*, a period of tight fiscal policy is expansionary if the average growth rate of GDP, in difference from the G7 average, in the period of the tight policy and in the two years after is greater than the average value of the same variable in all episodes of tight policy (*Alesina-Ardagna*, 1998, p. 496).

In successful cases (16 observation years), about 73 percent of the adjustment are on the spending side; in unsuccessful cases (46 observation years), about 44 percent of the adjustment are on the expenditure side. In unsuccessful cases, more than two-thirds of the cuts are in capital spending (public investment) while everything else, particularly government wages, is virtually untouched. In successful cases, cuts in capital expenditures are actually much lower in terms of GDP shares than in unsuccessful cases, despite the larger amount of total spending cuts. Only one-fifth of total spending cuts in successful cases are in public investment. In successful adjustments the largest cuts are in transfers and government wages, which together account for about 50 percent of total spending cuts. In successful adjustments, transfers and government wages are reduced by 1.1 percent of GDP a year while in unsuccessful cases the sum of these two components is less than 0.2 percent of GDP a year. Similar results are reported by the *IMF* (1996, pp. 57 ff) which studied 74 episodes of fiscal consolidation over a period of 25 years (1970-95) in 20 industrial countries. In a similar analysis with the same data set of 20 OECD countries, covering the period 1960-1994, *Alesina-Ardagna* (1998, p. 516) find some clear and some mixed results concerning large fiscal adjustments. Regardless of the debt, episodes of strong fiscal contractions that are expenditure based and are accompanied by wage moderation and devaluation are expansionary. However, no large tax-based fiscal adjustment can be expansionary even if it is accompanied by a devaluation. Politically important is the conclusion that in the vast majority of cases, the government that implemented the adjustment was reappointed.

2.3 Long-term Challenges for Sustainability

By definition, sustainability is a forward-looking concept. A proper evaluation whether a country's fiscal policy may be sustainable is only possible by forecasting future trends of the components of equation (2), namely the interest rate, the rate of growth of GDP, the primary balance as well as stock-flow adjustments and seigniorage. Accurate forecasts of the future behaviour of government debt and deficits are therefore an important ingredient for assessing sustainability (see e.g. *Artis-Marcellino*, 1998). Most of the studies analysing sustainability rely on past behaviour of debt to GDP levels. *Brandner-Diebalek--Schuberth* (1998, p. 25) using the Hodrick-Prescott filter technique to calculated structural (cyclically adjusted) fiscal indicators conclude that by 1997 almost all EU countries have managed to turn the structural primary gap (which shows to what extent current primary balances deviate from those primary balances necessary to stabilize the debt to GDP ratio; see our equation (4)) from negative to positive. In addition, in 1997, all EU countries except Germany and France had primary surpluses sufficiently high to stabilize the gross debt to GDP ratio.

In the development of the primary balance, however, there may be hided "time bombs" like long-term burdens of the pension system due to ageing of population. Therefore, a simple assessment of sustainability just by looking at past developments of fiscal indicators (debt and deficits) might be premature. *Blanchard-Chouraqui-Hagemann--Sartor* (1990) were the first authors who tried to use the concept of sustainability not only for past – and therefore short-term analysis – but also for medium-term and long-term applications. In a special approach, "generational accounting" tries to assess the distributional implications across generations or age cohorts of changes in fiscal policies. In several analysis international organizations (IMF, OECD) have tried to study the long-run consequences of "population ageing".

2.3.1 Generational Accounting

Generational accounting – originated by *Auerbach-Gokhale--Kotlikoff* (1994) – is used to assess the distributional implications across generations or age cohorts of changes in fiscal policies. They often highlight the fact that policy changes can shift resources among generations without affecting the present fiscal deficit at all. The definition of generational accounting is straightforward (see *IMF*, 1996, p. 52)[6]. Using present-value calculations and imposing the intertemporal zero--sum constraint that future generations must pay with interest for government purchases for which past and current generations have not paid, generational accounts seek to answer the question of how much each generation would pay in net taxes – that is, taxes and contributions paid minus transfers received – if fiscal policies were to remain

---

[6] For a survey of the merits and limitations of generational accounting, see *Sturrock* (1995); and the *Journal of Economic Perspectives*, Vol. 8 (Winter 1994), which devotes the volume to generational accounting.

unchanged. The difference between the lifetime net tax rates of new-born and future generations provides an indicator of the sustainability of present fiscal policies, because it provides estimates of the adjustment in taxes or benefits, or that the intertemporal zero-sum constraint is satisfied.

For example, for the United States *Sturrock* (1995, p. 30; see also *IMF*, 1996, p. 52) has estimated that assuming annual labour productivity growth of 0.75 percent and a real discount factor of 6 percent, lifetime net tax rates of newborn and future generations would amount to 37 and 78 percent of labour income, respectively, clearly indicating that under the assumptions made, present fiscal policies in the United States are unsustainable. However, the results are highly sensitive to the specific assumptions about the discount factor, future demographic changes, the rate of technical progress, and hence the future growth of GDP and of income.

The *Deutsche Bundesbank* (1997b) has made similar calculations in order to derive the burden of present fiscal policy for future generations in Germany. For the generation, born in 1996 it is calculated that the lifetime net tax rates would be 67 percent for men and 38 percent for women.

Although generational accounting has several drawbacks it is an instrument to check future trends of present fiscal policy and its distributional aspects. These are questions never touched upon in the fiscal convergence criteria of the Maastricht Treaty. Nevertheless it could have implications for sustainability of fiscal policy.

2.3.2 Population Ageing

One of the most challenging long-term problems for fiscal policy is "population ageing". Therefore, the weak budget positions of most countries today are not the end of the fiscal story. Governments also have explicit and implicit liabilities that will shape their future budget positions, such as promises to pay public pensions and health care benefits to retirees. With the expected ageing of industrial countries' populations, there will be more elderly people to support, a smaller share of the population to work and pay taxes on labour income, and much higher medical care bills that most governments have promised to fund. When these liabilities, together with likely future tax revenues, are taken into account, the budget prospects of industrial countries look dramatically worse. This is sometimes referred to as the "invisible debt problem" (*IMF*, 1996, p. 53). Overall then, the whole welfare state is at stake in the long run.

The *IMF* (1996, pp. 58-59) made some impressive model simulations over the period 1995 to 2050 and so trying to find paths to sustainable budgets and pension schemes in industrial countries. Only a "pension reform scenario" would solve the long-term problem of exploding public debt if the policy remains unchanged concerning the old-age pensions.

Similar, although much more sophisticated exercises were recently undertaken by the OECD (*Turner-Giorno-De Serres-Vourc'h-Richardson*, 1998). The OECD study presents a number of long-term scenarios illustrating the likely domestic and international macroeconomic effects of ageing across the OECD and policies, which might ameliorate or reverse underlying tensions. The scenarios are constructed within the broad framework of an international dynamic general equilibrium macroecnomic model of the world economy, MINILINK. The model distinguishes five regions: the United States, Japan, EU, and "fast-ageing" (OECD countries other then USA and EU, Japan, that means Turkey; Mexico, Eastern European countries plus Russia, China, Hong-Kong, Korea, Singapore, Thailand) and "slow-ageing" 'rest of the world' regions (Africa, Latin America, Asia, other than China etc.). Similarly as in the IMF simulations the best remedy to overcome these budgetary problems in the long-run (*Turner-Giorno-De Serres-Vourc'h-Richardson*, 1998, pp. 31-32) are combined reforms with a package of measures.

The message of all these long-run exercises is that sustainability cannot be evaluated – as proposed by the fiscal convergence criteria – only on the basis of short – and medium-term developments alone. The "invisible debt problem" must be considered carefully in order to draw conclusions about the long-run sustainability of fiscal policies in EU countries. However, the S&GP having more ambitious aims than the Maastricht Treaty would be fully consistent with solvency under the conditions for long-run sustainability.

3. Are the EMU Members Fiscally Sustainable?

3.1 The Assessment by the EMI and the Commission

In the light of the "excessive deficit procedure" the European Commission (*EC*, 1998, p. 89) comes to the conclusion, that 14 EU Member State are not the subject of an excessive deficit decision and hence, are to be considered as fulfilling the criteria on the government budgetary position according to Article 109j(1) of the Treaty. This recommendation has been accepted by the European Council on 2 May 1998. As the preceding discussion has shown, this procedure is only one concept in order to analyse the "sustainability" of the fiscal policy. Although the 14 Member States fulfil the short-term convergence criteria of the Treaty both, the Commission and the EMI stress the necessity of further consolidation of the budget position in many countries. Implicitly, therefore, it is admitted that sustainability is not guaranteed in all EU Member States which have formally fulfilled the fiscal convergence criteria.

In particular, the *European Monetary Institute* in its Convergence Report 1998 (*EMI,* 1998, p. 7-8)[7] stressed that "notwithstanding recent achievements, further substantial consolidation is warranted in most Member States in order to achieve lasting compliance with the fiscal criteria and the medium-term objective of having a budgetary position that is close to balance or in surplus, as required by the Stability and Growth Pact, effective from 1999 onwards. This applies in particular to Belgium, Germany, Greece, Spain, France, Italy, the Netherlands, Austria and Portugal, where deficits in 1998 are forecast to be between 1.6 and 2.9% of GDP".

Applying a similar procedure as in our equation (5), the *European Commission* (*EC*, 1998) calculated the years when the debt-to-GDP ratio falls below the 60% level. As can be seen from Table 1, Belgium and Italy have still a long way to go. This implies continuous fiscal restrictions over 14 to 19 years in the future!

Belgium recorded primary surpluses of 5% to 6% during the period 1994 to 1997 (see *EMI*, 1998, Table 6: Belgium). So it may be

---

[7] In assessing the budgetary positions of EU Member States, the impact on national budgets of transfers to and from the EC budget is not taken into account by the *EMI* (1998, p. 8).

Table 1 — Sustainability of Debt Trends

	Govern-ment debt ratio in 1997 (as % of GDP)	Change in debt ratio 1996-97 (as % of GDP)	Actual primary balance in 1997 (as % of GDP)	Debt stabilising primary balance in 1997 (as % of GDP)	Debt stability gap [a] in 1997 (as % of GDP)	Number of years needed to bring the debt ratio below 60% of GDP [b]	Year when the debt ratio falls below 60% of GDP [b]
			(1)	(2)	(3)=(2)-(1)		
B	122.2	-4.7	5.8	2.7	-3.1	14	2011
DK	65.1	-5.5	6.5	1.9	-4.6	1	1998
D	61.3	0.8	1.1	2.1	1.0	4	2001
EL	108.7	-2.9	5.6	-1.0	-6.6	10	2007
E	68.8	-1.3	1.9	0.7	-1.2	6	2003
F	58.0	2.4	0.6	1.8	1.2	Debt < 60%	Debt < 60%
IRL	66.3	-6.4	5.2	-2.4	-7.6	1	1998
I	121.6	-2.4	6.8	4.5	-2.3	19	2016
L	6.7	0.1	6.8	-0.1	-2.2	Debt < 60%	Debt < 60%
NL	72.1	-5.0	3.9	1.3	-2.6	5	2002
A	66.1	-3.4	1.6	1.5	-0.1	7	2004
P	62.0	-3.0	1.9	0.8	-1.1	1	1998
FIN	55.8	-1.8	4.5	1.6	-2.9	Debt < 60%	Debt < 60%
S	76.6	-0.1	5.4	4.2	-1.2	4	2001
UK	53.4	-1.3	1.6	0.3	-1.3	Debt < 60%	Debt < 60%
EUR	72.1	-0.9	2.6	1.3	-1.3	7	2004

a) A negative sign means that the actual primary balance is sufficiently large to bring down the debt ratio in 1997. The stock-flow adjustment is not taken into account for these calculations.

b) The calculations have been made as follows: Spring 1998 economic forecasts for the debt ratio until 1999 and projections thereafter, fixing interest rates on government debt at a common level of 6%, inflation rates at 2%, stock-flow adjustments at zero and keeping real GDP trend growth rates and primary balances constant at the levels forecast for each Member State in 1999.

Source: Convergence Report 1998, European Commission, Brussels, 25 March 1998, p. 111

plausible – under the very optimistic assumptions of a growth rate of nominal GDP of annually 5% and long-term interest rates of only 6% during the whole period – to assume that Belgium could reach the Maastricht reference debt to GDP level in around 14 years. Italy, on the other hand is lagging behind a sound budgetary stabilisation path. Only in 1997 Italy had a primary surplus of 6.8%. In the years before the respective values were 2% to 4% (see *EMI*, 1998, Table 6: Italy).

So, one must be sceptical whether Italy can reach the Maastricht reference value for the debt GDP ratio within 14 years. The necessary primary balances to reach this goal are much too ambitious.

The *European Commission* in its Convergence Report 1998 (*EC*, 1998, pp. 100-112) besides evaluating the Member States concerning their compliance with the fiscal criteria according to the Treaty, makes a long digression on "sustainability of the government financial position". In assessing sustainability, the Commission stresses the following issues:

- The *influence of the cycle* (*EC*, 1998, pp. 101-103): Due to the automatic stabilizers during a recession, the cycle exerts a negative influence on the government budget and widens the deficit by depressing revenues and pushing up social expenditures (higher payments for unemployment benefits). This influence is reversed and even becomes positive during phases of economic expansion. For most Member States, the largest part of the progress in reducing budget deficits which has been achieved over the period 1993-97 results from discretionary tightening while only a minor part can be ascribed to the cyclical upturn since 1993. Only in Ireland the improvement in the government deficit comes primarily from the beneficial cyclical developments (high economic growth). In Denmark and Finland the improvement in cyclical conditions also attributed to a large extent to the reduction in the government deficit.
- *One-off measures* (*EC*, 1998, pp. 103-104): The Commission criticizes very openly the attitude of some EU Member States, in order to fulfil the fiscal convergence criteria in the year 1997, to rely on measures which are only "one-off" or temporary in nature. Sustainability is in such countries in danger. The Commission puts into pillory explicitly some Member States. One--off operation on the revenue side include the collection in one year (1997) of receipts from the sale of buildings and intangible assets, such as for example the sale of mobile phone licences in Belgium and Austria. Similarly of temporary nature are fiscal measures, such as the euro-tax package in Italy. On the expenditure side, such temporary measures include the postponement of government investment spending or delays in payments. The exceptional payments made by *TeleDanmark* in Denmark,

France Télécom in France, the *Postsparkasse* in Austria and the *Banco Nacional Ultramarino* in Portugal.

- The *size and composition of budgetary adjustment* (*EC*, 1998, pp. 105-107): As was pointed out by *Alesina-Perotti* (1997), "composition matters". Looking at the cyclically adjusted primary balance which is more directly controlled by the budgetary authorities, the Commission comes to the following conclusion: During the second stage (1993-97), five Member States – Greece, Spain, Italy, Sweden and the United Kingdom – have implemented a major budgetary adjustment and achieved an improvement in their cyclically adjusted primary balance of more than 3 percentage points of trend GDP (see Table 2). In most other Member States, the size of the retrenchment was situated between 1.5 and 3 percentage points. Some budgetary loosening took place in Denmark and Ireland, while the Netherlands only implemented a relatively minor retrenchment, but large budgetary adjustments had already been carried out in these countries during preceding years. The size of the consolidation depended on the initial conditions at the start of Stage Two of EMU. Some Member States relied on revenue increases to achieve correction of their budgetary imbalances but only in Belgium, Greece, France and the United Kingdom did the increase in revenue outweigh cuts in primary expenditure. There was a decline in the revenue share in Denmark, Germany, Spain, Ireland and the Netherlands. Cuts in current primary expenditure made a significant contribution to the deficit reduction in most Member States. Unfortunately, several Member States also relied on cuts in capital expenditures (public investments) to bring down their deficits. In Denmark, Greece, France and the United Kingdom, reductions of public investment were the major source of adjustment on the primary expenditure side and they were also important in Germany, Italy and Sweden. Reduced interest payments more than outweighed improvements in the primary balance in Belgium an the Netherlands.

3.2 Successful Consolidations or Not?

An assessment of sustainability along the lines of the "economics of fiscal consolidation" comes to somewhat different conclusions as the

Table 2 — Composition and Success of Fiscal Consolidations in EU Countries: 1993-1997
(Cyclically adjusted, as percent of trend GDP)

	Consolidation:		Change:						
	Yes/no	Successful	Overall balance	Interest pay-ments	**Primary balance**	Reve-nue	Primary expendi-ture	Of which:	
								Current primary expentirure	Capital expendi-ture
	*)	**)	(1) =(3)-(2)	(2)	(3) =(4)-(5)	(4)	(5) =(5a)+(5b)		
B	Yes	Yes	4.6	-2.6	2.0	1.2	-0.8	-0.6	-0.2
DK	No	Yes	1.5	-1.8	-0.3	-0.5	-0.2	0.2	-0.4
D	Yes	No++)	1.1	0.4	1.5	-1.3	-3.0	-1.6	-1.4
EL	Yes	No	9.2	-2.9	6.3	3.2	-3.0	0.6	-3.6
E	Yes	Yes	4.3	-0.7	3.6	-1.6	-5.2	-3.5	-1.7
F	Yes	No+)	2.4	0.3	2.7	1.4	-1.3	-0.5	-0.8
IRL	No	Yes	-0.1	-1.8	-1.9	-2.1	-0.2	-0.7	0.5
I	Yes	No	6.4	-2.6	3.8	0.5	-3.3	-1.7	-1.6
L	-	+)	-	-	-	-	-	-	-
NL	No	Yes	1.6	-1.0	0.6	-4.2	-4.7	-4.2	-0.5
A	Yes	No	2.3	-0.3	2.0	0.0	-2.1	-1.3	-0.8
P	Yes	No	4.3	-1.9	2.4	4.6	2.2	2.8	-0.6
FIN	Yes	yes	0.6	1.3	1.9	0.1	-1.8	-1.6	-0.2
S	Yes	Yes	7.7	0.3	8.0	2.4	-5.5	-2.9	-2.6
UK	Yes	No+)	3.4	0.8	4.2	2.3	-1.8	-0.4	-1.4
EU-15			3.2	-0.4	2.8	0.0	-2.8	-1.5	-1.3

*) A period of budget consolidation is defined as a situation where the primary balances ratio-to-GDP (cyclically adjusted) over the period 1993-1997 has increased at least by 1 percent of GDP.

**) A budget consolidation is called successful if the debt to GDP ratio has declined at least by 5 percentage points between 1993 and 1997.

+) In these Member States the debt to GDP ratio in 1997 was already below 60%.

++) In Germany the debt to GDP ratio is already close to 60% (however, it increased from 1996 to 1997 from 60,4% to 61,3%).

Source: Convergence Report 1998, European Commission, Brussels, 25 March 1998, p. 106.

Commission. Applying similar criteria for the success of budget con-solidations as in the studies by *Alesina-Perotti* (1997), *Alesina-Ardagna* (1998) and in *IMF* (1996) one can group the EU countries in the fol-lowing manner. For this purpose the preparation phase before examin-ing the convergence criteria (1993-97) is analysed.

Firstly, one has to ask whether a budget *consolidation* has taken place during the period 1993-97. A period of fiscal consolidation is defined as a situation where the primary balance ratio to GDP (cyclically adjusted) has increased at least by 1 percent of GDP. According to this criteria Denmark, Ireland and the Netherlands did not have a consolidation in this period (see Table 2, second column).

Secondly, a *successful consolidation* is defined as a situation where the debt to GDP ratio between 1993 and 1997 declined by at least 5 percentage points. The data on the evolution of the debt to GDP ratio can be found in the Convergence Report by *EMI* (1998). Accordingly, only 5 EU countries made a successful consolidation (see Table 2): Belgium, Spain, (partly the Netherlands), Finland and Sweden[8]. In Finland the debt ratio already was below 60% in 1997. The consolidation of the following countries must be classified as unsuccessful: Germany (the debt ratio is already close to 60%; however, it increased slightly from 1996 to 1997 and is forecast to decline in 1998), Greece, France (the debt ratio was already below 60% in 1997), Italy, Austria, Portugal and the United Kingdom (the debt ratio was already below 60% in 1997; see Table 1). The major reason for classifying countries as unsuccessful was that these countries relied highly on one-off measures to fulfil the fiscal criteria in 1997.

Similar to the exercise made by the IMF (1996) and by *Alesina--Ardagna* (1998), one can look on the *macroeconomic consequences of the budget consolidations* (see Table 3). First of all one must note that – although the Maastricht Treaty with the aim of the EMU was signed already in 1992 – in most countries the consolidation efforts only set in 1995/96 (with the exception of Belgium in 1994, Finland in 1993 and Sweden in 1994 – although at that time the latter countries were not yet members of the EU). Similar to the results in the *IMF* study (1996), one finds that fiscal consolidation was not harmful for GDP growth. In the six successful countries real GDP before and after the consolidation was higher than on EU average, whereas in the unsuccessful countries the economic growth was lower. Of course, there are exceptions from the rule. Belgium performed worse than the EU average. However, the average of the successful countries is also dominated by the exceptional growth performance by Ireland. These anti-

---

[8] Sweden, when evaluated over the period 1993-97, is a success case (see Table 2). However, the consolidation process only started in 1994. Over the shorter period, 1994-97, Sweden was not successful according to the chosen definition (see Table 4).

Table 3 — Macroeconomic effects of fiscal consolidations in EU countries: 1993-97

	Consolidation		1 year before	1 year after	2 years after	Cumulative 2 years after
	Start year *)	Successful **)				
			Start of fiscal consolidation			
			Effects on real GDP (deviations from EU-15 average in %)			
B	1994	Yes	-1.0	-0.5	-0.4	-0.9
DK	1996	Yes	0.1	0.9	0.2	1.1
D	-	-	-	-	-	-
EL	1996	No	-0.7	0.8	0.8	1.9
E	1996	Yes	0.3	0.5	0.7	1.2
F	1995	No	-0.1	-0.4	-0.3	-0.7
IRL	1996	Yes	8.6	6.8	7.3	14.1
I	1995	No	-0.7	0.4	-1.1	-0.7
L	-	-	-	-	-	-
NL	1996	Yes	-0.2	1.5	0.6	2.1
A	1996	No	-0.4	-0.2	-0.2	-0.4
P	1995	No	-2.2	-0.6	1.8	1.2
FIN	1993	Yes	-4.6	-0.7	1.6	0.9
S	1994	No	-1.7	0.4	1.4	1.8
UK	1994	No	2.6	1.4	0.3	1.7
All 13 cases+)			0.22	0.50	0.07	0.57
6 successful cases+)			0.01	0.81	0.83	1.64
7 unsuccessful cases+)			0.29	0.39	-0.19	0.21

*)   A consolidation starts, when during 1993-97 for the first time, the primary surplus increases or the primary deficit declines.

**)   A fiscal consolidation is given when there is an improvement in the primary balance by at least 1 ½ percent of GDP two years after the consolidation started.

This definition diverges slightly from those chosen in Table 3; this time we look at each year during the period 1993-97 and use the primary balances (not cyclically adjusted) reported by the EMI.

A budget consolidation is called successful if the debt to GDP ratio has declined at least by 5 percentage points between 1993 and 1997.

+)   GDP weighted averages.

Source: Own calculations based on data by the Convergence Report 1998 by EMI (1998).

-Keynesian results constrast with the negative expectations of MULTI-MOD simulations of the impact of the SGP. *Hughes-Hallet-McAdam* (1998), for instance, find that the strict compliance with the SGP would have severe contractionary macroeconomic effects in the future.

4. Simulated Asymmetric Shocks and Fiscal Sustainability?

The oldest theory economists use to evaluate whether a monetary union forms an "optimum currency area" is those by *Mundell* (1961). The basic message is that the loss of the instrument of nominal exchange rates must be compensated with more flexibility on the labour market or more international labour mobility in order to absorb asymmetric (country-specific) shocks. After several refinements the theory of optimum currency area (OCA theory) is at the heart of any economic evaluation about the adjustment mechanism in a community consisting of several countries with one money. There is a long debate how to operationalize the OCA theory (see e.g. *Bayoumi-Eichengreen*, 1996). Interestingly, the empirics of the OCA theory leads primarily to a mini-EMU. Recent work on the question how countries will handle idiosyncratic macroeconomic shocks under the single currency includes the study by *Obstfeld-Peri* (1998). Instead of pleading for more fiscal federalism in the EMU[9] (a transfer union à la USA) they propose an alternative strategy based on a relaxed Stability Pact, further strictures against central EU borrowing, labour market and fiscal reform, and the issuance by individual member states of debt indexed to nominal GDP.

All these questions are not touched upon in the following exercise. Instead, two simulations are carried out with the Oxford Economic Forecasting (OEF) World Model (*OEF*, 1996). In its latest release of OEF the Euroland is already modeled insofar as the 11 EU countries participating in the EMU have fixed bilateral exchange rates starting with 1Q1999. In addition, the ECB is emulated by assuming the same interest rate levels in Euroland. And the Euro is already anticipated and calculated against third country currencies, like the US-Dollar (USD) or the British Pound (Euro). So when simulating shocks one already anticipates the monetary behaviour of the European Central

---

[9] In the declaration by the ECOFIN Council of May 1, 1998 (point 6.) "specific financial transfers" (transfer union; fiscal federalism) were explicitly excluded.

Bank (ECB). Its monetary policy reaction function follows something like a Taylor rule: the short-term interest rate adjusts in response both to the gap between a target for the stock of money and its actual value and to the gap between potential output and actual output.

Two external shocks to the European economies are simulated over a period of nine years, starting with 1999. The first is a classical supply shock (oil price increase), the second is a demand shock (cut in Eastern Europe's imports). The primary interest in simulating the shocks is their implications on fiscal sustainability.

4.1 Supply Shock

At present, there is an oversupply on the world market for oil and therefore the prices stay at record low levels of around 11 to 12 USD per barrel. Nevertheless, it may be interesting to look at a doubling (100% increase) of the oil prices. Two oil price shocks in the past (OPEC I by 1972/73; OPEC II by 1980/81) had drastic effects in the industrial countries: a surge of inflation, a decline of economic activity, an increase in unemployment, a deterioration of the government budget positions.

In the following the results of the simulation of a 100% increase of oil prices are reported only for a few countries (three "ins" in EMU: Austria, Germany, Italy; the United Kingdom as representative of the "outs"; and the USA as a prominent third country) and the macroeconomic variables: real GDP, general government balance, debt to GDP ratio, exchange rates. The oil price shock has the following timing: 100% increase of oil prices during the period 1999-2001, thereafter a decline to the baseline price level. Although the oil price shock is common to all industrial countries, its impact is, however, idiosyncratic depending on the country-specific dependency of oil imports (for example, the United Kingdom is less dependent on oil imports than Germany).

All five countries will experience a decline in real GDP and an increase of inflation (not reported in Figure 1). Up to the year 2002 the cumulative loss of real GDP will be about 2 percent in all countries alike. Then, after the oil price returns to base levels, in Italy the lagged effect will drive real GDP down even further to around 4 percent, whereas the other countries already improved their position. Later, Italy will improve more than the other countries. The deterioration in the

Figure 1: Oil Price Shock: Increase by 100% during 1999-2001
(Deviations from baseline scenario in %)

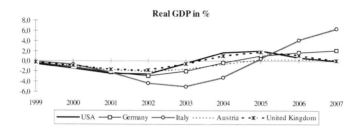
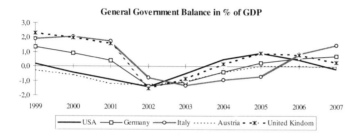
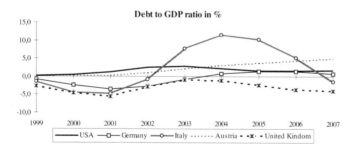
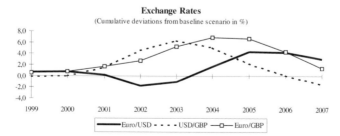

Source: Own Simulations with the OEF World Model.

general government balance is not as dramatic as expected and has a quite similar pattern in all reported countries. However, again Italy will experience a rather strong increase in its debt to GDP ratio by 2004 (by around 10 percent of GDP), which will question sustainability. The oil price shock leads to a slight depreciation (increase) of the Euro against the USD at the beginning. After the fall of the oil prices an appreciation sets in and is followed by an depreciation path later. A somewhat inverse pattern can be detected in the Euro/GBP exchange rate, implying an insulation effect of the monetary policy in United Kingdom.

4.2 Demand Shock

As an external demand shock a 20% cut of imports of Eastern Europe (sustained) is simulated over the whole period (1999-2007). Such a reduction in demand could happen in Eastern Europe when this region will catch the currency crisis virus of Asia via Russia! Again, this shock is common to all western industrial countries, however, its impact depends on the trade intensity of western countries with eastern countries (Austria has a higher share than the United Kingdom or the USA).

The import cut of Eastern Europe would – in the short-run – cause the biggest losses in real GDP in Austria (around 0.4 percentage points), followed by Germany and Italy (see Figure 2). Similarly, the worsening of the fiscal position (deficit, debt) is stronger in Austria than in other countries. Although this shock is not as large as the oil price shock, the deterioration in the debt position is obvious in all EMU "ins" countries. The Euro would gradually devalue over time against the USD in case of such a demand shock.

These simulation exercises should demonstrate that not unrealistic shocks to the economies of the EMU might endanger the ambitions towards fiscal sustainability in the near future.

5. Conclusions

Is fiscal sustainability really necessary, also in stage III of the EMU? In this article many arguments are put forward in favour of an affirmative answer to this question. There are profound theoretical jus-

Figure 2: Reduction of Imports of Eastern Europe by 20%
(Deviations from baseline scenario in %)

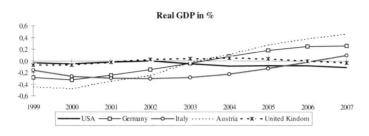

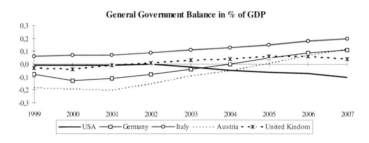

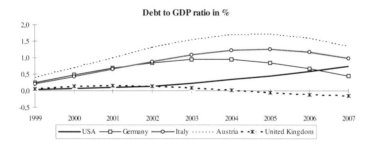

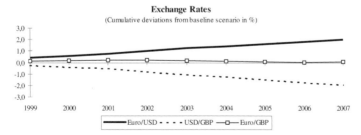

Source: Own Simulations with the OEF World Model.

tifications for the convergence criteria, in particular for the connection between fiscal sustainability and price stability. The Stability and Growth Pact is even more binding than the fiscal criteria of the Maastricht Treaty, as it aims at budget balances close to zero or even in surplus. Most of the EMU participants have already reached a high degree of fiscal sustainability. Some countries, most prominently Belgium and Italy have still to go a long way with a continous restrictive fiscal policy until they have come down to the debt criterium of the Maastricht Treaty. Nevertheless, a somewhat different view on the fiscal indicators collected by the European Commission leads to the conclusion that only half of the EU Member States can be attributed as successful consolidation cases. Interestingly, most of the successful cases did not lead to a contraction (this is the Keynesian view), but to an economic expansion (which is in concordance with the modern supply-side view of the economics of fiscal consolidation). Own model simulations of asymmetric shocks (one supply shock and one demand shock) in Euroland with a common monetary policy cause different economic effects in the Euroland members. In particular, a supply shock could endanger the ambitions towards long-run sustainability.

References

ALESINA, A., ARDAGENA, S., "Tales of fiscal adjustment", *Economic Policy*, No. 27, October 1998, 488-545.

ALESINA, A., PEROTTI, R., "Fiscal Adjustments in OECD Countries: Composition and Macroeconomic Effects", *IMF Staff Papers*, Vol. 44, No. 2, June 1997, 210--248.

ARTIS, M., MARCELLINO, M., *Fiscal Solvency and Fiscal Forecasting in Europe*, CEPR Discussion Paper Series, No. 1836, March 1998.

AUERBACH, A.J., GOKHALE, J., KOTLIKOFF, L.J., "Generational Accounting: A Meaningful Way to Evaluate Fiscal Policy", *Journal of Economic Perspectives*, Vol. 8, No. 1, 1994, 73-94.

BAYOUMI, T., EICHENGREEN, B., *Operationalizing the Theory of Optimum Currency Areas*, CEPR Discussion Paper Series, No. 1484, October 1996.

BLANCHARD, O., CHOURAQUI, J.-C., HAGEMANN, R.P., SARTOR, N., "The Sustainability of Fiscal Policy: New Answers to an Old Question", *OECD Economic Studies*, No. 15, August 1990, 7-36.

BRANDNER, P., DIEBALEK, L., SCHUBERTH, H., *Structural Budget Deficits and Sustainability of Fiscal Positions in the European Union*, Oesterreichische Nationalbank (OeNB), Working Paper No. 26, May 1998.

BREUSS, F., *Sustainability of the Fiscal Criteria in Stage III of the EMU*, Research Institute for European Affairs at the University of Economics and Business Administration Vienna, IEF Working Paper No. 29, Vienna, August 1998.

BUITER, W.H., *Macroeconomic Policy During a Transition to Monetary Union*, CEPR Discussion Paper Series, No. 1222, August 1995.

DEUTSCHE BUNDESBANK, "Die Entwicklung der Staatsverschuldung seit der deutschen Vereinigung", *Monatsbericht*, März 1997a, S. 17-32.

DEUTSCHE BUNDESBANK, "Die fiskalische Belastung zukünftiger Generationen – eine Analyse mit Hilfe des Generational Accounting", *Monatsbericht*, November 1997b, 17-30.

DOMAR, E.D., "The 'Burden of the Debt' and the National Income", *The American Economic Review*, Vol. XXXIV, 1944, 798-827.

DORNBUSCH, R., "Fiscal Aspects of Monetary Integration", *The American Economic Review*, Papers and Proceedings, Vol. 87, No. 2, May 1997, 221-223.

EC, *Bericht über die Konvergenz in der Europäischen Union im Jahr 1995*, Europäische Wirtschaft, Beiheft A, Nr. 1, Januar 1996.

EC, *Convergence Report 1998* (prepared in accordance with Article 1 109j(1) of the Treaty), European Commission, Brussels, 25 March 1998.

EMI, *Convergence Report. Report required by Article 109j of the Treaty establishing the European Community*, European Monetary Institute, Frankfurt, March 1998.

EURO PAPERS, *The introduction of the Euro. Compilation of community legislation and related documents*, Euro Papers, European Commission. Directorate General II: Economic and Financial Affairs, No. 7, October 1997.

HUGHES-HALLET, A., McADAM, P., *Large Scale Fiscal Retrenchments: Long-run Lessons from the Stability Pact*, CEPR Discussion Paper Series, No. 1843, March 1998.

IMF, "Fiscal Challenges Facing Industrial Countries", *in: World Economic Outlook*, International Monetary Fund, Washington DC, May 1996, 44-62.

KEYNES, J.M. (1923), "A Tract on Monetary Reform", *in: The Collected Writings of John Maynard Keynes* (1971), Macmillan Press, London.

LANE, T.D., *Market Discipline*, IMF Working Paper (92/42), Washington 1992.

MUNDELL, R.A., "A theory of optimum currency areas", *American Economic Review*, Vol. 51, 1961, 657-665.

OBSTFELD, M., PERI, G., "Regional non-adjustment and fiscal policy", *Economic Policy*, No. 26, April 1998, 206-259.

OEF, *The new Oxford World model: An overview*, Oxford Economic Forecasting, September 1996.

PEROTTI, R., STRAUCH, R., VON HAGEN, J., *Sustainability of Public Finances*, CEPR Discussion Papers Series, No. 1781, November 1997.

STOBBE, A., "Was bedeutet fiskalische Tragfähigkeit?", *Wirtschaftsdienst*, 78. Jg., 4/April 1998, 210-217.

STURROCK, J., *Who Pays and When? An Assessment for Generational Accounting*, Washington: Congressional Budget Office, 1995.

TOBIN, J., "Budget Deficits, Federal Debt, and Inflation", *in*: Sommers, A.T. (Ed.), *Reconstructing the Federal Budget. A Trillion Dollar Quandary*, New York, 1984.

TURNER, D., GIORNO, C., DE SERRES, A., VOURC'H, A., RICHARDSON, P., *The Macroeconomic Implications of Ageing in a Global Context*, Economic Department, Working Papers No. 193, OECD, Paris, 20 March 1998.

WOODFORD, M., "Monetary policy and price level determinacy in a cash-in-advance economy", *Economic Theory*, Vol. 4, No 3, 1994, 345-380.

WOODFORD, M., "Price level determinacy without control of a monetary aggregate", *in: Carnegie-Rochester Conference Series on Public Policy*, Vol. 43, No. 0, December 1995, 1-46.

WOODFORD, M., *Control of the public debt: a requirement for price stability*, NBER Working Paper No. 5684, July 1996.

WOODFORD, M., *Doing without money: controlling inflation in a post-monetary world*, NBER Working Paper, No. 6188, September 1997.

ALTERNATIVES À L'HARMONISATION?

Mario ABAD,
Université d'Oviedo

L'article 99 (93 actuel) du traité de la Communauté européenne assigne au Conseil le rôle d'adopter les dispositions relatives à l'harmonisation des législations relatives aux impôts indirects dans la mesure où cette harmonisation est nécessaire pour garantir l'établissement et le fonctionnement du marché intérieur, tandis que, dans des termes plus génériques quant aux objectifs et plus précis en ce qui concerne les moyens, elle lui attribue mission égale, en agissant au moyen de directives, pour le rapprochement des dispositions, tant législatives que réglementaires ou administratives, qui influencent directement l'établissement ou le fonctionnement d'un tel marché.

Pendant long temps, depuis la réception des conclusions du Comité Fiscal et Financier, présidé par le professeur Neumark, pratiquement le Conseil a suisi en matière fiscale seulement les voies ouvertes par les deux articles du Traité.

Toutefois, d'abord par le règlement N° 2137/85, du 25 juillet, relatif à la constitution de groupements européens d'intérêt économique (AEIE), puis à travers la Convention relative à la suppression de la double imposition en cas de correction de bénéfices d'entreprises associées, appliquant pour la première fois en matière fiscale l'article 220 du Traité et, plus récemment par la Résolution du Conseil et des Représentants des Gouvernements réunis au sein du Conseil, du 1 décembre 1997, relative à un Code de conduite sur la fiscalité des entreprises, de nouvelles voies paraissent avoir été ouvertes qui, dans un premier rapprochement, pourraient être considérées une alternative à celle de l'harmonisation ou du rapprochement.

Le règlement de 85 pose le besoin d'établir un instrument juridique pour faciliter la coopération entre des personnes physiques et sociétes, sans des dificultés juridiques ou fiscales; objectifs prévus dans le Traité sans que celui-ci ait réglé les moyens, ce pourquoi il a été necessaire d'aller à l'emploi de l'article 235 (l'actuel article 308) comme base juridique de l'action communautaire.

En tout cas, le résultat des activités du groupement se soumettent seulement à imposition dans les États correspondant à ses membres et on sous-entend que, quant au reste, on applique le Droit fiscal national. Pour tout cela, cette expérience intéressante concerne plus, à notre avis au Droit commercial qu'au Droit fiscal. Toutefois, on doit évaluer positivement son aspect innovateur en son temps, ainsi que l'utilisation de la voie du règlement, bien qu'on ne puisse pas dissimuler la nécessité de l'unanimité pour son approbation comme condition nécessaire du fondement juridique utilisé, celui de l'article 235.

La seconde alternative utilisée en matière fiscale, déjà prévue dans le Traité lui-même, mais laissée à la marge pendant trente années, a aussi des aspects positifs, comme par exemple la nouveauté d'avoir supposé une voie pour résoudre des problèmes de double imposition, de celle de l'arbitrage international, déjà proposée il y a plusieurs décennies par le professeur Manlio Udina, ainsi que le caractère multi-latéral de la convention souscrite dans le cadre communautaire, contrairement aux traditionnels qui, même en suivant des modèles approuvés dans le cadre d'organismes internationaux comme celui des Nations Unies ou celui de l'OCDE, en réalité constituent des réseaux d'accords bilatéraux avec des modèles de solutions diverses.

De notre point de vue, l'objet de la Convention de 1990 est très limité et, bien que prévu dans le Traite, possède davantage d'éléments du Droit International fiscal que du Droil Communautaire Fiscal.

La troisième expérience, bien récente, celle de l'appelé Code de Conduites, enferme aussi tant des aspects positifs que des négatifs. Positive est, évidemment, sa même existence; mais même celle-ci aurait eu une meilleure évaluation d'avoir été produite dans une étape initiale de la vie communautaire. Il est à l'heure actuelle impossible d'évaluer sans considérer en même temps sa alternative, celle de rapprochement des législations dans la matière couverte par le Code.

À notre avis, le caractère politique du "Code" comme il détermine expressément la Résolution du Conseil et des Représentants des Gouvernements, constitue probablement son principal aspect négatif.

Alternatives à L'harmonisation? 85

Nous pensons, toutefois, que s'il existe un accord politique pour considérer ccrtaines mesures fiscales comme pernicieuses, ce même accord pourrait servir pour une inclusion expresse dans le Traité, comme d'autres déjà existantes, qui, sans avoir besoin de développement normatif communautaire ultérieur, permettrait à la Cour de justice des Communautés écarter ces pratiques de conséquences effectivement pemicieuses. La raison de fond d'avoir suivi cette voie, ainsi que celle considérée deuxièmement, est peut-être précisément le souci d'exclure l'action du Tribunal.

Exposées ces idées, nécessairement succinctes, il semble claire notre position favorable à l'harmonisation explicite, mais limitée à ces cas dans lesquels il s'avère nécessaire pour le fonctionnement du marché intérieur, limite qu'a déjà souligné à leur tour le professeur Reboud et qu'il représente une reconnaissance par les rédacteurs du Traité de principes, comme ceux de subsidiarité et de proportionnalité qui, à notre avis, avant sa formulation écrite déjà orientaient l'ensemble du Droit communautaire, même pour ces qui partaient des positions les plus fédéralistes dans leur interprétation.

Or, la nécessité du fonctionnement du marché intérieur et plus encore de l'Union. Économique et Monétaire peuvent conduire par elles-mêmes à exiger de nouveaux pas sur la voie de l'harmonisation, une fois que les voies alternatives que nous avons considérées aient épuisé leurs possibilités, que nous ne nions pas malgré le fait de souligner leurs limitations.

Dans cet ordre, nous croyons que, outre le rôle harmonisateur qui, dans une autre perspective, soulignée en son temps par le professeur Mario Burgio, correspond aussi à la Cour de justice communautaire, est nécessaire de parler aujourd'hui, avec une prétention systématique, qu'avec l'harmonisation ou le rapprochement explicites que rassemblent les articles 100 et 101 du Traité, chaque fois doit avoir une plus grande pénétration l'harmonisation implicite exigée par les conditions de convergence établies par le Traité lui-même, et non seulement en ce qui concerne le déficit et à la dette publique.

En effet, la nécessité d'une fiscalité non excessivement differenciée dans chacun des États membres, y compris en elle non seulement celle spécifiquement étatique mais aussi celle correspondant à d'autres niveaux d'organisation territoriale inférieure et les charges coercitives destinées au financement du système de sécurité sociale publique, paraît évidente pour le fonctionnement adéquat tant du marché intérieur que de l'union monétaire. Mais cette réduction nécessaire des différences de systèmes et de politiques fiscalcs doit être forcée par les paramètres de convergence, qui, toutefois, à la manière des directivess établissent les objectifs mais n'exigent pas une uniformité totale des moyens utilisables.

Comme conclusion, dans le caractère nécessairement schématique de cette contribution, nous comprenons que l'harmonisation implicite ne sera pas sûrement suffisante et requerra un rapprochement normatif plus avant-garde à caractère explicite, menée à bien au moyen de directives, puisque les autres voies alternatives que nous avons exposées présentent d'importantes insuffisances. Ceci ne suppose pas d'ignorer la nécessité que l'utilisation des directives soit effectuée avec la prudence que les principes de subsidiaritè et de proportionnalité exigent, d'autant plus que le marché lui-même peut rendre inutile une certaine précision dans la réglementation communautaire dans des matières comme la détermination des types maximaux d'imposition de quelques taxes.

THE EU TAX HARMONISATION PROGRAMME AND MONETARY UNION

I. G. BARNES,
University of Lincolnshire and Humberside

Introduction

This paper suggests that the process of opening borders and the movement towards economic and monetary union (EMU) will inevitably lead to greater pressure to harmonise taxation within the European Union (EU). The advent of the single currency will create a degree of transparency particularly with respect to the indirect taxation system that will make this process difficult to resist. It will also present an opportunity for the EU lead the way forward in resolving some of the budgetary strains that are apparent within the Member States. Indirect taxes, and particularly excise duties are an undervalued resource that could be better exploited. If the level of Excise Duty is harmonised upward, the additional revenue could be used to reduce the level of social security contribution, for example.

The EU's tax harmonisation programme flows from the Single Market Programme. A Single Market, unencumbered by any barriers to trade, was an aim first identified in Article 10 of the Treaty of Rome in 1957, but only limited progress was made in the early years of the EU. A Customs Union with a common external tariff and tariff-free internal trade was achieved by 1968 and revenues from external tariffs are regarded as an EU resource and constitute an element of the EU's budget. However, many other non-tariff barriers (NTBs) to trade remained. It was not until 1985 that comprehensive proposals for the creation of a 'real' Single Market were promoted (CEC 1985).

The removal of NTBs entailed a massive legislative programme. The Single European Act (1987) was enacted to help speed up the completion of the Single Market through the extension of qualified majority voting in the Council of Ministers. Although a substantial number of the original 282 measures were amalgamated, the programme expanded and eventually 1,400 pieces of separate legislation were required for the Single Market to become operational by 1st January 1993. The deadline for its full completion was extended to 1st January 1999, to coincide with the planned introduction of EMU. Even after this date there are still problem areas where transposition of directives has been particularly slow. The Commission continues to monitor the situation on a regular basis and takes action against Member States as required (CEC 2000).

The Member States have retained their political sovereignty throughout the integration process, but have become economically interdependent. The Single Market created a stateless market (Kapteyn: 4). Whilst all the Member States gained from the liberalisation of the market across Europe, national sovereignty was reduced without it being compensated for at the EU level. A combination of national pride and the wish to retain purely national policies meant that the logical transfer of sovereignty to the supranational level did not occur. National parliaments saw their democratic controls being reduced by the interplay of market forces and the EU's prohibition of protectionist measures. However, these democratic controls were not vested in the European Parliament or even in the Council of Ministers, except under the very limited conditions applied to unanimous voting.

The Single Market and Taxation

The basis of the Single Market is economic liberalism and the introduction of this programme was a key event in the process of European integration. The removal of tariff barriers, completed in 1968, stimulated trade but was limited in its effects on the domestic policies of Member States. In contrast, the Single Market puts pressure on many other domestic policies to be brought into line. In other words, it offers a challenge to the economic independence of national governments that have the choice of either conforming across a wider and wider range of policies, or submitting to the imperatives of market competition. This challenge is penetrating to the heart of national sovereignty since the Single Market is impacting on systems of national taxation. The creation of EMU will exacerbate the problem, by creating conditions for the internal market to operate even more effectively and increase the extent of cross border shopping and commercial activities.

The setting and collection of taxes is close to the heart of national sovereignty. Any Member State's tax system is important to it as it raises revenue, can be an economic incentive, affects the distribution of income and is an essential tool in economic policy making. The EU uses unanimous voting for taxation issues (*Article 93* Treaty Establishing the European Community (ex Article 99)). This permits a single national government to veto any tax harmonisation measure that it believes to be against its national interest. The Nice Intergovernmental Conference of December 2000 maintained this veto. Member States are expected to resolve their budgetary problems independently. Progress towards EMU looked like faltering on the issue of budget deficits, but a satisfactory outcome was achieved and the project moved ahead in 1999. Budget deficits may still be a problem after EMU is completed. Member States may find hat their sovereignty is being eroded by tax competition. (Firms and individuals are able to choose their tax regime within an open market.) Also there is a widespread problem with respect to the tax burden on labour. National Insurance and other payroll levies are a valuable resource to pay for the increased cost of pensions health care and unemployment benefit. However, social security contributions grew from 29.7 percent of government's revenue within the Member States in 1961 to 34.8 percent in 1996. At the same time indirect taxes fell from 40.5 percent to 30.3 percent over the same period. This indicates that there is scope for reducing taxes on labour, and so creating more jobs, by switching to indirect taxes such as excise duties. (CEC 1997)

The EU would like to promote tax harmonisation in order to eliminate market distortions created by different tax systems, with the ultimate aim of making tax policy neutral in terms of economic decisions across national boundaries. Some progress towards fiscal harmonisation has been achieved. The standard rate for value added tax (VAT) is broadly within the range of 15 – 20%, which means that this is unlikely to distort trade. The EU also abolished the duty free concessions for travellers within the EU. It argued that this concession led to a substantial loss of tax revenue, and tended to distort trade and has led to unnecessary bureaucracy because the limits on traveller's allowances have required constant monitoring. The EU resisted intense pressure from consumers and producers of products such as perfumes and whisky to retain the concession, although the contribution of these sales to company profits, plus the need to placate duty free retailers, delayed its abolition until after the 30th June 1999.

Little progress has been made on the harmonisation of excise duties. Excise duties represented between 2.3 and 6% of the Gross Domestic Product (GDP) of Member States. They are an important source of government revenue amounting to between 5 and 16 percent of total tax receipts (CEC 1995). Generally, it is a convenient and inexpensive tax to collect and is levied on goods with relatively lower elasticity of demand so that demand for these goods is relatively unaffected by price changes. In the UK and Nordic States, alcoholic drinks and tobacco are generally regarded as non-essential items of expenditure and, as such, they are seen as suitable objects of attention for the tax authorities. States frequently justify increases in excise duty on alcoholic drinks and tobacco as part of an effort to promote a healthier lifestyle among citizens. However, the claim to be raising taxes in order to protect public health is clearly often a convenient excuse for raising further revenue.

Very large differences in the excise duties on alcohol and tobacco products became an issue with the introduction of the Single Market, because it was now very difficult to separate national markets thanks to the removal of border controls. The EU achieved a consensus in its attempts to harmonise excise duty by relying upon the setting of a low minimum rate, which would not significantly affect the production of dutiable goods in any country. This minimalist approach means that there is no effective harmonisation of excise duties on alcohol and tobacco products. Wide variations in economic policy and social attitudes means that Member States continue to follow different paths with respect to tax policy. The ensuing variations in taxes lead to a situation where there are huge price differentials in alcohol and tobacco products. For example, in 2001, the price of a packet of the most popular brand of cigarettes was £1.10 in Spain £2.07 in France and £4.33 in the UK. Similar differences can be seen with respect to the duty on spirits, beer and wine, with the excise duty on wine being set at zero in the major wine producing countries, compared to £250 per hectolitre at 11% volume in Finland, where taxes on wine are at the highest level. In terms of excise duty, an effective policy would harmonise duty within a much narrower band, but this would be extremely difficult to achieve given the implications of such a move for national sovereignty, national revenue and a whole range of national domestic policies.

Tensions around EU policies relating to alcohol and tobacco are already evident. The Single Market with its open borders together with the harmonisation of excise duties within a wide band has added to them. This is because these initiatives not only failed to discourage the consumption of alcohol and tobacco, but they actually encourage it through the growth of cross border shopping and illegal activity, as consumers and organised crime have taken advantage of widely different rates of excise duty within the EU. Cross border shopping arises from differences in price or the availability of goods. Price differences can occur because of exchange rate movements, diverse competitive conditions or, as in this case, differences in excise duty. If differences in price are of a sufficient order of magnitude to compensate for any transport costs involved in cross border shopping, there is an incentive for trade to take place. The further one lives from a border, the less incentive there is to engage in cross border shopping. In the case of holidaymakers, the marginal cost of travel is virtually zero; they are therefore likely to be active participants in the trade. The removal of borders within the Single Market in 1993 meant that the specific limits placed upon personal imports of dutiable goods from other Member States were replaced by indicative allowances. Travellers can bring back more than these amounts but larger imports have to be for personal use and need to be justified by, for example, a family wedding or the fact that the importer is an alcoholic. Even within these limits, just one family returning from holiday can import a considerable volume of alcohol and tobacco. Differences in excise duties have created minor industries with 'booze cruises' available and the mushrooming of large-scale 'cash and carry' outlets near borders particularly where the UK and the Scandinavian markets are concerned. The problem with all of these developments is, of course, separating out the commercial transactions that masquerade as individual shopping, in a system that does not permit systematic border checks.

One of the most predictable consequences of the large differences in rates of excise duty on alcohol and tobacco in EU Member States is the growth of illegal activity. Bootlegging can be achieved through the concealment of products or through fraudulent documentation. Like cross-border shopping, it is stimulated by the opening of frontiers and the relaxation of border controls. As a growing illegal activity, it is a significant negative overspill in itself. In many Member States, the penalties for being caught bootlegging alcohol and tobacco products are low. As a result, professional and organised smugglers can make very high profits without the threat of the long-term prison sentences associated with drug smuggling.

Small-scale smuggling exploiting differences in excise duty on alcohol and tobacco is one form of illegal activity stimulated by the completion of the Single Market and the elimination of border controls. Alongside this can be found highly organised transit fraud based on the fact that duties on exported alcohol and tobacco are paid in the country of consumption, not the country of origin. Smugglers make huge profits by illegally diverting shipments in transit through the EU and by bringing them back into the EU alcohol and tobacco, which has apparently been exported. The impact of transit fraud is by no means insignificant. The cost to the UK in lost revenue, of one container load of cigarettes fraudulently diverted in transit is around £800,000. The total loss of revenue form tobacco smuggling rose from £680 million in 1996 to £3,800 million in 2000 according to the estimates of the Customs and Excise. Abuse of the system means that up to 18% of cigarettes that are sold on the black market in some Member States. This causes huge problems for the EU and national budgets. The problems associated with tobacco smuggling were so severe that Sweden's Social Democratic government announced in April 1998, that it was to cut the excise duty on tobacco products by 27 percent for its 1999 budget. To date the UK has resisted this pressure on tobacco products for health reasons, although real taxation rates on alcoholic drinks have been reduced (House of Commons, 2001).

Responding to Failure

The problems of the impact of the single currency and open borders on excisable goods, could be tackled by improving current enforcement measures, together with an adjustment of the indicative allowance structure. To some extent attempts are being made to improve enforcement measures, but the problem is that these run contrary to the spirit of open borders and the Single Market. Added to that is the sheer scale of the problem involved in policing products that can be legally bought and sold anywhere in a Europe without frontiers.

Enforcement of national taxation borders can only ever be truly effective within the EU if the second alternative is adopted and border controls reintroduced. The linked options of better enforcement and the reimposition of border controls for dutiable products would preserve national fiscal sovereignty and leave national policy space around both fiscal and health policies relatively undisturbed and free from EU involvement. However, this would involve the kind of policy adjustment that, though familiar to national governments, is alien to the EU's policy-making style. It would represent a significant step back from the ideals and aims of the EU in general and the Single Market in particular.

The third option is to eliminate differential tax rates through tax competition. Where tax competition operates, citizens are able to make choices on the basis of location. Customers and entrepreneurs realise the advantages of buying or operating in lower tax territories and governments are forced to compete on tax rates, thus driving taxes downwards. To some degree, the current scenario of cross-border shopping and even bootlegging contains elements of tax competition except that the pressures from "choice" are not yet significant enough to compel a revaluation of national tax rates. The problem with tax competition proper is that failure to respond to competition (perhaps because of other priorities such as alcohol and tobacco policy) undermines a nation's tax revenues. Insofar as taxes are not lowered because of their implications for other policies, tax competition threatens legitimate instruments of state policy. Moreover, whilst competition is in progress and different rates still apply, smuggling will remain remunerative.

The final solution is the one always favoured by the EU's policy approach. It would involve harmonising rates, downward or upward, much more closely. Either way, this would dislocate policies in some Member States, depending on the extent to which they rely on excise duty for revenue and to support health policy. It is, therefore, difficult to see how the EU can achieve either a downward or an upward harmonisation without offending fiscal sovereignty and/or laying bare the lack of a European consensus in an important area of social policy. This suggests that the process of integration needs to be taken further as a consequence of the Single Market and the Single currency.

Conclusions

A harmonisation excise duty upwards is the most attractive policy option because it would eliminate the tax competition that will surely intensify under EMU. At the same time it would assist the process of balancing budgets, and give some Member States a degree of flexibility that they have lacked in the past. Although there would be a loss of fiscal sovereignty in terms of setting tax rates, there would be gains in terms of generating resources for other policy objectives. Most notably, in those Member States where excise rates are raised, budgets will be less restrictive and there will be an opportunity to reduce social security contributions for example. This in turn might assist the employment creation process. The pooling of sovereignty with respect to taxation will require the generation of political will to solve this increasingly pressing problem. This can only be fully achieved if the requirement for unanimous support for fiscal harmonisation within the Council of Ministers is modified in such a way as to meet the needs of the collective interest of the Member States. At the same time the external borders of the EU must be reinforced to ensure that large scale bootlegging does not become a problem. If indeed the total losses from bootlegging exceed £4 billion per year, even the UK, which has been the most trenchantly opposed to tax harmonisation proposals may have to consider their position.

References

CEC (1985), *Completing the Internal Market: White Paper,* COM (85) 310.

CEC (1995), *Commission Report on the Approximation of Excise Duties*, COM (95) 285.

CEC (1997), *1997 Annual Report: Growth, Employment and Convergence on the Road to EMU,* COM (97) 27.

CEC (2000), *Single Market Scoreboard No 6*, SEC (2000) 879.

HOUSE OF COMMONS (2001), *The Drinks Industry in Scotland*, Appendices to the Minutes of Evidence, HC 114-v, 5 April 2001.

KAPTEYN, PAUL (1996), *The Stateless Market* (English Language Edition) London: Routledge.

VALUE-ADDED TAX HARMONISATION AND THE EURO: THE IMPLICATIONS OF THE NEW COMMISSION PROPOSALS

Theodore GEORGAKOPOULOS,
Athens University of Economics and Business

1. Introduction

Harmonisation of broad-based commodity taxes is an area, where satisfactory progress has been achieved in the Community during the last 35 years, so that all countries apply, today, the value-added tax, under broadly common rules, although tax rates differ widely among them. The abolition of border controls in 1993 made impossible the enforcement of the destination principle at intra-union borders and led the Council adopt a transitory system applicable till the end of 1996. According to this system, supplies to non-registered persons are taxed on an origin basis, whereas supplies to registered persons are taxed on a destination basis. This system was to be substituted by a definitive system based on the origin principle, which the Commission had to propose by the end of 1994.

2. The recent proposals of the Commission

Instead of making proposals for a direct changeover from the destination-based transitory regime to an origin-based definitive regime, within the context of the 6th Directive however, the Commission came up with a long-run program for the harmonisation of VAT, suggesting a wide revision of this Directive (EC Commission 1996). Most important changes concern the place where the tax liability is born and the tax is levied, which, of course, determines the country to which VAT revenues accrue. Instead of using the place where goods are or the place of establishment of the service providers – as are the existing rules – the Commission proposes that everyone doing business in the Community uses a single place of supply (e.g. the head office) for one's total supplies in the single market. Taxable persons therefore will apply the VAT system of the self-chosen country for all supplies in the Community, they will file a single return, including sales in all member countries, and will pay the tax to the authorities of this country. This, according to the Commission, will simplify the procedures and will reduce the administration and compliance costs of the tax. To avoid distortions of competition, the Commission suggests a close approximation of rates –maximum deviation 2-3 percentage points for the standard rates, and perhaps higher for the reduced rates. Besides, the Commission proposes a macroeconomic mechanism of compensating revenue losers at the expense of gainers based on the allocation of the taxable base among the member countries, to be calculated from macroeconomic national-accounts data.

3. The role of the Euro in the present and the newly proposed VAT system

The question now is how do these proposals fare in view of the established results in the literature on tax harmonisation and what difference does it make whether a single currency is adopted or multiple currencies with fluctuating exchange rates exist? Three issues seem to dominate discussions on tax harmonisation. First, should rates be equalised among the member countries, in order for resources to remain unchanged under the origin principle? Second, if reallocation of resources takes place under the origin principle, is the latter necessarily Pareto inferior? Third, how large will be the inter-country revenue transfers to result from the origin principle, what factors determine their size and how should one take care of such transfers?

The issue of whether tax rates should be equalised or not, if the origin principle is to leave resource allocation unaffected – the so--called equivalence property of the origin principle – has extensively been discussed in the literature. Despite some optimistic views, expressed even recently, that equivalence holds if a so-called reciprocal restricted origin principle (L-M-M, 1994) or a unified restricted origin principle (Genser, 1996) applies, the conditions for their holding are so restrictive that they do not offer any practical solutions to the problem (Georgakopoulos, 1998). However, even if equivalence, in the strict sense, does not apply in practice, one could, at least, argue that the reallocation of resources to be caused by tax rate differentials of the order of, say, 5% may not be unbearable to cause much discontent (see Georgakopoulos, 1998). Flexible exchange rates would be an additional (to the wage-price flexibility) mechanism that could compensate for existing tax rate differentials among the member countries. The introduction of the Euro would, by neutralising this mechanism, reduce the ability of our system to bear wider tax rate differentials without undue consequences on resource allocation.

The situation is now totally different with the newly proposed system. Under this system, two firms operating under otherwise similar conditions, e.g. paying similar wages and being subjected to similar other charges (income taxes, social security contributions etc., as well as of having the same infra-structural facilities will have to pay different value-added tax rates. Under competitive conditions, tax differentials will be shifted backwards to factors of production, so that differentials in the product market will be transformed into differentials in the factor market. This will probably create considerable problems of competition. especially for firms with relatively small margins. Problems will be created not only because of real differences in actual tax rates, but also as a result of consumers' illusion, to follow advertisements of the type "this is a low VAT shop". These problems could not clearly be avoided under flexible exchange rates, so that the introduction of the Euro would not affect the degree of necessary harmonisation of VAT. With the new system in force, close approximation, if not complete equalisation, of tax rates, is necessary among the member countries, irrespective of whether rates are flexible or locked by the single currency. Such approximation must be closer in the case of the reduced rates, where profit margins are small, rather than in the case of standard rates, as the Commission paper suggests.

The question of whether rate equalisation (or even rate approximation) is desirable or not, on efficiency grounds, is also an issue that has extensively been discussed in the literature in the last 40 years.

Using otherwise optimal world models with tariffs, early works in the field have established a presumption in favour of the destination principle (see e.g. Cnossen and Shoup, 1987, p.67). Using a customs union model with the common external tariff however, recent works have shown that the origin principle causes positive production effects and is therefore Pareto preferred to the destination principle. (see e.g. Georgakopoulos and Hitiris, 1992 and Georgakopoulos, 1997). These efficiency gains are larger the larger are the tax differentials among the member countries, a conclusion suggesting a policy opposite to the one followed in the European Union. Exchange rate flexibility therefore would not be desirable on efficiency grounds, so that the introduction of the Euro is Pareto preferred.

The situation is again totally different with the new Commission proposals, where tax differentials concern different agents according to the place of supply each one has chosen and not differentials according to type of activity and product, as we usually have in the analysis of indirect taxes. Within an otherwise optimal world model, such rate differentiation would clearly cause undesirable reallocation of resources and lead to a Pareto inferior state. The new allocation would also, very probably, be inferior even within the second best world model of the customs union. Exchange rate flexibility would not affect the outcome, so that the single currency will have no implications for the efficiency effects of the origin principle.

Coming to the question of inter-country revenue transfers, these depend on the balance and structure of intra-union trade, as well as on the size of the tax rates levied in the member countries. Deficit countries and those supplying a high percentage of products subject to the low tax rate or levying low tax rates will lose, while the opposite will happen to countries with opposite characteristics. Using INTRASTAT data, I have recently shown (Georgakopoulos, 1997) that the introduction of the origin principle will cause wide shifts of tax revenues among the member countries, with Greece and Portugal being big losers and Ireland leading the gainers. To the extent that the Euro will affect the structure and the balance of intra-union trade, it will also affect the size of these inter-country revenue transfers. At the same time, the single currency will solve the various problems that multiple currencies and their exchange to each other and to ECU would cause, in the context of the compensating mechanism.

The new Commission proposals for allocating revenues according to the taxable base in each member country provide a more satisfactory mechanism of revenue reallocation among losers and gainers, compared with the microeconomic mechanism proposed in 1987, which was administratively very difficult to apply. It has however a big disadvantage. It makes revenues from the VAT a public good to which every member country has an access, irrespective of what each one contributes. This will not only reduce incentives of the member countries to collect the revenues from the VAT, but it will require complete harmonisation of the member countries' VAT systems. Otherwise, member countries will now tend to exploit any room for manouvre.

4. Conclusions

The preceding analysis suggests that if the origin principle is introduced for the taxation of intra-union trade, within the context of the 6th Directive, the single currency will reduce the ability of our system to restore the allocation of resources achieved under the destination principle, which is however desirable on the Pareto criterion. However, if the new Commission proposals are adopted, the single currency will not have any impact on the allocative implications of the origin principle.

References

CNOSSEN, S. AND SHOUP, C.S. (1987), "Coordination of value added taxes", *in* S. Cnossen (ed.), *Tax Coordination in the European Community*, Deventer, Kluwer.

EC COMMISSION (1996*), A Common VAT System – A Program for the single Market"*, COM(96), 328.

GENSER, B. (1996) "A generalised equivalence property of mixed international VAT regimes*", Scandinavian Journal of Economics,* Vol. 98.

GEORGAKOPOULOS, T. (1997), "Tax harmonisation in the European Union: The destination principle, the transitional and the definitive VAT systems and the origin principle", Discussion Paper, Athens University of Economics and Business.

_____ (1998), "On the equivalence of the destination and the origin principles of taxation in the EU", Discussion Paper, Athens University of Economics and Business.

_____ and T. Hɪᴛɪʀɪs (1992), "On the superiority of the destination over the origin principle of taxation for intra-union trade", *Economic Journal*, Vol.102.

Lᴏᴄᴋᴡᴏᴏᴅ, B., ᴅᴇ Mᴇᴢᴀ, D. ᴀɴᴅ Mɪʟᴇs, G.D., (1994), "The equivalence between destination and non-reciprocal restricted origin tax regimes", *Scandinavian Journal of Economics,* Vol. 96.

THE EURO AND THE CITIZENS

Emil J. KIRCHNER,
University of Essex

Introduction

The introduction of the Euro will be the first occasion in recent history where national currencies have been replaced, without events being forced by a major political or economic crisis. Indeed it will occur when the European Union (EU) should be enjoying a period of relative calm and price stability. Despite the magnitude of the changes it is important that we do not underestimate the capacity of society to accept this transformation. The introduction of the Euro will come during a period of significant monetary change, with the rapid growth of new electronic means for financial transfers throughout Europe. The Euro is being introduced because it is seen as an essential element in the process of European integration. However, the introduction of the single currency has not only divided elites and general public, but also, as the recent open letter of 155 German economic professors shows, it has split the academic community.

Whilst measuring public attitudes towards the Euro is not an easy undertaking, given the diffuse nature in which public sentiments are expressed, closer study of this phenomenon will help to assess whether the Euro will be a success. The following will examine the process of public support for the Euro and the factors which influence this process.

The complex nature of public opinion and recent survey findings

To measure or assess public opinion is, and will remain, a hazardous undertaking, often resulting in diffuse rather than specific attitude characteristics or in assembling contradictory, rather than unambiguous views. The diffuse characteristics result from the way in which the general public interprets questions or associates other aspects with the questions posed. An example of this is the way questions on the single currency are linked with perceptions of the EU generally (concerns with efficiency, transparency, democracy, legitimacy, etc.), the economic climate or the views held by certain politicians or political parties. Contradictory elements appear because the public is often unaware of the linkage between issues, e.g. opposition is expressed to the introduction of the single currency, but the same person supports the implementation of the Maastricht Treaty. What is clear, is that many citizens associate the move to EMU, with either tightening fiscal and monetary stance of several of the candidate countries, or the introduction of a "weaker" currency.

A Eurobarometer survey conducted in October/November 1997 (the last one released) showed 51% of respondents in favour of the Euro, with 37 being against. When this figure is broken down according to country, the outcome was as shown in table 1 below:

Table 1 – Percentage of Respondents in favour of a Single European Currency (October-November 1997)

Country	% in favour
Italy	78
Ireland	67
Luxembourg	62
Spain	61
Greece	58
France	58
Belgium	57
Netherlands	57
EU 15	45
Portugal	46
Austria	44
Germany	40
Sweden	34
Finland	33
Denmark	32
United Kingdom	29

The Euro and the Citizens

In most of the member states support for the Euro has increased since the Spring of 1997. The largest increase in support occurred in Germany, where levels rose from 32% to 40%. In Ireland and the Netherlands, support levels rose by 5% while the increased by 4% in Italy, Austria, Finland and Sweden. The only significant drops are recorded in Greece (-6%) and Luxembourg (-5%).

It can be seen that most support for the Euro is in Italy, where 78% of respondents reacted positively to the idea, whereas in the UK only 29% of respondents were in favour of a single currency. In the UK, Denmark, Finland and Sweden only around 3 in 10 people are in favour of the Euro.

Whilst the survey showed that more EU citizens supported the single currency than were against it, the overall level of support was an upward trend (in line with 1996 levels), as shown in table 2.

Table 2 – Support for the Single Currency 1993-97 (EU 12/EU 15)

Year	For	against
1993 a	52	37
1993 b	52	37
1994 a	54	35
1994b	53	36
1995a	52	36
1995b	53	35
1996a	51	37
1996b	51	37
1997a	47	40
1997-b	51	37

This survey, as many previous ones, finds that the main reasons for negative views about EMU is fear of being worse off under a single currency. While most respondents say that EMU will be good for trade, a majority fears possible negative implications on their personal lives.

Of particular interest is the German publics attitude towards the Euro. German opinion is regarded as being central to the process of creating the single currency, because of the size of its economy, and the pivotal role of the Deutschmark in the European Monetary System. In 1992, both German houses of Parliament reserved the right to evaluate the terms of German participation in EMU; an exercise they affirmed in April 1998. German opinion polls have consistently showed a solid majority against the single currency. Germans are wary of sacrificing the DM, which is viewed as the secure anchor of German prosperity. There is concern that the Euro will be accompanied by a devaluation of their savings.

Opinion poll figures released by the Konrad Adenauer Foundation in June 1998 show a steady increase since January 1998 of respondents in favour of the Euro. This suggests that there is some evidence to support the view that the public would respond to a general campaign which sets out the benefits of the Euro.

Some German national publications are actively pursuing campaigns in favour of the maintenance of the Deutschmark and against the Euro's introduction. The Effekten Spiegel — a large financial journal — the Frankfurter Allgemeine Zeitung and the Spiegel all wish to see the continuance of the Deutschmark. This campaign received also some support from the critical letter of 155 German economic professors (Spring 1998), in which they doubted whether Germany was meeting 'in a genuine way' the budget deficit of 3% of GDP and therefore suggested an "orderly delay" of the single currency until those conditions are indeed met. A similar aspect had motivated four individuals in the Spring of 1998 to challenge in the German Constitutional Court the right of the government to introduce the Euro in 1999; a challenge which was turned down in subsequent ruling by the Court.

Nevertheless, prominent figures such as Siemens boss, Heinrich von Pierer and head of the trade unions, Herbert Schmoldt, are trying to promote the Euro through a series of articles. The European Commission and European Parliament are working together with the Bundespresseamt on the 'Aktiongemeinschaft Euro' and pumping over DM 8 million in the 'Überzeugungshilfe Projekt', a project to convince people of the Euro's advantages. From the middle of 1997 until the beginning of 1998 there was a Euro campaign running on German television. A telephone line has also been set up to answer questions on the Euro and to give people the opportunity to order brochures and leaflets.

It is interesting to note that, so far, when attempts have been made in state elections by the political opposition, the SPD, to take a sceptical stance or campaign for a delay of the Euro it misfired. In any case, Gerhard Schroeder, chancellor candidate of the SPD, indicated in the Summer of 1998 ful support for the Euro. However, the German general election of September 27t[h] and the attitudes of the different parties towards the campaign may have important consequences for public opinion towards the Euro. Unemployment will certainly be a key issue in the campaign and the effect of a single currency on employment prospects is likely one aspect of this key issue.

A stronger link between party politics and public sentiment can, however, also be observed in Austria, where the charismatic leader of the far-right Freedom Party, Jörg Haider, is campaigning for a referendum on the single European currency. Mr Haider claims that Austria is unprepared for EMU and might end up with a soft and unstable currency. His initiative could put the government on the defensive at a time when only a minority of Austrians are convinced of the Euro's benefits. Developments in neighbouring Germany will thus be closely watched in Austria.

Different circumstances again seem to prevail in Sweden and the UK. Sweden's reluctance to participate is in part driven by doubts about the viability of the project, but more fundamentally by the low level of public support for EMU. Swedish Finance Minister Erik Asbrink suggested that the Social Democrats might have chosen to join in 1999 if there had been greater public support. A national poll suggested that only 21 percent of voters wanted to join EMU in 1999. (Reuters 1997) In the UK, the election of a Labour government has made entry into EMU more feasible. A Harvard University opinion poll shows that anti-Euro feeling in Britain is particularly strong amongst Conservative voters. This poll put only 3% of Tory voters as being in favour of entry to a European economic and currency union, as opposed to 23% of Labour voters. (Welt am Sonntag 1997, 19 October, p. 3) Nevertheless, the new Labour government is treading warily. The Chancellor Gordon Bronvn, announced in October 1997 that Britain will not join the single currency in 1999, and indeed is unlikely to do so before 2003. To what extent this decision is influenced by public opinion can only be guessed, but it is likely that the Labour Party feared that a decision for immediate entry into the Single Currency would lose Labour many of its recently gained supporters. A January 1998 Mori poll survey carried out for the European Movement showed that 44% of people strongly or generally supported British participation in the single currency; up three points from July 1997. But opponents still outweigh proponents. There are however regional variations. According to the annual British Social Attitudes Survey, only 15% of

English people claim to be totally committed to EMU, with 67.5% opposed it outright. In Scotland just over 30% were in favour of replacing the pound with a single currency, while 55% would rather keep the pound as the only currency. (Financial Times, 6 October 1997, p. 1).

Within these national differences, the Eurobarometer of October--November 1997 also highlights the influence of social characteristics. It seems that men are more in favour of the Euro than women, with 57%, compared to 46% reacting positively to the idea of a single currency (Commission of EC 1997c, p. 45).

When an analysis is made according to age group it seems that the younger generation has a more favourable impression of monetary union than the older generation: among those aged up to the age of 54, support for the Euro is obtained from more than 50% of Europeans; among those aged 55 or older, support levels lie below the 50% mark.

Furthermore the survey notes that those with higher levels of education seem to be more in favour of a single European currency.

Moreover, the Eurobarometer also suggests public opinion on the Euro is affected by the respondent's occupation. White collar employees (55%) and managers (58%) are more supportive than manual workers (45%). Among the self employed (58%). support is also significantly above average.

Information accessibility

The issue of information is often raised in connection with differences in elite and public attitudes on the EU. For example, a 1996 Eurobarometer opinion poll of top decision makers across Europe shows huge support for the EU in all 15 Member States, recording an average of 92% in favour of their country's EU membership. Among the top decision makers were elected politicians, senior civil servants, business and labour leaders, journalists and persons from academic, cultural and religious life. By comparison, only 55% of the general public, (average for the fifteen Member States) expressed support on the same question.

This raises serious questions about how these information gaps could be closed, and what role governments, the European Commission and the media should play in this process. It is fair to say that in some countries, like Britain, the media has so far failed to gain a fair

The Euro and the Citizens   107

and more objective picture of the EU across to non-specialist and less aware readers. It remains the case that there is a widely held view among those people who have a duty to inform the public, that much of EU business is dull and uninteresting. Consequently the public is kept in ignorance.

The need for a more concerted information campaign is illustrated by the Eurobarometer surveys carried out in 1996 and 1997 (see table 3 below) reports that only 2% of European citizens feel "very well informed" about the Euro. A further 19% describe themselves as "well informed", while 55% feel not very well informed and 22% "not at all informed". The number of those feeling well informed was highest in Denmark, while those feeling least informed came from Portugal, Greece and Spain. Analysis shows that men feel better informed than women. Of all the occupational groups, managers were the best informed (Commission of the EC 1997a, p. 36)

Table 3 – Feeling informed about the single currency (% of very well and well informed)

Country	1996	1997
Denmark	40	47
Netherlands	33	42
Austria	28	41
Luxembourg	36	39
Finland	28	34
Germany	25	33
Belgium	26	29
UK	23	27
France	21	25
Italy	16	22
Ireland	20	22
Spain	14	20
Sweden	18	19
Greece	13	16
Portugal	13	13

Overall levels of feeling informed have increased from 21% to 27%, with increases being recorded in 14 of the 15 member states. Denmark took top honour in being the most well informed member state. In many of these countries, these increases may be due to Euro information campaigns, carried out in 1997 and funded in tandem by the respective national government and the European Commission. Nonetheless, more than 7 in 10 Europeans say they feel not very well or not at all informed about the Euro, with particularly low levels for Portugal, Greece and Sweden.

According to the 1997 Eurobarometer (October-November), 95% of Europeans feel the need for a public information campaign. Of those who expressed such a need, 35% prefer that the national governments of the member states organise such a campaign; 20% believe the media should do it, 19% cited the, and 14% banks, savings banks, and the like.

In view of the above cited information deficits, efforts for an effective information campaign should, inter alia, concentrate on the following:

1. More emphasis has to be placed on how to reach the "man in the street. The information needs to be presented in an interesting, digestible form and its relevance for the man on the street emphasised.

2. Institutions such as banks and professional organisations should prepare brochures and exhibitions explaining the purpose of introducing the Euro. More effort must be put into making it a real concept and not just an idea being thrown around in academic and government circles. For instance, people need to see what the Euro looks like, begin to grasp how much everyday products would cost in Euros, etc., so that it becomes a concept to which they can relate. This has been achieved in some areas of France, Germany and Italy, either by brochures and flyers (e.g. available in banks) or by the creation of 'Euro areas', in which the Euro is used alongside the national currency for a limited period of time. This experiment was underway in Fiesole, Italy, where the Euro was valid currency for the first six months of 1998.

3. Leading businesses can influence the public by taking a pro--Euro stance. For example, Marks & Spencer, Britain's internationally most successful high street retailer, announced that its British shops would accept the Euro, irrespective of whether Britain decided to participate in the single currency (The European, 23-29 October 1997, p. 12). Similar announcements have been made by the German firms Siemens and Mercedes which intend to use the Euro in their accounting procedure. More such decisions would be helpful.

4. More work needs to be done on the creation of a European identity. The formation of such an identify will help people to accept the case for a single currency. This has been made more difficult as

The Euro and the Citizens 109

uncertainty over the EU's direction grows. Clearly, there is a need for a blueprint for how the EU is to develop institutionally or politically. The Commission's Agenda 2000 is helpful, but needs backing or fleshing out through initiatives of member governments in the form of another intergovernmental conference.

Underlying the whole issue of monitoring public opinion is what is to be done with the findings. It is still not clear what the impact of public opinion polls will be on the policy process. From an EU perspective any favourable findings should be built upon, and if the balance of opinion is negative, a more active campaign to explain the benefits of EMU is called for. However, if governments agree to go ahead with membership, but lack the necessary domestic political support, withdrawing from the process will be damaging to all.

Conclusion

As the above-cited surveys indicate, the general public in some of the key EU Member States, like Germany, remain sceptical about the introduction of the Euro. Without the acceptance of the general public there is the potential for a backlash against the enthusiasm of political and business leaders for the Euro. If opposition parties were to exploit this backlash, they could start a bandwagon against both EMU and EU itself.

The reduced budget deficits and faster economic growth throughout the EU have helped to create a more favourable climate for moves towards EMU. Nevertheless, there is, an urgent need for a communications programme both at EU and national levels, with the European Commission combining collaborative efforts with national authorities. Business and professional associations can also play a key role in the communication process to the general public. Special efforts should be devoted to people who will have most difficulties (e.g. the elderly, visually impaired) and communication initiatives should also be developed to cover countries outside the EU.

References

Commission of the EU (1997a) *Standard Eurobarometer* No 46
Commission of the EU (1997b) *Standard Eurobarometer* No 47
Commission of the EU (1998) *Standard Eurobarometer* No 48

European (1997)	23-29 October, 1997, p. 12
Financial Times (1997)	6 October 1997, p. 1
Konrad Adenauer Stiftung	Aktuelle demoskopische Trends: Empirische Befunde verschiedener Umfrageinstitute, Umfrage-Archiv, Sankt Augustin, 17 Juni 1998.
Reuters (1997)	*Finmin says public opinion swayed EMU view*, 4 June.
Welt am Sonntag (1997)	19 October, p. 3

THE EU BUDGETARY POLICY
IN THE FRAMEWORK
OF THE FINAL STAGE OF THE EMU

Franco PRAUSSELLO,
University of Genoa

Introduction

In the foreground of the much debated issues aroused by the shift to the final stage of the EMU stand the two twin topics of its possible features as an optimal currency area and of its sustainability (De Grauwe, 2000).

It is widely believed that among the conditions ensuring the capacity of the new monetary building to work smoothly, without any major impediments, the existence of an interregional public insurance scheme at the European level can perform an outstanding function (Sala-i-Martin and Sachs, 1991). Indeed, alongside factor mobility and input price full flexibility, an income and consumption smoothing device can offset the effects of a country specific disturbance, subduing the incentive to leave the monetary union for a member region hit by the asymmetric shock (Srensen and Yosha, 1998).

A strand of recent literature has emphasised the large contribution given by the budgetary policies, mainly at a national level, to the risk sharing process of the costs arising from country specific shocks (Arreaza *et al.*, 1998). In this framework it is worth focusing on the role played by the Union budgetary policy. There is a general agreement about the fact that given its reduced size, the Union budget has had so far a weak impact as a stabilisation tool, through counter-cyclical resource transfers to the member countries. Nevertheless, the larger than generally thought redistributive effects of the Union structural funds have been stressed too (Bini Smaghi and Vori, 1993).

Compared with the risk sharing needs arousing from the sustainability of the EMU how can be assessed the impact of the budgetary policies of the Union: will they have a sufficient weight to offset in an acceptable measure the effects of region specific shocks, and if not will it be possible to devise a co-ordination mechanism between them and the national budgetary policy of the member regions? And in more general terms, what are the functions of the EU budgetary policy in the framework of the final stage of the EMU?

Effects of the EU budgetary policies

Since the introduction of the Community's own resources system in 1970, the EC expenses have been experiencing a sustained increase, in line with the expansion of the EC interventions in new areas, ranging from the regional policy to the structural and coesion grants. Nevertheless the total size of the EC budget has always been rather limited altogether in relative terms, not exceeding the 1.5 per cent of the Community's global GDP. As a matter of general knowledge, it has never been approaching, not even at a distance, the average dimensions of a national budget. From 1970 to 1980 it rose from 0.74 to 0.80 per cent of the EC's GDP and in the Nineties it has been further developing from 0.96 to a ceiling of 1.27 per cent in 1999 (EC, 1994).

Under these circumstances it has been hardly performing in a well-balanced manner the typical functions of a national budget, according to the Musgrave's taxonomy (1985) of the effect of the policy measures. At the end of the Eighties, notwithstanding the widening of the contributions by the establishment of the fourth source of income, in a nutshell the EC budget features were as follows: "important allocation, no stabilisation, and small redistribution and external functions" (Molle, 1991, p.77).

The subsequent reform of the structural funds, beginning in 1989, strengthened the redistributive function, but possibly not the stabilisation one. Indeed, with the interinstitutional agreement struck in 1988 a new set of constraints on the flexibility of the EU budgetary policy has been introduced, hampering its use as a stabilisation mechanism. From this standpoint the implementation of such an agreement has had a negative impact, increasing the differences with a standard national budget.

Since then, not only the EU budget has been going on to be constrained by the cumbersome adoption procedure, the absence of a true fiscal sovereignty on the revenue side and the no-deficit rule as far as expenses are concerned, but ceilings to the expense capacity of the EU have been fixed. Moreover, the thin manoeuvre room for revising the estimated expenses laid down in the framework of the medium term financial guidelines has been progressively reduced: from 0.03 to 0.01 per cent between the 1988 European Council in Brussels and that held in Edinburgh four years later. As a result, the increased impact of the EU budget size as a policy tool as compared to the previous decade has been at least partially offset by a new set of limitations in its use as a discretionary instrument of macro-economic policy at a European level.

Allocative and redistributive effects of the EU budgetary policies

A well known difficulty in assessing the different functions of a public budget according to the Musgrave's categories is the lack of a direct and clear link between each of them and the traditional functional distribution of public expenses or type of revenues, as described in any not specially reclassified public finance document. The presence of interwoven effects stemming from one type of revenue or expense may therefore compound the analysis. The scope of the stabilisation policy is specially hard to be ascertained, owing to the fact that no single revenue or expense can be affected to it, but stabilisation effects are a normal consequence of any budgetary measure. This is the reason why, other things being constant, these effects are a function of the budget size.

For the EU as such a case of policies giving rise to multiple effects is given by the agriculture interventions, which can exert not only allocation but also redistributive consequences among regions. At the same time we can employ the size of the EU budget as a broad measure of its stabilisation effects on the European economy as a whole.

In this framework, the main function of the EU budget has traditionally been to help to optimise the use of the economic resources within the Community, i.e. aimed to produce allocation effects. This is also true, for an important part of the measures taken to support the backward regions in the framework of redistributive policies takes the form of actions devised to improve the local supply conditions (EC, 1993).

According to the MacDougall Report (EC,1977), as late as in the Seventies the Community based its finance virtually only on expenses pertaining to the allocation function. In 1977, for instance, with a total weight of 0.70 per cent on the EEC's GDP, the bulk of the European budget was devoted to the supply of goods and public services, alongside with the activities of regulation. More than two third of the expenses concerned the economic services in the field of manufacturing, energy and agriculture production (the latter with a share of 0.47 per cent on the EEC's GDP, i. e. for more than two thirds of the European budget), whereas the items general services and social services absorbed a share of 0.1 per cent. The expenses within the redistributive function had a minor role: again in 1977 the regional policy and the employment policy lines accounted respectively for only a 0.03 and a 0.05 per cent.

Fifteen years later, after the launch of the single market programme and the reform of the structural funds, the scope for the redistributive function of the EU budget had been increased, even if its more relevant effects continued to be the allocation ones. A new document on the public finance of the Community, known as the Report *Stable Money, Sound Finances*, casts a new and deep light on the budgetary policy instruments of the EU (EC, 1993).

In relative terms, the interventions aimed at supporting the agriculture production had been reduced in comparison with the huge efforts devoted to the sector in the firs years of the Common Agriculture Policy, but remained nevertheless the first item in the EU budget with a share of 54 per cent (1992 data). At the same time, the other expenses linked to the improvement of the resource allocation within the European market concerned mainly the research policy and the item "other (minor) policies", with shares of 3.3 and 1.3 per cent, alongside with administrative costs. The measures on account of the external policy involved expenses having a weight of 3.5 per cent.

As to the redistributive expenses, the interventions channelled through the structural funds in favour of the less advanced regions amounted to about one third of the budget (31.6 per cent). The financial aid received by countries like Ireland, Portugal and Greece had a valuable impact, representing more than the 2.5 per cent on the local GDP and the 75 per cent on the public sector investment.

Considering the two categories of the expenses devoted to the allocation and distributive functions together, in 1992 the European budget had a weight of 1.11 per cent on the EU's aggregate GDP.

As far as the revenue side is concerned, the redistributive tools at work are of several types and include the possible transfers among member countries due to the system of own resources, the reduction of the VAT contribution basis at 50 per cent of the national GDPs, benefiting the member countries whose consumption share is higher, and the compensatory mechanism in favour of the United Kingdom (Peffekoven, 1994).

Stabilisation effects of the EU budgetary policies

It is generally admitted that within the EMU the lost autonomy by the member countries in terms of monetary and exchange rate policy has to be compensated by an increased efficiency of other adjustment tools, above all in order to smooth the income and consumption effects linked to the occurrence of asymmetric shocks. Alongside structural improvements in the functioning of the input markets, in the short run the participation constraint to the monetary union rests on a greater flexibility of the national fiscal policy and the existence of a risk sharing mechanism at the union level, working through the EU budget.

According to a possible interpretation shocks are set to become less country specific, both for the termination of the diverging monetary, exchange rate and budgetary policies, which in the past acted as amplifying factors (EC, 1998), and for the long run higher correlation between the country outputs, following the increased trade flows due to the EMU (Frankel and Rose, 1997). Nevertheless, taking into account a large amount of diversifiable regional risk as in the United States, Srensen and Yosha (1998) do not expect country specific risks to totally evaporate in the EU.

In a foreseeable future the Union will have possibly to cope with the upsurge of asymmetric shocks, resorting to the short term automatic stabilisers at hand (Praussello e Marenco, 1999). As far as the existence of an insurance system at the Union level is concerned, acting as a risk sharing mechanism against the costs due to the loss of the national monetary autonomy, we know that in general terms the stabilisation effects provided by the EU budget are weak. The structural reasons that hamper its stabilisation function to work are clearly listed in the Report *Stable Money, Sound Finances*: it is limited in size, it cannot be run in deficit and, due to the medium term programming in which it is cast, it is not enough flexible to act as a counter-cyclical device, having by contrast a pro-cyclical bias owing to the link between its ceiling and the Union's GDP (EC, 1993). According to the same document, the Union as such has indeed no automatic stabiliser or other tool able to offset regional shocks. Yet the redistributive effects stemming from the Union expenses are not negligible, whereas a recent literature has provided a number of interesting estimates about the stabilisation effects produced by the EU budget.

As already hinted, Bini Smaghi and Vori (1993) maintain that the EU redistributive policy has a far more important impact than generally perceived and that the income redistribution between regions helps easing the effects of stabilisation on the poorest countries hit by an adverse shock. In 1990, compared with an amount of 481 dollars for the US, the per capita transfers in the EC averaged 223 dollars, with per capita transfers to poorer countries like Ireland approaching the same size order of the sums channelled to the less advanced US states by the federal budget. But the argument misses the point because these transfers, however sizeable, are not unconditionally provided in response to a region specific shock through a flexible and automatic instrument, acting as a counter-cyclical mechanism, as it is the case with the US federal budget.

As useful benchmarks for an assessment of the stabilisation impact due in any case to the working of the Union policies some estimates on the smoothing effects observed in the US and other federal countries are currently quoted. For the US these estimates range from a 10 per cent of the initial shock absorbed by the federal government (von Hagen, 1992) to a final smoothing impact on the order of 40 per cent (Sala-i-Martin and Sachs, 1991), but both results can be considered biased, the former underscoring some important features of the US experience, the latter linking the stabilisation function to an equation based on the redistributive effects of the federal policies (Majocchi, 1997). In the case of Germany, by the mechanism of the horizontal Finanzausgleich, a regional state can succeed in offsetting an adverse

shock beyond the threshold of 40 per cent (EC, 1993). An average estimate for the experience of the federal countries can be found in Pisani-
-Ferri *et al.* (1993), according to whom the compensation of a regional shock is included in a range of 20-30 per cent.

As to the impact of the EU budgetary policies in terms of absorption of a region specific shock, a very rough estimate based on the VAT share transferred to the EU leads Sala-i-Martin and Sachs (1991) to maintain that the weight of the stabilisation process involved in the presence of EC taxes is close to nil. With an average tax rate of 0.5 per cent, a region suffering a one dollar adverse shock reduces its payment to the EU only by half a cent, against 34 in the case of the US.

Less rough results are provided in the framework of the recent literature aimed at studying the smoothing mechanisms at work through the government deficits. The share of income and consumption smoothed through the channel of the international transfers among member countries of the EU, including the sums coming from the structural funds, is found to be in the order of 3 to 7 per cent. In detail, in the period 1971-93 in a aggregate of 8 member countries the fraction of shocks absorbed by international transfers amounted to 3 per cent and, interesting enough, in the sub-period 1980-93 to 5 per cent; but for a larger number of countries: 11 (Arreaza *et al.*, 1998). Moreover, for a group of 6 EU countries, the smoothing effect via the component of the international transfers during the Eighties seems to have been increasing: to 7 per cent in the period 1981-90. In average, the share of shocks to the per capita gross state production smoothed through the EC fiscal institutions can be assessed at most a half of the offsetting impact of the federal government policies in the US, i. e. in the order of 5 against 13 per cent for US, justifying the authors' comment that should the EU wish to imitate the US, then the size of the budget had "to increase dramatically" (Srensen and Yosha, 1998, p. 33).

Nevertheless these estimates are possibly biased by a high degree of data heterogeneity and deserve a more complete and satisfactory method of inquiry.

Concluding remarks

The lack of a central mechanism at the Union level aimed at the absorption of region specific shocks is sometimes described as a deliberate choice by the founding fathers of the EMU, who had in mind a long set of inefficiencies attached to this system and preferred to assign to the market the task to provide the insurance scheme needed against the costs of the monetary union (Giovannini, 1990; Mélitz and Zumer, 1999). But in fact the private insurance markets are not able to perform this task, owing to adverse selection and moral hazard issues (Sala-i-Martin and Sachs, 1991). By contrast the role of the public budget in smoothing income and consumption among countries has been found to be outstanding (Arreaza *et al.*,1998). From this standpoint the constraints introduced by the Stability and Growth Pact give origin to a hard-to-solve contradiction. Its rules are needed in order to sustain the monetary stability but at the same time the budgetary flexibility is a necessary tool to cope with region specific shocks (Majocchi, 1997). This argument holds particularly if the differences in the interregional sectoral composition of activities (Esteban, 2000) are expected to deepen as a consequence of the monetary union.

Under the Stability and Growth Pact discipline an increased flexibility of the national budget in form of a balanced medium term budget can be achieved (Praussello, 1997), but the co-ordination of the national budgets among them and with the EU policy is not an easy task (Dixit, 2001; Dixit and Lambertini, 2001; Casella, 2001).

The institutional rules upon which the co-ordination of the national budgetary policies is based, possibly in the framework of the "Euro 12 Council", are hardly compatible with the technical characters of an interregional risk sharing mechanism at the European level. At the same time the will of the main member countries not to raise the 1.27 per cent ceiling of the EU budget on the Union's GDP, even in front of the extra investments needed to enlarge the Union towards East and South, along the lines expressed in the programme Agenda 2000, creates a new constraint (CE, 1997).

Under these circumstances, the tensions stemming from future asymmetric disturbances will imperil the credibility of the monetary union, with outstanding risks for the stability of the whole EU building. The alternative way is to go ahead in the process of integration, dismissing the fears that "Europe has gone too far" (Alesina and Wacziarg, 1999), pushing towards the increase of the EU budget size, fostering the introduction of fiscal federalism tools at the European level, included a possible regional stabilisation fund, according to the original proposal contained in the Report *Stable Money, Sound Finances* (Praussello, 1999).

References

ALESINA A. AND WACZIARG R. (1999), "Is Europe Going Too Far?", *Carnegie-Rochester Conference Series on Public Policy*, 51, 1-42.

ARREAZA A., SORENSEN B. E. AND YOSHA O. (1998), *Consumption Smoothing Through Fiscal Policy in OECD and EU Countries*, NBER Working Paper, n. 6372, January.

BINI SMAGHI L. AND VORI S. (1993), *Rating the EC as an Optimal Currency Area*, Temi di discussione, Banca d'Italia, n.187, gennaio.

CASELLA A. (2001), "Market Mechanisms for Policy Decisions: Tools for the European, Union", *European Economic Review*, 45, 995-1006.

Commission Européenne (1997), Agenda 2000, 1. Pour une union plus forte et plus large, mimeo, DOC/97/6.

DE GRAUWE P. (2000), *The Economics of Monetary Union*, Fourth Revised Edition, Oxford University Press, Oxford.

DIXIT A. (2001), "Games of Monetary and Fiscal Interactions in the EMU", *European Economic Review*, 45, 589-613.

DIXIT A. AND LAMBERTINI L. (2001), "Monetary-Fiscal Policy Interactions and Commitment Versus Discretion in a Monetary Union", *European Economic Review*, 45, 977-987.

ESTEBAN J. (2000), "Regional Convergence in Europe and the Industry Mix: a Shift-Share Analysis", *Regional Science and Urban Economics*, 30, 353-364.

European Commission (1977), Report of the Study Group on the Role of Public Finance in European Integration (MacDougall Report), Brussels.

European Commission (1993), "Stable Money, Sound Finances. Community Public Finance in the Perspective of EMU", *European Economy*, 53.

European Commission (1994), *The Budget of the EU*, Brussels-Luxembourg.

European Commission (1998), Growth and Employment in the Stability-Oriented Framework of EMU, mimeo, II/33/98-EN.

FRANKEL K. AND ROSE A. (1997), *The Endogeneity of the Optimum Currency Area Criteria*, mimeo, University of California, Berkeley.

GIOVANNINI A. (1990), "European Monetary Reform", *Brookings Papers on Economic Activity*, 2, 217-19.

MAJOCCHI A. (1997), *Dalla crisi al patto di stabilità europea*, invited paper presented at the IX Scientific Meeting of the SIEP "L'aggiustamento della finanza pubblica negli anni '90 e le prospettive nel 2000", University of Pavia, mimeo.

MÉLITZ J. AND ZUMER F. (1999), "Interregional and International Risk-Sharing and Lessons for EMU", *Carnegie-Rochester Conference Series on Public Policy*, 51, 149-188.

MOLLE W. (1991), *The Economics of European Integration*, Dartmouth, Aldershot.

MUSGRAVE R. AND MUSGRAVE P. (1985), *Public Finance in Theory and Practice*, McGraw Hill, Auckland.

PEFFEKOVEN R. (1994), *Die Finanzen der Europaeischen Union*, Mannheim.

PISANI-FERRI J., ITALIANER A. AND LESCURE R. (1993), "Stabilization Properties of Budgetary Systems", *European Economy, Reports and Studies*, n.5, 511-538.

PRAUSSELLO F. (1997), *Flexibility of the Budgetary Policy*, Report on the working sub--group 2 on the Euro, paper presented at the meeting of the Jean Monnet Chairholders, Brussels, 11.17, mimeo.

PRAUSSELLO F. (1999), "Euro-Governance and the Process of Regional Adjustment within the EMU", *The European Union Review*, 4, n.3.

PRAUSSELLO F. AND MARENCO M. (1999), *L'economia mondo fra globalizzazione e regionalizzazione*, Ecig, Genova.

SALA-I-MARTIN X. AND SACHS J. (1991), *Fiscal Federalism and Optimum Currency Areas: Evidence for Europe from the United States*, NBER Working Paper, n. 3855, October.

SRENSEN B. E. AND YOSHA O. (1998), *International Risk Sharing and European Monetary Unification*, Temi di discussione, Banca d'Italia, n.327, February.

VON HAGEN (1992), *Fiscal Arrangements in a Monetary Union. Evidence from the US*, in Fair D. and De Boissieu C., *Fiscal Policy, Taxation and the Financial System in an Increasingly Integrated Europe*, Kluwer.

THE CONSTITUTIONAL FRAMEWORK
OF THE ECONOMIC AND MONETARY UNION
AS AN ECONOMIC UNION

Martin SEIDEL,
University of Muenster, Germany, Danube-University, Austria
Center for European Integration Studies, University of Bonn

1. On the basis ot the Maastricht Treaty the "European Community", as the former "European Economic Community" is now called, was converted into an "Economic and Monetary Union". The two main tasks it has to accomplish are no longer "establishing a Common Market" and "progressively approximating" (co-ordinating) "the economic policies of the Member States" (old version of Article 2 of the EEC-Treaty), but "establishing a "Common Market" and establishing an "Economic and Monetary Union" — (Article 2 of the Maastricht version of the Treaty).

The legal constitution of the new "Union" as an economic union differs from that as an monetary union. Whilst the constitution of the monetary union assignes the relevant competences to the European Community as a field of exclusive authority, the economic union rests on the European Community´s basic structure as an association of states. As under the Treaty of Rome, primarily, economic policy decision--making is a Member State responsability also under the Treaty of Maastricht. The competence for economic policy decision-making has not been assigned to the European Community as distinct from the competence for monetary-policy decision-making. Apart from certain of the European Communities´ co-responsibilities in the field of economic policy, its function and tasks are confined to co-ordinating the

Member States' economic policies, though this co-ordination has been more strongly regulated in legal terms by the Treaty of Maastricht.

In this context, the Member States' responsibilities comprise short-term economic policy, medium-term economic policy, especially sectoral and regional structural policies, economic infrastructure policy, including educational and vocational trainig policies relevant for business, above all employment policy as well as social and societal policy extending beyond the field of economic policy decision-making in the narrower sense.

2. The main reason why, irrespective of the surrender of monetary sovereignty to the European Community, the competence and responsibility for economic policy has remained with the Member States also after Maastricht is that transferring the responsibility for economic policy to the European Community — as in the case of monetary policy — would have required the Community's conversion from an association of states into an federation, that is to say in a federal structured state.

Centralised management of the Member States' economic processes by the organs of the European Community would presuppose revenue raising and spending authority of the European Community on an scale that would mean a Community budget much greater in weight than that of the aggregated Member State budgets. The shaping of macroeconomic conditions is by way of uniform legislation, whilst the management of economic processes in particular is through taxation and governmental spending. Any — so-called — "dominant budget" of the European Community within the meaning of a comprehensive shaping of revenues and expenditures would require the Member States to surrender to the European Community their responsibilities and competences for infrastructure, social, educational, scientific, research and — what matters most — defence policies. As long as these national-government tasks have not been transferred to the European Community, expenditures by the Community within the meaning of a dominant budget would not be conceivable. Making these policy areas the exclusive realm of the European Community would mean for its Member States that they assign to the Community their legislative authority for all business-relevant social and societal policy areas as well. Besides this, in order to enable the European Community to fund these tasks, it would need to have comprehensive taxation authority surrendered to it at the expense of its Member States.

The Constitutional Framework 123

Centralised management of the European Community's economy by its — democratic legitimized — government would presuppose that Member States abandon sovereign rights to the European Community on a considerable scale. A "genuine" economic union would be tatamount to an "economic state" and require — besides converting the European Community into a federation — the status of its Member States to be reduced to that of states subordinated and answerable to a superior sovereign.

The political willingness for such an extensive surrender of sovereignty by the Member States in their core governmental areas does not exist, hitherto.

3. The constitution fo the economic union as stipulated by the Treaty of Maastricht is — contrary to a wide-spread assumption — not based on the principle of subsidiarity. Its decentralised structure is reflected in the opinion that converting the European Community into a federation, which would be a precondition of a "genuine" economic union, would not be feasible in view of the Member States' lack of political willingness. In none of the Member States of the European Community is economic policy-making a decentralised task to the same extent as in the European Community. The decentralised structure of the responsibility and management of economic processes under the condition of a centralised monetary and exchange-rate policy represents an experiment in constitution-making and in constitution-policy; this experiment is exclusively based on political constraints, but not on any generally accepted view of the new systems' tested superiority.

Transferring the monetary sovereignty to the European Community and, by this, creating a centralized monetary union on the one hand and leaving the economic policy with the Member States and, by this, shaping a decentralized economic union on the other hand, the Treaty of Maastricht has unbundled the unity which combines economic and monetary policy and which has developed in nearly every modern state during the last centuries. But, the Treaty of Maastricht did not completely neglect the unbundable unity of monetary and economic policy; it is evidently aware of the old Latin proverb, saying: "Quod deus iunxit, homo ne disiungat!". When disuniting the the unbundable twins the Treaty has simultanously rebundled the monetary policy of the European Community with the economic policy of the Member

States by a proper link, called "economic convergence" – duty of the Member States.

The "economic convergence" obligation may prove itself as a heavy duty and burden for the Member States' economic policy performance.

4. The functionning of the Common Market and, above all, the functionning of the monetary union requires the Member States' prominent duty to shape their economic policies in a way that ensures "convergence" of economic developments. According to the Maastricht Treaty and philosophy "convergence" of economic policies means that Member States ensure, while maintaining their domestic and external economic balances, continuing qualitative and quantitative economic growth while seeking to attain a hight level of employment. Economic policies must be shaped in a way that the rates of inflation are kept down, the external economic equilibrium is maintained, incomes policies are orientated to the trend in business productivity, social and political stability is ensured and that the business community benefits from a growth-oriented economic infrastructure. The Member States' "economic performance" must be convergent on a scale that the Common Market can fully develop its potential and that a centrally shaped stability-oriented monetary policy is made feasible thereby.

5. The Member States are required to meet the "convergence" duty and all connected regulatory criteria of the economic union in their own responsibility, as a matter of principle. The Maastricht Treaty stipulates as a structural principle of the economic union that neither the Community nor the other Member States shall bear liability for any of the Member States' economic policy mistakes. Financial aids to Member States shall only be granted for reasons of financial solidarity within the framework of Community-project financing in much the same way as solidarity is the reason for the transfer of resources as part of the policy of economic and social cohesion. Exclusion of the Member States' mutual liability for economic policy mistakes is fundamentally different from the way in which liability is structured in a federal structured state.

6. In implementing the general convergence requirement, the Maastricht Treaty provides yet for another criterion guiding the

The Constitutional Framework 125

Member States' shaping of their economic policies, i.e. obligations in connection with the financing of public budgets. The budgetary-law regulations of the Maastricht economic union firstly consist of a ban on monetary financing of public-sector budgets and secondly of so-called budgetary-law regulations in the narrower sens.

The ban on monetary financing of public-sector budgets comprises not only a prohibition of central-bank borrowings by government and public entities of any kind but also the even more important prohibition to give public authorities privileged access to financial institutions. The budgetary-law regulation in the narrower sens, the so-called "budget discipline", require a lid to be put on annual borrowings by way of floating loans on the capital market as well as a reduction in the total public-sector debts. The yardsticks for gauging budget discipline are the requirements that annual governmental borrowings shall not exceed 3 % and that the total level of public debt shall not be in excess of 60 %, both measured as percentage of the gross domestic product.

7. In order to enforce "convergence" of the Member States' economic developments and monitor their budgetary situation, the Treaty of Maastricht provides for two special procedures (Article 103 and 104 c). The procedure for monitoring the Member States'economic policies consists of the adoption of general and specific principles guiding economic policy decision-making of the Member States as well as of monitoring compliance with their obligation by the Commission and the Council. When a Member State fails to comply with the "principles of economic policy", the procedure is to the Council to submit "recommendations" to the respective Member State; such recommendations are, however, not legally binding. The only "teeth" for enforcing the Member States'obligation to regard their economic policy as a "matter of common interest" are that the other Member States and the Community need not come up for a Member State's economic-policy mistake.

The procedure for monitoring the Member States budgetary situation as enshrined in Article 104 c of the Treaty is similar in nature to that for ensuring convergence as laid down in Article 103. Monitoring of the budgetary situation is a task of the Council which adopts resolutions by qualified majority on the basis of comments and decisions of the Commision. Prior to the Member States' entry into the final stage of the economic and monetary union the procedure is confined to non--binding statements and instructions. From the final stage of the economic and monetary union the procedure for monitoring the budgetary situation acquire a new quality, but this only for those Member States which take part in the economic and monetary union in its final stage. For those Member States, the attemps they must make at avoiding excessive public-sector deficits become a legally binding obligation. Now, legally enforceable measures can be taken against those Member States that do not comply with the budgetary rules, from now on, the sanctions provided for under paragraph 11 of Article 104 c may ultimately be imposed on them.

The — now — legal obligation of the Member States to avoid excessive public-sector deficits is, however, not enforceable before the European Court of Justice in the same way as all other Member States obligation under Community law are. Insofar as the budgetary-law monitoring procedure is concerned, the Commission's and the Member States' authority for taking court action against a Member State which violates the budgetary-law provisions, presupposes that the Council, by a qualified majority decision, has unsuccessfully set a deadline by which the violating Member State has to eliminate the excessive deficit.

8. The material and procedural law-regulations that govern the co--ordination of the Member States' economic policies evidently represent considerable restrictions on the sovereignty of the Member States. Whether they are strong and efficient enough to fulfill their constitutional function is an open question.

THE CONSEQUENCES OF MONETARY UNION

Ramon TAMAMES,
University of Madrid

This paper is published at a moment when we are crossing the Rubicon river (Julius Caesar *dixit*), to enter the Monetary Union (MU). The first decisions to meet that purpose were adopted very recently, during, the *Euro Summit*, in Brussels, the second of May, 1998.

1989 was a very important year for Europe, when, during its first semester Spain had the responsibility of the Presidency of the European Commnunity. And it was in Madrid where the Council the level of Chiefs of States and Goverments, analysed and approved the famous *Delors Report*, to implement the three phases of the Monetary Union: 1990, free capital movements and convergence critena: 1994, creation of the European Monetary Institute: and a third stage to be defined afterwards, what in fact was detailed during another European Summit, also in Spain, in December 1995.

So was established the *Madrid Calendar* for the years 1998/2002 with three main topics: the list of members countries being part of the first wave entering the MU, to be decided as *early as possible* in 1998; the irrevocable conversion of national cur-rencies to Euro the first of January, 1999; and the physcal exchange of banknotes and coins to Euros, to take place during the first semester of year 2002.

Remembering Frank Sinatra, that left us a few days ago, it could be said that we, Europeans, are doint, things on *our own way*. I mean, the great landmarks leading to the Monetary Union as a process were outlined by the *founding fathers* many years ago. In that sense. I frequently refer to the *Hallstein Prophecy*, l958, when the first President of the European Commission announced that the EEC had to perform as a peaceful missile with three phases: first, customs union; second, economic union; and third, political union including defence, taxes and currency. And as a matter of fact, we can say a lot of progress has been done alredy according to that brilliant scheme.

The more recent *founding fathers* in the long term Europroject, if we can say so are very well known:

- Giscard d'Estaign, Helmut Schmidt and Roy Jenkins, joined in the *triad* that pushed the *European Monerary System*, SME, starting 1979; with ECU as the first common basket currency unit, and as a reference for the floating of national exchanges.
- Three great Euroenthusiastic leaders, promoters of the *Single European Act.* 1987 — Spinelli, Delors, and Lord Cookfield —, opened the process to the already mentioned *Delors Report*, 1989; and to the *Maastricht Treaty* — signed in 1991 and ratified in 1993 —, the real *Carta Magna* for Euro.
- The *tandem* — François Mitterand and Helmut Kohl — that had the courage to accomplish the Maastricht Treaty to implement MU, against Euroskeptical and antiEuroactivists, so much from inside as from outside the EU. And we must specially enhance the role of Chancellor Helmut Kohl, who with endeavour and resolution achieved the German reunification first, and the European Monetary Union afterwards. Without him, everything could have been more difficult, if not impossible.

Now looking forward we can remember Arthur Miller, using the tittle of his best drama to point out that the present *view from the bridge* on the Rubicon, now being crossed to enter the Eurofields, is most interesting. I mean we can foresee the main possible consequences resulting from Monetary Union. *Pari passu* — as Romans said for *step by step* —, we are going to outline the possible principal effects.

2. A culture of stability and growth

Currency stability will be a first consequence. As Monsieur De Silguy, European Commissioner for Monetary Affairs said once, turbulences through 1992/1994 (four devaluations of the peseta, and Italy and the United Kingdom's leaving the Exchange Rate Mechanism of the European Monetary System), had a very high cost for Europe: around two points of global GDP growth, and one and a half million increase in unemployment. The mere fact of ending with turbulences, therefore, is an important factor towards stability and to ensure a reasonably sustained growth.

Besides that, conserve the value of money is a basic criterion that the Bundesbank has defended for a long time in Europe. And even though the European Central Bank (ECB) is not going to be a *Buba* clone, that old German economic behaviour un-doubtedly has a big weight in our common project. We can be sure, therefore, that the new European central bankers shall take good care of inflation; that, by the way, will be measured through a single consumption prices index for the eleven countries be-longing to the Monetary Union.

Basic prices of money, or the so called intervention rares of the national Central Banks periodically fixed for injecting liquidity in financial systems, are going to be globalised; and settled, from January 1, 1999, by the ECB for the whole territory of the MU. Furthermore, there will be only one *European interbanking offered rate* (the Euribor) that will tend to equalize all interest rates in the Euro Zone.

The suppression of exchange barriers is another important issue. The Single European Market as it was built between 1987 and 1993, is usually mentioned as performing in a quite free way; in spite of the fact that it does not exist yet, because of the very important invisible obstacles that represent transaction costs, in the form of *exchange commissions* paid by enterprises to de banks. What is this suppression going to mean?: significant savings for companies; and, for sure, an extraordinary growth in the intra-Union trade, reaching levels comparable to the figures of the interstate e commerce in the USA. All this is will produce very positive effects in investment and employment.

3. Flexibility, adjustments and reforms

An additional advantage produced by the MU will be the structural adjustments and reforms to be introduced in the *national economies* (if we still can refer to them im that manner) of the member states, which would not otherwise be easily brought about. In this sense, historically speaking, Spain has allways been successful when opened itself to broader external relations. Of course, there were prophets of doom, when we were about to enter any of the great areas of cooperation or integration. They criticised, for instance, as being excessively dangerous, the following great package delas economic policy: the Stabilisation Plan of 1959 (entering OECE, IMF, World Bank, and GATT); the Preferential Agreement with EEC, 1970; the Moncloa Arrangements of 1977, that implemented the political and economic transition to Democracy after Franco's death; the adhesion to EEC as a full member State in 1986; and now, the Monetary Union, 1999. In fact, all those great changes in the general framework, were significant steps to improve prosperity.

In the very same way, pressure coming from adjustments promoved by the Monetary Union, has already pemitted some deep reforms, driving economy to more labour flexibility, privatising State enterprises, and making possible crucial market de-regulations. None the less, looking forward, public expenditure will have to be cut; because besides being certainly important to decrease deficits, it will be still more beneficial in the mid-term to reduce budget expenses, from the 47 percent of its present EU average, to some 35 or 40 percent. In the USA that level is less than 35, with only 4.4 percent unemployment; and in Japan, with below 30 percent of public spending, unemployment is kept under 4 percent of the working population. Therefore, it must be considered that one day, public expenses will have to be cut, learning to do things better with less money as the private sector does —, and to employ more people in the best possible conditions, without dismantling welfare states but readapting it to a healthier performance.

4. Tax harmonization

Unanimously, MU is considered to be a real catalyzer for future tax harmonization. And the best basis for such prospect, is the leap already given in that direction since December 1997. Looking forward to the coming Euro, the EU member States reached an agreement to draft a *Common Code of Behaviour*, to prevent excessive fiscal competition in the field of the foreign investment *stimuli.*

At present, new advances are being discussed in complex matters like capital benefits (interests of bank deposits and share's dividends), so thar all EU countries apply a common levy of 20 per cent.

There are some specialists that believe tax harmonization — already implemented in 1993 for Value Added Tax, VAT, and special

The Consequences of Monetary Union

taxes (on tobacco, alcohols and auto fuels) — will be possible through additional efforts, reaching even, in the longer term, corporate and income taxes.

Summing up: although a broad degree of the subsidiarity principle will be maintained in the fiscality aspects, we are approaching a new horizon, because the single market certainly needs more initiatives in the hamonization trend.

5. Euro as a reserve and shelter currency

All together, Euro is going to be more than an European business. It will become a world currency with great incidence in the reserves of all central banks. By de way, what is the use of reserves handled by these institutions? The answer is quite simple: importers are guaranteed that they will get the necessary means of payments; and the desired external exchange of national currency can be supported through interventions in foreign markets. Both functions will virtually disappear with Euro: for buying abroad, Europeans while make massive use of the new common currency; and in order to regulate the rate of exchange Euro to Dollar, Yen, Swiss Franc, Dollar, and so on, ECB will have a Special Fund of *only* fifty billions Euros (a huge amount but much smaller than the one previously used by national central banks until now).

Last but not least, Euro will be a shelter currency for those citizens abroad that do not trust their weak currencies, with new investment possibilities being favoured inside to the Zone, with the consequence of the creation of more employment. And let us point out, too, that commodities oil, metals, all kind of food stuffs —, at present priced in Dollars, will be quoted also in Euros. Therefor we, Europeans, will no longer depend on *greenbacks's* volatility as has happened in the past.

6. Integration process and enlargement of the Euro Zone

The entering into effect of Euro is also going to mean a great *élan* (Bergson *dixit*) in all kind of purposes. If the proper advances are made — and specially if one day the United Kingdom decides to join —, many of the present problems appear impossible to be solved, may find quicker solutions. That will be a great chance for the envisaged EU enlargements now.

Particularly, a few forecasts can be made on the extension of the Euro Zone trough one or an other method:

- Countries at present *currency* based in the DM will have to adopt Euro, since January the first 1999, as its only reference. This is the case of Estonias Bulgaria and Bosnia-Hezergovina.
- Of course, other countries trying to build new currency boards could also adhere to Euro since its very beginning. That could happen with the *other* Baltic States (Latvia and Lithuania), and even with Ukraine, Belorus, the ex Soviet Republics of Central Asia, and the Federation of Russia. All those nations are in deep need to stabilize their very weak monetary systems, mainspring of a very much generalized use of Dollars and DM in all kind of day to day operations.
- Other fourteen States — with global extension of some 9,5 millions square kilometers and 70 million inhabitants —, that nowadays are associated through two African Central Banks (West and Central), constitute since long time ago a Monetary Union (*Communauté Financière Afriquaine*, CFA), with *CFA Franc* as a common currency linked to the French Franc. In the next future, they should also adapt to Euro as its currency patron at a fixed rate of exchange.
- Moreover, countries now negotiating their access to EU (Poland, Czech Republic, Hungary, Slovenia and Cyprus), could enter in the medium term the *New Mechanism of Exchange Rates* or the renovated *European Monerary System* (EMS), better known as *SME-bis*; as a transition formula to the following convergence period to MU.

A last remark on this topic: as it has been said, it is true, that taking account of demographic trends, Dollar has a competitive advantage *vis à vis Euro*, because population growth and immigration are much stronger in the United States than in Europe. But considering other trends, the possibilites of enlarging Euro Zone through, let us call them so, *mergers and acquisitions*, are much brighter. A process that probably is going to worry enough to the USA, as to make some kind of approach to promote new currency boards based on the Dollar:

The Consequences of Monetary Union

why not Mercosur, or even, which is not impossible either, China, that in some way is already linked to the *greenback* through the Hong Kong Dollar?

7. On sovereignty of foreign exchange and budgetary autonomy

The possible inconveniences of Euro must also be analysed. Such is the case of the so-called *loss of sovereignty* the field of foreign exchange. And to make it short, let us recall the period 1992/1995, with its above mentioned strong currency turbulences and competitive devaluations. At the end, what remained of the almighty state's capacity on foreign exchange? Only failures and fiascos, because of the inability to achieve greater productivity, quality and competitivity on the right way. The only applied *solution* at the time was a most primitive one: to devaluate currency once in a while. That, fortunately, will be impossible in the future.

We also hear sometimes — less and less, it is true —, that with MU, *budgetary autonomy*, which was used in the past to balance the downtrends of economy during recessions, is going to be lost. But this is rather fallacious, because as we have already seen increased public expenditure does not necessarily mean more jobs. What usually happens is really the opposite.

8. EMU and the future: a mental, political and economic revolution

Monetary Union is a mental, political and economic revolution, which sets new horizons not only for the EU but also world wide. Remember when John Maynard Keynes — Bretton Woods, 1944 —, in a visionary manner, proposed a world currency, the bancor, and a world central bank, the IMF.

In that historical occasion, it was the representative of the USA, Mr. White, who asked him what it was all for, since the dollar and the US Federd Reserve System already existed. Thus, the international hegemony of Dollar, as a currency superpower, was strengthened; against what could have been a more balanced and universal solution. Now, things are going to change: Euro and Dollar will become competitive currencies; and therefore, some kind of stable exchange rate ranges, will have to be explored. That's why so many are already proclaiming the need of a *Second Bretton Woods*.

And now comes a prophecy: Euro is going to serve as one of the basis for a great world design. So that in the future, there will be again a new International Monetary System. Michel Camdesus and myself, had the opportunity to comment this topic when the General Director of the Fund came to Spain to prepare the General Assembly of the instrution in 1994. We jointly reflected on the serious possibles of a future world currency, starting with some kind of arrangements among Euro, Dollar and Yen. On the same line some prospect were previously made by *The Economist*, looking to year 2017, proposing even a name, the *phoenix*, for the future universal unit.

Monetary Union is going to be a real *Declaration of Independence*, similar to the one the Thirteen States of the emergent USA made with the Coinage Act of 1792. Alexander Hamilton, promoter of that law, had the capacity foresee that a single market needed a single currency, the US Dollar; with common coinag rules for the thirteen states based on the Spanish milled dollar, the Real de a ocho of the Spanish Royal Mints in America from Santiago de Chile and Potosi to Mexico and Zacatecas.

Finally, we can make a forecast: with Euro, Europe will be much stronger, economically and financially, and that could help the growth of prosperity not only inside the Union, with all the necessary adjustments, but also improve new solidarity strategies regarding the countries of the Third World that are in initial need of help and trade.

CONCLUSION: THE OPPOSING INSTITUTIONAL PARTIES OF ECONOMIC AND MONETARY UNION

Willem MOLLE,
Erasmus University, Rotterdam

1. Introduction

The initial subject of part 1 was, as mentioned in the programme: Opposing institutional parties of EMU. This content of the papers that have been presented and of the subsequent discussion have in a sense departed from this theme. Actually the papers presented have done two things:

- first they have taken stock of the situation where EMU is in now and of its likely development in the near future. In this respect they observe that many of the constitutional, legal and institutional conditions for the functioning of EMU have in the meantime been fulfilled. But they also note that the system will immediately encompass a large group, among which a number of countries with a short track record for stability and low inflation. For that reason the system will be vulnerable for internal and external tensions.

- second they ask the question whether the mechanism that have been created are sufficient for creating the conditions for a good functioning of EMU in the future. In other words can the EMU as it is at present devised stand up to possible threats to the system. Actually it appears that many have doubts about its sustainability, and have asked themselves the question what sort of new measures should be taken to make the system resistant against future shocks.

In the literature on the subject a large number of suggestions, following different lines of thought have been circulated. The discussion in the working session has reflected many of them. We will present the essentials of the discussion here by first defining the problem and next by presenting the suggestions for solutions. Finally we will present some conclusions that the group has come to.

2. Defining the problem and selecting avenues for solution

2.1 Threats to the system

The vulnerability of the system to shocks has been well documented in the paper by Breuss; and the elements presented there have been complemented in the discussion. We will here just refer to a few of its aspects that appear particularly important:

- the convergence we see is probably a very superficial one; the real convergence would not appear in the nominal criteria but in the degree to which national systems have indeed converged.
- there will be shocks to the system. We have learned from the past that these shocks have two particularities: first they are very difficult to forecast and take the system by surprise; second they have different origins and affect in unpredictable ways the system.
- the system is becoming more vulnerable because of the erosion of the national tax base, giving, the tax competition that is going on. The problem is enhanced in that the tax burden tends to shift away from the mobile factor capital towards the immobile factor labour, which adds to the unemployment problem;
- in its initial stage the ECB has to establish its credibility, so will be inclined to pursue a severe monetary policy; if every member country would be obliged to contract its budgetary expenditure, this would lead to a real deflationary problem;
- the stability and growth pact is not a solution to this problem; on the contrary it has aspects that may even aggravate it.

There are two good reasons to cope with the problem of the vulnerability of the present set up of EMU.

- to safeguard the benefits of EMU; indeed the rationale of the EMU project in economic terms was that would create higher growth.
- to avoid a worsening of the unemployment problem, anyway the most pressing problem the EU is confronted with at the moment.

2.2 What options for coping with the problem?

Several lines of thought have been explored that could bring solutions to the problem just defined. We enumerate them as follows:

- adapt tlle convergence criteria
- improve factor mobility
- increase responsibility of national states
- improve the co-ordination between all actors involved
- enhance fiscal harmonisation.
- rely more on transfers

The first two ones have not got much attention and have in a sense been discarded by the working group. For each of the options we can summarise the reasons for that choice as follows:

- break the EMU criteria. This seems a very difficult thing to do as they are actually enshrined in the EU constitution. However, the protagonist of this option suggest that its definition leaves in practice sufficient room for interpretation and for adaptation. An example of such an interpretative approach could be the definition of the excess deficit. Here one could imagine that certain elements of the public expenses (such as investments that are made to restructure the economy and to improve the future competitive position) could be excluded from the definition. The general feeling in the group was however that this should or could only have a very limited application.
- factor mobility. This applies notably to labour. In the past it has become clear that the international migration of labour within the EU is very low, due to very potent cultural, linguistic and other factors (such as social security, education etc.). Some of these factors could be slightly influenced; one need but think of the harmonisation of old age pension an social security sche-

mes. However, the general feeling of the group was that none of these will substantially increase the propensity to migrate of EU citizens.

On the other hand the last four options have been debated in a quite elaborate manner; options 4 and 5 following the papers by respectively Butt Philip and Pitta e Cunha. We will therefore report in separate sections more in detail the results of the discussions on these last four options. We may distinguish two different categories among them. In the first we have the idea that the principle of subsidiarity increases the role of the member states (option 3). In the second we go in the opposite direction and start from the presumption that the role of the EU should be strengthened, as the EMU needs to be complemented by (elements of) a political Union in order to be sustainable (options 4-6).

3. Critical examination of the suggested solutions

3.1 Subsidiarity

This option starts from the presumption that the adaptation of countries to the new rules of the EMU game is a purely a national task. Subsidiarity is applied to the maximum. The option disregards completely the solidarity that normally would exist between parts of an integration scheme that has developed so far as has the EU.

Nations that have got into difficulties will try to regain their competitiveness as quickly as possible. In the absence of the possibility to adapt the exchange rate, this has to be done mainly by decreasing the real wage rate. Moreover employees have to be shifted as quickly as possible from the crisis ridden sectors into the more future oriented sectors. There seems quite some room for such adaptation in the EU. On one hand the smaller specialisation of the EU countries relative to the US makes it more easy to realise this intersectoral mobility without having recourse to international mobility. On the other hand the possibilities of Active Labour Market Policies do not seem to be exhausted yet in many member countries.

In such a scenario the task of the EU would by definition be very limited. It would consist of maintaining framework conditions. The first applies to the good functioning of the internal market the second to EMU. This will permit countries that have to go through a painful adaptation process to concentrate on gaining new markets without

The Opposing Institutional Parties of Economic and Monetary Union 139

being confronted on one hand by other countries trying to introduce protective measures nor with financial markets treathening the value of the currency.

Accepting the full burden of adaptation may be difficult to realise for many member states for several reasons:

- structural adaptation will only be possible in a reasonable time period in case there is a real feeling of need. This may only occur in case a very deep crisis affects large sections of society. Experiences such as that of Finland in the beginning of the nineties have shown how this may occur in practice. The question is however, whether the capacity of the average member country to cope with similar crises will be comparable to the example cited.
- the cost of this type of adaptation may be very high. Social unrest may cause a large real cost in terms of growth. Lack of confidence of financial markets may increase the cost of finance.
- the time such adaptation will take is likely to be unnecessarily long. During that adaptation period the country will be a weak partner for the rest of the EU thereby limiting the growth prospects of the EU as a whole.

The conclusion of this succinct analysis of the implications of this option is that subsidiarity is a feasible but unnecessarily costly solution to the problem.

3.2 Enhanced co-ordination

The next options go in an opposite way and strengthen the role of the EU. The basic problem the system is confronted with is the possible inadequacy between monetary and fiscal policy on two interfaces. First between the instances at the union level and next between the Union and national levels. Monetary policy is now largely a competence of a Union institution (ECB). So the suggestion could be to have the fiscal policy be determined by another union institution (e.g. the Commission) and set additional rules for the co-operation between the two. However, such a far-reaching solution has not been accepted in the past and is unlikely to be accepted in the future.

So less far-reaching solutions need to be examined that involve the co-ordination between the ECB and the many actors that together assume responsibility for fiscal policy. The question becomes then, how much co-ordination is needed and who should be involved (see the contribution by Butt Philip). We present here some suggestions for improvement of three interfaces;

- The European System of Central Banks; where the ECB co-operates with the national central banks
- The new Economic and Financial Committee, where member states, the ECB and the Commission meet.
- ECB / European Parliament; where the democratic EU elected body meets the autonomous ECB.

All three have some particularities.

The ESCB is not a monolithic system; on the contrary it is a federation with a centre (the ECB) that has still to impose itself and a number of national banks with long traditions, some of which imply strong government influence.

The new Committee has still to prove its effectiveness. Hammering out clear guidelines for national policies that will add up to a consistent package on the European level may be very difficult. The consistent implementation of that policy may be another problem.

The role of the EP can be to voice better the preferences of the EU people, but its capacity to do so in a long terms view has still to be proven too.

To many observers the capacity of the proposed system, when it comes under pressure, to cope with the problems ahead seems to be insufficient. A plea is heard for more powerful mechanisms.

3.3 Fiscal harmonisation

One of the problems to the system is the erosion of the tax base of member countries by tax competition. The solution would be to increase the power to tax which would decrease the chance that countries run into financial difficulties.

The most far-reaching solution is to transfer the competence for certain taxes to the EU level. In mature federations income and corporate taxes are indeed often union competence. In the EU there is up till now no support for such a transfer of competencies. The main arguments being that taxation is at the heart of national sovereignty.

Unification being out of the question the following other options to limit tax competition between EU partners were briefly explored. (see also paper by Pitta e Cunha).

- enforce existing rules better; the present EU permits by its lack of controls on many international transactions that much revenue cannot be collected due to fraud and evasion.
- harmonise the different national tax bases by setting minimal requirements for the most concerned taxes such as income, saving and corporate taxes.

Both options run into difficulties. The first by the obvious lack of capacity of national tax authorities to co-operate effectively. The second by the need for extra EU co-ordination on one hand and by the EU constitutional requirement that decisions on tax harmonisation need to be taken by unanimity on the other hand. As some member states think they can win the race in tax competition and for that reason are opposed to accept minimum standards a solution can only be reached by lifting the national veto power.

Many observers would say that the tax issue is such a vital part of the national sovereignty that there is no hope that such a change will get through. However, one may recall that the necessary tax harmonisation on indirect taxes has been possible when it dawned upon member states that without it the benefits of the internal market would be in jeopardy.

3.4 Transfers

In mature federations the main way in which the system copes with shocks is by automatic transfers through the federal budget. States or regions that feel the negative effects of shocks in terms of firm closures and job losses pay on one hand less taxes as their tax base decreases and on the other hand get more support as their demands on e.g. social security increases. In this way solidarity among parts of the federation is expressed. This financial support permits problem areas to recover under stable conditions.

In the EU such a mature transfer system does not exist and it is unlikely that it will exist in the near future for lack of political support. The arguments against are mainly ones of moral hazard: countries that know that there is no safety net will refrain from bad policies and when confonted witn a problem will adapt quickly and will not run the risk to become aid addicts.

PARTE II

O EURO E AS OUTRAS MOEDAS MUNDIAIS
THE EURO AND THE OTHER WORLD CURRENCIES
L'EURO ET LES AUTRES MONNAIES MONDIALES

LE STATUT INTERNATIONAL
DE L'EURO ET SON TAUX DE CHANGE

Armand Denis SCHOR,
Université de LILLE 2

La naissance de l'euro constituera un choc pour le système monétaire international pour au moins trois raisons:
1. L'euro sera la monnaie d'une grande zone économique et possédera certains des attributs d'une monnaie internationale,
2. La politique monétaire de l'UEM pèsera sur le taux de change avec le dollar,
3. L'émergence de l'euro comme monnaie internationale en parallèle avec l'engagement à la stabilité des prix de la Banque Centrale Européenne modifiera profondément les modalités de la coopération internationale.

L'internationalisation de l'euro ne sera ni automatique ni rapide

Le dollar décline depuis le milieu des années 70. L'ampleur du déclin n'est cependant pas uniforme. Elle varie pour chacune des fonctions de la monnaie internationale.

Tableau 1 – Les fonctions d'une monnaie internationale

Fonction	Secteur privé	Secteur public
Moyen de paiement	Véhicule	Interventions
Unité de compte	Libellé	Ancrage
Réserve de valeur	Portefeuille	Réserves de change

L'usage internationale d'une monnaie est caractérisé par l'inertie. La monnaie internationale en place en bénéficie parce que les coûts de transaction sont d'autant plus faible que le volume d'activité est important. Diverses externalités incitent également à choisir la devise déjà la plus largement utilisée. La faible internationalisation d'une monnaie pour l'une des fonctions nuit à son usage dans les autres fonctions. L'inertie est moindre pour la fonction de réserve de valeur. Le déclin du rôle international du dollar dans cette fonction est de ce fait plus rapide que pour celle de monnaie véhiculaire et de numéraire. Le maintien de l'usage du dollar dans ces deux dernières fonctions a pu ralentir son déclin comme réserve de valeur.

Tableau 2 – L'état des lieux de la concurrence monétaire.

Part de marché	Dollar	Yen	DM	Autres monnaies européennes*
Facturation	47,6	4,8	15,3	18,2
Transactions de change	83,3	23,6	37,1	32,8
Emissions internationales	37,8	17,7	15,6	8,8
Portefeuille mondial	39,8	11,5	15,6	21 ,3
Dette des Ped	50,0	18,1		16,1 (DM inclus)
Réserves officielles	56,4	7,1	13,7	12,1

*Composition différente selon les lignes. L'écu, le florin, le franc et la livre sont toujours inclus.

L'UEM créera une grande zone bénéficiant d'un marché financier profond, d'une banque centrale unique et indépendante et dans laquelle le risque de change aura disparu. Le choc est de nature à briser l'inertie et à amener l'émergence de l'euro comme monnaie internationale.

La taille de la zone est ici déterminante parce que les montants en valeur absolue de l'investissement privé et du déficit public en dépendent et le développement des marchés financiers également.

Les partenaires commerciaux d'une grande zone monétaire sont par ailleurs incitées à utiliser sa monnaie pour plusieurs fonctions. (unité de compte et instrument de réserve en particulier)

La taille seule n'entraînera pas automatiquement une internationalisation de l'euro.

Tableau 3 – L'effet de taille.

Milliards de $	Etats-Unis	Allemagne	UE 7*	UE 15
PNB (1996)	7575	2355	4732	8504
Capitalisation boursière (fin 1995)	5655	577	1529	3527
En cours de crédit interne (septembre 1996)	11293	1891	4046	7561

*Allemagne, Autriche, Benelux, France, Irlande.
Source: Funke and Kennedy (1997)

En premier lieu, l'usage de l'euro comme monnaie de facturation dépendra du niveau des coûts de transaction et de sa variabilité par rapport aux autres devises clés. En second lieu, une ruée des investisseurs vers l'euro est peu probable. Certains se diversifieront hors de l'euro pour les raisons suivantes:

(i) les investisseurs institutionnels européens sont aujourd'hui peu diversifiés, (ii) il ne sera plus possible de neutraliser le risque de change par la détention simultanée d'actifs libellés en plusieurs devises européennes, (iii) les investisseurs internationaux peuvent craindre à court terme les incertitudes politiques et redouter d'amples fluctuations du taux de change entre l'euro et le dollar.

En troisième lieu, l'efficience du marché financier intégré européen jouera un rôle décisif dans l'émergence de l'euro. Elle augmentera pour plusieurs raisons: (i) la vivacité de la concurrence entre intermédiaires financiers, (ii) le rôle croissant des investisseurs institutionnels, (iii) l'expression des valeurs européennes dans une même monnaie, (iv) la concurrence entre émetteurs en euro.

D'un autre côté, l'UEM à elle seule ne suffira pas à donner naissance à un marché financier aussi complet que celui des Etats Unis. En particulier, le marché européen des bons du Trésor ne sera aussi liquide que celui des Etats Unis. Les Treasury Bills sont négociés en toute heure en toute quantité; leur liquidité, leur proximité monétaire est presque totale.

L'euro ne deviendra pas une monnaie véhiculaire comparable au dollar aussi longtemps que les marchés financiers européens n'auront pas rattrapé ceux des Etats Unis.

La fonction d'ancrage monétaire est souvent négligée. Elle influe pourtant sur l'usage d'une monnaie pour les autres fonctions. Défendre l'ancrage à une monnaie donnée implique des interventions dans cette devise, l'utilisation de la monnaie d'ancrage réduit également le risque de change. Il existe une forte incitation pour les pays d'Europe centrale et orientale à arrimer leur monnaie à l'euro.

En résumé, l'inertie ralentira l'internationalisation de l'euro qui bénéficiera pourtant d'un effet de dimension et du caractère attractif de son utilisation en tant que monnaie d'ancrage.

Autre facteur favorable à l'extension du rôle international de l'euro, la confiance portée à la BCE, une faible variabilité du change dans le court terme et l'adaptation accélérée des marchés financiers européens.

L'euro sera probablement une monnaie forte

La valeur externe de l'euro sera le résultat du jeu de facteurs multiples. Il est hasardeux d'avancer un chiffre précis pour plusieurs raisons: (i) les modèles de détermination du taux de change sont peu performants, (ii) l'euro n'existe pas encore et il ne se comportera pas comme la simple moyenne des monnaies des pays membres, (iii) le mécanisme de change actuel est déjà affecté par l'anticipation de l'euro.

Quels pourraient – être le niveau et la variabilité du taux de change de l'euro contre dollar?

L'euro sera probablement une monnaie forte, en terme nominaux comme en termes réels, parce que l'Euroland accumulera les surplus extérieurs.

Au début de la phase 3, le taux de change de l'euro pourrait excéder son niveau de long terme. L'anticipation de cette surévaluation par le marché pourrait l'affecter parce que l'investisseur rationnel sera peu enclin à conserver une monnaie destinée à se déprécier. Dans cette hypothèse, les monnaies européennes s'apprécieraient avant la création de l'euro qui rejoindrait ensuite sa valeur de long terme. Une telle évolution est compatible avec le communiqué commun sur la fixation des taux de conversion irrévocables en euro puisque seuls sont fixés les cours pivots bilatéraux des monnaies appelées à se fondre dans l'euro.

Au début de la phase 3, le taux de change euro/dollar pourrait se révéler instable pour deux raisons : (i) une réallocation des portefeuilles d'actifs, (ii) une sensibilité exacerbée du marché aux effets d'annonce et un comportement éventuellement grégaire du marché provoqués par l'incertitude. La stabilité à long terme n'est pas non plus garantie : (i) un *benign neglect* réciproque est possible entre le FED et la BCE, (ii) les ajustements macro-économiques dans un monde à deux monnaies internationales seront difficiles.

A l'inverse, d'autres arguments militent en faveur d'un gain de stabilité: (i) moins de monnaies seront arrimées au dollar, (ii) la BCE ne réagira pas aux chocs asymétriques.

Les simulations effectuées par Agnès Bénassy-Quéré et Benoit Mojon permettent de privilégier l'hypothèse de réduction de la variabilité du taux de change transatlantique en UEM comparée à ce qui a été observé dans le MCE et en changes flottants.

Une coordination internationale remodelée

A première vue, grâce à l'effet de taille et à l'élimination des discordances entre politiques nationales, les européens pourraient porter un intérêt moindre à la coopération transatlantique. De l'autre coté de l'océan, l'émergence de l'euro comme concurrent du dollar pourrait inciter à la coopération. Une telle analyse économique de la coopération reste théorique. L'Euroland y est tenu pour une entité, un acteur unique. En pratique, l'avenir de la coopération internationale repose sur la manière dont elle sera organisée au sein même de l'UEM.

Dans les faits, la coopération internationale ne deviendra pas immédiatement symétrique, parce que l'Europe ne sera pas représentée par une personne ou institution unique dans les diverse organisations internationales (BRI, FMI, G7, OCDE). Les statuts de l'UEM comportent au surplus un biais favorable aux changes flexibles: (i) de facto la BCE jouit d'un pouvoir important, (ii) elle sera plus attentive à la stabilité des prix qu'à la compétitivité externe.

La gestion du taux de change, comme la coordination des politiques monétaires impliqueront certainement les Etats-Unis, le Japon et l'UEM dans une configuration trilatérale. Ce G3 monétaire potentiel dissocierait les discussions monétaires des discussions budgétaires. Dans le G3, la BCE, le Conseil et l'Euro 11 pourraient être légitimement représentés et avoir des positions divergentes. La coordination des politiques monétaires et budgétaires risque d'être plus difficile en UEM: le G3 ne sera pas en mesure de s'engager en matière budgétaire tandis que le G7 assurera une coordination avec des pays hors de l'euro (Royaume Uni) mais sans certains pays in (Pays-Bas).

Enfin, les gouvernements nationaux seront réticents à déléguer leur politique budgétaire, dernier outil conjoncturel à leur disposition, à une structure internationale alors même que la capacité de la BCE de lever les ressources nécessaires pour faire face à une crise de paiement majeure est incertaine.

REFERENCES

Artus, P. (1996), "Un euro fort ou un euro faible?", *CDC Flash* n° 96-60, 8 Octobre.

Artus, P. (1997a), "The Degree of Openness of the Economy and the Weight of the External Objective of the Central Bank", *CDC Working Paper*.

Artus P. (1997b), "Will European Monetary Unification Force the Fed to change its Monetary Policy Objectives?", *CDC Working Paper*, June.

Artus, P. (1997c), "Comment change l'équilibre financier international s'il apparaît une seconde monnaie de réserve?", *CDC Working Paper*, Avril.

Artus, P. (1997d), "The euro, portfolio diversification and reserve management", *CDC Working Paper*, August.

Alogoskoufis, G. and Portes R. (1997), "The Euro, the Dollar and the International Monetary System", *in* IMF ed.*: EMU and the International Monetary System*

Alogoskoufis, G., Portes R. and H. Rey (1997), "The Emergence of the Euro as an International Currency", Mimeo, September.

Barran, F., Coudert, V., Mojon, B. (1996), "L'Union Européenne est-elle une zone homogène pour la politique monétaire?", *Économie Internationale* n° 65.

Bénassy-Quéré, A. (1996), "Exchange Rate regimes and Policies in Asia", *CEPII Working Paper* n° 96-07, July.

Bénassy-Quéré, A. (1996), "Potentialities and Opportunities of the Euro as an International Currency", *CEPII Working paper* n° 1996-09, August.

Bénassy-Quéré, A. (1997), "Optimal pegs for Asian currencies", *CEPII Working Paper* n° 97-14, October.

Bénassy, A., Italianer, A. and Pisani-Ferry, J. (1994), " The External Implications of the Single Currency ", *Économie et Statistique*, special issue.

Bénassy, A. and Mojon, B. (1998), «EMU and Transatlantic Exchange Rate Stability, *CEPII Working Paper n° 98-02*

Bénassy, A., Mojon, B. and Pisani-Ferry, J. (1997), " The Euro and Exchange Rate Stability", *in* Masson P.R., Krueger T.S., Turtleboom B.G., *EMU and the International Monetary System*, International Monetary Fund.

Bénassy, A., Mojon, B. and Schor, A.D. (1998), «The International role of the euro», *Report for the European Parliament,* Mars.

BERGSTEN, F., (1997), «The Impact of the Euro on Exchange Rates and International Policy Cooperation», in *EMU and the International Monetary System*, Masson P.R., Krueger T.H. and Turtleboom eds, Washington: International Monetary Fund.

BERGSTEN, F. AND R. HENNING (1996), *Global Economic Leadership and the Group of Seven*, Institute for International Economics, Washington.

BOURGUINAT, H. (1992), *Finance Internationale*, Economica.

COHEN, D. (1997), "How Will the Euro Behave?", *in* Masson P.R., Krueger T.S., Turtleboom B.G., *EMU and the International Monetary System*, International Monetary Fund.

COHEN, D. AND CH. WYPLOSZ (1989), "The European Monetary Union: An Agnostic Evaluation", in R. Bryant et al., eds. *Macroeconomic Policies in an Interdependent World*, The Brookings Institution / CEPR /IMF.

DIRECTORATE GENERAL II (1997): "The Impact of the Introduction of the Euro on Capital Markets", Giovannini Report, *Euro Papers n° 3, July*.

ECU INSTITUTE (1995), *International Currency Competition and the Future Role of the Single European Currency*, Kluwer Law International.

EUROPEAN COMMISSION (1990), "One Market, One Money", *European Economy*, n°44.

EUROPEAN COMMISSION (1997), "External Aspects of Economic and Monetary Union", *Commission Staff Working Paper*, SEC(97) 803.

FLOOD, R. AND A. ROSE (1995), "Fixing Exchange Rates: A Virtual Quest for Fundamentals ", *Journal of Monetary Economics* 36, pp. 3-37.

FRIBERG, R. "On the Role of Pricing Exports in a Third Currency" , Stockholm School of Economics, mimeo.

FUNKE, N. AND KENNEDY, M. (1997), "International Implications of European Economic and Monetary Union", *OECD Working Paper* n°174.

GRASSMAN, S. (1973), "A Fundamental Symmetry in International Payments Patterns", *Journal of International Economics* 3, 105-116.

HARTMANN, PH. (1996), «The Future of the Euro as an International Currency: a transaction Approach», *CEPS Research Report* n° 20.

HARTMANN, PH. (1997a), "Do Reuters Spreads Reflect Currencies' Differences in Global Trading Activity?", L.S.E. FMG DP 265, April.

HARTMANN, PH. (1997b), "Foreign Exchange Vehicles Before and After EMU: from Dollar/Mark to Dollar/Euro?", *in* Paul J.J. Welfens (ed.), *European Monetary Union: Transition, International Impact and Policy Options*, Springer.

HENNING, R. (1997), *Cooperating With Europe's Monetary Union*, Institute for International Economics, May.

ILZKOVITZ, F. (1996), "Les perspectives de l'internationalisation de l'euro", *Revue d'Économie Financière,* n° 36, printemps.

KENEN, P. (1993), "EMU, Exchange Rates and the International Monetary System", *Recherches Économiques de Louvain, vol. 59 n° 1-2*.

KENEN, P. (1995), *Economic and Monetary Union in Europe: Moving Beyond Maasstricht*, Cambridge University Press.

KRUGMAN, P. (1991), "The International Role of the Dollar: Theory and Prospects", in *Currency and Crises*, MIT Press.

McCAULEY, R.N. AND WHITE W.N. (1997), "The Euro and European Financial Markets", in *EMU and the International Monetary System*, Masson P.R., Krueger T.H. and Turtleboom eds, Washington: International Monetary Fund.

MARTIN, PH. (1997), "The exchange Rate Policy of the Euro: A Matter of Size?", *CEPII Working Paper* n° 97-06, Paris.

MASSON, P. AND B. TURTLEBOOM (1997), "Characteristics of the Euro, the Demand for Reserves, and Policy Coordination under EMU", *in* Masson P.R., Krueger T.S., Turtleboom B.G., *EMU and the International Monetary System*, International Monetary Fund.

MAYSTADT, PH. (1997), "The Implications of EMU for the IMF", *in* Masson P.R., Krueger T.S., Turtleboom B.G., *EMU and the International Monetary System*, International Monetary Fund.

MacKINNON, R. (1963). "Optimum Currency Areas", *American Economic Review*, vol. 53.

MUNDELL, R.A. (1961). "A Theory of Optimum Currency Areas", *American Economic Review*, September pp. 657-665.

PERSSON, T. AND G. TABELLINI (1996), "Monetary Cohabitation in Europe", *American Economic Review,* May.

POLAK, J.J. (1997), "The IMF and its EMU Members", *in* Masson P.R., Krueger T.S., Turtleboom B.G., *EMU and the International Monetary System*, International Monetary Fund.

PRATI, A. AND SCHINASI, G.J. (1997), "European Monetary Union and International capital Markets: Structural Implications and Risks", IMF Working paper WP/97/62..

THYGESEN, N. (1997), "Relations Among the IMF, the ECB and Fund/EMU Members, *in* Masson P.R., Krueger T.S., and Turtleboom B.G., *EMU and the International Monetary System*, International Monetary Fund.

MODERN EXCHANGE RATE THEORY AND SCHUMPETERIAN ECONOMIC ANALYSIS: NEW APPROACH AND APPLICATION TO THE EURO

Paul J.J. WELFENS,
Universität Potsdam

1. Introduction

When the Euro and the European Central Bank started the European Currency Union at the beginning of 1999 there were many optimistic observers who anticipated the Euro to quickly become a major rival to the US dollar. Some critics argued that the Euro was bound to be a weak, inflationary currency and that high interest rates would characterize the start of the new currency. Others have argued that the Euro would face problems due to lack of political integration in Euroland. The broader discussion emphasized problems of monetary credibility of the ECB, international currency system issues, potential exchange rate volatility problems and exchange rate misalignment (WELFENS/EICHHORN/ /PALINKAS, 1998; WELFENS, 1997; 1999). Recent exchange rate analysis has made some progress but still is fragmented (GÄRTNER, 1993; OBSTFELD/ /ROGOFF, 1996; TURNOVSKY, 1997).

Given the low inflation rate of 1.1 % in 1999 and of an anticipated 1.5-2% in 2000 and 2001 the main challenge of the Euro in the starting stage certainly is not inflation. Rather, the external value of the Euro which started at 1.1789 US dollar per Euro on January 4, 1999 and fell to below 0.9 by early May 2000 – a depreciation of more than 20% – is the main challenge. Obviously, the Euro has not been successful in convincing international financial markets that it has a medium term potential for an appreciation; nor have central banks outside Europe accumulated high Euro stocks as part of reserve holdings.

While a temporary depreciation is no major problem for economic policy in the EU and Euroland, respectively, a sustained depreciation process would pose complex problems. Inflation might go up as import prices rise strongly. An ongoing depreciation which starts to feed into anticipations of future Euro depreciations also is dangerous in the sense that it will drive up interest rates in Euroland and lead to actual depreciation. A strongly falling Euro could create political tensions in Austria, Germany as well as other Euro zone countries. While there might be some long term factors which would contribute to an appreciation of the Euro the more short-term developments – in the politically critical run-up to 2002 when coins and notes will be introduced – such as the positive transatlantic interest rate differential and high growth in favor of the US do not seem to favor a Euro appreciation.

The following graph shows the development of the Euro against the US-dollar which strongly appreciated in 1999/2000. While the short-term interest rate differential suggests a medium term depreciation of the US-Dollar – based on open interest parity (monthly data) – we observe a medium term appreciation with much short-term volatility. This observed pattern is difficult to explain.

The well-known open interest rate parity puzzle could be explained on the basis of a risk premium R so that $R + i = (*i + g_e)$, where i is the interest rate, * denotes foreign variable and g_e is the percentage change of the nominal exchange rate. Policymakers in Euroland could try to reduce the risk premium by improving on the decision-making process in economic policy. In a long term triade perspective policymakers face serious problems if interest rate parity and purchasing power parity were not realized since only simultaneous realization of both implies $r=r^*=Y_K=Y_K^*$, respectively. Long term PPP failure would imply that the investment opportunity costs of domestic and foreign investors systematically differ; while we will not look into Japanese problems of unnaturally low real interest rates in the 1990s and associated low investment quality unsolved problems in any major OECD financial system are likely to cause distortions in the whole triade (eg, both US and Euroland stock prices could be overvalued in the sense that much distortionary "carry trade" with Japan– foreigners taking low interest loans in Japan and investing in the US and Euroland – is going on).

Graph 1 – Short-Term Interest Differential (D/K: i^{Euro}-i^{US}) and Growth Rate of Exchange Rate (Euro/$)

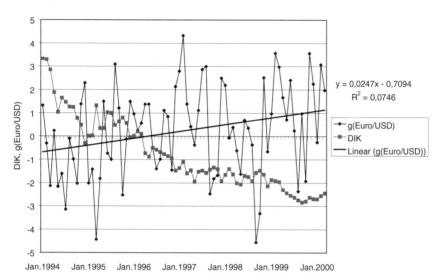

Source: ECB, own calculations

From an economic perspective the Euro depreciation has several effects:
- It stimulates the net exports of goods and services of the Euro area and thus contributes to economic growth in the medium term. However, only about 1/3 of all exports of Germany, France and Italy go to the dollar area. At the same time imported intermediate products become more expensive, which partially impairs exports that are dependent on the heavy usage of such intermediate products.
- It reduces the dollar price of industrial assets in Euroland so that US investors are likely to become more active in Europe, provided that the relative investment climate in the US (and elsewhere) is not improving in an offsetting way. Following FROOT//STEIN (1991) with their imperfect capital market approach we expect that Euroland will benefit from higher FDI inflows relative to GDP, however, this is only a long-term perspective. Moreover, since FROOT/STEIN observed (for the US) that a real devaluation raises FDI inflows relative to GDP it is obvious that raising growth rates in Euroland are likely to be much more important

for absolute FDI inflows in the Euro-zone than a depreciation of the Euro.

- It raises doubts about future price stability, and as with increasing import prices, the inflation rate could go over the critical 2 percent margin which in turn is likely to make the ECB raise interest rates.
- It discourages central banks outside Euroland to hold the Euro as a store of value, i.e. to substitute Euro for US dollar in their foreign exchange reserves.
- It could raise Euroland's interest rate beyond the logic of the simple interest parity by generating a currency specific risk premium – similar to what was observed in the 1980s and 1990s for lira denominated bonds, respectively. Market participants will soon have to decide whether the Euro depreciation of 1999/2000 reflects a one term adjustment to a fair market value, a cyclical exchange rate change or a more long term tendency "à la Italienne" implying a long term devaluation bias of the Euro vis-à-vis the US dollar.

On May 8, 2000 the eleven finance ministers from Euro-zone countries made a first joint statement on the new currency. They said they were determined to speed up fiscal consolidation and structural reforms agreed upon at the EU's Lisbon summit in March. It was also indicated that central bank intervention might be considered. The German minister Hans Eichel told journalists that all ministers agree income from selling mobile phone licenses should only be used to reduce public debt. However, there was only weak consensus on this point as the Financial Times noted on its front page on May 9, 2000: "But just as Mr. Eichel´s comments were beginning to make an impression on the market, Mr. Fabius emerged to say there was no general agreement on how to use the income from mobile licenses...ironically, in their separate briefings, Mr. Eichel and Mr. Fabius underlined the need for Euro-11 ministers to speak with one voice to convince markets of the soundness of their policies."

In the following analysis we will present an extended BRANSON model to analyze the fall of the Euro (section 2). Moreover, we will take an analytical look at the impact of debt reduction. By taking into account both the short and the medium term – plus a long term perspective – we can identify the main effects of alternative policies. In section 3 we offer some concluding remarks.

This paper has six motivations:

- We want to include the TOBIN (1958, 1961) risk aspect of portfolio selection, that is take into account that real capital K and real net financial assets A of the private sector are complementary with respect to risk since K and A are subject to rather different risks. We therefore will modify the demand side of the BRANSON exchange rate model in which the demand for asset i is proportionate to A – instead we will use A $(K/A)^z$ where the parameter z indicates how strong K and A are complementary with respect to risk minimization.
- We want to link the production function and output, respectively, to the BRANSON model and thereby establish a link between the short term and the medium term analysis.
- We will focus on the distinction between government consumption G and government R&D support G´ which raises output and stimulates investment and exports, respectively.
- We want to include foreign direct investment in the goods market and the balance of payments equilibrium
- We finally want to take into account the capacity effect of investment so that we can focus on more long term comparative statics; it will also be shown that a modified Mundell-Fleming model can be displayed in r-lnY-space which could be a natural starting point for analyzing a growth equilibrium
- By emphasizing the relative ratio of the marginal product of capital at home to that abroad, a technology parameter in the production function and research & development we want to incorporate some Schumpeterian aspects into a macro model. By linking some long term aspects with short term asset market dynamics we do not intend to downplay potentially powerful alternative approaches to short term and medium term exchange rate analysis – e.g. the role of rational bubbles or game theoretical analysis in which fundamental analysts and chartist-oriented market players interact. The model setups discussed here are open to various future extensions, including CES production function or a link with various Phillips-curve models or endogenous labor supply and immigration.

Main results are as following: one can usefully combine portfolio analysis and medium and long term goods market and foreign exchange market analysis; the idea of major debt reduction in Germany and France and most other EU countries is supporting the Euro only under certain conditions; it could be that a general debt reduction in Euroland is likely to reinforce the depreciation of the Euro. In the short term a debt reduction will cause an appreciation of the Euro, however, in the long run there will be a depreciation (see Appendix 1 and 4). Reasonable options to stabilize the Euro are launching a series of growth enhancing policy measures, including a supply-oriented fiscal policy, or a high interest rate policy combined with G-7 intervention in currency markets.

In our analysis we focus on links between the short term BRANSON model, the medium term Mundell-Fleming model and the long term purchasing power parity. We highlight the potential divergence between short-term exchange rate changes and long term exchange rate adjustment where our analysis differs from the DORNBUSCH model with its particular overshooting mechanism. It is shown that distinguishing reasons for a rise of (foreign) real interest rates is crucial. We also present a contribution to the theory of optimum currency areas – with arguments in favor of flexible exchange rates within certain limits – where the new argument is that only countries with similar innovation productivity should create a monetary union. In this perspective the 11 Euro starter countries and EU-15, respectively, are not optimal. All the analysis presented allows to better understand the fall of the Euro and the requirements for stabilizing the Euro vis-à-vis the US dollar.

2. Exchange Rate Analysis in the Short and Long Run: A New Approach

As a natural starting point for long term exchange rate analysis we take purchasing power parity in the simple form $eP^*=P$. Assuming money market equilibrium at home, that is $M = M^d$ and money demand $M^d= Pm(Y,i,A)$, and abroad $M^*=M^{d*}$, with $M^{d*} = P^*m^*(Y^*,i^*,A^*)$ we can derive the following equation for the long term exchange rate e'

(1) $e' = (M/M^*)(m^*(Y^*,i^*,A^*)/m(Y,i,A))$

Here M is the money stock, m is real money demand, Y, i, A stand for real output, the nominal interest rate and real financial wealth, respectively;* denotes foreign variables. The partial derivatives m_Y and m_A are positive, m_i is negative. There will be a rise in the exchange rate e', that is a depreciation, if money supply growth in the home country I is higher than abroad. Moreover, assuming identical money demand functions at home and abroad it holds that output growth abroad exceeding that of country I will cause e' to rise; also, a rise of foreign net financial wealth relative to that of country I will raise e'. High Cyclical or structural growthbased on a stock market boom abroad will cause a depreciation of the home currency. In a very simple approach which allows to focus on the on the short term we specify m and m*, respectively, as follows (e'' is the Euler number):

$$m = Y\ e''^{-\acute{o}i}\ K\ P^S/P \text{ and } m^* = Y^*\ e''^{\,-\acute{o}^*i^*}\ K^*\ P^{*S}/P^*$$

We have restricted financial wealth to the real value of stocks (nominal value equals capital stock K times price index of stocks P^S). The short term exchange rate e then can be modeled on the basis of highly flexible stock prices P^S and P^{*S}, respectively:

$$(1')\ e = (M/M^*)/\ [(Y/Y^*)\ (K/K^*)\ (P^S/P^{*S})\ (P/P^*)\ e''^{-\sigma(i-i^*)}]$$

For simplicity we have assumed here that $\sigma = \sigma^*$. The following graph shows a high degree of correlation ($r^2 = 0.45$) between the devaluation rate of the Euro vis-à-vis the US Dollar and the growth rate of P^S/P^{*S} (monthly figures of Eurostoxx over S&P-500 index). This could be interpreted as international stock market parity since short term "quasi-arbitrage" requires that the expected domestic return of buying stocks g_{P_S} (percentage change of the stock price index P_s) must be equal to the expected rate of return abroad $g_{P_{S^*}} + g_e$:

$$(1'')\quad g_{P_S} = g_{P_{S^*}} + g_e$$

Using expectation values the arbitrage condition implies

$$(1''')\quad E(g_{P_S}) = E(g_{P_{S^*}}) + E(g_e)$$

From a theoretical perspective it would be important to have a theory which explains to which extent the exchange rate affects the stock price at home (country I) and abroad (country II), and which link between stock prices and the exchange rate exist; in a stationary equilibrium with foreign direct investment abroad – with a share χ of K^* owned by firms from country I – and foreign investment in country I – with a share χ^{**} of K owned by firms from country II – a straightword function in a world with Cobb-Douglas production function $Y = K^\beta\ L^{1-\beta}$ (symetrically for country II) and infinitely lived capital stock would be:

(1.1) $P^s = (1-\chi^{**})\text{ß}PY/r + e\chi\text{ß}^*P^*Y^*/r$

Here the stock price of country I firm is the discounted future profits from ownership of the home capital stock plus the foreign capital stock. If there is underutilization of the capital stock a depreciation —a rise of e – would stimulate net exports and therefore raise Y, it also would raise profits accruing from abroad; while a depreciation will dampen Y^* the net effect nevertheless could be a rise of the overall share price. To the extent that short term interest rate parity holds in the form real interest rate $r = r^* + [e^E/e] - 1$ a rise of e, assuming an exogenous expected exchange rate e^E – will reduce r which dampens the rise of Ps. An exogenous rise of the share price could stimulate consumption demand if this includes a wealth effect and thereby it would reduce net exports of goods and services for any given potential output so that the exchange rate would fall – assuming given net capital outflows. Similarly to (1'''') the foreign stock price is $P^{s*} = (1-\chi)\text{ß}^*P^*Y^*/r^* + (1/e)\chi^{**}\text{ß}PY/r^*$. Again we could develop a similar reasoning for the link between e and Ps^* and vice versa. In a more general approach we could state the hypothesis that

(1.2) $P^s = P^s(Y, Y^*, r, e, Z)$

where Z is the number of patent applications; an alternative could be the R&D capital stock which recently has been incorporated in the Pantha Rhei III macro model (MEYER/WELFENS, 1999) which shows an output multiplier for an increase in the research and development stock of about five times that for goverment consumption expenditures.

As regards long term stock price development there has indeed been emphasis in recent theoretical and empirical research that firms´ expenditures on R&D and other intangible assets, including internet activities, positively have influenced stock market valuation (HALL, 1999; DARBY/LIU/ZUCKER, 1999; DESMET et al., 2000). In a Schumpetrian perspective increasing innovation dynamics will raise stock market prices. The increasing global leadership of US firms in patent applications and in the use of the internet in 1999/2000 thus could explain the relative rise of the US stock price; this will lead to a depreciation of the Euro, where one will observe an overshooting effect. Similarly, a rise of Euroland output relative to the US would cause an appreciation of the Euro in the long run – an overshooting effect will, however, to an adjustment path governed by stock market parity (equation 1'').

A specific weakness of Euroland could be that, according to findings of MUELLER/YURTOGLU (2000) German, French and Italian firms quoted on national stock markets tend to have inefficient investment decisions for projects financed from cash flows: dividend payments are found to be relatively low in these – and some other European – countries, overinvestment and insufficient return on investment seems to be a problem of the core of Euroland; according to MUELLER/YURTOGLU neither the UK nor Sweden nor the US show similar problems who argue that bank dominated financial systems tend to contribute to inefficient investment financing. From this perspective it would be important that Euroland´s core countries politically favor the use of stock markets as a channel of financing investment. This implies that the Euro not only suffers from much discussed labor market inflexibilities in various countries of the Euro zone but equally from capital market problems.

Taking into account (1´) and emphasizing that Y, Y^*, K, K^*, P, P^* are slow variables in a macroeconomic system in which the money markets always are in equilibrium one could estimate a short term exchange rate equation $\ln e = \ln e_{t-1} + a_2 \ln P^s/P^{*s} + a_3 \sigma i + a_4 \sigma^* i^*$; based on first differences such an approach indeed is shown in the appendix 5 – with good out-of-sample forecast results. The interaction of asset markets and goods markets deserves more attention in future research. This holds not least because the long term ratio of assets to GDP is increasing in OECD countries which implies that wealth or asset effects increasingly will affect investment and consumption.

Graph 2 – Growth of the Ratio Between the Stock Market Indices Eurostoxx and Standard & Poor and Growth Rate of Exchange Rate (Euro/$)

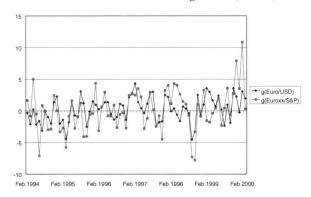

Source: ECB, own calculations

We now return to equation (1) and will define financial wealth as not including stocks so that we follow the Branson model. If the interest rate abroad is rising more slowly (or falling faster) than in country I the long-term exchange rate will increase according to (1). This, however, is not what the short term analysis based on portfolio theoretical approaches would suggest: it holds that, in particular, a rise of the short term interest rate abroad will cause the exchange rate to rise as can be shown in the simple BRANSON model with money market, domestic bond market and foreign bond market where MM, BB and F*F* represent the respective equilibrium conditions, that is equations 2a,b,c. The MM curve has a positive slope since a rise of the exchange rate (depreciation) will raise nominal wealth and therefore the demand for money; the excess demand in the money market will be eliminated if i rises adequately. A similar reasoning applies to the BB curve. The F*F* curve has a negative slope since a rise of e causes an excess supply due to the increase of (eF*) while demand rises underproportionately This excess supply is eliminated if i is falling adequately. While the left hand side shows supply in the respective market the right hand represents asset demand where the desired share in each asset is proportionate to nominal wealth A´. Note that a is the exogenous expected depreciation rate.

(2a) $M = n(i,i^*,a)A´$;   money market equilibrium
(2b) $B = b(i,i^*,a)A´$ bonds market equilibrium
(2c) $eF^* = f(i,i^*,a)A´$ foreign bond market equilibrium

Fig. 1 – Portfolio Equilibrium in the Simple Branson Model

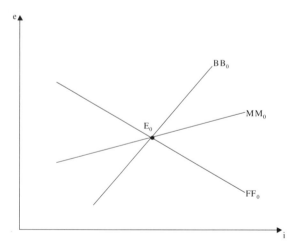

Since the budget constraint is $A' = M + B + eF^*$ only two of the above equations are independent so that in e-i-space the intersection of the BB curve and the F*F* curve determines the equilibrium (an alternative could be the intersection of MM and F*F*). The simplest way to take into account the goods market is to impose the profit maximizing condition $Y_K = r$ – where Y_K is the marginal product of capital – while assuming that there is no inflation initially so that the nominal interest rate i=r at home and i*=r* abroad. What happens if the exogenous variable i* is increasing or if the expected depreciation is rising? The BB-curve shifts to the right while the F*F* curve shifts upwards: The result is a depreciation while the interest rate could rise (strong rightward shift of BB as with BB_1 in Fig. 2) or fall (small rightward shift of BB as with BB_2). The latter is unlikely unless the demand for domestic bonds reacts very strongly to a rise of i* or the expected depreciation rate a. An increase in the foreign marginal product will feed into the model via an increase of r*.

Applying this reasoning to the Euro in 1999/2000.I the depreciation of the Euro could be explained by the direct rise of the nominal US interest rate or by indirect effect of a rise of the marginal product of capital abroad. An alternative explanation is a rise in the expected depreciation rate brought about by political changes.

Fig. 2 – Rise of Expected Devaluation Rate and of Foreign Interest Rate

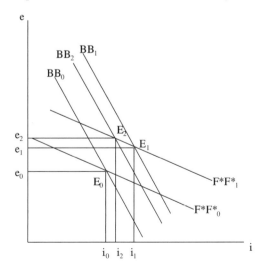

2.1. Optimum Exchange Rate Flexibility and Optimum Currency Area

With respect to the issue of exchange rate volatility and flexibility, respectively, it is important to understand that the short term BRANSON model and the long-term equilibrium equation (1) have contrasting implications for exchange rate changes, and in some cases the contrast is modest, in other cases stark. In the following graph we display in panel a) the interest rate parity line IP – summarizing the domestic and foreign bonds market implicitly – which is based on interest rate parity $i = i^* + (e^E - e)/e$. The expected exchange rate e^E could be determined by adaptive expectations – or other forms of learning – in the medium run, but in the long run it must be consistent with purchasing power parity, that is equation 1, if there is to be a general equilibrium. For the short run and the immediate impact round we will assume that the expected devaluation rate $a = (e^E - e)/e$ is not changing at all.

To highlight the different implications of the (modified) BRANSON model and equation (1) we will consider a rise of the foreign real interest rate r^* where we assume that there is no inflation at home and abroad so that $i=r$ and $i^*=r^*$. The rise of the foreign real interest rate will shift the IP line upwards (IP_1) so the intersection of the new money market equilibrium line MM_1 in point $E"_1$ indicates an interest rate rise and a currency depreciation. Note that the MM curve has shifted upwards since the rise of r^* implies a rise of the opportunity cost of holding money abroad and at home (reducing the demand for money) so that a higher financial wealth and hence a rise of the exchange rate is required to raise demand for money and to restore equilibrium in the i money market, respectively. The relevant equilibrium condition is $M/P = n(i,i^*, a,Y)A$ where A is real financial wealth $(eF^*+B+M)/P$. We have modified the real demand for money in the BRANSON model in the sense that we added real output Y as an argument, and this will be explained in more detail subsequently. Here it suffices to point out that in principle this specification chosen is consistent with that in equation (1).

In panel b) we show equation (1) which in e´-r-space is an upward-sloping curve IPL. The rise of the foreign real interest rate will cause – assuming for the moment that Y^* and Y will not be affected – a downward shift of the IPL line (IPL_1) so that there is a large divergence between the short term exchange rate e_{o1} and the implied long run rate

Fig. 3 – Short-Term Exchange Rate Reaction versus Long Term Exchange Rate Adjustment

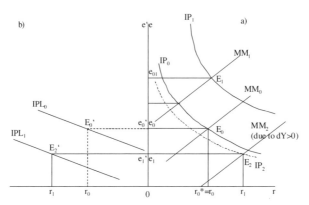

e'_1. The larger the divergence the more difficult would it be to switch from a system of flexible exchange rates to a regime of fixed exchange rates – artificially fixing the exchange rate would lead to a fast and much stronger rise of the domestic interest rate as rising net capital outflows will cause an excess demand in the currency market with following exchange market intervention of the central bank which thereby is raising the money supply. However, this does not imply that full exchange rate flexibility is always the best solution. High exchange rate volatility comes at a cost, e.g. there is empirical evidence that high exchange rate volatility reduces domestic investment (WELFENS/JUNGMITTAG, 1997) and foreign direct investment (UNCTAD, 1993); indeed depending on elasticities of the respective asset demand functions and the functions in the goods – and labor – markets there will be an optimum degree of exchange rate flexibility, that is a corridor around e_o. and the respective real exchange rate.

In a system of flexible exchange rates a reconciliation between the (modified) BRANSON model and purchasing power parity can be achieved only if the expected exchange rate at some point of time – in the medium term – is governed by equation (1) or a variation of it; e.g. we could stipulate that for market participants in assets markets it will hold that $e^E = P/P^* = M/[P^* \, m(Y,i,A)]$ where i is, of course, influenced by the foreign interest rate i^*. Even if the foreign price level is exogenous and constant the cross-border interest link must be taken into account. Panel a) shows that the long term equilibrium – with constant

Y and Y* and A and A* – is point I. In panel b) the adjustment of the expected exchange rate will have to shift down the IP-line downwards in a consistent manner.

However, taking a look at the long run we must take into account the impact of the rise of r* on foreign real output Y* and other variables abroad and in country I. It is immediately clear that we must distinguish between

- (i) a rise of r due to a higher supply of foreign bonds abroad ($dB^*>0$ which will not affect F*, the part held by residents in country I as long as this country has no current account surplus),
- (ii) a rise in the central bank rate r´*;
- (iii) an increase in the marginal product of capital Y^*_K.

Taking a look at case (i) there will be an upward shift in the interest parity line, that is the move from IP_0 to IP_1. If the rise of r* dampens output abroad so that Y* would fall, the long term implication in accordance with equation (1) is an appreciation since m* and m*/m, respectively, are both reduced because of a higher interest rate and because of a reduced output Y*. Since this fall of Y* will reduce imports in country II so that exports of country I will be reduced which in turn reduce Y, the overall impact clearly is a reduction of m*/m so that the IPL line is shifted downwards (IPL_1 instead of IPL_0). Thus, while the short-term impact is depreciation, the long-term impact is an appreciation. To get a consistent solution in panel b) and a) it must be assumed that at some point – in the medium term – exchange rate expectation is adjusting towards a lower e^E which shifts the IP curve downwards and we get the intersection point E_2 in panel a) which corresponds to $E´_2$ in panel b).

Now we turn to case (ii) and (iii), respectively. It makes a difference whether the rise of r* was brought about by central bank action, namely a reduction of M*, or by a positive productivity shock in an environment of profit maximization, a rise of Y^*_K which must be equal to r* where for the moment we ignore any risk premium; in principle the following reasoning applies mutatis mutandis to a relative rise of Y^*_K / Y_K which would be caused by a relative improvement in foreign innovation dynamics. From this perspective it is clear that the optimum exchange rate literature can be enriched by an additional criterion, namely that countries potentially willing to create a monetary union should have a similar rate of innovativeness so that no large relative changes (Y^*_K/Y_K) are to be expected.

Fig. 4 – Innovation Clusters in the EU

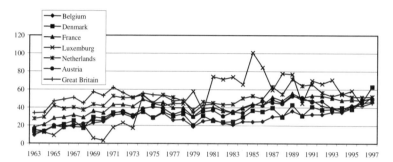

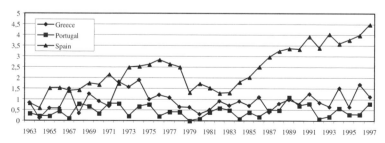

Source: JUNGMITTAG (2000)

Comparing EU countries one indeed finds that most Southern countries (Greece, Portugal and Spain) are in the same cluster of innovativeness as measured by innovations per number of inhabitants, that is patent applications per 1 Mio. inhabitants. JUNGMITTAG (2000) identifies four group of innovators in the EU-15 group where two weaker groups show relatively low innovation rates, and from this perspective monetary union covering the full EU – or even an EU with 20 or more members after EU eastern enlargement – is doubtful. At least countries with low innovation rates must tailor their own policies, possibly supported by EU supranational funds, toward improving the innovation rate that, however, will take many years.

Restrictive monetary policy abroad implies, due to the rise of M/M^*, a rise of e' in equation (1) unless the money demand effect – the fall of m^*/m – will show a more than offsetting effect. If there is a positive productivity shock we will see that investment $I^*(r^*, Y_K^*, ...)$ is increasing so output and profits will be increased. Higher profits also imply a rise of A^*. Money demand abroad will increase so that m^*/m – with a constant ratio M/M^* – drives up e'. Moreover, as Y^* is rising, net exports of country I will increase so that Y will also increase, the net effect is still a rise of m^*/m.

Another interesting aspect is as long as equation (1) does not hold true, trade will not take place at a fundamental equilibrium exchange rate – the case of "false trading" – and this trade and the induced output effects will change the fundamental equilibrium exchange rate consistent with equation (1). From a welfare theoretical aspect it should be analyzed by how much "false trading" and high exchange rate volatility, in the sense of the initial ratio $e_{o1}/e' 1$, – and further induced volatility in the adjustment process – impairs output growth or undermines job security.

2.2. Changes in Domestic Marginal Product of Capital

As a next step we will implicitly take into account the domestic market for real capital, and we will assume an exogenous change in the marginal product of capital in country I. Assuming that firms will invest more in this situation and that part of investment is financed by additional corporate bonds (B2) which are lumped here with government bonds (B1) – reflecting past budget deficits G-T – we have the following modification:

(2a)	$M = n(i,i^*,a)A'$;	money market equilibrium
(2b)	$B(S(G-T), Y_K) = b(i,i^*,a)A'$	bonds market equilibrium;
(2c)	$eF^* = f(i,i^*,a)A'$	foreign bond market equilibrium
(2d)	$M + B + eF^* = A'$	

In this model, setting a rise in the domestic marginal product of capital will lead to an upward shift of the BB curve and therefore raise the exchange rate and the interest rate. The increase in the marginal product of capital thus raises the interest rate and causes a currency depreciation. The above specification can be modified in order to take into account the portfolio-theoretical argument that the ratio $K/(A'/P)$ would positively influence the demand for money and bonds – due to the desire to minimize the portfolio risk: K and real financial wealth are complementary. We therefore replace in a modified equation 2a) A' by A $(K/A)^z$, we also restate the left-hand side as M/P so that the equilibrium conditions refers to real money balances.

Furthermore we can use a Cobb-Douglas-function for output $Y = V(1-u) K^ß L^{(1-ß)}$, where V is a technology parameter, u is the unemployment rate, K real capital, L labor and ß the output elasticity of capital. Thus, we can replace K by $Y^{1/ß} [V (1-u)]^{-1/ß} L^{-(1-ß)/ß}$.

We respecify the demand for money as $M^d/P = n(...) Y^{z/ß} (A^{1-z}) [(V (1-u))^{-z/ß}][L^{-(1-ß)} z/ß]$, where A is real financial wealth; the supply side is now in real terms, that is M/P for equation (3a). Similarly, the other demand functions have to be respecified. Note that this specification takes into account the portfolio theoretical analysis of TOBIN who has argued that with respect to risk net real financial wealth and real capital are complementary. The systems 3a, b, c now combine a short-term portfolio model with flexible interest rate plus exchange rate and sticky output and price level which only reacts in the medium term.

(3a)	$M/P= n(i,i^*,a) (Y^{z/ß}) [A^{(1-z)}] [(V (1-u))^{-z/ß}][L^{-(1-ß)} z/ß]$
(3b)	$B/P(S(G-T), Y_K) = b(i,i^*,a) Y^{z/ß} A^{(1-z)} [(V (1-u))^{-z/ß}][L^{-(1-ß)} z/ß]$
(3c)	$eF^*/P = f(i,i^*,a) Y^{z/ß} A^{(1-z)} [(V (1-u))^{-z/ß}][L^{-(1-ß)} z/ß]$

To the extent that one only interested in the impact of Y (or K) and A we could impose for simplicity normalizations of the technical parameter V and labor L to unity. Assuming furthermore that unemployment u = 0, expressions within the last two square brackets can be dropped from eq. (3a) – (3c).

An increase in the domestic marginal product of capital will rise at given K output in the medium term and thus the demand for money, bonds and foreign bonds in real terms. However, it also will raise in the short term the real bonds supply (BB_1) as firms will finance part of their additional investments by corporate bonds; note that we have assumed no inflation so that the graph is shown in e-r-space An interesting application could be the internet and mobile telephone boom based on considerable technological progress. In our model the internet boom thus translates into a higher marginal product of capital.

In the short run we thus assume that output is not reacting, so that the BB curve will shift to the right much more than in the medium term – once output has increased. The short-term reaction, a rise in the marginal product of capital, is thus a large currency depreciation while the medium term could be a modest depreciation of the currency.

Special Case: Interest Rate Parity

A simplified version of the above model holds with interest rate parity. In e-i-space the interest rate parity line (IP) is downward sloping. The money market equilibrium is upward sloping. We assume no inflation at home and abroad, in addition we impose the profit maximization condition:

(3d) $r = Y_K - R(A/K)$

where R is the risk premium for holding real capital; instead of the ratio A/K we also could use A/Y if the production function is Cobb-Douglas and the population constant. In the lower part of the following graph we have the marginal product of capital as a function of K, so that we can determine e-r in the upper part of the diagram and the marginal product of capital Y_K in the lower part; note that in point F it holds $r = Y_K$, that is we have no risk premium on investment in machinery and equipment. Additionally we have output as the integral under the Y_K-curve, that is the area OAE'N (labor income is equal to triangle AE'F). If domestic marginal product is rising due to a technology shift output will increase in accordance with E''.

As (A/K) falls there is now a positive risk premium so that the real interest rate ri is smaller than the marginal product of capital. The fall of A/K – implying that (Y/A) will rise – will shift the MM-curve

Modern Exchange Rate Theory and Schumpeterian Economic Analysis

downwards (MM1) so that point G is the new equilibrium. Assuming that market participants will adjust their expected exchange rate e^E downwards in line with equation (1) as they anticipate a rise of Y we will have a downward shift of the IP1 line: Since r* has not changed expectationswe must adjust until we have r=r* + a, where a is zero (point H).

Fig. 5 – Interest Rate Parity, Money Market Equilibrium and Output

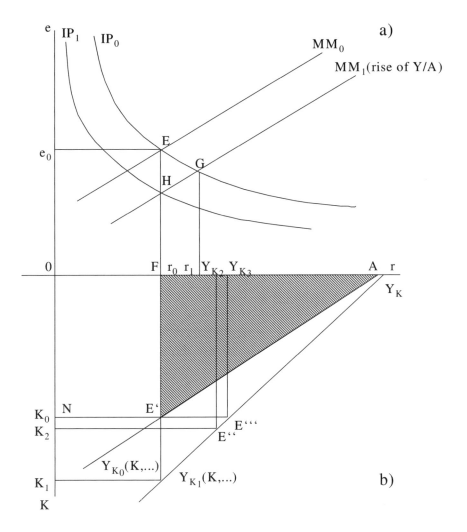

General Adjustment Perspective

Assuming that the demand for money will adjust with a time lag we can state (suppressing the time index for contemporaneous variables):

$\ln m = h(\ln m^D - \ln m_{t-1}) + \ln m_{t-1,}$

where the adjustment factor h is in the interval 0,1

Inserting the money demand function we have the following specification which can be tested empirically:

(5) $\ln m = h \ln m^d + (1-h) \ln m_{t-1}$

(5.1) $\ln m = h \ln n(i,i^*,a) + hz/ß \ln Y + h(1-z) \ln A + (1-h) \ln m_{t-1}$

With respect to output we assume the following adjustment equation which stipulates an adjustment proportionate to Y^d-Y_{t-1}. It is assumed that the adjustment is faster if innovation activities are high while the latter can be proxied by patent applications Z. Moreover, we assume that the adjustment coefficient depends on the Tobin $q = P^K/P$ positively, but negatively on the real interest rate r and the unemployment rate.

$\ln Y - \ln Y_{t-1} = v'(Z,q,r,u)(\ln Y^d (w,m,Y/K)- \ln Y_{t-1}),$

where v' is in the interval 0,1

We assume that aggregate demand Y^d will positively depend on the real wage rate, the marginal product of capital (or the average product of capital Y/K under Cobb-Douglas production function) and real money balances, respectively.

In regards to empirical analysis it is clear that a two-stage estimation procedure must be applied. The long-term exchange rate can be determined according to equation (1) where we use long term money demand at home and abroad. If we use the exchange rate adjustment equation

$e - e_{t-1} = s'(e'-e_{t-1});$ where s' is an adjustment parameter

we can model the short-term exchange rate effects.

2.3. Debt Reduction Policy

A debt reduction policy financed with windfall tax profits will shift the MM curve upwards $(MM_{0'})$ as the ratio K/A increases. However, in order to minimize portfolio risk, the initial K/A will be restored meaning investment demand will fall. Debt reduction will shift the BB curve to the left (BB$_1$) but as output is falling due to reduced investment the BB curve will shift to the right. The result is a depreciation. At this reduced exchange rate there will be higher net exports of goods and services so that the "Branson-exchange rate" feeds into the goods market (IS-LM-ZZ-model). The IS-LM-ZZ-model in turn – in particular a change of output – will feed into the modified Branson-model as the ratio Y/A has changed. Note also that the immediate impact of a domestic debt reduction could be a rising demand for foreign bonds, raising e, until the rise of eF* has compensated for the reduction of B; that is K/A has been restored to the initial intermediate level – a potential depreciation is at E'$_0$. In the appendix we show that a positive system determinant brings about the short-term result: de/(-dB) < 0, but long run results are different.

Fig. 6 – Debt Reduction Policy in a Modified Branson Model

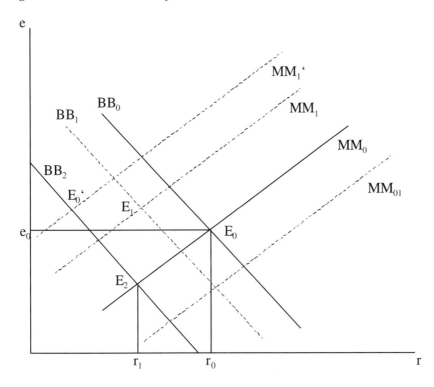

2.4. Government Budget Constraint in a Supply-side Framework

We assume that government has expenditures for public consumption G and for support of research and development (G') and interest rate payments. Revenues are from issuing public bonds (B1), seigniorage and from income taxes T(Y). Thus the government budget constraint is given by

(6) $G+G'+iB_1/P - T(Y) = (dB_1/dt)/P + (dM/dt)/P$

Government instruments are government consumption G, government support G' for research and development and the tax rate, T_Y. Monetary policy will determine M. One can also take into account a link between accumulated government R&D support, where V in the production function could be proportionate to past R&D support. Interestingly, the Pantha rhei III model (MEYER/WELFENS, 1999) shows a much higher output multiplier for an increase in the economy's stock of R&D than in the case of an exogenous increase of investment.

The stock-flow adjustment in this model is based on four equations, namely the balance of payments constraint, the government budget constraint, the money market adjustment equation and the output market adjustment equation. In regardsto the current account the constraint is given by:

(7) $dF^*/dt = PX - eP^*X^*$

where X and X^* are exports and imports, respectively.

2.5. A Portfolio-Augmented Mundell-Fleming Model

An interesting model exercise is to combine our modified portfolio model with the Mundell-Fleming world where we will use the balance of payments equilibrium condition and the goods market equilibrium condition in combination with our portfolio sub-model. We will assume that $X=x(...)Y^*$ while imports $X^* = x^*(...)Y$. Regarding the balance of payments constraint for simplicity we will later use a modified form of equation (7) which is as follows:

(7´) $dF^*/dt = \varepsilon \ (Px(q^*,...)Y^*/[eP^*x^*(q^*...)Y])$,

where q^* is the real exchange rate eP^*/P and the parameter $\varepsilon>0$

Modern Exchange Rate Theory and Schumpeterian Economic Analysis 175

Note that we have used the familiar export function $X = x(q^*,...)Y^*$ and the import function $X^* = x^*(q^*...)Y$. The reason for using this formulation is that we want to derive a convenient system of equations which combine the balance of payments constraint (and the goods market equilibrium condition) with the portfolio system: basically in r-lnY-space.

A long term equilibrium condition must combine equation (7´) and (3a) where a straightforward specification – with e" representing the Euler number and s representing positive elasticities- is for (3a)

(3a´) $M/P = \{(Y^{z/\text{ß}})\ [A^{(1-z)}]\ [(V\ (1-u))^{-z/\text{ß}}][L^{-(1-\text{ß})}\ z/\text{ß}]\}\ e^{"-\sigma 1 i} - \sigma_2(i^*+a)$

Similarly we can specify for equation (3b´)

(3b´) $B/P = \{(Y^{z/\text{ß}})\ [A^{(1-z)}]\ [(V\ (1-u))^{-z/\text{ß}}][L^{-(1-\text{ß})}\ z/\text{ß}]\}\ e^"\ ^{\sigma 3 i/(i^*+a)}$

and

(3c´) $eF^*/P = \{(Y^{z/\text{ß}})\ [A^{(1-z)}]\ [(V\ (1-u))^{-z/\text{ß}}][L^{-(1-\text{ß})}\ z/\text{ß}]\}\ e^{"-\sigma 4 i/(i^*+a)}$

It is convenient to divide (7´) – taking into account the export and import function, respectively – by equation (3c´) to obtain:

(3c") $(dF^*/dt)/F^* = e\ (x(q^*...)Y^*/\{[P^*x^*(q^*...)]\ [Y^{(1+z/\text{ß})}]\ [A^{(1-z)}]\ [(V\ (1-u))^{-z/\text{ß}}]$

$[L^{-(1-\text{ß})}\ z/\text{ß}]\ e^"\ ^{-\sigma 4 i/(i^*+a)}\ \}$

This equation reflects the balance of payments equilibrium line (ZZL) in our modified MUNDELL-FLEMING model. One may note: Since this equation contains the unemployment rate we could link it to a Phillips-type sub-model for the labor market to analyze medium-term adjustment.

In principle there are two possible statements of a long term external equilibrium condition: (I) we can set $dF^*/dt = 0$ and then obtain after taking logarithms:

(3c"´) $\varepsilon´ + x´(q^*...) + y^* = p^* + x^*´ - \sigma_4 i/(i^*+a) + (1+z/\text{ß})y\ -(1-z)a´ -(z/\text{ß})(v-u) - [(1-\text{ß})z/\text{ß}]\ln L$

where $\ln\varepsilon = \varepsilon´,\ \ln x = x´,\ \ln x^* = x^*´,\ \ln P^* = p^*,\ \ln A = a´,\ \ln Y = y$ and $\ln Y^* = y^*$.

The present model setup does not integrate foreign direct investment. A convenient way to do this is to modify the investment-output function by taking into account that the terms of trade have an influence of foreign direct investment; FROOT/STEIN (1991) have shown theoretically and empirically that a real depreciation of the currency will stimulate FDI inflows relative to GDP. Hence $j = j(r,q^*,G´, Y_K/Y_K^*)$ where the partial derivative of j with respect to q^* is positive; it has been assumed that FDI inflows also depend on G' and the ratio of the domestic marginal product of capital to the foreign marginal product of capital.

We also have to take into account that the equilibrium condition for the foreign exchange market must be modified. If there are only portfolio flows the equilibrium condition for the foreign exchange market can be written as: $(PX/eP^*X) = \{(\{(Y^{z/ß})\ [A^{(1-z)}]$
$[(V\ (1-u))^{-z/ß}][L^{-(1-ß)}\ z/ß]\}\ e^{´´}\cdot s^{4i/(i^*+a)}\}/(eF^*/P)$

The left hand side represents the excess supply from the trade balance, while the right-hand side is the ratio of the demand for foreign bonds relative to supply – indicating the degree of excess demand for capital balance transactions. With (net) FDI inflows we require as a balance of payments equilibrium condition that

(3c''') $[PX/(eP^*X)](1+\ \psi(q^*,G´,\ Y_K/Y_K^*)= \{\{...\}\}$

where the variable ψ is positive and is a proxy for FDI inflows which, besides the influence of q^* and the ratio of domestic to foreign marginal product will depend on government R&D support; here we assume that multinational investment is mainly occuring in sectors which are technology intensive – a rather realistic assumption. An exogenous increase of the foreign marginal product of capital will reduce j and thus shift the ISL curve to the left, moreover it will require higher portfolio capital inflows for any given trade balance deficit so that the ZZL curve will shift upwards. It is important to recognize that the reduction of j will reduce the increase in the production potential and thus could induce market participants to anticipate lower future economic growth and lower future current account surplus positions – both elements which could raise the expected exchange rate. We do not want to look into the issue of exchange rate expectation in detail, suffice to say that if demand and supply functions in the foreign exchange markets include, besides e, a speculative element in the sense that the first and second derivative are considered by market participantsand one easily can show the possibility of dynamic instability (CHIANG, 1984, chapter 15).

Interestingly, a debt reduction policy which reduces real financial wealth A and a´, respectively, will shift the ZZL curve upwards in r-Y space. In r-y-space the slope of ZZL – our equilibrium line for the foreign exchange market – is positive. Compared to the standard Mundell Fleming model we can see here that the output elasticity ß and the "Tobin risk coefficient" z play a role. The more complementary K and real financial wealth A are from the perspective of portfolio risk minimization – that is the higher z – the steeper the ZZL-curve will be; the larger ß, the more flat the ZZL curve will be. It also is obvious that the standard balance of payments equilibrium curve implicitly assumes that wealth – here lnA – is constant.

(II) The alternative for stating a long term equilibrium condition is to assume the case of a growing economy: there is a desired ratio $(eF^*/P)/Y$ which for an equilibrium exchange rate would require a constant ratio $(F^*/P)/Y$. A full long term equilibrium would also require that the unemployment rate u be zero.

The familiar goods market (equilibrium) condition will be stated slightly different than usual where C is consumption, I investment, G government consumption, G′ government R&D support, X and X* exports and imports, respectively:

(7.1) $Y = C(..) + I(...) + G + G′ + X-q^*X^*$

Assuming that $C = c(...)Y$ and $I = j(...)Y$ and export and import functions, namely $X = x(...)Y^*$ and $X^* = x^*(...)Y$ we can rewrite (7") as follows:

(7.1′) $Y[1-c(...) – j(...) – \gamma – \gamma′ +q^*x^*(...)] = x(...)Y^*$

where $\gamma=G/Y$ and $\gamma′=G′/Y$.

Using the approximation ln (1+small number) = small number we can easily logarithmize the goods market equilibrium condition (7") and obtain an equation which is a semilogarithmic IS-curve in r-lnY space:

(7.1") $y -c(r, \tau, \tau^E...) – j(r, \gamma′..) – \gamma – \gamma′ +q^*x^*(q^*...) = x′(q^*,\gamma′...) + y^*$

where $y=\ln Y$, $y^*=\ln Y^*$, $j=I/Y$, $\delta c/\delta a$ ′>0 (standard), $\delta c/\delta t^{E,}<0$ $\delta j/\delta r <0$, $\delta j/\delta g′>0$ $\delta x′/\delta g′ >0$

The ISL curve which portrays the aggregate demand side is the familiar IS curve. The advantage in r-lnY-space is that in comparative statistics analysis we can easily recognize how large the growth rate is. Since we use a linear-homogeneous production function and assume the marginal product rule with respect to production factors holds we have

(7.2) $Y = rK + wL$
(7.2´) $Y = rK + (1-ß)Y$

Consequently the increase in output – that is supply – is

(7.3) $ßdY/dt = rI + Kdr/dt$

If the interest rate is constant we can divide by Y and ß on both sides and come up with:

(7.3´) $dy = r(I/Y)/ß$

In the following figure which shows given real interest rate – say due to perfectly elastic international capital flows – a rightward shift in the ISL curve as a consequence of increased government consumption we can determine whether thereis really a new long term equilibrium where long term means that we take into account the capacity effect of investment. The new demand determined y is y_1 instead of the initial y_0. The tangens m shows $dy/r=j/ß$ so that we have a long term equilibrium only if the new production potential is given by point F which is identical to y_1. If point F, the new production potential, were to the right of y_1 (point F') there would be an excess supply so that point E_1 cannot be a long term equilibrium.

Fig. 7 – True Equilibrium in Supply-Augmented Macro Model

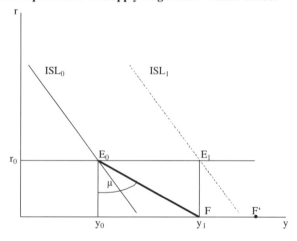

Modern Exchange Rate Theory and Schumpeterian Economic Analysis   179

We can combine equation (7.3´) with (7.1") to derive a simple differential equation for the situation of a constant real interest rate in y, namely by replacing j in equation (7.3´) from (7.1):

(7.3") $dy = (r/ß)y - (r/ß)[c(r...) + \gamma + \gamma´ -q^*x^*(q^*...) + x´(q^*,\gamma´...) + y^*]$

This non-homogenous differential equation can be easily solved for the case of exogenous or equilibrium terms of trade q^*:

(7.3"´) $dy = \Omega\ e^{"-(r/ß)t} - [c(r...) + \gamma + \gamma´ -q^*x^*(q^*...) + x´(q^*,\gamma´...) + y^*]$

From the initial conditions – that is setting t=0 – one can derive Ω. This equation has a stable solution.

Note that a debt reduction policy will reduce a´ and thus shift the ISL curve to the left. This, however, would not hold if debt had exceeded a critical threshold: In such a case debt reduction could signal a lower future income tax rate τ^E and thereby stimulate consumption.

We now turn to the money market. Taking logarithms in equation (3a´) we obtain the following for the money market equilibrium

(3a") $m'-p= -s_1i - s_2(i^*+a) +(z/ß)y +(1-z)a´-(z/ß)(v-u) -[(1-ß)z/ß]\ lnL$

where $m'= lnM$ and $p = lnP$; since $i = r+\pi^E$ (with π^E standing for expected inflation rate) we can draw the LML line in r-y space, or, alternatively in i-y-space. One should note that if one reads (3a") as a money demand equation which has to be estimated empirically we immediately see an identification problem with respect to the income elasticity of the demand for money which is z/ß; studies finding a unitary income elasticity implicitly argue that z=ß.

In r-lnY-space the LML curve will get progressively steeper the larger the ratio z/ß and the lower the interest semi-elasticity of the demand for money is. A debt reduction policy of government would shift the LML curve downwards. If the ISL curve remains in its initial position we will see a depreciation of the currency which will stimulate net exports of goods and services and thereby shift the ISL curve to the right and the ZZL curve downwards.

In the modified Mundell-Fleming model – without taking into account the very long-term effect of investment – we find the following multipliers for y, r, e (appendix 1):

	$d\gamma$	$d\gamma$	db'	$dJ^{4)}$	dZ*
dy	$>0^{1)}$	>0	?	?	>0
dr	?	<0	$>0^{3)}$	?	>0
de	$<0^{2)}$	>0	<0	$<0^{5)}$	$>0^{6)}$

Note that a debt reduction policy (db'<0) will bring about a currency depreciation which is in contrast to the short-term portfolio analysis (see appendix 4). Raising the ratio of government R&D expenditures to GDP could raise output: $dy/d\gamma' > 0$. If the marginal product abroad is rising relative to domestic marginal product of capital we will get a long term depreciation (if $f_1 \psi_J$ is sufficiently large). The Euro real exchange rate will appreciate if government R&D support is raised, if public consumption relative to output is reduced, if public debt-GDP ratio is increased, if foreign marginal product of capital falls and if foreign patents reduce.

Fig. 8 – The Portfolio-Augmented Mundell-Fleming Model

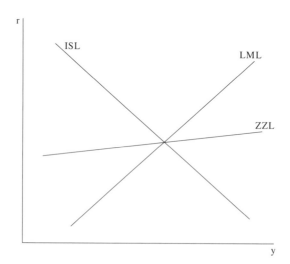

2.6. Supply-Side Fiscal Policy in a Schumpetrian Mundell--Fleming Model

We now turn to the standard Mundell-Fleming model in order to highlight the importance of supply-side aspects – within a Schumpeterian version of the model setup. In the traditional Mundell-Fleming model

Modern Exchange Rate Theory and Schumpeterian Economic Analysis 181

expansionary fiscal policy is not really useful in a setting of flexible exchange rates. The traditional argument is that an increase in government expenditures will cause an appreciation which in turn will reduce net exports of goods and services, that is the initial rightward shift of the IS curve is followed by a leftward shift of the curve; and the balance of payments equilibrium line (ZZ) shifts upwards. This argument no longer holds if we distinguish between government consumption G and G´ which stands for growth-enhancing expenditures, e.g. R&D promotion. Raising G´ in the form of R&D promotion will bring about a higher rate of product innovation and process innovations, which will stimulate both net exports of goods and services. Moreover, as investment is stimulated – many product innovations can only be produced with new machinery and equipment on the one hand, on the other hand the marginal product of capital is raised by the accumulation of R&D capital – the IS curve will shift rightwards in the long term both because of higher sustained net exports and because of higher investment. There is, of course, some limit for government supply-side measures as government R&D support probably has rising marginal costs and marginally declining social benefits.

The modified Mundell-Fleming model reads as follows:

(8a) $Y = C(Y\text{-}T(Y), iB/P, i^*eF^*/P) + G + G´ + I(r, Y_K (...,Z(G´)) + X(q^*,Y^*,Z(G´))\text{-}q^*X^*(Y,q^*)$

where $q^*=eP^*/P$ and Z stands for the number of patents

(8b) $M/P = m(Y,i,A)$
(8c) $H(i,i^*,a, Y_K(...(G´)/Y_K {}^*) = X(q^*,Y^*,Z(G´))\text{-}q^*X^*(Y,q^*)$

where H stands for net capital exports

Equations (8a,b,c) represent the goods market equilibrium, the money market equilibrium and the balance of payments equilibrium

Fig. 9 – Mundell-Fleming Model of Traditional Fiscal Policy under Flexible Rates

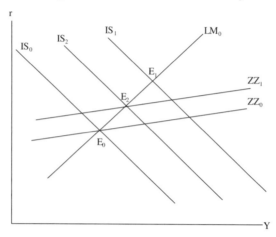

Fig. 10 – Growth Enhancing Fiscal Policy in a Schumpeterian Mundell-Fleming Model

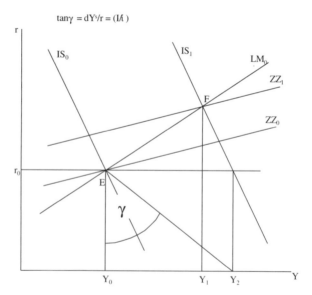

With R&D expenditures in Sweden – the OECD top performer in 1999/2000 – close to 4%, and facing a gradual increase of R&D-GDP ratios in OECD countries, one should carefully integrate R&D policies into the traditional Mundell-Fleming model.

2.7. Simple Interest Parity Model with Long Term Adjustment

As a final theoretical exercise we will focus on a one country model with a combination of short-term interest parity and long term purchasing power parity, the latter in the form of $P=\lambda \, eP^*$ where λ represents the terms of trade which depend on innovation (Z) and the efficiency and credibility of economic policy (D). One may assume that the real exchange rate is influenced by the political credibility of the domestic and the foreign political system – including the respective central bank. A relative fall of the credibility of the domestic system will lead to an increase of the real exchange rate (downward rotation of the PPP-line in panel b) in the figure below)

The simple model consists of the PPP equation (8a), the domestic money market equilibrium in the form of equation (8b) where A" is real wealth in the sense of the real value of stock; interest parity as given by (8c):

(8a) $P=\lambda \, eP^*$
(8b) $M = Pm(Y,i,A")$
(8c) $i=i^* + (e^E - e)/e$

where e^E is the expected exchange rate. With different credibility C' and C'^* of the domestic and foreign central bank (or, more generally, the political system), respectively, the interest rate parity will have to be modified in the sense that one has to include a risk premium which can be assumed to be proportionate (positive parameter F) to C'^*/C':

(8c')) $i=i^* + F\ln C'^*/C' + (e^E - e)/e$

This equation basically argues that the home country will have to offer a higher rate of return than abroad where one can earn $i^* +(e^E - e)/e$. Suffices to note here that in a model where the foreign central bank enjoys a higher credibility – and reputation – than the domestic central bank there will be structural net capital outflows from the home country. Thus, the foreign economy will enjoy higher growth as it can finance a investment-GDP ratio and more innovation projects. Mobile real capital systemic competition across borders should lead to C'^*/C' converging to unity in the long run. It is crucial to understand that as long as this is not the case – with the home country enjoying a credibility advantage (disadvantage) – the home country will have a current account deficit (surplus) reflecting net capital inflows (outflows). From this perspective it is clear that structural net capital flows will affect the terms of trade.

We define a long term equilibrium by

(8d) $e^E = e$ and hence $i=i^*$

in combination with (8a) and (8b) which results in with A'' specified by {...}:

$$(8a') \quad e = P/(\lambda\, P^*) = M/[\lambda\, P^*m(Y,i,)\, \{[K\, P^S/P]^{\delta_0}\}]$$

In panel a) the interest rate parity line IP_0 is shown, panel b) shows the PPP-line in accordance with (8a). Panel c) is a 45 degree line, panel d) portrays money market equilibrium under the assumption of exogenous real output and real financial wealth (stocks). Note that in panel b) $tg\alpha=\lambda$. The terms of trade will be influenced – among other things – by the relative rate of product innovation. If the home country offers more and superior product innovations it will be able to fetch higher prices in world markets since the price of any export product j can be assumed to be determined by marginal costs k'_i plus a Schumpeterian top-up element s_i.

In the case that we want to distinguish between tradables (T-goods) and nontradables (N-goods) we have to restate equation (8a) as:

$$(8a'') \quad e = P^T\, /(\lambda\, P^{T*})$$

Defining the price level at home and abroad – using the weights θ and $1-\theta$ for nontradables and tradables, respectively – by the following two equations

$$(9a) \quad P = [P_N{}^\theta]\, [P_T{}^{(1-\theta)}] = P_T\, (\varphi)^\theta$$

$$(9b) \quad P^* = [P_{N*}{}^{\theta*}]\, [P_{T*}{}^{(1-\theta*)}] = P_{T*}\, (\varphi^*)^{\theta*}$$

we obtain, using φ as the relative price of nontradables in terms of tradables, the equation

$$(8''') \quad e = [P\varphi^{1/}q]/\, \lambda\, [P^*\varphi^{*\ 1/\theta^*}]$$

This refinement could change the analysis somewhat as

$$tga = \lambda\, (Z/Z^*,...)\, [\varphi^{*1/\theta^*}][\varphi^{-1/\theta}]P^*$$

Innovation policies can affect Z/Z^* and therefore the terms of trade, moreover – assuming for simplicity that $\theta=\theta^*$ – the ratio φ^*/φ will affect the equilibrium solution. If relatively rapid technological progress abroad, such as the use of the internet, reduces the ratio φ^*/φ the PPP line will rotate upwards so that the home country suffers a depreciation. In the following simple analysis we will, however, assume that φ^*/φ is constant.

We will cover the case of an expansionary monetary policy, the case of debt reduction and the case of an increase of the marginal product of capital abroad.

The starting point is equilibrium E and E´ in panel a) and d), respectively, where inflation at home and abroad is assumed to be zero. An increase in M shifts the MMY-curve (in equation 8b) in panel d) downwards (MMY_1). Given the sticky output price level we have an immediate fall in the interest rate (point C´), the interest rate is r_1 (we assume no inflation). Assuming that market participants take the new long term exchange rate (e^E) consistent with PPP into account for formation of the long term exchange rate e^E we will see the IP-line shifted upwards (IP_1). The exchange rate is overshooting in the sense that point C with exchange rate e_1 is realized in the short term, while the long term exchange rate is $e_1´$. As the domestic price level gradually increases, the real money supply falls and the excess demand in the money market will drive up the interest rate (moving from C´to D´on MMY_1). With higher interest rates there will be higher net capital inflows so that the depreciation pressure is fading away (moving from C to D in panel a). Should the price level of stocks increase immediately after the rise of the money supply, the MM curve will shift to the right (MMY_2) because the excess demand in the money market requires higher interest rates. Point F shows that we will observe only a small depreciation, which in turn could stimulate exports and profits – plus higher foreign direct investment inflows – so that the stock price index could rise further. Note also that profits accruing from foreign MNC subsidiaries also have increased in terms of foreign currency – after the devaluation.

If government uses windfall tax receipts to buy back government bonds in the open market, net financial wealth A" will fall (we assume that there is no fully offsetting increase of corporate bond emissions and that the Ricardo-Barro equivalence theorem is not holding). The fall of A" will reduce the demand for money which implies adownward shift of MMY_0 (MMY_1). The IP curve is not shifting so that point H in a) is relevant. The case is similar to that of an expansionary monetary policy,

Fig. 11 – Expansionary Monetary Policy, Public Debt Reduction and Foreign Productivity Shock in a Hybrid Exchange Rate Model

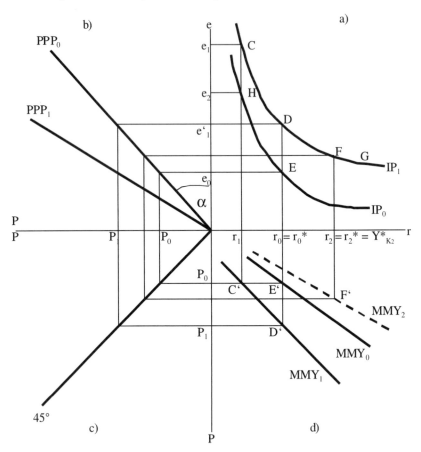

that is there will be a strong initial depreciation followed by a modest appreciation, the overall result being a currency depreciation.

What happens if the marginal product abroad is increasing? We translate this case into a rise of wealth A" – that is domestic residents hold domestic and foreign stocks – which shifts the MMY2 curve downwards. If the PPP line is not shifting and we assume that the rise of Y_K^* abroad translates into a rise of r* we have an upward shift of the IP line. It cannot be ruled out that long term equilibrium can only be reestablished if domestic output is falling: A reduction in Y will shift the MMY line downwards. Indeed output is likely to fall, since r is increased and investment I(r,...) will fall. With falling domestic investment Y is reduced. However, while GDP indeed is likely to fall GNP might remain stable or even increase, namely to the extent that domestic residents will raise the share of K* owned and thus receive higher dividend payments from abroad in the future.

Another potential interesting case is that of high (long-term) unemployment: if market participants anticipate that this would bring a more inflationary policy in the future – along with a less credible central bank – the IP-line will shift upwards and the PPP-line will rotate upwards. This also will cause currency depreciation.

Money Demand for GDP and Stock Market Transactions

We finally assume that money is not only used for financing transactions in goods markets but also for financing transactions in stock markets; the extended quantity equation is:

(B1) $M \, v(i, Y) = P \, Y + \alpha \, K \, P^K$

where α is the share of stock value traded per period. Using a Cobb-Douglas production function we get a long run equilibrium condition – assuming profit maximization

(B2) $M \, v(i, Y) = P \, Y + \alpha \, \beta \, P^K \, (Y/r)$

If one reads (B2) as a long term money demand equation one can write $m^d(i, Y, q, r, A")$ where $A" = K$. Using Tobin's $P^K/P = q$ we obtain from (B2):

(B3) $M \, v(i, Y) = P \, Y \, (1 + \alpha \, \beta \, q/r)$

Assume that $\alpha \, \beta \, q/r$ is small we obtain after taking logarithms:

(B4) $\ln M + \ln v(i, Y) = \ln P + \ln Y + \alpha \, \beta \, q/r$; differentation yields

(B5) $d\ln M/dt + \varepsilon_{V, i}(dr + d\pi^E) + \varepsilon_{V, Y} \, d\ln Y/dt = d\ln P/dt + d\ln Y/dt - (\alpha \, \beta \, q/r^2) \, dr + (\acute{a} \, \hat{a}/r) \, dq$

In a very simple setup, equilibrium holds where the MM curve – reflecting (B3) – intersects the investment equilibrium line II_0 which is vertical on $q = 1$ so that the price of existing real capital P^K is equal to that of new investment I. To the right of II_0 (above MM_0) there is an excess demand in the investment market (money market) which will raise investment and output. Equation (B5) shows that estimating – as done traditionally – M v(i, Y) = P Y gives biased results. As regards the extended quantity equation it is plausible to assume that the share of stocks actually traded positively depends on foreign direct investment inflows which – according to the Froot-Stein-Argument – depend on $q^* = eP^*/P$; moreover it will positively depend on the variability σ^{rs} of share prices (reflecting a rising stream of news).

Fig. 12 – Long Term Equilibrium

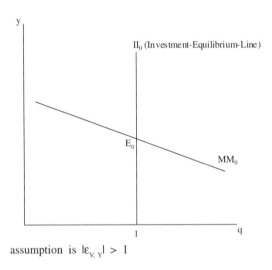

assumption is $|\varepsilon_{V, Y}| > 1$

3. Conclusions

We have shown that short and long-term exchange rate adjustments can strongly differ and that there are crucial implications for the theory of optimum currency areas. Debt reduction policies would be useful in the sense of bringing about an appreciation, however, only under certain circumstances (see appendix). The analysis has shown useful and innovative ways to combine portfolio analysis with the standard or an augmented Mundell-Fleming model.

Debt reduction in Euroland countries without serious debt problems – such as Germany or France – is inadequate in the initial starting stage of a weak Euro. Market participants are unlikely to interpret debt reduction in such countries as a sign of improved government credibility – the case might be different for Italy – rather they will wonder why government is unable to identify growth-enhancing fiscal policies. To the extent that professionals do not head the ministries of finance in some Euroland countries the implication is that lack of competence translates into currency depreciation. Debt reduction in countries with excessive public debt might, however, be interpreted by market participants as a signal of higher government credibility which in turn will affect the terms of trade.

Further the conclusions to be drawn on the basis of the implicit two-country model are clear with respect to the goal of stabilizing the Euro:

- Governments of Euroland countries – especially Germany, France and Italy – should adopt a supply-side fiscal policy with emphasis on stimulating R&D and raising the net marginal product of capital; this also would stimulate capital inflows which could help to stabilize the Euro. It would be preferable to attract much higher FDI inflows into Euroland which are likely to emerge once growth prospects and rates of returns in Germany, Italy and France have improved. Germany's and Italy's dismal record of low FDI inflows – relative to gross capital formation – in the 1990s must be corrected.

- One can only warn against the proposal from the German ministry of finance which announced, in May 2000, that it wants to use large extra revenues from auctioning off UMTS mobile licenses and from privatization to pay back some 5% in government debt (with bad timing). There is no urgent need to suddenly reduce the absolute level of government debt given the fact that the debt-GDP ratio of Germany was slightly higher than 60% in late 1999. Buying back some DM 100 bill. will reduce future interest payments by about DM 6 bill. A preferable approach, however, is to raise growth by about 1 point equivalent to + DM 40 bill. which will translate into higher government revenues of DM 16-18 bill. UMTS license revenues are not necessarily a unique windfall event; rather the ministry of finance could generate some DM 50 bill. annually over several years if Deutsche Telekom AG were to be fully privatized – in itself a step to more growth in Euroland. Rather, adopting a broader tax reduction and increasing government expenditures for R&D support (the R&D ratio fell in Germany from 2.9% in 1989 to 2.3% in 1999) and education plus special investment incentives for higher private expenditures on computers and internet equipment would be useful.

- A crucial topic for stabilizing the Euro is adopting economic policies in Euroland, which would switch transatlantic capital flows and affect long term exchange rate expectations favorably. US investors would invest more in Euroland if the return on investment were expected to rise in the Euro area. A reform of the public pension system in major EU countries, namely reducing the pay-as-you-go-system while introducing high tax incentives for investing in Euro stocks within private pension savings plans would be useful in two ways: the overall costs of labor will fall so that more employment will be created in Europe; moreover, the rising demand for stocks in Euroland will raise stock prices in the Euro zone – thus stimulating capital inflows into Euroland.
- If governments in Euroland want to stabilize the Euro there also is urgent need:
- that ministers of finance really speak with one voice;
- that – facing windfall revenues – government debt reduction is not undertaken without careful analysis; in countries which clearly exceed the 60% debt-GDP ratio a debt reduction could be useful to the extent that markets will interpret this as a sign for a more rational government policy. In countries which are close to the 60% ceiling or below a superior alternative could be growth- -enhancing fiscal policy programs and tax reductions, especially reductions in the corporate tax rate which would cause major increases in stock prices; corporate tax reductions are superior to simple income tax reductions if the aim is to achieve a major wealth increase in Euroland which is required to attract high capital inflows from the US and elsewhere. Distributions issues related to this strategy could be mitigated by adequate government policy.
- that Germany, France and Italy – the core countries with rather weak growth – undertake major structural reforms in labor markets and capital markets on the one hand, on the other hand adopt clear policies stimulating the expansion of fast broadband internet services offering large potential gains in factor productivity. The key to stabilizing the Euro is creating much improved growth prospects for the Euro zone.

Modern Exchange Rate Theory and Schumpeterian Economic Analysis

The creation of the Euro has created new challenges for economics and for policymakers. An important policy challenge is to raise the marginal product of capital in Euroland by removing barriers to foreign investment and an equalization of marginal products of capital across borders. DE MENIL (1999) has pointed out several obstacles in this respect.

Important possible extensions of the models discussed concern above all an explicit two-country model, taking into account both tradables and nontradables and a more explicit modeling of stock markets. The reflections presented here are a modest step forward but they should also stimulate future research.

Appendix 1

Basic Long Term System of Three Equations (endogenous r, y, e)

(7.1") $\quad y - c(r, \tau, \tau^E) - j(r, \gamma, q^*, Y_K/Y_K^*) - \gamma - \gamma' + q^*x^*(q^*) = x'(q^*,\gamma') + y^*$; $c_1, c_2, c_3 < 0$;

$j_1 < 0$; $j_2, j_3, j_4 > 0$

(3a") $\quad m'-p = -\sigma_1 i - \sigma_2(i^*+a) + (z/\beta)y + (1-z)a' - (z/\beta)v - [(1-\beta)z/\beta]\, \ln L$

(3c''') $\quad x'(q^*, \gamma') + y^* + \psi(q^*, \gamma', Y_K/Y_K^*, \tau^E, Z^*) - p^* - x^*' = -\sigma_4 i/(i^*+a) + (1+z/\beta)y - (1-z)a' - (z/\beta)v - [(1-\beta)z/\beta]\ln L - \ln F^*$; $\psi_1, \psi_2, \psi_3 > 0$; $\psi_4 < 0$; $\psi_5 > 0$

$m' = \ln M$

$a' = \ln A$; $A = M/P + B/P + eF^*/P$

$q^* = eP^*/P$; $\sigma_1, \sigma_2, \sigma_4 > 0$

$x' = \ln x < 0$; $x^*' = \ln x^* < 0$

Long Term Results[a]:

	$d\gamma'$	$d\gamma$	db'	$dJ^{[4]}$	dZ^*
dy	$>0^{[1]}$	>0	?	?	>0
dr	?	<0	$>0^{[3]}$	?	>0
de	$<0^{[2]}$	>0	<0	$<0^{[5]}$	$>0^{[6]}$

[a] $DET = z/\beta \,[(c_r + j_r)(P^*/P\,(x'_{q^*} + \psi_{q^*}) + a'_3\, F^*) + \sigma_4/(i^* + a)\, P^*/P\, (x^*+x^*_{q^*} q^* - j_{q^*} -x'_{q^*})]$
$\qquad + \sigma_1\, [(P^*/P\,(x'_{q^*} + \psi_{q^*}) + a'_3\, F^*)(1+z/\beta)\, P^*/P(x^* + x^*_{q^*} - j_{q^*} - x'_{q^*})]$
$\qquad + (1-z)\, F^*\, [-\sigma_4/(i^* + a) + (1+z/\beta)(c_r + j_r)]$
with $a'_3 = \partial a'/\partial(eF^*/P)$. Assuming $(x^*+x^*_{q^*} q^* - j_{q^*} -x'_{q^*}) < 0$ we find $DET < 0$.
The long-term results refer to this assumption.

[1] $dy/d\gamma' > 0$ if $(1+j_\gamma + x_\gamma)(P/P^*\,(x'_{q^*} + \psi_{q^*})+a'_3\, F^*) > (1-z)\, \sigma_4/(\sigma_1(i^*+a))\, (1+j_r g. + x_r)$
$\qquad - (\psi_\gamma + x'_\gamma)[((1-z)/\sigma_1)\, F^*(c_r + j_r) + P^*/P(x^* + x^*_{q^*} - j_{q^*} - x'_{q^*})]$.

2) $de/d\gamma' < 0$ if $|z/\beta [(c_r + j_r) (\psi_\gamma + x'_\gamma) - \sigma_4/(i^* + a) (1+j_\gamma + x'_\gamma)] - \sigma_1 (1+z/\beta) (1+j_\gamma + x'_\gamma)|$
$< \sigma_1 (\psi_\gamma + x'_\gamma)$; holds always if $\sigma_1 -> 0$

3) $dr/db' > 0$ if $F^* \to \infty$, otherwise: $dr/db' = ?$

4) Note that J is defined as Y_K/Y^*_K.

5) $de/dJ < 0$ if $|z/\beta [(c_r + j_r) \psi_J - j_r \sigma_4/(i^* + a)] - \sigma_1 (1+z/\beta) j_J| < \sigma_1 \psi_J$.

6) $de/dZ^* > 0$ if $|z/\beta (c_r + j_r)| > \sigma_1$.

Appendix 2
Modified Monetary Growth Model

It is useful to analyze the impact of a modified money demand function – with K/m as an additional argument in the function – in a monetary growth model. Denoting per capita output as *y and capital intensity as *k=K/L and real money stock per capita as *m we will use a Cobb-Douglas per capita production function f(...) with input factors capital K, labor L and real money balances m=M/P; here M is the nominal money stock and P is the price level.

(A1) $y = f(*k,*m*) = V *k^\beta *m^{(1-\beta)}$

(A2) $d*k/dt = sf(*k) - (g_L + \delta) *k,$

where s is the savings rate, d is the capital deprication rate, g_L is the growth rate of labor.

Real per capita money demand is, using a simple specification and restricting assets to real capital and money

(A3) $*m = *m^d(*y, r, *k/*m) = *y (*k/*m)^z e^{"-\sigma i}$, where $0<z<1$

Under this specification in equilibrium we have

(A4) $*m = *k^{(\beta+z)/(1-z)} e^{"-\sigma i}$

The implication is that the per capita demand for real money balances is increased by the presence of the TOBIN-risk argument – here K/m – in the money demand function. While households hold money balances their could indeed be aggregate productivity spillovers for firms which benefit from the savings of transaction costs. This then is the reason why real money balances enter the production function (this then is a quasi-Romer output function).

Note that nominal interest rate i = marginal product of capital f_k plus inflation rate (g_p) so that per capita money demand can be written as

(A5) $(M^d/P)/L = *m(f(*k, *m), f_k + g_p - \delta^*, k*/m)$

On the steady state growth path – with a constant real interest rate r – we therefore can write

Modern Exchange Rate Theory and Schumpeterian Economic Analysis 193

(A6) $(M^d/P)/L = h(*k, g_p)$

Growth of the real per capita money supply is given by

(A7) $d*m/dt = (g_M - g_P - g_L) m$

where g_M is the growth rate of the nominal money stock M
As *m must be constant in equilibrium it must hold

(A8) $g_P = g_M - g_L$

Following the original TOBIN (1965) monetary model – who, however, used a conventional money demand function in his approach– we assume that households obtain money in form of a lump sum transfer v":

(A9) $v`` = *m \, g_M$

Disposable per capita income y" therefore is:

(A10) $y" = f(*k,*m) + v`` - *mg_p = f(\ ) + *m(gM-gP) = f(..) + *mgL$

Per capita output y equals per capita gross investment I/L plus per capita consumption C/L, where I/L consists of net investment $d*k/dt$ plus $(g_L +\delta)$ which reflects the necessary investment for new workers and depreciation.

(A11) $f(*k,*m) = d*k/dt + (g_L +\delta) *k + (1-s) y"$, where s=savings rate

In the steady state we have $d*k/dt =0$ so that we obtain as the steady state solution:

(A12) $sf(*k, *m) = (g_L +\delta) *k + (1-s) *m \, g_L$

We find that per capita consumption C/L in the steady state is given by

(A13) $C/L = f(*k,*m) - (g_L +\delta) *k$

The optimum growth rate which maximizes per capita consumption is obtained from that steady state consumption which fullfills dc/dk=0. The golden rule still is the conventional PHELPS-rule:

(A14) $f_k = (g_L +\delta) *k$

The steady state capital intensity in this model setup can be higher than in the SOLOW model, while the original TOBIN monetary growth model suggested that a monetary economy would have a lower capital intensity than the nonmonetary SOLOW setup.

If both consumption and wealth entered the utility function of the representative individual so that U(C/L, k+(M/P)/L) the existence of money would raise the steady state utility level not only because a higher level of consumption can be reached but also because of the direct wealth effect; here per capital wealth is A/L = k +(M/P)/L.

An alternative way to modelling a positive link between money and growth is that one would assume that output uses "monetary intermediate products" in a modified version of the ROMER (1990) and GROSSSMAN/HELPMAN (1991) model.

If there are n intermediate bank products q^j which are combined to a final product $Y = [S(q^j)W]^{1/W}$ we will obtain – assuming identical cost structure across all intermediate products – the following final output Y (BRETSCHGER, 1998):

$$Y = q^\prime \ n^{1/\Omega}$$

where q' is the identical amount of each intermediate product.

We consider Y to be "investment products" Y^I. If one assumes that there is a constant price elasticity of demand for the differentiated intermediate product price can be calculated as a constant mark-up over marginal costs Q'. Profit maximization follows the Amoroso-Robinson condition:

$$Q^\prime = p^q \ (1\text{-}1/\left| \varepsilon \right|) = p^q \ (1\text{-}(1\text{-}\Omega)) = \Omega \ p^q$$

It can be shown that $Y^I/Q = n^{(1-\Omega)/\Omega}$ where $0<\Omega<1$.

Hence productivity in producing investment goods is positively related to the number of intermediate products (here financial intermediaries). As n rises output will increase. This simple model, however, does not take into account trade and financial market integration, respectively, where benefits could stem both from a rising number of varieties and from economies of scale.

Appendix 3
Super-Long-Run Set Up (endogenous p, y, e)

(7a), (3a'), (3c'''')

with condition $\beta\, Y/K = r$

Fig. 13 – p-y-Model: Expansionary Monetary Policy

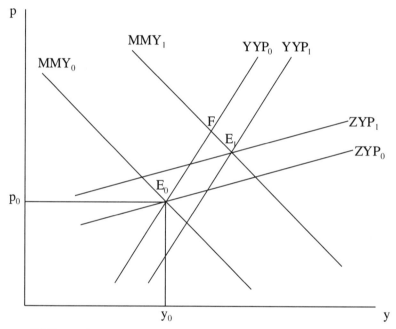

YYP: goods market equilibrium

MMY: money market equilibrium

ZYP: balance of payments equilibrium

Shift in YYP and ZYP due to devaluation.

Appendix 4

Short term results[1]: For the following system of equations

(3a') $M = Pm\ (r + \pi^e, i^*, a, Y, A, V(G'), L)$

(3c') $eF^* = Pf\ (r + \pi^e, i^*, a, Y, A, V(G'), L)$

	dG'	dB	dM
dr	$>0^{2)}$	>0	$<0^{4)}$
de	$<0^{3)}$	>0	>0

[1] $DET = (\ m_i\ (f_A - 1/(A_3 F^*)) - f_i\ m_A\ )\ A_3 F^*$ with $A_3 = \partial A/\partial(eF^*/P)$.
   Assuming $|f_i\ m_A| > |m_i\ f_A|$ we obtain $DET > 0$ (general assumption for all multipliers).
[2] Assuming $m_V = f_V$ and $\lceil f_i\ | > |m_i|$.
[3] Assuming $F^* \to 0$ or $((m_V = f_V)$ and $(m_A > f_A))$.
[4] Assuming $f_A\ A_3\ F^* + m_A\ A_1 > 1$ with $A_1 = \partial A/\partial(M/P)$.

Appendix 5

Dependent Variable: DLOG(WKEURO)
Method: Least Squares
Date: 06/15/00   Time: 11:10
Sample(adjusted): 1994:03 2000:03
Included observations: 73 after adjusting endpoints

Variable	Coefficient	Std. Error	t-Statistic	Prob.
C	0.000802	0.001761	0.455630	0.6501
DLOG(WKEURO(-1))	0.115057	0.098011	1.173912	0.2445
D(DIL)	-0.013929	0.008701	-1.600760	0.1141
D(DIL(-1))	-0.022196	0.008450	-2.626841	0.0106
DLOG(QAKTIE)	0.275795	0.062973	4.379579	0.0000
R-squared	0.473712	Mean dependent var		0.002020
Adjusted R-squared	0.442753	.S.D. dependent var		0.019933
S.E. of regression	0.014880	Akaike info criterion		-5.511579
Sum squared resid	0.015056	Schwarz criterion		-5.354699
Log likelihood	206.1726	F-statistic		15.30168
Durbin-Watson stat	1.735280	Prob(F-statistic)		0.000000

$dlne_t = a_0 + a_1\ dlne_{t-1} + a_2\ d(i_t^{\ long} - i^*{}_t^{\ long}) + a_3\ d(i_{t-1}^{\ long} - i^*{}_{t-1}^{\ long}) + a_4\ dlnP^S_t/P^S{}_t^* + \varepsilon_t$

Graph 3 – Euro Exchange Rate Based on Estimation 1994.03 – 1999.03; forecast 1999.04-2000.03

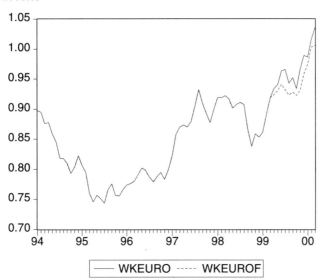

REFERENCES

BRETSCHGER, L. (1998), *Wachstumstheorie*, 2nd edition, München: Oldenbourg.

CHIANG, A.C. (1984), *Fundamental Methods of Mathematical Economics*, 3rd edition, New York: McGraw-Hill.

DARBY, M.R., LIU, Q. and ZUCKER, L.G. (1999), "Stakes and Stars: The Effect of Intellectual Human Capital on the Level and Variability of High-Tech Firms´ Market Values", NBER Working Paper, No. 7201, Cambridge, Ma.

DE MENIL, G. (1999), "Real Capital Market Integration in the EU: How Far Has It Gone? What will the Effect of the Euro Be?", *Economic Policy*, 28, 167-201.

DESMET, D., FRANCIS, T., HU, A., KOLLER, T.M. and RIEDEL, G.A. (2000), "Valueing dot-coms", *The McKinsey Quarterly*, 2000, No. 1, McKinsey & Company.

FROOT, K.A. AND STEIN, J.C. (1991), "Exchange Rates and Foreign Direct Investment: An Imperfect Capital Markets Approach", *Quarterly Journal of Economics*, November, 1191-1217.

GÄRTNER, M. (1993), *Macroeconomics Under Flexible Exchange Rates*, New York et al.: Harvester Wheatsheaf.

GROSSMAN, G. AND HELPMAN, E. (1991), *Innovation and Growth in the Global Economy*, MIT Press, Cambridge: MA.

HALL, B.H. (1999), "Innovation and Market Value", NBER Working Paper No. 6984.

JUNGMITTAG, A. (2000), "Internationale Innovationsdynamik und Spezialisierungsstruktur: Empirische Befunde und Wirtschaftspolitische Implikationen", Beitrag zum EIIW-Workshop Wachstums- und Innovationspolitik in Deutschland und Europa, 14.04.2000, Potsdam.

MEYER, B. AND WELFENS, P.J.J. (1999), "Innovation-Augmented Ecological Tax Reform: Theory, Model Simulation and New Policy Implications", EIIW Discussion Paper No. 65, September.

MUELLER, D.C. AND YURTOGLU, B.B. (2000), "Country Legal Environments and Corporate Investment Performance", *German Economic Review*, Vol. 1, 187-220.

OBSTFELD, M. AND ROGOFF, D. (1996), *Foundations of International Macroeconomics*, Cambridge Mass.: MIT Press.

ROMER, P.M. (1990), "Endogenous Technical Change", *Journal of Political Economy*, 1990, S71-S102.

TOBIN, J. (1958), "Liquidity Preference as Behavior Towards Risk", *Review of Economic Studies*, 25, 65-86.

TOBIN, J. (1961), "Money, Capital and Other Stores of Value", *The American Economic Review*, 51, 26-37.

TOBIN, J. (1965), "Money and Economic Growth", *Econometrica* 1965, 671-684.

TURNOVSKY, O. (1997), *International Macroeconomic Dynamics*, Cambridge Mass.: MIT Press.

UNCTAD (1993), *Explaining and Forecasting Regional Flows of Foreign Direct Investment*, Geneva.

WELFENS, P.J.J. (1999), "The Start of the Euro, International Monetary Relations and Inflation", EIIW Discussion Paper No. 62, Potsdam.

WELFENS, P.J.J. (ed., 1997), *European Monetary Union*, Heidelberg and New York: Springer.

WELFENS, P.J.J., EICHHORN, B. AND PALINKAS, P. (1998), *Euro – neues Geld für Europa*, Frankfurt/M.: Campus.

WELFENS, P.J.J., JUNGMITTAG, A. (1997), "Political Economy of EMU Stabilization Policy", in: WELFENS (ed.), *European Monetary Union*, Heidelberg and New York: Springer.

COMMENT APPLIQUER L'ARTICLE 109 DU TRAITÉ DE L'UNION EUROPÉENNE?*

Thiébaut FLORY,
Université de Paris XII

Le 1er janvier 1999, onze Etats membres de l'Union européenne participeront à la monnaie unique et constitueront la «zone euro». Le passage à la troisième étape de l'UEM pour onze Etats membres constitue, sans aucun doute, un événement de première importance dans la construction européenne.

L'Euro sera probablement amené à jouer rapidement un rôle international. Comme l'a déclaré le Commissaire Yves-Thibault de Silguy: «le dollar joue aujourd'hui un rôle disproportionné par rapport à l'influence des Etats-Unis: alors que le dollar est utilisé dans 50 % des transactions commerciales et dans 80 % des transactions sur les marchés des changes, les Etats-Unis ne représentent que 18 % des exportations mondiales. L'Euro sera demandé car il sera une monnaie stable et crédible; il deviendra progressivement, aux côtés du dollar, une des principales monnaies de transaction et de placement».[1]

En conséquence, les Pays membres de la zone euro seront amenés nécessairement à jouer un rôle accru dans les instances monétaires internationales (FMI, G8, G7, G5).

La projection externe de la zone euro, à compter du 1er janvier 1999, soulèvera inévitablement un certain nombre de problèmes institu-

---

[*] C'est l'actuel article 111.

[1] Audition de M. Yves-Thibault de Silguy devant la Délégation de l'Assemblée Nationale pour l'Union Européenne le 11 décembre 1997, in Rapport d'information n° 818 de l'Assemblée Nationale Française.

tionnels et juridiques qui découleront de l'application de l'article 109 du Traité de l'Union Européenne.[2] La répartition des compétences doit notamment être clarifiée afin d'éviter les ambiguïtés et les avatars qui se sont produits à la suite de l'avis 1/94 de la CJCE en ce qui concerne les Accords de l'OMC. Dans le domaine de l'article 109, une telle clarification de la répartition des compétences doit être faite en vue d'éviter des blocages ou les empiétements à un triple niveau:

- Entre le BCE et les autorités politiques européennes (Conseil, Commission, Parlement européen);
- À l'intérieur du SEBC entre la BCE et les banques centrales nationales;
- Entre la Communauté et les Etats membres de la zone euro (en ce qui concerne des cas particuliers).

Une telle clarification de l'application de l'article 109 doit être opérée tant au niveau de la mise en place d'une politique de change de la zone euro vis-à-vis des pays tiers qu'au niveau de la représentation de la zone euro au sein des instances monétaires internationales.

I – Les implications juridiques de la mise en oeuvre d'une politique de change des Etats membres de la zone euro vis-à-vis des pays tiers à l'Union européenne

A) Les différentes hypothèses

Résultant d'un compromis élaboré lors des négociations du Traité de Maastricht, l'article 109 concerne d'abord l'élaboration d'une politique de change des Etats membres de la zone euro vis-à-vis des pays

---

[2] Cf. Le document de travail de la Commission: «Les aspects externes de l'Union économique et monétaire» SEC (97), ainsi que le Rapport du Parlement européen sur le document précité (Rapporteur: M. Giorgio Ruffolo, A4 - 0338/97). Voir également J.V. Louis, «l'Union économique et monétaire», in *Commentaire Megret*, 1995, Tome 6, p. 82 et s.; J.V. Louis, «Monnaie (Politique monétaire), in Répertoire de Droit communautaire, Dalloz, 1996; F. Dehousse, commentaire de l'article 109, in Constantinesco, Kovar et Simon, *Commentaire du Traité sur l'Union Européenne*, Economica, 1995; P.E. Partsch, «De quelques questions juridiques relatives au passage à la troisième phase de l'Union économique et monétaire et au fonctionnement de celle-ci», *Revue Trimestrielle de Droit Européen*, janvier-mars 1998, p. 35 s.

tiers. La mise en oeuvre d'une politique commune de change s'avérera particulièrement complexe en raison de l'existence des taux de change flottants dans le monde depuis 1971. Dans une interview accordée le 7 juillet 1998, Monsieur Duisenberg, président de la BCE, a dégagé les grandes lignes de ce que devrait être la répartition des compétences dans ce domaine: «Les gouvernements ont la responsabilité des taux de change, c'est-à-dire pour l'Europe, les ministres des Finances. Ce sont les gouvernements qui procèdent aux accords internationaux qui peuvent décider des taux de change, lorsqu'ils considèrent que les cours s'écartent trop de leurs valeurs économiques fondamentales. Ces accords, comme ceux du Plaza ou du Louvre dans les années 80, ne peuvent intervenir que dans ces circonstances exceptionnelles, et les gouvernements s'y sont formellement engagés. En revanche, la Banque centrale européenne aura la responsabilité de décider s'il faut intervenir sur les marchés des changes, et si cela est compatible avec l'objectif de préserver la stabilité des prix».[3] Au niveau des techniques juridiques, le dispositif de l'article 109 prévoit deux hypothèses, chacune d'elle étant assortie de procédures spécifiques: soit la conclusion d'accords formels de change avec des pays tiers, soit la formulation d'orientations générales de change vis-à-vis des pays tiers.

1) La conclusion d'accords formels de change avec des pays tiers

La procédure de conclusion d'accords monétaires ou d'accords de change entre la zone euro et les pays tiers à l'Union européenne est dérogatoire à la procédure générale de l'article 228 relative aux accords externes de l'Union.

L'article 109 prévoit trois étapes : l'organisation des négociations, la conclusion finale de l'accord, la fixation des cours centraux de l'euro dans le système de taux de change adopté.

a) L'organisation des négociations

L'article109-3 dispose que le Conseil doit se prononcer sur l'organisation des négociations, à la majorité qualifiée, sur la recommandation de la Commission et après la consultation de la BCE. Le paragraphe 3 de l'article 109 ajoute que: «Ces arrangements doivent assurer que la

---

[3] Interview accordée par Monsieur Duisenberg au Figaro-économie du 7 juillet 1998, pp. 1 et 3.

Communauté exprime une position unique. La Commission est pleinement associée aux négociations».

Le paragraphe 3 de l'article 109 comporte plusieurs incertitudes qui devront être précisées. En premier lieu, le Conseil susmentionné est-il le Conseil Ecofin (le Conseil des 15), ou l' «Euro 11»? La compétence devrait en incomber principalement à l'Euro 11, même si le Conseil Ecofin en est par la suite saisi. En deuxième lieu, que doit-on entendre exactement par «position unique» de la Communauté? En troisième lieu, la dernière phrase du paragraphe 3 «la Commission est pleinement associée aux négociations» signifie que cette dernière ne négociera pas elle-même les accords. A qui incombera-t-il alors de négocier effectivement les accords: à la présidence du Conseil?; à la BCE? A notre avis, il semblerait que le plus efficient serait que la négociation effective des accords incombât à une délégation tripartite composée de représentants de la présidence du Conseil, de la Commission et de la BCE.

b) *La conclusion finale de l'accord*

L'article 109-1 dispose qu'il appartient au Conseil de conclure des accords formels de change vis-à-vis des monnaies non communautaires. La procédure est soumise aux conditions suivantes:
- La décision du Conseil ne peut être prise que sur la recommandation de la BCE ou de la Commission;
- Le Conseil doit avoir procédé à une consultation de la BCE « en vue de parvenir à un consensus compatible avec l'objectif de la stabilité des prix»;
- Le Conseil doit procéder à une consultation du Parlement européen;
- Le Conseil doit prendre sa décision à l'unanimité.

La procédure de l'article 109-1 comporte également des incertitudes et des ambiguïtés. Comme pour la phase précédente (l'organisation des négociations), se pose à nouveau la même question: le Conseil compétent sera-t-il le conseil Ecofin ou l'Euro 11? Il semble que la même réponse doive être apportée que dans le cas de la phase précédente (cf. supra). Par ailleurs, que doit-on entendre par «consensus»? L'emploi de ce terme dans l'article 109-1 signifie qu'il s'agira probablement plus qu'un avis consultatif que devra donner la BCE. Si le terme de «consensus» revient dans la pratique à la notion d'avis conforme, la BCE sera alors progressivement amenée à détenir un pouvoir considérable qui risquerait d'empiéter sur celui du Conseil.

c) *L'adoption, la modification ou l'abandon des cours centraux de l'euro dans le système des taux de change*

Une fois les accords de change conclus, il appartient au Conseil d'adopter, de modifier ou d'abandonner les cours centraux de l'euro dans le cadre desdits accords selon la procédure suivante:

- La décision du Conseil ne peut être prise que sur la recommandation de la BCE ou de la Commission;
- Le Conseil doit avoir procédé à une consultation de la BCE «en vue de parvenir à un consensus compatible avec l'objectif de la stabilité des prix»;
- Le Conseil prend sa décision à la majorité qualifiée;
- Le président du Conseil doit en informer le Parlement européen.

Dans cette phase de la procédure, on retrouve les mêmes imprécisions et ambiguïtés que précédemment relatives à l'identification du Conseil et à l'interprétation de la notion de « consensus ».

2) *La formulation d'orientations générales de change vis-à-vis des pays tiers*

En l'absence de conclusion d'accords formels, l'article 109-2 autorise le Conseil à formuler des «orientations générales de politiques de change» vis-à-vis des pays tiers. La procédure est alors la suivante:

- Les orientations du Conseil sont faites soit sur recommandation de la Commission et après consultation de la BCE, soit sur recommandation de la BCE;
- Les orientations du Conseil ne doivent pas affecter «l'objectif principal du SEBC, à savoir le maintien de la stabilité des prix»;
- Les orientations du Conseil sont prises à la majorité qualifiée.

Il semblerait préjudiciable à l'équilibre communautaire que la Commission – au cas où le Conseil ne statuerait que sur recommandation de la BCE – soit totalement écartée de la procédure. Etant donné l'enjeu de la formulation éventuelle d'orientations de change vis-à-vis des pays tiers, il apparaît nécessaire que la Commission et la BCE soient associées l'une et l'autre à la procédure. Enfin, il apparaîtrait souhaitable, dans la pratique, que le Président du Conseil informe le Parlement européen des orientations adoptées.

B) Les cas particuliers

1) Les régimes spécifiques résultant de liens historiques entre certains Etats membres de la zone euro et des pays tiers

Le Protocole n° 13 annexé au Traité sur l'Union prévoit la continuation du régime monétaire de la France vis-à-vis des territoires d'outre mer français (franc CFP). Il en est de même de la Déclaration n° 6 annexée au Traité relative aux relations monétaires Italie – Saint-Marin, Italie – Cité du Vatican et France – Monaco.

La question est plus délicate en ce qui concerne les engagements de la France à l'égard des pays de la zone franc (franc CFA). Certains Etats membres de la zone euro estiment que ces accords, de nature essentiellement monétaire, doivent relever, à partir du 1er janvier 1999, de l'article 109 § 1 à 3.

En revanche, les autorités françaises, en se fondant sur les articles 109 § 5 et 234 du Traité sur l'Union, et en estimant que le régime du franc CFA n'est pas un accord monétaire mais est un accord de nature budgétaire (puisqu'il est géré par le Trésor français), considèrent que le statut de la monnaie CFA reste de la seule compétence de la France. Le Commissaire Yves-Thibault de Silguy a déclaré lors d'une audition devant la Délégation de l'Assemblée nationale française pour l'Union européenne : « les incidences de l'euro sur le franc CFA ne devront conduire qu'à des adaptations techniques du Compte spécial du Trésor sans en changer le régime juridique; en revanche, l'appréciation des conséquences possibles en termes de masse monétaire globale n'est pas encore définitivement perceptible».[4] A la suite des réunions du 6 juillet 1998 de l'Euro 11 et du Conseil Ecofin, il semble que l'on s'oriente vers la solution suivante: seul un changement de nature de l'Accord liant la France aux pays CFA, ou l'élargissement de la zone franc à de nouveaux pays nécessiterait l'assentiment des partenaires européens de la France.

---

[4] Audition précitée de M. Yves-Thibault de Silguy, Rapport d'information n° 818 de l'Assemblée Nationale Française.

2) Le statut spécifique des Etats membres de l'Union européenne faisant l'objet d'une exemption ou d'une dérogation

Les Etats membres de l'Union européenne faisant l'objet d'une exemption (Royaume-Uni, Danemark), ou d'une dérogation (Grèce, Suède), (les « out ») conserveront leurs compétences nationales en matière de politique monétaire et de politique de change vis-à-vis des pays tiers à l'Union. Leurs souverainetés monétaires vis-à-vis des pays tiers rencontrent néanmoins des limites. En effet, dans la logique de l'évolution de l'Union économique et monétaire, les exemptions et les dérogations dont bénéficient certains Etats membres ont par nature un caractère temporaire. Aussi, dans la perspective d'une adhésion ultérieure à la zone euro, les Etats membres «out» devront tenir compte des expériences acquises dans le cadre du SME (article 109 M du Traité) et devront conduire leur politique de change vis-à-vis des pays tiers comme un problème d'intérêt commun, c'est-à-dire en s'efforçant au moins que leurs politiques de change ne soient pas en contradiction avec celle élaborée par les Etats membres «in» dans le cadre de l'article 109 1-3. Dans ce domaine, les compétences respectives du Conseil Ecofin et de l'Euro 11 (et leurs relations mutuelles) devront être davantage précisées.

II – Les problèmes juridiques posés par la représentation des Etats membres de la zone euro au sein du FMI et au sein des instances monétaires internationales

A) La base juridique résultant de l'article 109 paragraphes 4 et 5

Les paragraphes 4 et 5 de l'article 109 se substituent dans ce domaine à l'ancien article 116 du Traité de Rome qui a été abrogé lors de l'entrée en vigueur du Traité de l'Union européenne.

L'article 109-4 prévoit deux procédures distinctes.

En premier lieu, le Conseil, sur proposition de la Commission et après consultation de la BCE peut décider en statuant à la majorité qualifiée «de la position qu'occupe la Communauté au niveau international en ce qui concerne les questions qui revêtent un intérêt particulier pour l'Union économique et monétaire». Quelle interprétation doit-on donner aux termes «position qu'occupe la Communauté»? S'agit-il uniquement de l'ensemble institutionnel de la Communauté, ou s'agit-il de l'ensemble institutionnel de la Communauté ajouté aux Etats membres?

En deuxième lieu, le Conseil, sur proposition de la Commission et après consultation de la BCE, peut en statuant à l'unanimité décider «de sa représentation, dans le respect de la répartition des compétences prévue aux articles 103 et 105». L'article 103 est relatif à la politique économique, tandis que l'article 105 concerne la politique monétaire. Il convient de noter, dans cette procédure, l'introduction du vote à l'unanimité au Conseil, ce qui permet à tout Etat membre de la zone euro d'avoir un droit de veto.

L'article 109-5 stipule que « sans préjudice des compétences et des accords communautaires dans le domaine de l'Union économique et monétaire, les Etats membres peuvent négocier dans les instances internationales et conclure des accords internationaux». Les termes «sans préjudice des compétences » doivent être reliés à la Déclaration n° 10 annexée au Traité, aux termes de laquelle «les dispositions de l'article 109-5 (...) n'affectent pas les principes résultant de l'arrêt rendu par la Cour de justice dans l'affaire AETR». Mais comment concilier cette référence à l'arrêt AETR avec l'Avis 1/94 de la CJCE qui constitue un revirement de jurisprudence par rapport à la ligne AETR?

La Résolution du Conseil européen en date du 13 décembre 1997 précise que: «le Conseil et la Banque centrale européenne rempliront leurs tâches dans la représentation de la Communauté au niveau international de manière efficace et dans le respect de la répartition des compétences prévue au traité. En ce qui concerne les éléments de politique économique autres que la politique monétaire et de taux de change, les Etats membres devraient continuer à présenter leurs politiques en dehors du cadre communautaire, tout en tenant pleinement compte de l'intérêt de la Communauté. La Commission sera associée à la représentation externe dans la mesure nécessaire pour lui permettre d'exercer le rôle que lui assignent les dispositions du traité» (§ 10 de la Résolution du Conseil européen du 13 décembre 1997. J.O. C.E. du 2.2.98, C 35/3).

B) La difficulté de la mise en oeuvre de la représentation externe de la zone euro au niveau des instances monétaires internationales

Pour ce qui est du Fonds monétaire international[5], la résolution

---

[5] Cf. J.V. Louis, «L'union européenne et les institutions de Bretton-Woods», in *L'Union européenne et les organisations internationales*, direction D. Dormoy, Bruylant, Bruxelles, 1997, p. 335 et s.

précitée du Conseil européen du 13 décembre 1997 rappelle que seuls des pays peuvent être membres du FMI (§ 10). En effet, conformément aux Statuts du Fonds, seuls les Etats peuvent verser des quotes-parts et donc être membres de l'Organisation. Aussi, en l'absence d'une révision des Statuts du FMI, des solutions devront être recherchées dans la mise en oeuvre de formules de coordination entre les membres de la zone euro et la Commission en y associant éventuellement la BCE. De telles formules de coordination – qui seront probablement difficiles à mettre au point – apparaissent nécessaires si l'on veut que les membres de la zone euro puissent dégager une position commune au FMI et puissent parler d'une seule voix.

Pour ce qui est des autres enceintes monétaires internationales (G7 et G8), si la Commission participe au G8, elle n'est en revanche pas présente aux réunions des ministres des finances du G7.[6] Dans ce dernier cadre, des formules de coordination entre les membres de la zone euro devront également être recherchées avec la participation de la Commission (et, en cas de besoin, de la BCE) en vue de permettre aux Etats membres «in» d'exprimer une position unique.

---

[6] Audition précitée de M. Yves-Thibault de Silguy, Rapport d'information n° 818 de l'Assemblée Nationale Française, p. 104.

THE IMPACT OF EURO ON INTERNATIONAL MONETARY AND FINANCIAL MARKETS

Joaquim MUNS,
University of Barcelona

The euro will represent the most far-reaching development of the international monetary and financial systems after Bretton Woods. The new single currency will become an important reserve currency and will consolidate the tripolar basis of the present system. It may even create a bipolar system depending on the future — now uncertain — role of the yen.

To achieve this aim, the euro counts on an important quantitative starting point. As table 1 shows, the EU-15 total combined market for bonds, equities and bank assets is higher than both the American and Japanese markets. If we consider the EU-11, i.e. the first wave of euro countries, that same total amount is slightly less than the US market, but continues to be substantially higher than the Japanese. If we take into consideration the currencies of the outstanding amounts of international debt securities, we find the US dollar only slightly ahead of the currencies of the European Union countries.

The euro financial market will, therefore, be important from the very beginning. Its critical mass will not be far from that of the US. But sheer size is not sufficient. It will be necessary to transform the European segmented financial market, as we have today, into a fully integrated one. To achieve this objective, it will be necessary to overcome differentiating regulatory, tax and accounting national practices, not to mention cultural elements and the operation of separate payments systems.

Some think the involvement of the state into these markets will be difficult to overcome and the achievement of a fully integrated euro financial market will be slow to come. But the majority think cross-border competition will turn all these differentiating elements into unnecessary factors of risk. This will force countries of the euro zone to adopt more uniform legal, fiscal and other practices. Risk associated with inflation and exchange rate gains/losses will also fade away if the euro becomes a zone of monetary stability, as it is hoped.

Market forces, if unfettered, should thus turn the euro financial market into an increasingly integrated one. This in turn will enhance three characteristics which are necessary for the existence of an active and truly international financial market: liquidity, depth and low transactions costs. The present advantage of the US financial market over the others lies precisely in these important factors.

The coming into existence of the euro as a single currency and the complete freedom of capital movements within the euro area should be the main driving forces towards an integrated financial market. But the meager success of the financial and banking directives enacted in the past has shown that a more active role of the states is needed if some of the existing national particularities are to disappear. In other words, it is not realistic to expect that all the necessary integrative elements will come from the market itself. Many of the so-called institutional pre-requisites belong to the domain of the states, which can obstruct their emergence or hopefully force them into a convergent direction.

The structural changes required in order to create a truly international financial system based on the euro will have to be accompanied by the appropiate policies to strengthen the common currency. In particular, the role of the European Central Bank (ECB) in achieving its objective of price stability will be very important. It will also be necessary to continue the policies of fiscal consolidation undertaken by member states in their quest to meet the Maastricht criteria.

It is foreseeable that the progress towards a monetary and financial integrated market centered on the euro will be accompanied by some changes in the structure of the European markets. First, it is expected that the euro market will become more securitized, thus adopting a structure more similar to the US market (see table 1). On the other hand, demand by institutional investors over the whole euro zone will increase as the national regulatory limits based on currency cease to exist. Moreover, the enlargement of the market will reduce costs, increase

TABLE 1

European Union (EU), Japan, and North America: Selected Indicators on the Size of Capital Markets, 1995

| | Population (In millions) | GDP | Total reserves Minus Gold | Stock Market Capitalization | Debt Securities 1/ | | | Bank Assets 2/ | Bonds, Equities, and Bank Assets 3/ | Bonds, Equities, and Bank Assets 3/ (In percent of GDP) |
| | | | | | Public | Private | Total | | | |
					(la billions of U.AS. dollar)					
EU (15) 4/	369.0	8,427.0	376.3	3,778.5	4,814.4	3,858.6	8,673.0	14,818.0	27,269.5	323.60
EU (11) 5/	286.1	6,803.9	284.5	2,119.4	3,909.7	3,083.7	6,993.2	11,971.6	21,084.2	309.89
EU (8) 6/	181.8	5,054.8	199.2	1,693.8	2,330.4	2,611.0	4,941.4	9,456.6	16,091.2	318.34
North America	387.7	8,065.6	106.7	7,314.7	7,332.2	4,411.9	11,744.1	5,652.4	24,711.1	306.38
Canada	29.6	565.6	15.0	366.3	589.1	93.3	682.4	515.8	1,564.5	276.61
Mexico	94.8	246.2	16.8	90.7	30.7	23.5	54.2	136.6	281.5	114.34
United States	263.3	7,253.8	74.8	6,712.4	4,295.1	11,007.5	5,000.0	22,865.1		315.22
Japan	125.2	5,114.0	183.3	3,667.3	3,450.3	1,875.5	5,325.8	7,382.2	16,375.2	320.21
Memorandum items:										
EU countries										
Austria	8.1	233.3	18.7	32.5	105.9	105.4	211.3	457.7	701.6	300.66
Belgium	10.0	269.2	16.2	105.0	305.1	165.3	470.4	734.2	1,309.5	486.45
Denmark	5.2	173.3	11.0	56.2	142.1	187.8	329.9	155.5	541.6	312.55
Finland	5.1	125.0	10.0	44.1	94.0	50.2	144.2	143.5	331.9	265.54
France	57.5	1,537.9	26.9	522.1	681.9	803.6	1,485.5	2,923.0	4,930.5	320.61
Germany	81.7	2,412.5	85.0	577.4	893.6	1,286.0	3,752.4	6,509.3	269.82	
Greece	10.5	114.3	14.8	17.1	99.7	5.8	105.5	63.9	186.4	163.06
Ireland	3.6	61.9	8.6	25.8	38.5	7.4	45.9	82.3	154.0	248.63
Italy	56.3	1,087.2	34.9	209.5	1,222.0	396.2	1,618.2	1,513.5	3,341.2	307.33
Luxembourg	0.4	19.3	0.1	30.4	1.0	15.8	16.8	555.0	602.2	3,124.56
Netherlands	15.5	395.7	33.7	356.5	210.4	177.3	387.7	808.0	1,552.2	392.28
Portugal	9.3	102.7	15.9	18.4	56.0	15.8	161.8	252.0	245.25	
Spain	38.7	559.2	34.5	197.8	301.3	60.5	361.8	840.2	1,399.8	250.34
Sweeden	8.8	229.2	24.1	178.0	233.0	185.7	418.7	202.8	799.5	348.84
United Kingdom	58.5	1,106.3	42.0	1,407.7	429.9	395.8	825.7	2,424.4	4,657.8	421.01

Source: Prati & Schinasi (1997), p. 7.

1/ Domestic and international debt securities shown by the nationality of the issur.

2/ The 1994 data are shown for all banks except for the following: commercial banks plus savings banks for Denmark; comercial banks for Canada (consolidated wordwide), Greece, Luxembourg, and Mexico; domestically licensed banks for Japan (excluding accounts); commercial banks plus cooperative banks for Sweden; and commercial banks plus savings banks plus savings and loan associations for the United States.

3/ Sum of the stock market capitalization, debt securities, and bank assests.

4/ Austria, Belgium, Denmark, Finland, France, Germany, Greece, Ireland, Italy, Luxembourg, the Netherlands, Portugal, Spain, Sweden, and the United Kingdom.

5/ Austria, Belgium, Finland, France, Germany, Ireland, Italy, Luxembourg, the Netherlands, Portugal, and Spain.

6/ Austria, Belgium, Finland, France, Germany, Ireland, Luxembourg, and Netherlands.

yields and enhance an active secondary market. In these conditions, bank financing will become less attractive.

Second, the creation of the euro zone will lead to a portfolio rebalancing both inside and outside the area. If things turn out well, the net result should be a higher global demand for euros and the sale of dollars. This might strengthen the euro vis-à-vis the dollar, but since other elements will also play a role the final result on the euro may not be spectacular in either direction. In any case, a shake-up of the international monetary system will take place.

Third, the euro zone has usually been considered from the inside, but it should not be forgotten that all the advantages accruing to it can be used by both the domestic and the external issuers. As a matter of fact, one of the signs of the success of the euro zone as a financial market will be the degree to which it becomes intertwined with the dollar and yen markets. It should not be forgotten that the euro zone will develop in the context of a wider process of globalization and that it needs to adjust to this new challenge as well.

Fourth, the success of the euro as an international currency will be linked not only to the credibility of the ECB in achieving its objective of price stability but also to the attitude of the EU authorities towards the exchange rate policy. The US have combined an active monetary policy with a «benign neglect» regarding the exchange rate, which has been fixed by the markets most of the time. Both the yen and the mark have thus far been less important internationally than they could otherwise have been because their governments have not adopted this laissez-faire attitude regarding the exchange rate. If the EU does not follow a similar American-style attitude regarding the exchange rate of the euro (which may create more volatility in the monetary markets), the euro may find it difficult to become a worthy rival of the dollar both as an international currency and as the center of a liquid and deep financial market.

In summary, comparisons based on sheer size are misleading. The euro financial market will respond to the expectations it has created if it becomes a catalyst for all the financial reforms necessary to eliminate the factors accounting for the present fragmentation of the European financial markets and if, at the same time, overall economic policies are adopted which are capable of combining the most important domestic objectives with the characteristics of the euro which the markets expect from a truly international currency.

THE BOND MARKETS

The market in euro-bonds can be expected to widen considerably and become more liquid as restrictions on capital flows no longer exist and the national currencies of eleven countries are replaced by a single currency. At present the EU-11 debt securities market is considerably smaller than the US market (see table 1). In contrast with the US, the EU-11 bond market is dominated by government issues (2/3), while the remaining 1/3 is corporate bonds. Bank financing is, therefore, far more important for European corporations than for their American counterparts.

The arrival of the euro will tend to create a European bond market far more important and similar, in its composition, to the American. A variety of borrowers and investors will seek low costs and higher returns across national boundaries. There will also be a greater variety of products as the different national practices are pooled. Yield-conscious borrowers will probabily find that the cost of a new bond issue will be lower than a bank loan because of a more competitive underwriting in a market no longer segmented by currency. This will lead to a desintermediation process similar to that of the US.

The lower costs and higher yields will influence the EU bond market in the direction of both higher demand and supply. As fiscal consolidation takes hold, the Government debt demand will decrease, but it will be more than offset by a thriving corporate sector from both the EU and other countries, especially the US, which will tap the EU bond market if prices become as competitive as the American ones. The supply of funds will be increased mainly through the access of institutional investors to the wider EU market as many of the limitations for their placements disappear.

These bright prospects will need many structural changes to become effective. Regulations and tax systems will require an important degree of harmonization if market discriminatory practices are to be avoided. A parallel process of harmonization will also have to take place in the domain of market practices, hopefully towards the most transparent and cost-effective national system, whose spreads are likely to become the benchmark for the whole EU zone. The role of the ECB in handling the securities markets will also affect their future. The openness of the TARGET system to non euro members should also affect the size of the euro bond market and its liquidity. And last but not least, the national bias and the existing government interventionism will have to be overcome as swiftly as possible.

As for the cost criteria of the new euro bond market, the interest rate and currency criteria which have played such an important role in the past will be replaced by other criteria, such as duration and credit risk. Spreads will continue to narrow among euro countries, as it has already happened, but differences will remain, as the US and Canadian experiences show. These will be related to macroeconomic fundamentals, particulary the fiscal and debt situations. This is a key reason why it is vital that member stats maintain fiscal discipline as mandated by the Pact for Stability and Growth (PSG).

As all domestic debt will be redenominated or issued in euros, the main debt rating agencies are likely to re-rate domestic debt at the same level as external debt. Standard & Poor's have already indicated thay will follow this course of action, with companies able to obtain ratings higher than those of their own governments. Moody's has decided to adopt a case-by-case approach. These ratings should also bonefit from the overall status of the euro as an international currency.

The fiscal criteria of the PSG will force countries to focus on the size of their pension liabilities and will encourage a shift towards privately funded pension schemes for at least the better off segment of the population. The impact of this would create a pool of funds, which may become very important for the size of the future euro bond market. This development may be slow to come, but it is inevitable in the medium term.

In summary, the euro bond market holds a bright future and its size may become similar to that of the US bond market. This result will not be achieved without a change of the credit-risk culture in Europe, a removal of the structural obstacles which impide a deeper, wider and more liquid market and the unleashing of the supply and demand forces latent in the EU economy.

EQUITY AND DERIVATIVE MARKETS

Competition and technological progress will create a different environment for the EU equity markets. The most likely result will be a high degree of consolidation of the stock exchanges. Like in other markets we have seen, this process will need to be accompanied by the

TABLE 2
European Union (EU) Countries, United States, and Japan: Equity Markets, 1996

| | Listed Companies | | Domestic Market Capitalization | | Annual Turnover | | | | | | |
| | Domestic | Foreign | | | Domestic | Foreign | Total | Domestic | Foreign | Total | Domestic |
	(In numbers)		(In millions of ECUs)	(In percent of GDP)	(In millions of ECUs)			(In percent of EU total)			(In percent) of GDP)
Markets in EU Countries											
Amsterdam	217	216	302,452	96.10	149,587	653	150,241	8.96	0.11	6.58	47.53
Athens	217	0	18,988	19.64	5,695	0	5,695	0.34	0.00	0.25	5.89
Brussels	146	145	95,752	45.40	17,849	2,914	20,763	1.07	0.47	0.91	8.46
Copenhagen	237	12	57,281	41.46	29,111	698	29,810	1.74	0.11	1.31	21.07
Dublin	61	10	27,659	52,29	4,711	3	4,714	0.28	0.00	0.21	8.91
Germany	681	1290	531,553	28.34	621,454	18,778	640,231	37.22	3.06	28.04	33.13
Helsinki	71	0	49,444	50.41	17,538	0	17,538	1.05	0.00	0.77	17.88
Lisbon	158	0	19,706	23.40	5,658	0	5,658	0.34	0.00	0.25	6.72
London	557	833	1,368,000	153,61	335,644	580,777	916,421	20.10	94.59	40.13	37.69
Luxembourg	54	224	25,910	164.53	604	17	620	0.04	0.00	0.03	3.83
Madrid	357	4	194,681	42.25	63,869	18	63,888	3.83	0.00	2.80	13.86
Milan	244	4	206,997	21.79	82,532	18	82,551	4.94	0.00	3.61	8.69
Paris	686	187	472,426	38.48	220,608	4,828	225,436	13.21	0.79	9.87	17.97
Stockholm	217	12	194,045	97.42	106,434	5,021	111,455	6.37	0.82	4.88	53.44
Vienna	94	35	25,719	14.16	8,265	281	8,546	0.50	0.05	0.37	4.55
EU total	3,997	2,972	3,590,614	52.83	1,669,560	614,006	2,283,566	100.00	100.00	100.00	24.56
Memorandum items:											
New York	2,617	290	5,395,889	90.23	3,014,383	190,392	3,204,775				50.41
Nasdaq	5,138	418	1,192,290	19.94	2,505,177	98,767	2,603,944				41.89
Tokyo	1,766	67	2,374,733	64.88	738,711	1,214	739,925				20.18

Source: Prati & Schinasi (1997), p. 34.

harmonization of legal, fiscal, accounting and clearance practices, which differ widely between countries.

The euro should stregthen the present good performance of the equity markets as it helps consolidate good levels of corporate earnings. The predominantly good performance of the economy should constitute a good basis for a more powerful European equity market, which at present is notably smaller than the US market (table 2). The predictions most widely canvassed envisage a EU-wide market for the 200-300 largest firms, while the national stock exchanges would survive based on domestic and low capitalization companies. It is likely that national laws will protect to a certain extent national bourses.

But even if all the restrictions are not abolished, the EU equity market will tend more and more to behave as one market, since it has to be expected that greater equity flows will take place between member countries. Funds and private investors across Europe will rebalance and reorientate their postfolios. It is likely that a «pan--European» concept will replace national considerations, while industries or activities will become at the same time the most operational reference of the market.

There is wide speculation regarding where will be the center of gravity of the EU-wide equity market. London is now far ahead of the rest (see table 2), but it may find it increasingly difficult to maintain this leadership, mainly due to the fact that the UK will stay out from EMU, at least during the initial phase of its implementation. There is, however, a certain consensus in the direction of pointing out that London has many advantages, including the capacity to thrive when the adaptation to new difficulties is necessary.

As a matter of fact, there are several initiatives to streghen the euro securities market with a view that its control should be a privilege of member countries. One of this initiatives is the replacement of the London Interbank Rate (LIBOR) by a new benchmark for bank lending called EURIBOR, based on a wide range of mainly continental European banks. Another important initiative is the recent Anglo-German stock markets alliance aimed at forming a pan-European securities market.

Even considering the strength of market forces pushing towards consolidation and unification, it will not be easy to overcome entrenched local and national interests. The process will take time, but it is unstoppable. This is for instance the case of the actual national equity market indices (DAX, CAC 40, FTSE 100, etc.), which will loose ground to a Europe-wide index already in the preparatory stage (mainly FTSE's Eurotop series and Dow Jone's Stoxx Indices).

As for the derivatives markets, the most visible impact will be the elimination of currency derivatives between the currencies of countries joining EMU. At the same time, contracts between the euro and non-euro currencies should increase as the euro area becomes a more active recipient of capital flows. The risk associated with the transitional period may also increase the foreign exchange and interest rate options to hedge that risk. Bond market futures should benefit from a wider and more liquid EU bond market. The same will probabily be true for interest rate swaps and option contracts on interest rate spreads.

In summary, both the equity and the derivative markets of the EU stand to gain weight and strength as a consequence of the introduction of the euro. This will not be achieved without a process of consolidation for the upper part of the market, while national stock exchanges will care for the domestic and less capitalized segment of the market. The recent Anglo-German stock markets alliance seems to set the pace for a pan-European securities market.

BANKING SECTOR

The EU financial system is dominated by banks, which account for more than half of all outstanding financial instruments, whereas in the US the same percentage is only 22% (table 1). It is, therefore, important for the future of the whole euro area to asses the effects of the introduction of the single currency on the banking sector.

There are two distinct series of impacts, whose repercussions will appear intertwined. On the one hand, the introduction of the euro will cause a number of negative effects. There will be costs of adaptation. Some estimates put them at 2%-3% of the operating costs of the banks for a 3-4 year period. The list of these costs is well-known: technological, accounting, euro related services, etc. On the revenue side, there will be a reduction of income arising from services such as exchange of currencies. Moreover, the euro will introduce a degree of uncertainty (for instance regarding mercantile contracts) which may give rise to all sorts of outcomes.

These adaptation costs, which are not negligible, should be more than compensated, according to most authors, by the competition within the sector introduced by the euro. This should lead to diversification and consolidation as the two outstanding developments of the EU banking sector. Diversification will be the answer to both a higher degree of desintermediation and the need to cover a wider variety of services and instruments.

Banking is still a very segmented and nationally oriented industry in Europe. Moreover, it is overstaffed and the overall costs are high. The euro should be one of the forces working in the direction of the rationalization of this situation. Other forces working in the same direction are technology and the globalization of the financial system.

The type of pressure introduced by EMU should lead to a reduction of costs and increased efficiency, as well as new products and lines of business. There should also be a downsizing of the sector. This process will lead to a few pan-European large banks, which will be very active in underwriting and as lead managers. The smaller banks will continue to develop their activities at the national level along lines of specialization. In general there will more alliances with other financial agents, such as mutual funds and insurance companies.

The views expressed above are far from unanimous. Some authors are highly sceptical about the possibility of the emergence of a truly EU-wide banking sector. They point to various bad omens: the little success of the second banking directive and the slow pace of the European banking consolidation process. They add that as a matter of fact competition in this sector has already been in place for a long time, but that in practice it has continued to be very limited in its effects.

Many factors would account for these limited effects: labour legislation; ownership structure; and local market power due to cultural, information and other elements. Moreover, the banking industry will continue, under EMU, to be nationally centered through a very important process: supervision at the national level, as this responsability has not been transferred to the ECB.

Even allowing for the importance of these pro-segmentation factors, it will be difficult for the banking sector to remain aloof from the impact of EMU. Having mentioned its far-reaching effects on the financial markets it is not realistic to think that banks can continue to behave as if those integrated markets had not been born. Customers attitudes will change; pressure on regulators and legislators for further change will be stepped up; and a rethinking of their business functions by the banks will be unavoidable. It is to be expected that the euro will be a catalyst for all these developments to take place, and thus a very decisive factor for rationalizing the EU banking sector.

In summary, EMU will impact on the EU banking sector together with technology and globalization. Consolidation, diversification and greater efficiency should be the main results of this process. But it will not be easy for a sector with very strong local and national links to transcend them. If this goal has to be achieved, a very active role by all the agents involved, especially governments, will be unavoidable.

MAIN CONCLUSIONS

Comparisons based on sheer size are misleading. The euro financial market will respond to the expectations it has created if it becomes a catalyst for all the financial reforms necessary to eliminate the factors accounting for the present fragmentation of the European financial markets and if, at the same time, overall economic policies are adopted which are capable of combining the most important domestic objectives with the characteristics of the euro which the markets expect from a truly international currency.

The euro bond market holds a bright future and its size may become similar to that of the US bond market. This result will not be achieved without a change of the credit-risk culture in Europe, a removal of the structural obstacles which impede a deeper, wider and more liquid market and the unleashing of the supply and demand forces latent in the EU economy.

Both the equity and the derivative markets of the EU stand to gain weight and strength as a consequence of the introduction of the euro. This will not be achieved without a process of consolidation for the upper part of the market, while national stock exchanges will care for the domestic and less capitalized segment of the market. The recent Anglo-German stock markets alliance seems to set the pace for a pan-European securities market.

EMU will impact on the EU banking sector together with technology and globalization. Consolidation, diversification and greater efficiency should be the main results of this process. But it will not be easy for a sector with very strong local and national links to transcend them. If this goal has to be achieved, a very active role by all the agents involved, especially governments, will be unavoidable.

BIBLIOGRAPHY

European Commission (1997), *L'impact de l'introduction de l'euro sur les marchés des capitaux*, EU, Brussels, july.

Financial Times, several issues.

IMF (1997), *International Capital Markets. Developments, Prospects, and Key Policy Issues*, World Economic and Financial Surveys, IMF, Washington, D.C.

MASSON, PAUL R., THOMAS H. KRUEGER AND BART G. TURTELBOOM, eds. (1997), *EMU and the International Monetary System*, IMF, Washington, D.C.

MCCAULEY, ROBERT N. (1997), *The Euro and the Dollar*, Working Paper nº 50, Bis, Basle, November.

MCCAULEY, ROBERT & WILLIAM R. WHITE (1997), *The Euro and the European Financial Markets*, Working Paper nº 41, Bis, Basle, May.

MORGAN, J.P. (1996), *EMU: Impact on Financial Markets*, August 16.

Morgan Stanley Dean Witter (1997), *European Monetary Union and Implications for the European Credit Markets*, July.

OECD (1996), *Bank Profitability. Financial Statements of Banks 1985-1994*, OECD, Paris.

Prati, Alessandro and Garry J. Schinasi (1997), *European Monetary Union and International Capital Markets. Structural Implications and Risks*, IMF Working Paper 97/62, IMF, Washington D.C., May.

Several authors (1998), «Unión Monetaria Europea. Las claves del éxito», *Perspectivas del sistema financiero*, nº 61.

The Economist, several issues.

LE RÔLE DE l'EURO DANS LE SYSTÈME MONÉTAIRE INTERNATIONAL DE DEMAIN: PERSPECTIVES ET ALÉAS

Jacques BOURRINET,
Université Aix-Marseille III

La valeur extérieure de l'euro constituera un élément stratégique de première importance tant pour la zone euro que pour l'ensemble du système monétaire international (SMI).

Il a été maintes fois souligné que l'euro aurait vocation à devenir l'une des principales monnaies internationales tant au niveau des paiements internationaux que de la constitution des réserves de change dans le monde. La Commission européenne, dans son rapport sur l'état de la convergence et recommandation associée en vue du passage à la troisième phase de l'Union économique et monétaire (25 mars 1998), affirme péremptoirement: «*en se dotant de l'euro, les peuples européens ont décidé d'occuper sur la scène internationale une place que leur histoire et leur force économique et commerciale justifient. Ce faisant, ils manifestent leur unité vis-à-vis du reste du monde en affirmant leur existence dans le domaine monétaire. Au cœur d'un système économique international intégré où les flux commerciaux et financiers sont de plus en plus mobiles, ils instaurent une vaste zone de stabilité et de prospérité qui minimise les incertitudes pour leur opérateurs*» (Partie 1 – Recommandation: points 31 et 32).

Le rôle et la place de l'euro dans le système monétaire international (SMI) ne sont peut être pas aussi évidents.

• Faut-il rappeler que le marché des changes, en dépit des bulles et autres désajustements qu'il peut générer sur courte période, est considéré comme permettant d'obtenir, à long aller, des taux de change reflétant la situation relative des fondamentaux des différents pays?

• Faut-il rappeler qu'en régime de changes flottants le taux de change de l'euro vis-à-vis du dollar ne peut pas être fixé préalablement et ne se «décantera» qu'au fil des mois, des ans, voire des décennies...

• Dans ces conditions, personne ne peut aujourd'hui prédire quelle place occupera l'euro dans le système monétaire international de demain. Si les données structurelles rendent possible un rôle élargi pour l'euro, les aléas de la gestion monétaire européenne et des stratégies à l'échelle mondiale maintiennent de larges marges d'incertitudes.

I – Les données structurelles rendent possible un rôle élargi de l'euro dans le SMI

De multiples facteurs (qui ne se limitent pas à la sphère de l'économique) commandent le rôle international d'une monnaie.

Parmi les facteurs économiques les plus significatifs, on retient généralement:
• la taille des économies nationales,
• le dynamisme et l'ouverture sur l'extérieur,
• l'ampleur, la liquidité et la solidité du marché financier.

Les parts relatives de l'Union européenne dans la production et le commerce mondial peuvent fournir les bases d'un développement du rôle de l'Euro comme monnaie de facturation, monnaie de réserve et véhicule des actifs financiers si la politique européenne de stabilité des prix et d'assainissement financier mise en œuvre pour le passage à la troisième phase de l'Union économique et monétaire est confirmée sur moyen terme.

• Le PNB de l'Union européenne dépasse celui des États-Unis.

• L'Union européenne avec 20,9 % du total devance également les États-Unis (19,6 %) et le Japon (10,5 %) dans le commerce mondial.

• Au niveau des marchés financiers, si le marché américain représente aujourd'hui plus de deux fois la taille des marchés européens et apparaît comme le plus liquide du monde, la mise en place de l'euro va permettre de constituer un marché financier unifié d'une dimension nouvelle, beaucoup plus vaste et plus liquide que les marchés financiers nationaux. On estime que 700 milliards de dollars d'actifs internationaux pourraient assez rapidement se tourner vers l'euro. Les proportions actuelles de répartition des actifs internationaux (50 % en dollars – 10

% en monnaies européennes) seraient sensiblement modifiées. Mais ce nouveau rôle pourrait entraîner une surévaluation de l'euro.

• Au total, en termes structurels et institutionnels, l'apparition de l'euro constitue le plus grand événement du système monétaire international depuis vingt-cinq ans. Il pourrait entraîner une rééquilibrage massif et orienter vers un système mondial bipolaire.

Un telle évolution ne s'inscrira cependant que dans le long terme et reste soumise à de multiples aléas.

II – Les aléas de la gestion et des stratégies

Le rôle potentiel de l'euro dans le cadre du SMI reste soumis aux aléas de la gestion et des stratégies.

La stratégie européenne n'est pas, aujourd'hui, connue ; celle des Etats-Unis risque d'apparaître «non-coopérative».

• *Incertitude sur la stratégie monétaire européenne*
elle est double
- qui aura la charge de définir et de mettre en œuvre la stratégie européenne ?
- quelles seront les références des stratèges européens?
• *compétence*: Banquiers centraux ou autorités politiques?

Le Traité de Maastricht peut sur ce point donner lieu à des interprétations différentes. Dans son article 109, il prévoit que «le Conseil statuant à la majorité qualifiée soit sur recommandation de la Commission et après consultation de la banque centrale européenne (BCE), soit sur recommandation de la BCE, peut formuler les orientations générales de politique de change. Ces orientations générales n'affectent pas l'objectif principal du Système européen de banques centrales, à savoir le maintien de la stabilité des prix».

Certains banquiers centraux estiment que, responsables de la stabilité des prix, ils seront en droit de s'opposer à une décision du Conseil qui compromettait cet objectif. D'aucuns sont effrayés à l'idée qu'une structure politique, quelle qu'elle soit, puisse, par la politique du taux de change, brider l'indépendance de la Banque centrale européenne. Le conflit est sans doute plus idéologique qu'économique, il n'en sera que plus difficile à résoudre. Il faudra bien cependant déterminer qui représentera la zone euro au niveau international dans les différentes instances où sont discutées et définies les grandes orientations de change, de même pour le dialogue entre la zone euro et ses principaux partenaires, américains, japonais, entre autres.

- *références*: euro fort ou politique de «*benign neglect*»
  - Pour certains il semble nécessaire de garantir, à travers la parité euro, la compétitivité européenne.
  - Pour d'autres, la Banque centrale européenne risque d'être une «machine à surévaluer» tant pour asseoir sa crédibilité que pour garantir la réalisation de son objectif prioritaire, la stabilité des prix.
  - Il faut, par ailleurs, considérer les risques exogènes d'une volatilité accrue du change externe liée à l'internationalisation de l'euro.
  - En fait, la BCE détenant les rênes de la politique monétaire d'une zone économique équivalente à celle des États-Unis sera en partie libérée de la nécessité d'axer sa politique sur la stabilité du taux de change avec le dollar et pourra davantage se concentrer sur les objectifs de stabilisation économique interne. Se dirigera-t-elle à l'instar de la *Federal Reserve* vers une politique de «*benign neglect*»?

- *Aléas liés à la stratégie américaine*
  - La domination de la devise américaine dans le système mondial ne repose plus, depuis de début des années soixante-dix, sur les qualités propres du dollar (convertibilité or, stabilité du taux de change).

Cette domination demeure cependant manifeste puisque le dollar est, aujourd'hui, utilisé pour plus de 50 % des exportations mondiales, 85 % des transactions en devises et près des deux tiers des réserves de change.

  - Les autorités américaines ne peuvent rester insensibles à la création de l'euro. Elles surveilleront tout spécialement l'évolution du taux de change euro-dollar qui aura des répercussions sur l'ensemble des flux commerciaux mondiaux et notamment des exportations américaines.

Elles n'entendront pas renoncer au monopole qu'elles détiennent depuis 1945, l'émission de la principale monnaie internationale; le financement du déficit américain ne peut être rendu que plus difficile à partir du moment où l'euro existe au plan international.

- La défense des privilèges américains face à l'arrivée de l'euro conduira donc à une stratégie non coopérative des autorités monétaires américaines:
  - les marchés financiers mondiaux de l'euro/dollar seront volumineux et instables;
  - les objectifs américains tant au plan externe qu'interne (maintien d'une croissance économique soutenue) resteront prioritaires.
- L'instabilité d'une monnaie étant liée à l'importance de son aire de circulation, il n'est pas sûr que la banque centrale européenne, même si elle en avait la capacité, retienne comme objectif prioritaire le création d'un contrepoids à la prépondérance monétaire américaine au plan mondial.

THE EURO, THE BANKS AND THE EURO-EURO[*]

Peter HOLMES,
University of Sussex

Preface 2001

When this paper was originally written it reflected a fear among many observers that the effect of introducing the Euro would be very deflationary with a rise in the value of the currency due in part to a strong external desire for it as an asset, and also the risk of banking stability problems.

In fact neither of these have appeared. The authorities appear to have begun to address the question of banking supervision, and the Euro has been spectacularly weak rather than too strong. The present author was not alone in being surprised. I thought it worth keeping the original text as it is to keep on record what many economists who were not monetary specialists as such were thinking. I am not in a position to explain why the Euro has acted as it did. One idea that has been suggested is that as Euroland becomes more similar, Euro assets become closer substitutes and there is less scope for portfolio diversification by holding a wide range of them.

But I would not hazard any prediction except to say that we are just as likely to be surprised by a sudden rise as by the fall.

---

[*] The author is grateful to David Vines and Francois Duchene for helpful suggestions.

1998: a perspective from before the Euro

Many fears have been expressed about the risks of demand deflation coming from contractionary fiscal policy in the near future. This note draws attention to two additional problems inherent in the proposed monetary arrangements. The first is that little attention seems to have been given to ways in which Euroland is going to cope with a demand by outsiders to hold Euro assets. The second is that while much debate has taken place over the control of fiscal policy, the question of banking supervision and the role of lender of last resort in the new system has not been adequately addressed. The turbulent circumstances of the introduction of the Euro makes the ensuing risks all the greater and makes it all the more necessary to clarify these matters. Such fears are all the more relevant in the context of fears of global deflation. It is arguable that the European Central Bank and the Stability Pact etc are all addressing last year's problems. The Euro will be introduced at precisely the time that the world is experiencing contractionary forces from which the Euro-zone has so far been isolated. Not only has the issue of inflation vs deflation been overlooked, but it can be argued that the link between the issues of monetary and banking stability has been set aside. The origins of modern central banking arose in the need to deal with the kind of crisis being experienced in Asia and Russia today. (Kindleberger 1984) But the Euro zone has been set up without a clear lender of last resort. In the old days banks were subject to quasi regulatory guidelines. If behaved on prudential lines suggested they could expect to be bailed out. If they took bigger risks there was a chance they would not be rescued. Deregulation of banking has seen something of a silent revolution in which bank failure is seen as a necessary discipline. This is of course all very well if the risks are created by abnormally unreasonable behaviour by one bank that does not risk setting a contagion effect into play. But the late 1990s suggest that if there are risks, they could be systemic. In the old days if there werent a "flight to quality" based on irrational fear within a national banking system banks could re-lend to restore liquidity, but what will happen in the Euro –zone and between the zone and its neighbours?

The central problem is that the system has been set up without a lender of last resort. The Maastricht Treaty explicitly rules this out. Moreover It leaves responsibility for banking supervision to national agencies. But in the new Eurozone, if there are crises they will take on a transnational dimension and national central banks will not have the facility to directly expand money and credit in an emergency.

Consider what would happen if citizens of Spain decided to move their deposits en masse to accounts with German banks? Such a scenario is unlikely in normal circumstances, but these are not normal times. Suppose a major Spanish or French or Italian bank was perceived as getting into difficulty over loans to Russia or Asia. There would inevitably be knock on effects that would primarily affect banks in the same country, through loans called in etc. So what happens if previously respectable banks in one part of the monetary union find their loans go wrong and their depositors need the money back? If Spanish depositors shifted very large amounts of funds to Germany and there were further bank failures in Spain, the losers would not only be the bank shareholders, about whom few tears need be shed, but also the holders of uninsured deposits and in addition borrowers from Spanish banks. If German banks were willing to renew the level of lending in Spain that the previous banks had maintained there need not be a credit crunch in Spain. Suppose however the German banks, out of uncertainty about the credit situation in Spain, decide not to expand their lending in Spain. Then the overall macro-economic situation in Spain would deteriorate, Kindleberger (1973) has pointed out that in a financial collapse such as that of the 1930s, the shortage of credit worthy borrowers does not lead to a general fall in the cost of borrowing: rather it leads to a rise in the costs of borrowing by all but the most totally reliable borrowers, upon whom all lending is likely to be targeted.

Eichengreen discusses a scenario in which fears arise of a German withdrawal from EMU. There would be no grit on the wheels to stop the migration to Germany of the entire stock of French bank deposits held by French residents who already possess a German-based bank account.

There is no EU equivalent of the US Federal Deposit Insurance Corporation. Will the ECB play all the roles of the US Federal Reserve? No necessarily. It is not clear if solidarity among bankers will do the trick. It has been a maxim of Central Banking since the 19th Century that banks should always bear some risk of not being bailed out but over the years these risks have become calculable to bankers and depositors. Even this is not enough to stop occasional dramatic errors as in the BCCI case. The new situation is one of small but incalculable risk There is no case for bailing out bank management and shareholders who have taken unacceptable risks. There is little case however for penalising depositors who hold money in institutions whose lending policies have been just the same as others.

Will there be differentiation in terms of credit ratings and interest rates among different parts of the Eurozone and perhaps between the Eurozone and Euro deposits elsewhere? In normal circumstances this might not matter, but let us consider a nightmare scenario in which a small bank collapses within the Eurozone but outside a major financial centres with excessive exposure to Asia or Russia, and the authorities allow the depositors to lose all but what is guaranteed by deposit insurance. It would then be quite rational for depositors in that country to withdraw large amounts to place on deposit in banks in centres deemed more secure. The equivalent of a run on the peseta or the lira would be a run on the banks. This is not likely to be resolved by big increases in deposit rates in insecure parts of the system.

The most volatile funds would of course be those held by non-EU residents in Ecus.

It is worth asking how these might be acquired. Whereas the world possesses very large stocks of dollars as a result of accumulated current account deficits of the USA, there is clearly not an intention of the ECB to allow the Euro to flow out of the EU in this way. The EU is currently running a current account surplus. This may well not be sustainable. If the Asian markets are to pay off their debts they will have to run a current account surplus with the rest of the world and that must include the EU. And if the Euro is a success people will want to hold it.

We do need to distinguish between the increased use of the Euro as a unit of account, which is probably a minor convenience for European firms, and the desire of external parties to acquire stocks of Euros as a store of value. Firms in the UK or anywhere else can set prices in Euros – even for sales in third markets and convert the proceeds back into sterling but unless they sell more than they buy in the Eurozone they will have to buy actual Euros to make bank deposits.

The only other ways foreigners could acquire Euros on a large scale would be selling other assets eg dollars or even non-financial capital assets for Euros. Major pressure to do this would drive the Euro to appreciate – unless the ECB is willing to create additional Euros to stabilise the rate. Appreciation would itself create a current deficit which could satisfy more of the demand for the currency.

It seems unlikely that the EU will particularly want to encourage inflows of speculative funds, but can this be avoided? If there were massive attempts to turn dollars into Euros the exchange rate would become very unstable. One of the main aims of the Euro is to insulate member states from short term fluctuations of their own currencies (and money supplies) as a result of changes in attitudes towards the dollar and other currencies. The ECB could seek to deal with inflows by sterilisation operations in the financial markets, but this would risk being disruptive and have consequences for interest rates.

If times were normal the creation of the Euro would be a golden opportunity for the City of London. It could offer loans and accept deposits denominated in Euros outside any regulatory framework set up by the Eurozone, just as the Euro-dollar market arose from banks dealing in dollar deposits outside the US in the 1950s and hence not subject to "Regulation Q" which limited interest rates. Many offshore financial centres still flourish for just that reason. Swiss banks are outside the EMU. So London could be the home of the Euro-Euro. If indeed third country Euro deposits are made in London, then London Banks can make loans in Euros, as in the case of Euro dollars. This will not create net assets in Euros but is capable of generating substantial additional assets and liabilities by the credit multiplier effect. It is clear that regulators within the new system will try to make the internal system as attractive as possible by making life difficult for those outside it if they can. The result is likely to be that the ECB will be even more unwilling to bail out bank deposits in London, but the Bank of England, even more than the Bank of France or the Bank of Spain will be unable to issue additional credits in Euros without itself borrowing.

In conclusion, this note has argued that the Euro is being introduced in circumstances when the international financial environment is especially difficult. Firstly, the lack of a lender of last resort could be catastrophic if the fiction is maintained that the only banks who get into trouble are ones who individually took unacceptable risks.

Secondly, there is almost certain to be an excess demand for Euros from the rest of the world which, coupled with the need for the EU to absorb more imports from indebted deflation-ridden parts of the world is likely to lead to a potentially disruptive appreciation of the Euro. If this is not allowed to happen there would be other adverse side effects.

Thirdly if there is a demand for Euros by non-residents of Euroland some of it could be met by the creation of Euro-Euros. The regulatory and systemic risks created by this would worsen the picture further. Add to these problems the incapacity to address ensuing deflation via fiscal means.

Jean Monnet once said that change requires crises. There are some signs that the G-7 globally is beginning to address the new issues and the ECB is beginning to soften its inflexible monetarist stance.

REFERENCES

B. EICHENGREEN, "EMU: a Tour d'Horizon" forthcoming in *Oxford Review of Economic Policy.*

C. P. KINDLEBERGER, *The World in Recession 1929-39,* Allen Lane, 1973

C. KINDLEBERGER, *A Financial History of Western Europe*, Allen & Unwin 1984.

LES ACCORDS MONETAIRES ENTRE L'EURO ET LES DEVISES NON COMMUNAUTAIRES

Joël LEBULLENGER,
Université de Rennes 1

La Communauté européenne n'avait jusqu'à présent, ni existence, ni voix sur la scène monétaire internationale. L'article 109 du traité CE, devenu l'article 111 après l'entrée en vigueur du Traité d'Amsterdam, vise à remédier à cette situation en permettant à la Communauté de se faire entendre et d'être représentée dans les enceintes financières internationales. *La projection externe de la zone euro* risque cependant d'être un processus de longue haleine extrêmement complexe à gérer sur le plan politique et juridique. Il le sera d'autant plus que l'article 111 du traité CE se présente comme étant avant tout une disposition de procédure; les Etats membres n'ayant pas réussi à surmonter la plupart des divergences de fond qui les opposaient durant la négociation du traité de Maastricht.

Ainsi, l'article 111 n'apporte aucune solution de fond en ce qui concerne la **représentation** de la zone euro dans les enceintes financières internationales. Depuis le 1er janvier 1999 un profond décalage se manifeste par conséquent entre la réalité de la nouvelle union monétaire européenne et les actes constitutifs des principales institutions du système de Bretton Woods (FMI, Banque Mondiale), qui ne sont jusqu'à présent ouverts qu'à la participation des Etats. De même, en vertu de l'article 111, la CE dispose d'une nouvelle compétence expresse sur le plan externe lui permettant de conclure des **accords monétaires** et de **change** entre l'euro et les devises non communautaires. Il importe à cet égard de préciser que le traité consacre un transfert intégral de compétences des

Etats membres de la zone euro (ou pays «**ins**») à la Communauté européenne. L'article 4 du traité dispose en effet que l'action monétaire de la Communauté «(...) comporte la fixation irrévocable des taux de change conduisant à l'instauration d'une monnaie unique (...), ainsi que la définition et la conduite d'une politique monétaire et d'une politique de change uniques dont l'objectif principal est de maintenir la stabilité des prix». De nombreuses incertitudes subsistent toutefois là aussi, en particulier sur la délimitation du champ d'application de l'article 111, et sur le point de savoir qui négociera les futurs accords de change de la Communauté avec les tiers.

Jusqu'à présent, la pratique n'a pas non plus permis de dissiper la plupart de ces zones d'ombre… En effet, seuls quelques accords monétaires spécifiques et de faible portée ont à ce jour été négociés puis conclus au nom de la Communauté avec des Cités-Etats telles que Monaco, le Vatican, Saint-Marin. Compte tenu de la singularité de ces arrangements contractuels, il est par conséquent toujours d'actualité d'affirmer que les dispositions du traité relatives à des accords monétaires entre l'euro et une ou plusieurs devises non communautaires constituent un cadre juridique embryonnaire favorisant des lectures *plurielles* de l'article 111.

I – L'ÉTABLISSEMENT PAR LE TRAITÉ D'UN DISPOSITIF CONTRACTUEL *sui generis* AUX CONTOURS FLOUS

Par dérogation aux règles visées à l'article 300 [1], le traité aménage des procédures spécifiques pour les accords externes de la Communauté se rapportant au régime monétaire et de change.

◆ On relève à cet égard que l'article 111-1 du traité CE confie à la Banque Centrale Européenne (**BCE**) des prérogatives importantes. Celles-ci doivent être évaluées à l'aune de l'une des missions fondamentales assignées par le traité au Système Européen de Banques Centrales (**SEBC**), laquelle consiste à «(...) définir et à mettre en œuvre la politique monétaire de la Communauté» (article 105-2, premier tiret).

---

[1] La procédure de droit commun attribue à la Commission le pouvoir de négocier et au Conseil le pouvoir de conclure ou d'engager définitivement la Communauté.

• Il appartient ainsi à la BCE ou à la Commission européenne d'adresser des *recommandations* aux Ministres des Finances des pays de la zone euro réunis au sein du Conseil Ecofin, lorsque la Communauté envisage de conclure un accord monétaire avec des tiers.

• Le traité met surtout à la charge du Conseil l'obligation de *consulter* la BCE avant d'engager la procédure de conclusion d'un accord monétaire ou de change.

La nature de l'acte requis n'a pas été défini dans les textes. L'article 111-1 du traité précise toutefois que le Conseil doit consulter la BCE «(...) en vue de parvenir à un consensus compatible avec l'objectif de la stabilité des prix». La question cruciale est donc de savoir qui aura le dernier mot lorsqu'il s'agira de prendre des décisions stratégiques relatives à la politique de change de l'euro?

D'un strict point de vue formel, le Conseil et la BCE ne sont pas tenus d'arriver à un accord, mais uniquement de se concerter. Il est cependant difficile de concevoir, au vu de la disposition susmentionnée et de l'économie générale du traité, que le Conseil fasse fi des objections que pourraient formuler la BCE [2]. L'examen à titre comparatif des prérogatives exercées par le Conseil Ecofin en vertu des paragraphes 1 et 2 de l'article 111 du traité est à cet égard révélateur. Dans une résolution en date du 13 décembre 1997, le Conseil européen réuni à Luxembourg a en effet pris soin de préciser que les orientations générales de politique de change susceptibles d'être formulées par le Conseil vis à vis des monnaies non communautaires «(...) devraient toujours respecter l'indépendance du SEBC et être conformes à l'objectif principal du SEBC qui est d'assurer la stabilité des prix» [3]. En raisonnant par analogie et compte tenu de l'absence d'un véritable «gouvernement économique», le rôle consultatif de la BCE sera probablement déterminant! Il pourrait dès lors s'apparenter à l'**avis conforme** qu'exerce parfois le Parlement européen dans le domaine des relations extérieures de la Communauté. Le Conseil Ecofin, à présidence tournante tous les six mois, est en effet loin d'être une institution aussi stable et unifiée que le Conseil des Gouverneurs de

---

[2] En sens contraire, V. Commission européenne, «Les aspects externes de l'UEM», SEC (97) 803, 23 avril 1997, p. 14.

[3] JOCE, série C, n° 35, 2 février 1998, p. 1 et s. Le Conseil ne peut faire usage de cette compétence qu'en l'absence d'un système de taux de change de l'euro par rapport à une ou plusieurs monnaies non communautaires. Il n'exercera celle-ci que dans des circonstances exceptionnelles, par exemple en cas de désalignement manifeste de l'euro vis à vis de monnaies tierces.

la Banque centrale européenne. Il faut à cet égard souligner que l'instance de direction de la BCE se compose des douze gouverneurs de BCN des pays «**ins**» et des membres du Directoire, dont cinq d'entre eux (Wim Duisenberg, Otmar Issing, Tommaso Padoa-Schiopa, Eugenio Domingo Solans, Sirkka Hämäläinen) ont un long passé de banquier central [4].

Dans l'hypothèse d'un désaccord interinstitutionnel grave et persistant, on ne saurait par ailleurs exclure que sur saisine de la BCE, la Cour de justice accepte de rendre un *avis* sur la compatibilité d'un accord monétaire avec le droit de l'UEM, bien que ce cas ne soit pas expressément mentionné par l'article 300 paragraphe 6 du traité CE. Il est aussi envisageable qu'en dernière instance la BCE prenne la décision d'introduire un recours en annulation contre la décision du Conseil approuvant un accord monétaire, jugée par elle incompatible avec l'objectif de stabilité des prix. Le contrôle *a priori* de la Cour apparaît cependant préférable, compte tenu des «(...) perturbations que ne manqueraient pas de créer le recours à l'article 173 du traité, (devenu l'article 230), non seulement sur le plan communautaire, mais aussi sur celui des relations internationales» [5].

◆ Comparativement aux prérogatives attribuées par le traité à la BCE, le parlement européen exerce des fonctions marginales dans les relations extérieures de l'UEM. Celui-ci n'est en effet consulté que pour les accords formels de change revêtant une portée multilatérale (**v. infra**). Dans les autres cas, le parlement est tenu *informé* par le Président du Conseil de l'adoption, de la modification ou de l'abandon des cours centraux de l'euro vis à vis d'une ou de plusieurs monnaies tierces.

◆ Il faut également insister sur le rôle virtuellement secondaire de la Commission européenne dans la conduite des négociations relatives aux accords monétaires et de change. L'article 111-3 du traité établit en effet que «la Commission est pleinement associée aux négociations». Cela signifie concrètement que la Commission ne peut se prévaloir du statut de négociateur de droit commun en matière monétaire (**v. infra**).

---

[4] Le sixième membre du Directoire, M. Christian NOYER, a quant à lui exercé la fonction de Directeur du Trésor français.

[5] P.H. PARTSCH, «De quelques questions juridiques relatives au passage à la troisième phase de l'Union économique et monétaire et au fonctionnement de celleci», *Revue trimestrielle de droit européen* (RTDE) n° 1, 1998, p. 71.

II – LE CHAMP D'APPLICATION DE L'ARTICLE 111-1 ET 3 DU TRAITÉ DANS LE CONTEXTE DE L'INTERNATIONA-LISATION DE L'EURO

A – Les accords internationaux de change visés par le traité

◆ Le traité (article 111-1) établit une distinction entre deux catégories d'accords monétaires.

• L'une d'entre elles vise la conclusion d'accords *formels* portant sur un *système* de taux de change pour (l'euro), vis-à-vis de monnaies non communautaires.

Cette hypothèse concerne soit la conclusion d'un accord multilatéral instituant un nouveau système monétaire international (SMI) réformant celui de «Bretton Woods» (avec flottement plus ou moins régulé des monnaies par rapport à une unité de compte, voire l'établissement d'un régime de parités fixes...), soit la conclusion d'un ou de plusieurs accords plurilatéraux entre les grandes puissances financières mondiales dans la perspective de créer par exemple des «zones monétaires cibles» (avec un dispositif très souple de flottement géré des devises concernées qui pourrait s'inspirer du fonctionnement du SME – **v. infra**).

Du fait de leur importance politique et de leur caractère exceptionnel, ces accords seront négociés et conclus à *l'unanimité* des membres du Conseil Ecofin participant à l'Union monétaire. Les Etats membres de la zone euro se verront ainsi attribuer l'équivalent d'un droit de veto. En dépit des silences du traité, cette procédure devrait également être de mise pour la conclusion d'accords monétaires *informels* du type «Plaza» et surtout «Louvre», lorsque ceux-ci aménagent une discipline de change et prévoient l'intervention des Banques centrales concernées sur les marchés financiers internationaux. La *majorité qualifiée* suffit en revanche pour adopter, modifier ou abandonner les cours centraux de l'euro, dans le cadre des systèmes de change précités.

Cette procédure allégée et peu solennelle qui, rappelons-le, ne réclame pas la consultation du Parlement européen, devrait également s'appliquer aux accords monétaires bilatéraux n'établissant pas formellement un système de change.

B – Le recours probablement exceptionnel à la conclusion d'accords multilatéraux ou plurilatéraux de change entre l'euro et des devises tierces

◆ Compte tenu de l'emprise des marchés financiers sur l'évolution des taux de change des monnaies, dans le contexte d'un «système» qui s'apparente de plus en plus à une «économie de casino» (G. Soros évoque pour sa part les effets déstabilisateurs d'un «capitalisme prédateur» ayant succédé au «capitalisme producteur» d'hier [6]), il est vraisemblable que le régime actuel de flottement géré des monnaies issu des accords de Kingston (1976) soit maintenu au sein du FMI. La flexibilité accrue du système monétaire européen à compter du mois d'août 1993 fut de ce point de vue extrêmement révélatrice, à titre comparatif. Les marges de fluctuation autorisées des monnaies communautaires ont en effet été portées à plus ou moins 15 % (au lieu de 2,25 %), de part et d'autre des cours pivots bilatéraux des devises concernées. Cette décision fut prise dans le but de protéger le système contre des attaques spéculatives de grande envergure, visant une ou plusieurs monnaies. Les marchés financiers ont en effet administré à diverses reprises leur capacité à anéantir les défenses de certaines Banques centrales européennes. Aussi, n'a-t-on pas envisagé pour le SME 2 un retour au mécanisme des bandes étroites de fluctuation... L'hypothèse du *statu quo* quant au fonctionnement actuel du FMI semble également confortée par le fait que la zone euro est moins sensible que le SME initial (ou SME 1) aux fluctuations du taux de change. «Cette moindre vulnérabilité tient à la disparition des tensions entre les monnaies européennes qui pouvaient résulter des fluctuations de monnaies de pays tiers ou de chocs externes à l'Union européenne. Par exemple, la faiblesse du dollar au début de 1995 a créé des tensions dans le SME, en renforçant le rôle de monnaie-refuge du mark allemand» [7].

◆ Il n'en demeure pas moins, qu'au delà des aspects relatifs au régime de change, la réforme du FMI reste d'une actualité brûlante! En effet, le risque monétaire revêt de plus en plus une nature systémique, ainsi que l'ont démontré plusieurs crises récentes que ce soit au Mexique («effet téquila») ou sur le continent asiatique; autrement dit, la principale

---

[6] G. Soros, «Le nouveau désordre économique mondial», éd. La Découverte, Paris, 1993.

[7] Commission européenne, SEC (97) 803, 23 avril 1997, p. 6, op. cit.

caractéristique de la sphère financière réside aujourd'hui dans l'imbrication de tous les marchés, de telle sorte qu'un choc d'abord local peut produire des effets globaux [8]. Bien que moins exposée que le SME 1 aux effets systémiques des crises exogènes, la zone euro devra néanmoins chercher à se prémunir contre de tels risques, notamment durant la période où coexisteront les pays participant à l'Union monétaire et les Etats «**pré-ins**». Le cercle des «outsiders» pourrait d'ailleurs s'agrandir, au fil des élargissements successifs de l'Union européenne aux PECO.

◆ La perspective d'une action coopérative bipolaire ou triangulaire entre la CE, les Etats-Unis d'Amérique, voire le Japon, (création d'un futur G. 2 ou G. 3?), doit également être envisagée avec sérieux car, «(...) laissé à lui-même, un système monétaire multipolaire peut s'avérer instable. La substituabilité de l'euro au dollar et du dollar à l'euro signifie en effet que des masses considérables de capitaux sont susceptibles de se déplacer d'une rive à l'autre de l'Atlantique en fonction des inflexions apportées aux politiques économiques en Europe et aux Etats-Unis, et de leur perception par les marchés» [9]. La coopération monétaire transatlantique serait ainsi susceptible d'atténuer la volatilité des taux de change entre l'euro et le dollar.

C – La question de la pérennité des arrangements monétaires liant certains Etats membres de la zone euro à des pays tiers

Il convient d'examiner ici les problèmes particuliers liés aux relations monétaires qu'entretiennent trois Etats membres participant à l'euro (France, Italie, Portugal) avec certains pays tiers, ce qui revient à s'interroger sur le champ d'application des articles 111-3 et 111-5 du traité CE. Bientôt, l'euro sera en effet appelé à remplacer le franc français, la lire italienne et l'escudo portugais dans les cas de figure suivants: soit, lorsque ces monnaies sont utilisées par des pays ou territoires tiers à l'Union européenne, soit lorsqu'elles servent d'ancre monétaire à des devises non communautaires.

---

[8] YVES-THIBAULT de SILGUY, «Le syndrome du Diplodocus, un nouveau souffle pour l'Europe», éd. Albin Michel, Paris, 1996, spécialement p. 202 et s.

[9] YVES-THIBAULT de SILGUY, «L'Euro», éd. Librairie Générale de France, coll. «Livre de poche», n° 547, 1998, p. 355.

1°) Les accords monétaires conclus avec Monaco, le Vatican et Saint-Marin

La France et l'Italie entretiennent depuis plusieurs décennies des relations économiques et monétaires étroites avec certains micros-Etats. La cité du **Vatican** et la République de **Saint-Marin** ont en effet pour monnaie la lire italienne, et la Principauté de **Monaco** utilise le franc français. Il s'est donc avéré indispensable de permettre aux trois Cités- -Etats précitées d'adopter l'euro comme monnaie officielle, ce qui impliquait de conclure avec elles de nouveaux accords monétaires.

◆ Le Conseil Ecofin formalisa la position de la Communauté dans trois Décisions adoptées le 31 décembre 1998 [10], et ayant pour destinataires la France et l'Italie.

• Il convient d'abord de mettre en évidence le fait que les trois Décisions sont fondées sur l'article 111-3 du traité CE. Ces textes ne font en revanche pas référence à l'article 111-5 qui tolère le maintien d'accords bilatéraux entre des Etats membres de la Communauté et des pays tiers. Les décisions précitées autorisent par ailleurs les trois Cités-Etats à utiliser l'euro comme monnaie officielle [11]. Le Conseil a dans cette perspective mandaté la France et l'Italie pour négocier et conclure, *au nom de la Communauté* [12], des accords monétaires avec respectivement la Principauté de Monaco ainsi qu'avec la Cité du Vatican et la république de Saint-Marin (**v. infra**).

• Il y a lieu d'ajouter que, selon la volonté du Conseil, ces arrangements contractuels doivent être strictement conformes aux prescriptions des Décisions du 31 décembre 1998. Ainsi, les trois micro-Etats s'engagent par exemple «(...) à ne pas émettre de billets, de pièces ou de substituts monétaires d'aucune sorte, à moins que les conditions de l'émission n'aient été définies en accord avec la Communauté» [13].

• On peut dès lors affirmer que les trois Cités-Etats partenaires de la Communauté sont devenus membres *de facto* de la zone monétaire euro.

---

[10] Décisions 1999/96/CE, 1999/97/CE, 1999/98/CE sur la position à adopter par la Communauté concernant un accord sur les relations monétaires avec la Principauté de Monaco, avec la République de Saint-Marin, et avec la Cité du Vatican, JOCE, série L, n° 30, 4 février 1999, p. 31-36.

[11] Art.3 des Décisions précitées.

[12] Art.7 et 8, ibidem.

[13] Art.4, ibidem.

2°) Les accords liant respectivement la France et le Portugal aux Etats de la zone monétaire CFA et au Cap Vert

Le remplacement du franc français et de l'escudo portugais par l'euro le 1er janvier 1999 a eu des répercussions non négligeables sur le plan externe.

De nombreux pays africains utilisent en effet comme devise nationale, une monnaie étroitement liée au franc français et à l'escudo portugais. Au début des années soixante-dix, la France a ainsi conclu des accords avec quatorze pays d'Afrique de l'Ouest et du Centre, membres de la «Communauté financière africaine» ou zone monétaire «**CFA**». Le Portugal a fait de même avec la République du Cap-Vert.

S'est dès lors posée la question de savoir si la France, le Portugal et leurs partenaires africains conserveraient la haute main sur les destinées de la monnaie CFA ainsi que de l'escudo cap-verdien, ou, si, au contraire, l'essentiel des compétences de ces Etats serait transféré aux instances communautaires après la création de la zone euro?

◆ Il n'est pas envisageable de se prononcer sur des dossiers aussi complexes avant d'avoir déterminé la nature des liens conventionnels unissant la France et le Portugal aux pays africains précités.

La coopération entre la France et les pays de la zone CFA repose depuis plusieurs décennies sur les éléments suivants: la convertibilité libre et illimitée des devises CFA en francs français [14]; une parité fixe entre ces monnaies et le franc français; la libre convertibilité entre elles de toutes les monnaies de la zone CFA sur la base de parités fixes.

Le franc comorien bénéficie du même régime que le franc CFA, tandis que la convertibilité de l'escudo cap-verdien à parité fixe avec la devise nationale portugaise est assurée par une facilité de crédit limité offerte par le gouvernement de Lisbonne.

◆ Des approches divergentes ont vu le jour à propos de la **nature** des accords de coopération monétaire conclus par la France et le Portugal avec leurs anciennes dépendances ultra-marines.

• Les autorités françaises ont constamment défendu la thèse suivant laquelle les conventions précitées ne sont pas des arrangements de

---

[14] En contrepartie de ce droit de tirage illimité en francs français, les Banques centrales africaines sont tenues de déposer 65 % de leurs réserves de change sur un compte d'opération du Trésor français.

nature *monétaire* mais des accords d' *assistance budgétaire*, n'impliquant aucune charge pour la Banque de France, et ne posant dès lors aucun problème de compatibilité avec les nouvelles dispositions monétaires du traité de Maastricht.

Fort de cette qualification juridique, le Trésor français serait par conséquent habilité à poursuivre la gestion des accords constitutifs de la zone franc après le 1er janvier 1999, d'autant que lesdits arrangements contractuels seraient couverts par le paragraphe 5 de l'article 111 du traité CE. Il importe en effet de rappeler que selon cette disposition du traité, les Etats membres conservent la possibilité de négocier dans les instances internationales et de conclure des accords externes, sous réserve de ne pas porter atteinte aux compétences communautaires dans le domaine de l'*UEM*, ni aux principes posés par la Cour de justice dans l'arrêt *AETR* [15]. En s'appuyant sur le même raisonnement, l'accord conclu entre le Portugal et le Cap-Vert échapperait donc lui aussi au processus de *«communautarisation»*.

• Une partie de la doctrine fit *a contrario* valoir que de tels arrangements ne se résument pas à une simple assistance budgétaire, compte tenu notamment des implications financières qu'ils pourraient avoir sur la masse monétaire de la zone euro [16]. Certains Etats membres de l'Union européenne, en particulier l'Allemagne, défendaient également la thèse de la compétence communautaire.

◆ L'accord politique intervenu le 6 juillet 1998 au sein du Conseil ECOFIN opère pour sa part un *compromis* entre ces deux approches antinomiques, afin de satisfaire le plus grand nombre possible d'Etats membres. De ce fait, la lisibilité des deux Décisions adoptées par le Conseil le 23 novembre [17] et le 21 décembre 1998 [18] s'en trouve affec-

---

[15] V. la Déclaration n° 10 annexée au traité sur l'Union européenne, relative aux articles 111 (ex-109), 174 (ex-130 R) et 181 (ex-130 Y).

[16] Jean-Victor LOUIS, « L'Union européenne et les institutions de Bretton Woods», in dir. Daniel DORMOY « L'Union européenne et les organisations internationales», éd. Bruylant, Bruxelles, 1997, p. 345; du même auteur, «Monnaie», Répertoire droit communautaire Dalloz n° III, 1996, p. 32. V. également le point de vue de Emil--Maria CLAASEN, «L'avenir de la zone CFA face à la monnaie européenne», «Le Monde », 12 mai 1998.

[17] Décision 98/683/CE concernant les questions de change relatives au franc CFA et au franc comorien, JOCE, n° L 320, du 28 novembre 1998, p. 58.

[18] Décision 98/744/CE concernant les questions de change relatives à l'escudo cap-verdien, JOCE n° L 358 du 31 décembre 1998, p. 111.

tée, tout particulièrement en ce qui concerne la qualification juridique précise des accords en cause.

• Le Conseil ECOFIN a d'abord tenu à préciser que les accords soumis à son appréciation reposent sur un engagement budgétaire du Trésor français et sur une facilité de crédit limité du gouvernement portugais. Il résulte de la prise de position du Conseil que les accords visés n'impliquent pas l'obligation pour la BCE et les banques centrales nationales française ou portugaise de soutenir la convertibilité du CFA, du franc comorien et de l'escudo cap-verdien [19], ce qui milite en faveur de la pérennisation des arrangements bilatéraux existants. N'est-ce pas ainsi reconnaître de manière implicite, l'applicabilité de l'article 111-5 du traité CE [20]?

L'accent fut par ailleurs mis sur le fait que les accords conclus par la France et le Portugal avec leurs anciennes dépendances n'avaient pas d'implications financières substantielles pour ces deux Etats membres de l'Union européenne, et, qu'à ce titre, ils ne feraient pas obstacle au bon fonctionnement de l'UEM [21]. On peut donc considérer, à la lumière de cette nouvelle série d'arguments, que c'est en vertu de la règle *«de minimis non curat praetor»* et du principe de *subsidiarité* que la France et le Portugal furent autorisés par le Conseil à maintenir leurs accords respectifs, et à conserver l'entière responsabilité de la mise en œuvre de ceux-ci [22]. Il convient en effet de souligner que les arrangements monétaires avec les Comores et certains pays africains ne lient juridiquement que la France et le Portugal, à l'exemple des accords visés par l'article 111-5 du traité CE [23].

• Le Conseil Ecofin n'en a pas moins fondé les deux Décisions précitées sur l'article **111-3** du traité. Il a par ailleurs repris en intitulé de ces actes, la formulation suivante: «Décision(s) (...) concernant les questions de *change* relatives à l'escudo cap-verdien/au franc CFA et au

---

[19] Septième considérant des Décisions précitées.

[20] Il est à noter que le Conseil a repris le texte de l'article 111-5 au considérant 13 de la Décision 98/683/CE et au considérant 12 de la Décision 98/744/CE.

[21] Septième considérant des Décisions précitées.

[22] V. Jean-Victor Louis, Répertoire communautaire Dalloz, opcit p. 32.

[23] Se reporter au point 3 de l' «Avis de la BCE, sollicité par le Conseil de l'Union européenne sur une recommandation de décision du Conseil concernant les questions de change relatives au franc CFA et au franc comorien», JOCE, n° C 200 du 15 juillet 1999, p. 6.

franc comorien» [24]. Aussi, les accords bilatéraux visés sont-ils maintenus par *autorisation* expresse du Conseil.

Dans la même optique, on relève que la mise en œuvre des accords avec le Cap-Vert, les pays de la zone CFA et les Comores, est strictement encadrée par le droit communautaire. Il est ainsi prévu que les autorités françaises et portugaises doivent tenir la Commission européenne, la BCE et le Comité économique et financier régulièrement informés du bon fonctionnement de leurs accords. Le Comité économique et financier doit par ailleurs être préalablement averti de toute modification de la parité entre l'euro et les monnaies tierces concernées.

◆ La perspective de la **communautarisation** des accords conclus avec les pays de la zone CFA, les Comores et le Cap-Vert est enfin envisagée par les Décisions de 1998, si des modifications allant au-delà des aspects techniques changeaient la *nature* ou la *portée* de ces arrangements contractuels. Il semble qu'il en irait ainsi dans l'hypothèse où le principe de la libre convertibilité à parité fixe de l'escudo cap-verdien, du franc CFA et du franc comorien était remis en cause, ou si des modifications affectaient le périmètre géographique de la zone monétaire CFA [25]. En pareil cas, les projets d'accords devraient être approuvés par le Conseil Ecofin, sur recommandation de la Commission européenne et après consultation de la BCE [26].

Il est cependant probable que ces nouveaux accords «*communautarisés*», pourraient être négociés et conclus par la France et le Portugal; les deux Etats membres agissant sur mandat du Conseil, et au nom de la Communauté (**v. supra**).

◆ Les Décisions précitées de 1998 ménagent certes les intérêts de la France et du Portugal, à l'égard de partenaires tiers qui leur sont particulièrement proches. Le caractère byzantin de la démarche empruntée par le Conseil Ecofin s'est toutefois soldé par l'adoption de décisions de *circonstance* juridiquement bancales! Aussi, est-ce probablement la raison pour laquelle, le Conseil a pris soin d'indiquer que ses Décisions

---

[24] Non souligné dans les textes.
[25] Art. 4 des Décisions 98/683 et 98/744/CE.
[26] Art. 5, ibidem.

du 23 novembre et du 21 décembre 1998 ne doivent en aucun cas créer de *précédent*, s'agissant de la négociation et de la conclusion d'accords similaires...[27]

III – LA FLEXIBILITÉ CARACTÉRISANT LA CONDUITE DES NÉGOCIATIONS RELATIVES AUX ACCORDS MONÉTAIRES ET DE CHANGE

Dans le cadre de l'Union monétaire, l'article 111-3 du traité CE constitue le socle commun à tous les accords en ce qui concerne l'organisation des négociations avec les tierces parties [28]. La désignation des instances chargées de négocier les accords monétaires et de change n'est toutefois pas tranchée dans les textes. L'article 111-3 se borne en effet à indiquer que «(…) le Conseil, statuant à la majorité qualifiée sur recommandation de la Commission et après consultation de la BCE, décide des arrangements relatifs aux négociations et à la conclusion de ces accords». Il faut cependant rappeler qu'en vertu de ce dispositif «la Commission est pleinement associée aux négociations».

Compte tenu de la **flexibilité** du traité, le Conseil a théoriquement la possibilité de *déléguer* la conduite effective des négociations aux représentants des instances suivantes: Commission européenne, Banque centrale européenne, Présidence du Conseil Ecofin, Présidence du «Groupe Euro 12», voire à un Etat membre dans des circonstances particulières (**v.supra**).

A – La formation de délégations *ad hoc* adaptables aux circonstances des accords envisagés

1°) L'exigence a minima de la pleine association de la Commission et de la BCE aux négociations

L'économie générale du traité impose semble-t-il en toutes circonstances la formule a *minima* de la délégation **bicéphale**, associant la représentation de la Commission européenne à celle de la BCE.

---

[27] Treizième considérant des Décisions 98/683 et 98/744/CE.

[28] V. en ce sens Chiara ZILIOLI et Martin SELMAYR, «The external relations of the euro area: legal aspects», *Common Market Law Review*, n° 36, 1999, p. 295 et s.

♦ D'abord, compte tenu de son rôle et de son statut (**v. supra**), «la Banque centrale européenne doit nécessairement (…) être associée (aux négociations), afin de participer à la discussion des aspects techniques susceptibles d'avoir un impact sur sa politique monétaire» [29].

La BCE pourrait également être *mandatée* par le Conseil pour conduire la négociation d'un accord monétaire ou de change. Il apparaît toutefois difficile d'envisager que cette institution puisse agir seule ! **Jean-Victor Louis** souligne à cet égard que «(…) l'on ne conçoit pas la Réserve fédérale sans la présence du Président et du Secrétaire au Trésor, la Bundesbank sans le ministre fédéral des finances et la Banque de France sans le ministre de l'économie et des finances» [30]

♦ Le traité (article 111-3) assure en second lieu la Commission européenne d'être systématiquement «*associée*» aux négociations. A l'instar de la procédure de droit commun visée par l'article 300 du traité CE, le Conseil pourrait dès lors confier à cette institution la conduite de négociations monétaires dans le cadre de directives qu'il lui adresserait. Mais, (ainsi que le fait observer Yves-Thibault de Silguy), les Etats membres sont, pour l'instant, très réticents à attribuer un tel «rôle» à la commission[31]. Les mentalités pourraient toutefois évoluer au cours des prochaines années, en particulier s'il advenait que les pays «**ins**» subissent trop l'ascendant de la BCE.

2°) Le probable recours à une délégation tripartite pour la négociation des futurs accords

Aussi longtemps que le Conseil se refusera à mandater la Commission ou la BCE pour négocier des accords monétaires, on assistera à la généralisation du recours à la formule de la délégation **tripartite**, quelle que soit par ailleurs la nature juridique des arrangements contractuels concernés (**v. infra**).

♦ Il incombera dès lors au Conseil de désigner *l'autorité politique* qui sera en charge de négocier les accords aux côtés du Président de la BCE ou de son représentant, et de la Commission européenne. Dans la plupart des cas, le choix du Conseil devrait privilégier la désignation soit

---

[29] Yves-Thibault de Silguy, «L'Euro», p. 375, op.cit.

[30] Jean-Victor Louis, «L'UEM et la gouvernance économique», IVè conférence ECSA – World, Bruxelles, 17-18 septembre 1998.

[31] Yves-Thibault de Silguy, «L'Euro», p.375-376, op.cit.

du Président du «Groupe Euro 12», soit celle du Président en exercice du Conseil ou son représentant. Le premier semble *a priori* le mieux à même d'exercer la fonction de négociateur, compte tenu des avatars liés à la participation non synchronisée des Etats membres à la phase 3 de l'UEM. Les pays faisant objet d'une *dérogation*, (il s'agit actuellement de la Suède), ainsi que les Etats soumis à un régime d'*exemption* (Royaume-Uni, Danemark), conservent en effet leurs compétences dans les domaines de la politique monétaire et de change. Il pourrait donc arriver que la Présidence du Conseil Ecofin soit exercée par l'un de ces pays, au moment où s'enclenchera une négociation importante avec des tiers. Le groupe «Euro 12» («objet institutionnellement non identifié») n'a toutefois pas d'existence juridique, et, il est probable que l'Allemagne veillera à ce que cette structure informelle de coordination ne joue pas un rôle trop actif sur la scène internationale.

◆ La pratique atteste par ailleurs que le Conseil peut habiliter des Etats membres, en l'occurrence la France et l'Italie, à négocier au nom de la Communauté des accords monétaires avec des pays tiers, (Monaco, Saint-Marin, le Vatican), dans le cadre d'une délégation tripartite (**v. supra**).

Conformément aux stipulations de l'article 111-3 du traité CE, les accords ainsi conclus lient les institutions de la Communauté, la BCE et les Etats membres. Un mécanisme de sauvegarde relatif à la conclusion des accords a toutefois été mis en place dans les Décisions précitées du Conseil en date du 31 décembre 1998. En vertu de ce dispositif procédural, le Conseil aurait pu lui-même *conclure* le ou les accords si l'une des institutions suivantes, – Commission européenne, BCE, Comité économique et financier –, avait émis des objections à l'encontre des projets d'accords négociés respectivement par la France et l'Italie avec Monaco d'une part, le Vatican et Saint-Marin d'autre part. Grâce à cette procédure, le Conseil peut ainsi avoir le dernier mot.

$$* \atop {* \quad *}$$

Il faut enfin faire cas de l'hypothèse où le choix d'une délégation **tripartite** de négociateurs paraît devoir *juridiquement* s'imposer en toutes circonstances! Ce scénario renvoie à la conclusion d'accords *mixtes* sur des matières relevant des compétences de la CE et des Etats membres.

B – Le recours à la configuration tripartite pour la négociation d'accords mixtes

Lorsque les négociations porteront sur des accords bilatéraux ou plurilatéraux de *change*, **l'exclusivité** de la compétence communautaire ne souffrira aucune exception, d'autant que les règles de l'article 111 du traité ne dérogent pas aux principes de la jurisprudence *AETR*. La négociation d'un accord multilatéral ayant pour objet la refondation du système monétaire international ou la révision substantielle des statuts du FMI sera en revanche plus délicate à gérer!

◆ Il est d'abord vraisemblable que dans cette hypothèse la Cour de justice sera saisie pour avis et qu'elle se déclarera favorable à la **mixité** des compétences entre la Communauté et ses Etats membres. Ainsi, dans le cas du FMI, on relève l'existence d'une sorte de «*zone grise*» entre la politique de *change* qui sera de façon progressive entièrement «**communautarisée**» au sein de l'Union européenne, mais qui revêt une importance secondaire pour le Fonds depuis environ deux décennies, et les nombreuses autres fonctions exercées par cette organisation internationale : mécanisme d'assistance aux Etats fondé sur le célèbre principe de conditionnalité, contrôle bilatéral *ad hoc* et examen multilatéral des politiques économiques des pays membres du Fonds, etc... Si la Communauté dispose des prérogatives d'un Etat fédéral dans le domaine monétaire (article 105 du traité), il en va différemment dans la sphère économique (article 99 du traité) où les Etats membres conservent l'essentiel de leurs pouvoirs[32]. On peut en déduire que la Communauté n'ayant pas la compétence exclusive en matière économique, mais seulement un rôle d'orientation et de coordination, ne pourra pas non plus disposer d'une compétence exclusive sur le plan externe [33]. Telle semble être d'ailleurs la position affichée par le Conseil européen réuni à Luxembourg. Dans la résolution adoptée par celui-ci le 13 décembre 1997, on peut en effet lire qu'«(...) en ce qui concerne les éléments de

---

[32] V. R. CHEMAIN, «L'Union économique et monétaire, aspects juridiques et institutionnels », éd. Pédone, Paris, 1996, p.340 et s.

[33] V. Marianne DONY, «Les relations extérieures de l'Union économique et monétaire», Institut d'Etudes Européennes de l'Université Libre de Bruxelles, 30 janvier 1998, p. 6-7.

J-V. LOUIS estime en revanche que la CE pourra se prévaloir d'une compétence exclusive dans tous les domaines régulés par le FMI, in «L'Union européenne et les institutions de Bretton Woods », op. cit.

politique autres que la politique monétaire et de taux de change, les Etats membres devraient continuer à présenter leurs politiques en dehors du cadre communautaire, tout en tenant pleinement compte de l'intérêt de la Communauté» [34].

◆ Si la Cour de justice confirmait l'hypothèse de la **mixité** des compétences entre la Communauté européenne et ses Etats membres au sein du FMI, le Président en exercice du Conseil de l'Union serait tout désigné pour conduire les négociations sur la réforme du système de Bretton Woods aux côtés du représentant de la BCE et de la Commission européenne. Tous les Etats membres de la C.E., qu'ils participent ou non à la zone euro, seraient en effet liés par les dispositions monétaires et autres de cet accord multilatéral.

Au final, c'est donc un **triumvirat** de négociateurs qui devrait agir au nom et pour le compte de l'ensemble communautaire.

*
* *

Lorsque des accords seront conclus sous l'égide d'organisations internationales tel que le FMI, le choix des négociateurs devra également tenir compte des caractéristiques de la *représentation externe* de la zone euro au sein de ces institutions.

C – L'incidence de la représentation externe de la zone euro au sein du FMI sur la procédure de négociation des accords

◆ Dans la perspective sans doute lointaine de la révision des statuts du FMI et, au vu des options précédemment exposées sur les compétences externes de la CE, la participation **exclusive** de celle-ci au fonctionnement des instances dirigeantes du Fonds paraît devoir être écartée. Il est en outre d'ores et déjà acquis que les grands Etats de l'Union européenne, (Allemagne, France, Royaume-Uni), ayant le privilège de pouvoir nommer un représentant permanent au Conseil d'administration du FMI, sont très réticents à abandonner leur siège ou à les utiliser sous contrôle communautaire.

Compte tenu de ces diverses considérations il semble donc réaliste de tabler sur une participation **mixte** ou **cumulative** de la Communauté et de ses Etats membres aux activités du FMI. A l'exemple de la formule

---

[34] Point 10 de la Résolution du Conseil européen, op. cit.

expérimentée depuis 1995 dans le cadre de l'Organisation mondiale du commerce (OMC), la CE pourrait dès lors revendiquer un siège de gouverneur et un siège d'administrateur permanent au sein du Fonds, sans attribution spécifique de quote-part ni de suffrages à l'entité communautaire.

Les nouveaux sièges ainsi créés pourraient être occupés par des représentants de la Banque centrale européenne [35]. En pareil cas, pour faire face à la négociation d'un accord monétaire sous l'égide du FMI, il est vraisemblable que le Conseil privilégierait le recours à l'une des variantes de la formule *triumvirale* précédemment examinée, quelle que soit la nature juridique de l'arrangement contractuel à finaliser.

◆ Il importe également d'évoquer les conséquences institutionnelles du maintien du *statu quo*, dans l'hypothèse probable de la non révision imminente des statuts du FMI et, subséquemment, de la non participation de la Communauté aux décisions ainsi qu'aux actions du Fonds. On pourrait dans ce cas faire jouer une formule de représentation calquée sur celle du **GATT** de **1947**. L'exercice de la compétence communautaire serait en l'occurrence confié à l'action solidaire des pays membres «*ins*» du Fonds, agissant dans l'intérêt de la CE. Etant donné par ailleurs que la Commission européenne et la BCE bénéficient d'un statut d'*observateur* au sein du FMI, le Conseil pourrait également habiliter ces deux organismes à participer à la négociation d'accords pour le compte de la zone euro dans l'enceinte du Fonds. La CE pourrait ainsi être considérée comme bénéficiant *de facto* du statut de membre du FMI pour toutes les questions qui relèvent indiscutablement de la sphère de compétence communautaire.

✳✳✳

Le dispositif juridique complexe et parfois obscur mis en place par l'article 111 du traité CE est à la mesure des enjeux liés aux transferts de souveraineté monétaire consentis par les Etats membres de la Communauté européenne. Il s'avère malgré tout indispensable que les institutions communautaires s'attellent le plus rapidement possible à la lourde tâche consistant à combler les nombreux et volontaires vides juridiques du traité, relatifs à la dimension externe de l'union économique et monétaire.

---

[35] Selon le Traité (article 6 du Protocole sur les statuts du SEBC), la Banque centrale européenne décide la manière dont le SEBC est représenté et elle donne son accord à la participation des Banques centrales nationales aux institutions monétaires internationales.

BANKING MACROMERGERS, EMU AND GLOBALISATION

Sara GONZÁLEZ and *Juan MASCAREÑAS,*
Universidad Complutense de Madrid

In the last years of the 90's we have seen a mergers & acquisitions wave in the international banking sector never seen in the past century[1]. Due to size of the involved companies is being speaking of banking *macromergers*, operations that are accomplished in Europe as well as in America or Japan and that, according to the most reputed specialists, the dance is just at the beginning.

REASONS

It is evident that all merger-acquisition decision is strategic, and it should be aimed to create value in the company, or to avoid its loss if the anticipated economic events drive to the company towards a future not very optimistic, by saying it gently.

Let us see which are the main variables that impact, or that will go to impact, in that kind of strategic decision in the international banking sector. Variables that are arising simultaneously because some of them favour the appearance or reinforce to the others.

At the United States, the approval of the Riegle-Neal Act in 1994 has knock down the regional barriers to the banking concentrations.

---

[1] In 1999, there were 900 merger and acquisitions transactions among banks, worth US$ 300 billion worldwide ("European banking turns decisive corner on road to consolidation", *International Wealth Management*, July 2000)

Before that date, such companies had many limitations to operate in a different State at their. In such a way after this restriction was disappeared, the mergers and acquisitions proliferation between the different banks in order to create economies of scale was logical. Reducing costs to face up to the new outlined scenario to increase the productivity and to get greater benefits. Possibly, such law was the end of a deregulation process fuelled and driven by the growing globalisation of the international capital markets.

Such globalisation is other of the reasons of mergers & acquisitions process. The globalisation of the international markets (so capitals as products or services) is based on the development of new financial instruments, that they have permitted to draw the existing barriers between countries and sectors. Globalisation is expected to increase competition in most areas of financial services, and it may also be able to realise economies of scale and scope. Moreover, globalisation has opened up new markets for banks, particularly in trading, asset management and investment banking activities.

On the other hand, the development of the data process and communication technology has made possible the globalisation as well as the installation of new financial instruments. Technology has reshaped the relative costs of different banking system and financial services and facilitated the provision of new types of services. The cost of collecting, processing and using information have decreased dramatically. For example, it has led to greater efficiency in the provision of financial information and better techniques for assessing and pricing risks, in turn reducing the cost of external finance. Technology has also affected banks' income and cost structures, as they have been able to make profits as a result of technological advances. These advances have facilitated the development of institutional investors reducing the costs of collecting savings, gathering and spreading public information, and assessing risks. Competition between banks and institutional investors is pushing to restructure the banking sector.

To compete in an global economic world is necessary to have a size sufficiently large as to be present not only in the main worldwide economic zones but also in the others; and, of course, in each financial sector that be profitable for the banks. This implies to have a great size and this is gotten in a fast, though risky, way through a merger and acquisition process; also it is possible to do strategic alliances that permit trade in new markets without take the high risk of the previous procedure.

THE EUROPEAN MONETARY UNION

The European Monetary Union reinforces the previous point with relation to the credit institutions from the old continent by various reasons. The disappearance of the foreign exchange risk in Euroland eliminates one of the principal barriers that regionalized to the European banking sector, which one was protected in its local influence area. The euro should function as a catalyst with regard to the effects of the fundamental factors and thus increase the pressure for structural changes (for example, reduction of excess capacity, increased internationalisation and further mergers and acquisitions -not only domestic consolidation but also cross-border cooperation and mergers-).

In fact, the euro will wipe out great chunks of profit in their traditional wholesale businesses of foreign exchange, corporate banking, and government bond trading. Nowadays, these businesses account for between 40% and 80% of a European Bank's revenue. To European banks as a whole, that revenue is worth around $100 billion; in less than a decade, it could be reduced to $77 billion, unless the bank can restructure their cost base, the overall decline in profits could be even steeper. The best opportunities in this new scenario will probably fall to no more than a handful of banks. Revenue growth in wholesale banking will be concentrated in the investment banking business of equities, bonds and mergers & acquisitions (see Exhibit 1). Mainly, for these reasons the main European banks will need carry out concentration processes to: 1) using the advantages of the euro, and 2) competing with the large American banks in the global context that we said before.

In fact, one of the main threats for the banking sector (but not the only one, nor the most important) is the reducing of foreign exchange business. The European market currently sees daily turnover of $798 billion (including no-European currencies), from which European banks earn $6-$8 billon a year in total net revenues. The principal share is taken by the largest commercial banks, which dominate foreign exchange trade in their domestic currencies. Huge trading flows help keep the cost of serving clients relatively low and give the banks the market information and to help them profit their own positions-taking.

	1.998	**2.006** (est.)
Lending	55.0	41.0
Deposits	21.0	10.0
Payments	14.0	18.5
Foreign exchange	6.0	5.0
Bonds	3.0	8.0
Equities	8.5	17.5
M&A	2.5	3.0

Exhibit 1. Impact on Europe's wholesale banking revenue pool ($ billion)
[Source: Davidson, Lerger, Viani]

After EMU, however, most European banks can expect a decline in foreign exchange revenues and profits (see Exhibit 2). Intra-Euroland currency trading, was valued near to $3 billion in revenues in 1998, at the beginning of 2002 simply will disappear (in 1998, this trade accounted 35-40% of an average European bank's foreign exchange revenue). In total, the average European bank in terms of asset size looks set to lose about near three quarters of foreign exchange trading revenues, leading to a rapid shakeout in the sector at 2002. For this reason, business will be eventually consolidated among a few key competitors whose scale advantages offset the downward pressure on margins.

Status quo pre-EMU (1997)	100%
Loss of intra-EMU customer turnover	-35% to -40%
Loss of business with large companies	-20% to -25%
Loss of revenue for market share and information advantage	-10 to -12%
Average European banks post-EMU (estimated)	23% to 35%

Exhibit 2. Impact on foreign exchange revenues [Source: BIS, McKinsey analysis]

On the other hand, the retailer banking will follow protected in its influence zone, in certain way, by the cultural, labour and others kind of barriers. For example, in the Spanish case, this kind of banking has defended its territory against the large international credit entities (thus, for example, NatWest and Chase Manhattan abandoned the Spanish market; Barclays and Citibank have had to restructure its business; the

Spanish subsidiaries of: Crédit Lyonnais, Abbey National or Citibank, have had losses in some years of 90's).

That is, it seems logical thinking about a combination of mergers and alliances between the European credit entities. Mergers (or acquisitions) between the national entities as for example: Banco de Santander-Banesto, Bayerische Vereinsbank-Hypo Bank, UBS-SBC, Crédit Agricole-Banque Indosuez, Banco Lavoro-Banco di Napoli, HypoBank--Vereinsbank, BNP-Paribas, Banco Santander-Banco Central Hispano, Banco Bilbao Vizcaya-Argentaria, etc. And alliances between the entities of different countries (Santander-Royal Bank of Scotland, BCH-Commerzbank, BSCH-Société Général, etc.), that help to climb over the cultural, contractual, etcetera, barriers that they have made failing to the banks that don't belong to the country in which operate. The mergers and acquisitions between different country banks are very much rare though exists a great exception that is necessary to bear in mind: the cross-border investment bank acquisitions that have been taken over by commercial banks; later we will speak of this topic. Bearing in mind that we say before, it is necessary to remark that many specialist think mergers are likely to contribute towards an acceleration of the pace of both the consolidation and integration process of the banking systems in the euro area.

Since we speak of the credit, this is a point that we must to consider. A great number of analysts relies on the trend that the EMU is going to impose with respect to the debt financing of the large European companies, is going to centre in the stock exchange market. In the Exhibit 3 is possible to see the EMU's impact on corporate lending and deposit revenues. In the pre-EMU scenario banks are offering cheap loans to corporations but this is going to change dramatically due to:

a) In order to create value to the shareholders, banks are using their excess of capital to buy back shares rather than lend it. There are many reason for buybacks, but we can highlight some of them: increasing earning per share, changing the capital structure increasing the leverage and by the way also increasing the return on equity, is a way to do an internal investment, etcetera.

b) The European Central Bank is going to impose reserve requirements on commercial banks, the cost of which probably be passed on to customers

c) The creation of wider and liquid European corporate bond market. Newly, the largest and best-capitalized commercial banks that can themselves raise money at low cost will be the most favourably placed to offer competitive rates to the firms.

In the other context, deposits, volumes will fall with EMU because corporate customers will no longer need to hold deposit accounts for each European currency in which they trade, and traders will no longer use the money market to take advantage of interest rate differentials between the old currencies of Euroland. Margins will follow the same way because of competition for the remaining business. The winners will be large banks with cost-efficient centralized trading, economies of scale, and best market information.

$ billion	Lending	Deposit	Total accrued
Current revenues	55	21	76
Growth 1996-2006	12	5	93
Effect of lending disintermediation	-24		69
Decreasing lending margin	-2		67
Disappearance of deposit from traders funding in foreign currency		-3	64
Fall in deposit volume connected to foreign currency payments		-5	59
Decreasing deposit margin		-8	51
Total (projected to 2006)	41	10	51

Exhibit 3. Impact on corporate lending and deposit revenues [Source: Davidson, Lerger, Viani]

That is to say, an important growth of the bond issues that will be listed in the principal European markets is expected, what will reduce the credit dependency of the banking. This will make losing business to the commercial banks (together with the important growth of the securitization) and, at theory, should increase the investment banking business.

The problem arises of the fact that this last kind of banking is mastered by the American entities that they are real specialists in this business area upon carrying much time competing in the firm bonds market of USA, the most developed of the world. The American investment banking is taking positions in Europe quickly to facilitate this kind of financing to the corporates once the euro is converted into the European currency by excellence.

In conclusion, if the European investment banking doesn't live up we would can see a gradual business transfer from the European commercial banking to the American investment banking. By this reason a group of big European commercial banks have acquired to very well known American investment bank in order to capture their know how. In that way the European banks will be able to compete in both sides of the Atlantic ocean with the American champions.

We finish of speaking of commercial banking and of investment banking as if it would be something different and, at theory, it is. But nowadays this difference is being making very diffuse due to the numerous mergers and acquisitions that have as actors a commercial bank and an investment bank.

For example: SBC acquired to Warburg, Travellers bought Salomon Brothers, Citicorp mergered with Travelers, Dresdner Bank bought to Kleinworth Benson, ABN Amro acquired to Hoare Govett, Deutsche Bank acquired to Morgan Grenfell and to Bankers Trust, Credit Suisse took over Barclays de Zoette Wed, SBC acquired to S.G.Warburg, and so on.

The reasons are several: the securitization growth, the restructuring of the corporate financing in the countries whose currency is the euro (in addition to the pressure of the American investment, that we commented before), the collapse of its margins and yields due to the disintermediation and to the advances of the telecommunications, the increasing independence of the large investment funds with respect to the investment banking, the existence of business areas with losses (the negotiation and sale of equities, and the underwriting of bond issues) and of profitable others (the underwriting of new equities issues, the advice in the mergers and acquisitions topics[2], and the brokerage in the bonds market), etc.

WHEN THE MERGERS ARE IN FASHION

Other reason to consider, though in a secondary place, it is the merger "fever". If "to merger with" is in fashion, one must to merger or to be merged. The basic idea is to obtain synergies that permit, at least,

---

[2] The banks best positioned to take advantage of the increase in demand for mergers and acquisitions advisory services will be multiproduct institutions with strong strategic relationship with CEOs, M&A expertise, sector expertise, and, more important, cross-border networks.

to keep the market share and, simultaneously, to create value for the shareholders. At the beginning of the mergers and acquisitions wave these have sense because is normal to look for the ideal partner, but when the times goes by and the mergers go being accomplished, the potential candidates range is reduced and it is when begin to be accomplished deals whose results are put in doubt by the market.

We shouldn't forget that though the mergers and acquisitions have a strong financial component, this only it is actually important until the moment in which the merger deal is closed. Following this instant, the most important issue becomes the corporate cultures integration (corporate organization, computer systems, distribution lines, and so on) moving the financial issue to a second place (but important). Think, by a moment, about the problems of merging two European banks belonging to two different countries (both of them belong to Euroland). Only they have in common the currency, everything else: language, work habits, organization, markets, etc., are different. If the cultures integration is a failure a lost value would be made and it can put in danger the own survival of the bank. The cultural problems arisen in mergers and acquisitions between European and American corporates (Deustche Bank took over Bankers Trust, and Chrysler was merged by Daimler) have made bosses think harder about the cultural challenges of cross-border mergers.

Perhaps because of that, the European macromergers have begun mainly by deals between banks of the same country as already we have pointed previously out. But the key arena is Europe. In nine month' time, euro notes and coins will cement the single-currency area. But, partly thanks to residual protectionism, Europe's banking and insurance industries have yet to exploit borderless finance. But Europe's increasingly aggressive antitrust enforcement may also be a growing deterrent to mergers.

In spite of this, the recent pattern of consolidation constitutes a continuation of a longer-trend in the European banking sector, as is highlighted by the large decline in the number of credit institutions in the euro area countries over the past decade. In the mid-80's, there were more than 11,000 credit institutions in the euro area countries, compared with around 7,500 nowadays. This reflects an average decrease of around 230 institutions per year (in the last 15), or in relative terms, a decreasing average rate of 2,5% yearly. As we saw before, the single currency seems to have intensified the consolidation trend in the euro area banking sector. Mergers between cooperative and savings banks are the main reason for that reduction in the number of credit institutions, because they look for "defensive" mergers in order to cutting costs and diversifying risks.

BIBLIOGRAPHY

DAVIDSON, J. LEDGER, A. AND VIANI, G. (1998): "Wholesale banking: The ugly implications of EMU". *The McKinsey Quarterly* n° 1. Pp.: 66- 81

DE LA DEHESA, Guillermo (2000): *Comprender la Globalización*. Alianza Editorial. Madrid

MASCAREÑAS, J. (2000): *Fusiones y Aquisiciones de Empresas*. McGraw Hill. Madrid (3ª ed.).

NOYER, Christian (2000): "The euro and the banking sector". *BIS Review* 83

PRATI, A. AND SCHINASI, G. (1997): "European Monetary Union and International Capital Markets: Structural Implications and Risks". *IMF Working Paper* (May) n° 62

THE ECONOMIST (1997): "Fools' gold". December 13th. Pp.: 75-77

THE ECONOMIST (2001): "Let the revolution begin". April 7th. Pp.: 85-87.

FUTURE PROSPECTS OF EXCHANGE RATE POLICY COORDINATION IN THE EURO AREA

Mariam CAMARERO,
Jaime I University, Castellón
Cecilio R. TAMARIT,
University of Valencia

INTRODUCTION

The completion of the European Monetary Union (EMU) will impose a single new currency, the euro, creating at a stroke one of the largest monetary blocs in the world economy. This event will provoke a major structural shift in the international monetary system that has huge potential to destabilize exchange rate regimes. The acceptance of the euro as a new international currency will depend on three main factors:
- The stability of the inflation performance and the credibility of the monetary policy implemented by the European Central Bank (ECB).
- The development of financial instruments and markets based on the new currency.
- The extent to which the currency is used in world trade.

These three elements are closely related. The uncertainties about the use of euro currency outside the EMU area (for instance, in other European Union (EU) countries and in Central and Eastern Europe) will make estimation of the demand for any euro monetary aggregate particularly imprecise. This would clearly complicate the monetary policy of the ECB if it were to use money as its intermediate target. This fact will have undoubtedly effects on the expectations formed by the markets about the future performance of the euro limiting its use in trade and financial transactions.

In order to avoid these perverse results of EMU and to lower the systemic risk it seems likely that the ECB will be forced, at least initially, to practice a reasonably discretionary policy, probably even more so than the Bundesbank at present, that will have a great influence on the evolution of the exchange rate. There are two opposite views concerning the importance of the euro exchange rate as a target of economic policy and its implications for international policy coordination. A first opinion, that could be called "pesimistic"states that the increased size of the Euro area will make redundant the current model used by the economic authorities based on a country considered "open and small", instead of a "big and closed" economy like, for instance, the USA. A country economically big has market power and is able to manage its terms of trade. Moreover, in such an economy, provided it is closed enough, its price level will be only slightly affected by fluctuations of the exchange rate. Therefore the authorities will have an incentive to perform an exchange rate policy of "benign neglect" as the USA did several times in the past. A two way "benign neglect" policy will increase the exchange rate volatility in the world economy and could easily give birth to serious misaligments. In order to avoid these undesired outcomes many authors have proposed an increasing coordination at the internal level (namely, between the monetary and fiscal policies) as well as at the international sphere. The second view about the role of the exchange rate, the so-called "optimistic" one underlines that the EU is completely different to the USA, having a loose exchange rate policy strongly assymetric effects across the different European regions. Moreover, the ECB would heavily regard the exchange rate within its bundle of targets in order to implement its policy, at least at the first stages of the EMU.

Such discretionary policy would no doubt rely on various economic indicators of current and future developments with respect to economic activity. One indicator that might be given prime attention is the exchange market value of euro. The reason is that the exchange rate is a particularly visible and publicly recognized indicator. Unlike newly calculated EMU aggregates (money supply, output, inflation, and the trade balance), the exchange rate against the dollar or yen will have a clear interpretation for the general public. Thus, the problem of establishing credibility may lead the ECB to pay more attention to the exchange rate than does the Bundesbank at present (Masson and Turtelboom, 1997).

To sum up, whatever the view adopted, coordination at the internal as well as the external level rests as a key tool in order to reach a macroeconomic fine tuning under EMU. Therefore, currently there is considerable concern and discussion of whether international policy coordination between Europe and other major countries, in particular the US and Japan, would be stimulated or hindered by the creation of EMU.

PROBLEMS FOR INTERNATIONAL POLICY COORDINATION

1. The advent of the ECB will transform the institutions of monetary cooperation. As a new institution it won't have the reputation (track record) of other central banks. Thus, the ECB will be concerned to establish the credibility of its commitment to price stability. Consequently, it can be argued that monetary policy will be too tight during the transition period and that the national governments will try to compensate with more active fiscal policies. Both will raise interest rates. If this exceeds the stability pact's deficit limit, contractions will have to be introduced and interest rates will then fall. Under this scenario, we can therefore expect alternatively periods of currency appreciation and currency depreciation, giving birth to a greater volatility in the euro. Moreover, efforts to coordinate monetary policies can be hampered by an inability to adjust national fiscal policies (De Grauwe, 1998).

2. Internal institutional problems to set up the exchange rate policy. Insofar as exchange rate fluctuations have implications for the ECB's primary objective, responsibility rests with the Governing Council. At the same time, art. 111 of the EC Treaty empowers the Council of Ministers to adopt "general orientations" for exchange rate policy vis-à-vis non-EU currencies. At the same time art. 111 states that such orientations must not jeopardize the pursuit of price stability, although it does not indicate who will decide whether or not this is the case. Nor does it provide a mechanism that would make the Council's general orientations binding on the ECB. This fact has clear implications for international coordinations as a decision to establish a system of pegged exchange rates for the industrial countries, as suggested in Volcker (1995), or a global system of target zones as proposed by Williamson

(1985), would rest with the Council of Ministers, provided the Council acts unanimously after consulting with ECB and after attempting to reach a consensus on the compatibility of its decision with price stability. In this case the Council's decision will bind the ECB.

3. The completion of EMU will create a relatively closed economy like the United States (US). Exchange rate fluctuations vis-à-vis the rest of the world will them become less disruptive. According to the theory of optimum currency areas, such a relatively large, closed economy will be inclined to float its currency. Moreover, on the fiscal policy side, coordination will be severely constrained, both by the division of powers within the US system and the dispersion of fiscal responsibilities across EU national governments (Giavazzi and Giovannini, 1989).

4. The problem of representation in Europe cannot be minimized. The monetary policy is the responsibility of a single ECB, but responsibility for exchange rate policy is shared with the Council, made up of national Ministers of Finance, which will not have an obvious single representative in such meetings as those of the G7 or G3. Under this scenario EMU may increase, not decrease, the number of players. Since 1977 it has been standard practice for the president of the European Commission to attend these summits, along with the leader of the country holding the presidency of the Council of Ministers, but none of them can speak for the ECB, which will control the monetary policy for the euro zone. The ECB cannot speak for the UK so long as it remains outside EMU. It will, however, represent Austria, Spain, Portugal, Ireland or the Benelux countries, not presently members of the G7. Now, consider Art. IV consultations between the IMF and EU member states participating at the monetary union. Monetary policy will no longer be under the control of the national governments. Nor will fiscal policy, insofar as the latter is influenced jointly by the European Council, European Commission and the Stability and Growth Pact (Eichengreen and Ghironi, 1996).

REASONS FOR INTERNATIONAL POLICY COORDINATION

The vision supported by the European Commission is that the reduction in the number of players would have beneficial results. At the same time, the creation of a bloc comparable in size to the US, will promote the incentives on the latter to take the spillovers from Europe seriously.

The increase in structural uncertainty facing European monetary policy can provide a powerful inducement to coordination as it makes the transmission of monetary policies across countries more certain. As the exchange rate may be given considerable weight by the ECB in formulating monetary policy, at least during the transition period before the structural uncertainty is resolved, coordination with the US and Japan to limit exchange rate fluctuations may naturally emerge as a must. The ECB, in spite of its limited reserve resources and its concern with the inflationary effects of intervention, will also acquire an interest in stabilizing the dollar exchange rate. Financial markets will be uncertain how to interpret measures of price stability newly constructed and published by the European Commission. Whether the euro rises or falls against the dollar will be an obvious measure of success. Therefore, while the ECB may be reluctant to agree to formally stabilize the euro against the dollar and the yen, it may favor informal initiatives designed to deliver that result.

The size and the degree of openness of the euro area are not sound reasons to argue a danger of benign neglect. As Masson and Turtelboom (1997) argue "when the de facto fixing of the currencies of a core group to the DM is taken into account, Germany is already not very sensitive to exchange rate fluctuations. Moreover, lack of openness does not necessarily mean that the exchange rate is a matter of indifference. Industrial groups in France, for example, which have traditionally complained about the disruptive effects of currency swings on profitability will shift their attention from the DM to the dollar and the yen".

CONCLUDING REMARKS

There are quite opposite views on how the introduction of the euro will affect the international monetary system. Although it can be argued that a bigger and closed area can be less incentived to coordinate its exchange rate policy, there are enough countearguments to expect that the ECB may be in favor of, more or less, formal initiatives designed to stabilized the euro exchange rate against the other major currencies.

REFERENCES

DE GRAUWE, P. (1998): "The risk of deflation in the future EMU: Lessons of the 1990s", Discussion Paper No. 1834.

EICHENGREEN, B. and F. GHIRONI (1996): "European Monetary Unification and International Monetary Cooperation", unpublished manuscript, University of California, Berkeley.

GIAVAZZI, F. and A. GIOVANNINI (1989): "Monetary policy interactions under managed exchange rates", *Economica*, Vol. 56, pp. 199-213.

MASSON, P. and B.G. TURTELBOOM (1997): "Characteristics of the Euro, the Demand for Reserves, and Policy Coordination under EMU", in Masson, P., T.H. Krueger and B.G. Turtelboom (eds.): *EMU and the International Monetary System*, IMF.

VOLCKER, P. (1995): "The Quest for Exchange Rate Stability: Real or Quixotic?", unpublished manuscript, London School of Economics.

WILLIAMSON, J. (1985): "The Exchange Rate System", Policy Analyses in International Economics No. 5, Institute of International Economics, Washington.

EURO EXCHANGE RATE POLICY

Rodney THOM,
University College, Dublin

Relative to their counterparts in other industrial economies such as the US and Japan, European policy makers have consistently shown a strong aversion to exchange rate flexibility. Thus, following the collapse of Bretton Woods it was Europe rather than its competitors which attempted to restore exchange rate stability via the snake and then the EMS. Given that Europe could best be approximated as a series of relatively open, and in most cases small, economies this aversion is easily understood. However with the advent of Euroland the picture changes. In an obvious way Euroland, like the US, is now best approximated as a large closed economy. Using the conventional ratio of trade (imports + exports) to twice GDP, Euroland's degree of openness is approximately 12 percent as compared to 10 percent for the US. Hence at a stoke the SOE model becomes redundant and the pre-occupation of policy makers turns away from exchange rates to 'domestic' variables such as inflation. Given that euro exchange rate movements will have relatively minor effects on Euroland's inflation rate it is reasonable to assume that ECB policy towards the euro's external value will, like the Fed's, be characterised by 'benign neglect'. That is, policy instruments will be set to achieve domestic targets with the external effects being absorbed by the exchange rate.

Euroland, however, is not exactly like the US. In particular a significant number of participating economies have relatively high trade dependencies with countries outside the EMU-11. For example, in all eleven economies more than 30 percent of exports are directed outside the immediate euro-zone and in Germany, France, Italy and Ireland the ratio is at least 50 percent. Hence movements in the external value of the euro are not going to produce uniform effects across Euroland. For the larger economies these effects are likely to be relatively minor but will be much more significant in smaller countries such as Belgium, Ireland and Finland where exports outside Euroland account for non-trivial proportions of GDP. Ireland is the most obvious example. Given its high trade dependency on both sterling and the dollar Ireland will be particularly exposed to movements in euro exchange rates. Since August 1993 Ireland has unambiguously taken advantage of the 15% ERM bands to compensate for periods of sterling weakness (strength) by permitting at least partially offsettins depreciations (appreciations) against the DM. However, as we move ever closer to the birth of Euroland this option is vanishing. As a result sterling's strength over 1997 and early 1998 is now exerting strong inflationary pressures on the domestic economy which, of course, the Irish authorities are increasingly powerless to resist.

While Ireland is an obvious outlier there remains the more general point that persistent movements in the euro's external value, and the dollar-euro rate in particular, may affect trade flows between Euroland and other trading partners. We should also note that movements in exchange rates between the euro and Eastern European currencies will have disportionate effects within Euroland. Countries such as Germany and Austria who have stronger trading links and are heavily committed in terms of FDI and joint equity agreements will be more affected by such movements than will Euroland as a whole. As the impact of exchange rate movements are unlikely to be symmetric they have the potential for creating tensions with Euroland and pose a threat to ECB independence. If we take the, not unreasonable, view that disputes over the first ECB President masked a deeper argument over political influence on ECB policy or, even worse, reflected internal political pressures within one large Member State then it is not too difficult to believe that a policy of 'benign neglect' could also lead to deep divisions within Euroland.

There are two possible solutions to this problem – formal exchange rate arrangements with non-participating economies and coordination between monetary and fiscal policies in Euroland. The first does not, at this stage, appear feasible. There is no prospect of, or wish for, an exchange rate arrangement between the euro and the dollar. More importantly there are as yet no guarantees that non-participating EU economies, especially the UK, will participate in ERM-II. In any case, a successful ERM-II would, given the experiences of 1992-93, most probably require very wide bands and an intervention commitment by the ECB which is unlikely given its prior commitment to price stability.

This leaves policy coordination as the most attractive option. Consider a world with two targets, inflation and unemployment, and two instruments, monetary and fiscal. If monetary policy is precommitted to price stability then fiscal policy is the only instrument left to respond to cyclical variations in unemployment. Alternatively, if discretionary fiscal policy is restricted by, say, a Stability Pact then greater flexibility should be given to monetary policy. However, severing both from the real economy is less than desirable unless domestic labour and commodity markets are highly flexible which will not be the case in Euroland. Further, maintaining tight monetary and fiscal policies in a downturn will, given inflexible markets, lead to an overvalued exchange rate an a loss of competitiveness which may not be uniform across Euroland. Here the experience of 1990-92 and the contrast between the responses by the Fed and European Central Banks provide a valuable lesson. Recession hit the US economy in 1990-91. In Europe the downturn came a year later and started to bite in 1992. In both regions fiscal policy, as measured by cyclically adjusted budget deficits, remained tight. The contrast is in monetary policy. When US unemployment started to rise the Fed responded by relaxing policy and reducing interest rates. However in Europe Central Banks did not respond. The effects of German unification, the need to satisfy the Maastricht Convergence Criteria and an aversion to realignments within the ERM combined to ensure that interest rates remained high throughout the EU. Hence the US policy mix was one of tight fiscal and lose monetary policy while both remained tight in the EU. As a result American unemployment declined while EU economies were pushed further into recession. Not only did unemployment rise in the EU core but, in contrast to the US, it has persisted at relatively high levels. Further, the combination of tight monetary and fiscal policies inevitably lead to an appreciation of most European currencies against the dollar which, together with high interest rates, generated policy conflicts within the EMS and triggered the 1992 crisis.

Can conflicts of this type be avoided in Euroland? The answer appears to be no. The ECB's commitment to price stability together with the requirements of the Stability and Growth Pact would appear to place tight constraints on both monetary and fiscal policy. The way in which these restrictions will be interpreted is, of course, open to question. For example, Article 2 of the ESCB Statute permits the Bank to "support the general economic policies of the Community" providing that such actions do not conflict with the overriding commitment to price stability. It is possible that given the fiscal restrictions implied by the Stability and Growth Pact the ECB may manipulate monetary instruments so as to respond to unemployment and low growth. That is, when recession threatens Euroland the ECB, safe in the knowledge that fiscal policy will remain tight, will be prepared to respont to the real economy by relaxing monetary policy. However, it is at least equally probable that the opposite will be the case. The ECB and the entire EMU project will, initially at least, be judged on its inflation performance. If by the end of 1999 or early 2000 Euroland inflation exceeds the initial average in the EMU-11 then the Bank's credibility will be under threat. Hence it is reasonable to assume that the initial target inflation rate cannot be greater than the starting value with the implication that monetary policy will not be relaxed irrespective of what happens in the real economy.

Given this pre-commitment to price stability coordination requires that fiscal authorities internalise ECB policy. Specifically, if monetary policy is targeted solely at inflation then fiscal policy must be counter--cyclical and permit a smooth functioning of automatic stabilisers. Unfortunately the Stability and Growth Pact may prevent this happening because it concentrates on the government deficits rather than cyclically adjusted deficits. It is, of course, questionable if the rules of the Stability and Growth Pact will be rigidly enforced. However, regardless of the enforcement procedures, it is unlikely that national governments would wish to run frequent deficits in excess to the 3 percent reference value. While such governments may, in most circumstances, escape the censures of the Pact doing so would require an investment of political capital and a loss of credibility. Hence even if the Pact were voluntary it is still arguable that governments will attempt to maintain deficits within the 3 percent reference value. Put another way, in the current climate aversion to "excessive deficits" could replace the aversion to realignments which characterised the ERM between 1987 and 1992.

In summary a policy of 'benign neglect' towards euro exchange rates could lead to difficulties within Euroland unless monetary and fiscal policies are coordinated. For EMU to deal with recessions it is necessary that at least one policy instrument should remain flexible. If, for example, monetary policy could be relaxed in the face of rising unemployment then not only would policy be counter-cyclical but lower interest rates would prevent an overvaluation of the euro against other world currencies. This, unfortunately, appears unlikely. Finally, as someone who was educated in the late 1960's & early 1970's it is difficult to resist the temptation of pointing to the obvious correlation between the type of monetarist thought which prevailed at that time and the probable conduct of macroeconomic policy in Euroland. Committing the Central Bank to low inflation and simultaneously restricting fiscal authorities to balanced budgets are, at the risk of some simplification, the stuff that old-school monetarist dreams were made from. There is, however, one crucial difference. Monetarists policy prescriptions were made against a background in which domestic labour and commodity markets are assumed to be flexible and highly responsive to shocks. When this is the case then the effects tight monetary and fiscal policies can be accommodated by internal flexibility. As this flexibility will be missing in Euroland, macroeconomic policy will cannot be expected to make any contribution to cyclical adjustment. Rather it is more likely lo lead to frequent and persistent exchange rate misalignments between the euro and other currencies. As these are likely to have asymmetric effects between participating economies then the spectre of policy conflicts, like those in 1992, becomes an unfortunate possibility.

CONCLUSION: THE EURO COMPARED TO OTHER WORLD CURRENCIES

Aníbal CAVACO SILVA,
Universidade Católica and
Universidade Nova de Lisboa

Keeping in mind what was said by Professors Schor, Welfens, Flory and Muns in their excellent contributions, I would like to stress four main points.

1. There is no longer any doubt in anyone's mind today that the move to economic and monetary union on 1 January 1999 and the introduction of the euro will bring about far-reaching changes in the international monetary and financial system.

The euro has the potential to emerge as one of the world's major currencies, taking over ground currently occupied by the dollar. This should not, however, be expected to happen overnight or to be an automatic process: the dollar currently dominates the world scene and will benefit from the inertia factor.

Although the economy of the European Union outstrips that of the United States in terms of output and foreign trade, the dollar is at present undoubtedly the dominant currency in commercial transactions, foreign-currency markets, central bank reserves, private asset portfolios, international bond issues and developing country debt.

It is highly likely that the euro's arrival on the scene will alter this situation and that the dollar's pre-eminence will be gradually eroded. Some forecasters estimate that investments worth between 500 billion and 1 trillion dollars will be switched out of dollars and into euros as a result of shifts in the composition of public and private portfolios.

It should nevertheless be borne in mind that the North American capital market is currently far superior in size, liquidity and efficiency to the sum total of the markets operating in the European Union.

It is only natural that external demand for euros will appear initially in central and eastern Europe, chiefly among the countries applying for membership, as well as in the Mediterranean, Africa and Latin America, countries which have close economic ties with the European Union.

The euro will certainly benefit from being the currency of one of the world's largest economic blocs, from being underpinned by an independent and credible European Central Bank and from the increasing integration of European financial markets prompted by monetary union.

The Asian financial crisis and the problems facing Japan's banking system appear to suggest that the yen will be unable in the short term to play a major role in the international monetary system.

Evolution towards a more balanced international monetary system, with the dollar and the euro forming two pillars of similar size, is seen as a positive development. The system should normally become steadier, there should be greater exchange-rate stability overall, and it should be simpler to deal with any international financial crises that might occur.

2. There is currently much discussion on the subject of how strong or weak the euro will be in relation to other currencies, and particularly the dollar. The only answer that can be given to this question is that it is extremely difficult to forecast future movements in the exchange rate between the euro and other currencies. And forecasts are particularly difficult to make for the short term.

It is likely that the ECB will regard the external value of the euro as an important factor in establishing its anti-inflation credentials and that it will take action to avoid any depreciation of the euro rather than adopting an attitude of "benign negligence".

Some initial instability in the euro/dollar exchange rate cannot be ruled out, however, as a result of uncertainties to do with the single currency's startup phase. For example, there is uncertainty surrounding shifts in the composition of public and private portfolios in which the dollar is at present given too much weight.

There is also some uncertainty as to the relations that will develop in future between the Ecofin Council and the ECB in the field of exchange-rate policy. The Council is entitled to formulate general orientations for exchange-rate policy, but Article 111 of the Treaty appears to place the ECB in a position of supremacy, since the Bank must always be consulted and the Council's orientations may not call into question the objective of maintaining price stability. There are those who fear that the ambiguities in the Treaty concerning the allocation of powers in the field of exchange-rate policy will be the source of some instability for the euro.

The debate having for some time been dominated by affirmations of the ECB's independence which go almost as far as placing that institution outside the Community framework, it is now recognised, even within the European Council, that dialogue and cooperation between the Ecofin Council and the ECB is fundamental to the smooth operation of economic and monetary union, particularly with a view to ensuring that the euro has a strong international presence and achieving an appropriate monetary and fiscal policy mix for the whole of the single currency area.

Longer-term forecasts are more optimistic as regards the improved stability of the euro and the possibility of it appreciating against the dollar. Various reasons are given for this optimism: the ECB will enjoy the credibility it needs in order to keep inflation low in the euro zone; the Stability and Growth Pact will ensure that Member States adhere to strict budget discipline; and Member States will be encouraged to press ahead with structural reforms dictated by greater economic efficiency, improved business competitiveness and lower structural unemployment. The European economy will therefore be put on a sounder and more sustainable footing.

3. Since the euro will be the currency of one of the world's largest economic blocs and will acquire the status of an international currency, it is logical to assume that economic and monetary union will bring about far-reaching changes in international financial cooperation.

The European Union, the United States and Japan should arrive at a consensus regarding the basic principles of exchange-rate policy and should coordinate their macroeconomic policies with a view to strengthening the stability of the international financial system, avoiding excessive exchange-rate volatility and serious currency misalignments, and dealing with any regional financial crises that may arise.

A number of doubts and uncertainties remain in this area, however. One hitherto unanswered question concerns the way in which the European Union will be represented at the international forums where monetary matters are discussed, such as the IMF or the G7. How can we make sure that the EU speaks with one voice?

Of course, only the Member States are members of the IMF. But, clearly, if the EU is to express its position at international level, it will have to start by improving economic policy coordination among its own Member States. Internal coordination of Member States' economic policies, including their fiscal policies, is essential if the European Union is to be in a position to discuss an appropriate macroeconomic policy mix at international level. It is a well-known fact that progress in coordinating Member States' policies outside the monetary field has been difficult.

Another question relates to the willingness of the United States to engage in closer cooperation and coordination with the European Union. Although the establishment of a new transatlantic consensus in economic and financial matters would appear to be advantageous to both sides, many observers are doubtful whether the US authorities are ready to adopt a cooperative strategy.

Nevertheless, the change in the international monetary system brought about by the euro will make it more difficult in future for the United States to conduct its policies solely on the basis of the effects they will have on its own economy, while disregarding the consequences for the international economic and financial system. Some political figures in the US seem to be aware of this.

But it is still unclear how the United States will react to the new situation that is taking shape. I cannot, at all events, endorse the apocalyptic vision put forward by Professor Martin Feldstein, who believes that EMU could lead to conflicts both within Europe and between Europe and the United States.

It could take the US some time to adjust to the new situation in which the dollar will no longer play such a clearly dominant role in the international monetary system. The European Union will have to show some understanding and refrain from taking up positions that could be seen as hostile to the dollar. A "softly softly" approach in building up the international role of the euro could bring benefits in the political sphere.

4. The euro should also bring about far-reaching changes in the European financial market.

Europe's existing financial market, albeit greatly segmented geographically, should develop into a more integrated market whose size is similar to that of the United States.

The single currency will create strong pressure for progress in the harmonisation of the legal and tax regimes, accountancy standards and other practices in force on the different markets. The European market will consequently gain depth and liquidity while transaction costs will fall. Market forces will probably not be sufficient to promote market integration, which means that Member States will have to carry out the necessary structural reforms.

The increasing integration of money and financial markets in the euro zone should be accompanied by structural changes in those markets. The equities market will gain in relative importance, to the detriment of bank financing, and will grow to approximately the same size as the North American equities market. A genuinely Europe-wide equities market will develop for large European companies, with the national stock exchanges being left to specialise in smaller domestic companies. The market in euro-denominated bonds will expand considerably and gain liquidity and efficiency, increasing the share of private-sector bonds in comparison with government debt. The banks' role as intermediaries will become less important as the costs of issuing securities fall in relation to the costs of bank loans.

The euro will bring about a readjustment of asset portfolios for investments both within and outside the euro zone. This is expected to result in higher overall demand for investments in euros.

5. Allow me to end on a slightly different note: the European Union could take better advantage of the opportunities offered by the euro if it were to enhance its political dimension so that it can respond more effectively to the major issues and crises confronting the international community and ensure unity and consistency in the different areas of its external action. Only in this way will the European Union be able to achieve the objective of "asserting its identity on the international scene", as provided for by Article B of the Maastricht Treaty. That is the reason why many commentators argue that the single currency must lead to further progress towards political integration.

One final word to reiterate my thanks to Professors Schor, Welfens, Flory and Muns for their excellent contributions to the European Commission's symposium on "The euro and the world".

PARTE III

O EURO E OS BLOCOS REGIONAIS
THE EURO AND THE REGIONAL BLOCS
L'EURO ET LES BLOCS REGIONAUX

THE EVOLUTION OF THE *RAPPORT DE FORCES* AT WORLD LEVEL

Manuel PORTO,
University of Coimbra

1. INTRODUCTION

Over a long period, scant attention was given in Europe to the external implications of the euro. Chapter 7 of the Report *One Market One Money* (European Commission, 1990), on the *External Dimension* of the single currency, was an early exception [1].

Until last year, attention was almost exclusively focused on the internal problems of implementation of the euro. In the words of Bénassy-Quéré (1997), "les Européens étaient trop occupés à définir les modalités et à mesurer les conséquences internes de l´unification pour s´intéresser à son volet externe".

The publication in April 1997 of the SEC (97)803, on *External Aspects of Economic and Monetary Union* (European Commission, 1997), was therefore an important new contribution.

Over these years, there was also little interest on the part of economists, business people or politicians of third countries (e.g. the United States): they were really not convinced that the euro would become a reality [2].

---

[1] Before this, the reports of the Delors Committee (European Commission, 1989) and of the Committee of European Central Banks (the Pöhl report) totally ignored the topic (see Bergsten, 1998, pp. 5-6, for a small number of ´academic´exceptions: Alogoskoufis and Portes, 1992, Cooper, 1992, Gros and Thygesen, 1992, Henning, 1996 and 1997 and Kenen, 1995 and 1997; to which can be added, for example, Bénassy-Quéré, Italianer and Pisani-Ferry, 1994 or Aglietta and Thygesen, 1995).

[2] One main contribution to the research on the external implications of the euro, with papers from both sides of the Atlantic, was however an edition of the IMF (see

It is particularly interesting to note the position in the United States, where over the last two years there has been increasing attention focused on the euro. In the words of Trichet (in 1997): "When you came to New York one year or seven, eight months ago, Americans asked you: 'Why the hell are you going to create the euro, what a funny idea'. When you go to the United States now, you will hear the question: 'How will you manage this?' " [3]. In this new phase, there are on the one hand those who think that the euro will be a factor of stability, and on the other hand those who fear that it will be a factor of instability and of tensions, also at the political level.

In my paper, I shall also look at the political implications of the euro; and preceding the following papers (by Palánkai, Salvatore, Flôres, Tanaka, Ibriga and Gnagnarella), I shall underline only that the euro will have different implications for the world´s different blocs, each of them requiring a specific focus.

2. THE SECONDARY BUT GROWING ROLE OF EUROPEAN CURRENCIES

The European Union has a leading role in the world´s economy, 30.8 percent of GDP, well ahead of the United States of America (26.7) and of Japan (21.0) [4].

The position of the EU is still more relevant in trade, if we consider both extra and intra-EU trade. But even considering only the extra component, the EU is in first place, with 20.4 percent (the United States standing at 18.3 and Japan at 10.3) [5].

There exists, therefore, a big contrast between the present use of European currencies (in the payment of commercial transactions, in the composition of reserves held at the Central Banks and in financial applications), compared with the dollar in terms of internationalisation (expressing the ratio of the use of a country´s currency with her trade): the US dollar stands at 3.6 whereas even the Deutschmark has only a factor of 1.4.

Masson, Krueger and Turtelboom, 1997, with the proceedings of a conference held in Washington, co-sponsored by the Camille Gutt Foundation).

[3] In the original "Mais pourquoi diable faites-vous l´euro, quelle drôle d´idée", and more recently "Comment allez-vous faire?".

[4] In 1996, 8.4 trillion dollars for EU and 7.2 for USA.

[5] Also in 1996, 1.8 trilion dollars for EU and 1.7 for USA.

As a preview to the role that the euro could have, it is interesting to note that over the last years there has been a remarkable increase in the role of the main European currencies. In 1990, almost 50 percent of world trade was carried on in dollars and 15 percent in marks (with the yen at 5 percent). By 1995, the use of the dollar had fallen to 42 percent, while the mark had risen to 18 percent (with the yen at this point on 12 percent). In terms of the reserves at Central Banks, the holding in dollars fell between 1973 and 1995 from 70 to 61.5 percent of the total, while the mark rose from 7 to 14.2 percent (and the yen from 0.1 to 7.4 percent). And in terms of financial applications, the dollar fell between 1981 and 1995 from 67 to 40 percent, while the main European currencies increased from 13 to 17 percent, though with a slight fall in the last months (for other current data see, Silguy, 1998a, p. 352).

3. THE EXTERNAL IMPLICATIONS OF THE EURO

3.1. The economic implications

3.1.1. *The attraction of the euro*

The internal economic benefits of the euro will be highly relevant for member countries, since it will cover a major proportion of their trade with other members. This will be specially true for Portugal, Belgium and Luxembourg, where trade with other countries of the Union accounts for more than 70 percent of the total. But it will not be very different for other countries, such as Ireland and Holland, with about 65 percent of intra-EU trade, and even for the countries with the highest share of extra-EU trade (Germany, the United Kingdom and Finland), who still do around 50 percent of their trade with other countries in the Union. Between these countries there will be a situation similar to the existing position within one country.

The implications for the single currency will, however, go well beyond the EU market. The attraction for third countries – in transactions payments, the composition of reserves and financial applications – will ensure that the total is more than the mere sum of existing currencies.

Assuming that the euro will have a role similar to that of the mark at the present juncture, it would already represent around 30 percent of world payments. But it will, of course, have a much more important role, due to ´network externalities´ [6] and to the fall in ´round trip operations´ in dollars [7].

And we can expect this to be a really major role on the back of a weaker yen, as foreseeable nowadays: enabling "the euro to compete across a wider range of the globe, notably in the rapidly growing markets of Asia, than if the yen were effectively involved as well" [8].

3.1.2. *Doubts about the contribution of the euro to world currency stability*

This increased role will be an additional benefit for Europe, with more security and more gains for our businesses and our customers (with Europe´s political role also growing: see Marin, 1997).

A strong and credible euro is moreover also likely to be a benefit to the world´s economy, which will no longer be dependent on the policies (good or bad) of one country. With two major currencies, those responsible for monetary policy will feel the need to pursue cooperative policies and will be penalized if they do not.

This will be an advantage not only for Europe, also for third countries.

The whole question is, however, arguable and many authors consider that greater stability can be achieved with just one world currency.

a) In some cases, this position is based on political considerations, and the argument runs that one world currency, or a free-trade oriented world, requires a dominant nation, as was the case with the UK and sterling up to the beginning of the century and as been the case of the USA and the dollar over the last decades (65 years).

---

[6] When more people use a particular currency as a means of payments, transaction costs decrease, inducing even more people to use it (see for example Alogoskoufis and Portes, 1997, p. 63, IMF, 1997, p. 71, Temperton, 1997, p. 166 and Portes and Rey, 1998, pp. 308-16).

[7] In many cases it is cheaper to use a currency – in this case, the dollar – in an intermediate way, for transactions between currencies with a much less relevant role.

On the foreseeable increased role of the euro, see also for example Hartmann (1996) and Funke and Kennedy (1997).

[8] Bergsten (1998, p. 27). The opposite argument, that the euro would more likely rival the dollar if the yen also asserted a larger role, had been made by Ilzkovitz (1996) "on the grounds that the dollar would then be more likely to lose its scale and inertia advantages".

The Euro and the Regional Blocs

Besides the general arguments backing this kind of position [9], there are specific arguments which can be formulated in the peculiar circumstances of the euro: it is not the currency of one country but of a number of countries which do not have a common foreign policy and, more specifically, with budgetary policies still at the national level and the relationship between the ECB and the Council still ill-defined.

It was specifically bearing in mind the indefinition of competencies between the ECB and the Ministers of Finance that Wolfgang Munschau wrote recently (*Financial Times*, 22.6.1998) about a ´nobody-in-charge´ situation. He argued that for this reason, the euro would not be able to intervene as the dollar has recently in support of the yen.

Whether or not this kind of intervention should in fact take place, as ´lender of the last resort´ in financial crises, is another matter (see Portes and Rey, 1998, pp. 331). But admitting that in some circumstances intervention should take place, the capacity of the EU to do so will indeed be diminished by the lack of definition as to powers now split between the ECB and the Council.

b) In more specifically economic terms, it can be argued that "the locking of intra-European exchange rates will prevent them from fulfilling their buffer role, thereby leading to a transfer of shocks to the interest rate of the euro zone and ultimately to the euro-dollar exchange rate" [10]; or that, since the euro zone is "comparatively larger and less open than individual member countries, it may collectively attach less weight to exchange rate stability as a policy target". A kind of ´reciprocal benign neglect´ could thus develop between the United States and Europe, resulting in an increase in exchange rate volatility [11].

---

[9] See for example Keohane (1984), Kindleberger (1986) and Gilpin (1987); or, with critical views, Strange (1987), Grunberg (1990) or Mansfield (1993). On the ´burdens´ of ´global leadership´ see Gray (1997).

[10] Bénassy-Quéré, Mojon and Pisani-Ferry (1997, pp. 158). "A related motive for increased volatility could be that through aggregating several currencies, EMU could decrease the stability of the fundamental equilibrium exchange rate of the euro in comparison with that of constituting currencies": with "a transfer of volatility from intra-European exchange rates to exchange rates between the euro and other currencies" (see also Collignon, 1997).

[11] Bénassy-Quéré, Mojon and Pisani-Ferry (loc. cit.; see also Kenen, 1995, Artus, 1997, D. Cohen, 1997 and Padoan, 2000).

Additionally it could be said that the Maastricht Treaty is mainly concerned with controlling domestic inflation, rather than with external objectives.

The forecast of a smaller volatility had been made by the European Commission (1990, ch. 7).

The probability of increased volatility "between Europe and its major trading partners, such as the United States and Japan" is confirmed in the three country model tested by Bénassy-Quéré, Mojon and Pisani--Ferry (1997, pp. 185-7; similar worries having been expressed in papers presented in this group e.g. by Sechi and Agostino and Maillet (in this case with a synthesis of papers from Fritz Breuss, Emil Kirchman, Franco Praussello and Armand-Denis Schor).

This may indeed be so. But nowadays the alternative left is no longer the equilibrium ´given´ by an overriding world economic power [12]. What is now on the table is only whether it is better to attempt to reach stability with the currency of one country whitch no longer has economic preponderance, or to go for stability through a cooperative strategy, based on sound economic foundations.

In the first hypothesis, we should not expect a lot of concern about the value of the currency in a country where foreign trade (along with other economic variables) does not represent much in the whole economy: only 8 percent of GDP. We should therefore worry about the maintenance of an attitude of ´benign neglect´, well expressed in the words of an earlier Secretary of State, John Connolly: "the dollar is our currency but your problem" (see for example Silguy, 1998a, p. 353).

c) The lessons to be learnt

I. For the economic policies to be followed internally

There may be doubts about the external stability of the euro, but they do not correspond to doubts about the policies to be followed. The correct internal policies are also a prerequisite for the correct role of the euro in the world markets.

---

[12] More precisely, "America´s *external economic position* will continue to pose doubts about the future stability and value of the dollar. The United States has run current account deficits for the last 15 years. It now has a net foreign debt of about 1 trillion dollars, by far the largest in the world and rising by 15 to 20 percent annually". Despite attenuating factors, "America´s external position will remain a source of doubt in the minds of both markets and officials" (Bergsten, 1998, pp. 11-3; pointing to the "historical correlation between size and key currency status" (see also Eichengreen and Frankel, 1996).

So it is with stabilitiy; stability avoiding the need of interventions, which could cause turmoil in the international market [13].

Stability is also a prerequisite of a second condition for the success of the euro, its credibility (see for example Hartmann, 1998 or Quaden, 1998). This can not be the ´average´ of the credibilities of the present national currencies, it must be the credibility of the most credible of them. On the other hand, credibility is not synonymous with overvaluation, for different reasons, since at the start, the euro should be neither over nor under-valued [14].

A third condition for the success of the euro is the market (i.e. capital and labour market) flexibility. Authors who compare the conditions of the United States and of the European Union call attention to the existing differences, including the different European languages [15]. European inflexibility (i.e. in labour mobility and wages) would be the main reason for the existence of such big discrepancies in unemployment rates between the countries.

Just to make one remark here, we can point out that there have always been important migratory movements in Europe in spite of the differences in languages. But indeed institutional inflexibilities exist and they should be a matter of major concern for our politicians [16].

A fourth reason for concern is the lack of a ´federal´ budget in the European Union, as a tool to counter asymmetrical (or symmetrical...) shocks. For this reason too, our situation is very different from that of the United States [17].

We cannot really expect the EU to have a ´federal´ budget, with the minimum required for this kind of intervention. Budgetary expansion, if

---

[13] To Trichet (1997), "the Euro has the potential to become a big, solid, stable and strong international currency"; agreeing with Win Duisenberg about the equivalence of these adjectives and accepting the possibility that they could be substituted by ´unalterable´ (going back to a suggestion of General De Gaulle).

[14] On this topic, related with the introduction of the euro, see for example the European Commission (1990), Gros and Thygesen (1992), Kenen (1995), Bénassy--Quéré, Italianer and Pisani-Ferry (1994), Aglietta and Thygesen (1995), Alogoskoufis and Portes (1997), Mc Ardle (1997), Porto (1997) and Bergsten (1998).

[15] This is one of the difficulties pointed out by Feldstein (1998).

[16] See the Silguy´s (1998b) answer to Feldstein.

[17] This is another point stressed by Feldstein (loc. cit.). On the whole issue of asymmetrical shocks, see Patterson and Amati (1998).

there is to be any, should be mainly for structural interventions (see Porto, 1998). The answer must be provided through rigorous and sound economic policies, based on the national budgets, when required.

II. For the institutional definitions of the Union

The above mentioned lack of definition relating to the responsibilities of competencies between of the ECB and the Council, manifest in the Maastricht Treaty, could well be the cause of trouble. With Article 109 there remains a ´grey area´, which could be at the origin of conflicts over responsibilities (see for example Bénassy-Quéré, Mojon and Schor, 1998 and Flory, in this Conference)

Since internal and external policies are so interrelated, we should expect that a clear definition of responsibilities is formally or informally established from the beginning.

At the external level, there is the question of participation in the IMF (also in the G7 or in any other organization). More specifically, once we have one single currency, does it make sense that countries will still participate individually?

The answer is yes. Firstly for the formal reason that according to the Statutes only countries can be members of the IMF. Moreover, it must be borne in mind that the IMF is also concerned with budgetary and other economic policies, which will remain the responsibility of the countries [18].

More important than the form of participation of the EU is, however, the real commitment of our authorities to world monetary stability. We cannot accept the fears of some authors, that EMU would lead to Europe having less interest in international policy coordination. With the euro, Europe will have increased responsibility and greater interest in world monetary stability, which, with special relevance, requires "effective cooperation between the European Union and the United States" (Bergstein, 1998, p. 39; see also the conclusion of Eichengreen, 1997, pp. 56-7).

We cannot be satisfied with a ´benign neglect´ attitude, with the risk – even the probability – of greater international instability.

---

[18] See for example Maystadt, 1997, pp. 146-8 and Silguy, 1998a, pp. 371-8.

Besides the general reasons pointed out in the text, the EU countries will be aware that the sum of votes of their national participation is more relevant than the votes which would correspond to ´Euroland´...

The Euro and the Regional Blocs 289

III. The political implications

a) The extreme position of Martin Feldstein

In the view of Feldstein (1997 and 1998) [19], in addition to the fact that the movement of European integration has a final political objective[20] (best underlined in the most recent revisions of the Treaty), this is an evolution which would anyway result from the movement of economic integration. And on this path, the introduction of a single currency is specially relevant: with the countries giving up a traditional attribute of sovereignty, in favour of the begining of a ´European government´, with intervention also in other fields [21].

In his words, "the more fundamental long-term effect of adopting a single currency would be the creation of a political union, a European federal state with responsibility for a Europe-wide foreign and security policy as well as for what are now domestic economic and social policies" p. 60).

Following his argument, this situation would be the reason for internal and external conflicts.

Of course, Feldstein feels the need to distinguish earlier times from the present: "For many Europeans, reaching back to Jean Monnet and his contemporaries immediately after World War II, a political union of European nations is conceived of as a way of reducing the risk of another

---

[19] Besides being a well known American economist, Martin Feldstein is President of the National Bureau of Economic Research (NBER). To reach a much broader audience, the second paper was published in *Time* magazine, with the meaningful title of *Asking for Trouble...*

A correct and strong criticism of Feldstein views is made for example by Henning, also in the United States (2000).

[20] "While individual governments and key political figures differ in their reasons for wanting a political union, there is no doubt that the real rationale for EMU is political and not economic" (1997, p. 60).

[21] "There is no sizable country anywhere in the world that does not have its own currency" (loc. cit., p. 61). Admitting that in principle it is so (not necessarily...), the case under analysis is the reverse, that a space with a single currency must lead to a single political entity. In the words of Ash (1998, p. 57), notwithstanding the existing "economic arguments for monetary union", this was "conceived as an economic means to a political end", in the "continuation of the functionalist approach" (in this case with an additional element, an agreement between Kohl and Mitterand: ´the whole of Deutschland for Kohl, half the Deutschmark for Mitterand´...).

intra-European war among the individual nation-states. But the attempt to manage a monetary union and the subsequent development of a political union are more likely to have the opposite effect. Instead of increasing intra-European harmony and global peace, the shift to EMU and the political integration that would follow it would be more likely to lead to increased conflicts within Europe and between Europe and the Union States" (p. 61).

Internal conflicts would arise from different views about the monetary policy to be followed [22], in an area with such different characteristics and where asymmetric shocks should be expected.

On the risk of war, even within Europe, he says that we can not ´sleep´ on the "50 years of European peace since the end of World War II": remembering "that there were also more than 50 years of peace between the Congress of Vienna and the Franco-Prussian War" and that a "devastating America Civil war shows that a formal political union is no guarantee against an intra-European War"... [23].

On the external risks, Feldstein argues (1997, p. 70) [24] that "the creation of political union based on EMU, with explicit authority to develop a common foreign and defence policy would accelerate the development of an independent European military structure capable of projecting force outside Western Europe". And in the penultimate chapter, called *The Risk of War*, he stresses (p. 71) that "a politically unified Europe with an independent military and foreign policy would accelerate the reduction of the US military presence in Europe, weaken the role of NATO, and, to that extent, make Europe more vulnerable to attack. The

---

[22] Feldstein also points out the above mentioned differences relative to the United States: the inflexibility of the market (specially the labour market, e.g. due to language differences) and the lack of a federal budget, with the EU budget already mainly allocated to the CAP and to structural policies (see also Ash, 1998, p. 59).

[23] Despite his common negative view about monetary integration (at least as a priority, before enlargement), Ash (1998, p. 61) differs from Feldstein, saying that "any suggestion that the forced march to unification through money brings the danger of violent conflict between West European states does seem overdrawn". It is so for "at least three reasons", one of them that, "unlike pre-1945 Europe, we have a generally benign extra-European hegemony in the United States"...

[24] After stressing the differences relative to other areas, "including the United States, over issues of foreign policy and international trade" and that "a political union of the scale and affluence of Europe and the ability to project military power would be a formidable force in global policies".

weakening of America´s current global hegemony would undoubtedly complicate international relationships more generally" [25].

b) The other side of the coin

Since these opinions are expressed in such a strongly worded way[26], we may think that the worries are not (so much) about the interests of Europe and world peace, but about the end of the existing overall supremacy of the United States. This country no longer has economic supremacy, and some Americans may be afraid of the loss of their present defence supremacy.

As for the real risk of conflicts, both inside Europe and in the world, it can be said that the opposite is true, that they will diminish with a stronger political union.

Within Europe we have the valuable experience gained with greater integration (though not political) among the member countries with the single market. On the more specific question of a single monetary policy, it should be stressed that now there are also opposing interests within a framework where there is a variety of currencies, opening the door to disputes which could lead (in principle would lead) to even more sensitive political disputes. Moreover, the clear commitment to a policy of

---

[25] These fears can be illustrated: as "steps in that direction are already occurring in anticipation of the stronger political union that will follow the start of EMU. In March 1997, on the 40th anniversary of the Treaty of Rome, France and Germany announced their desire to see a merger of the EU with the existing European military alliance, the Western European Union, so as to strengthen the military coordination of European nations outside the NATO framework. An explicit agreement was reached with the United States that will allow the European members of NATO to use European NATO forces and equipment under European control without US participation" (p. 71).

[26] Not in such a strong way (and not so concerned with political implications) fears about the introduction of the euro were also expressed by other well known economists, such as Milton Friedman and Rodiger Dornsbush (with a much more favourable view, quite optimistic about the role of the euro, see Bergsten, 1997). Perhaps for diplomatic reasons, the views of top people in the US administration and of the Federal Reserve have been positive overall.

A very negative ´American view´ was expressed by the *New York Herald Tribune* in early May 1998, when the decisive decisions were taken on the beginning of the euro.

Views in other parts of the world have been much more favourable in particular in Latin America (as reported for example in different articles in *Gazeta Mercantil*).

price stability, led by an independant Central Bank, will diminish the tensions which would arise from differences of opinion involving different countries.

In any case, how can we understand the difference between a single market and a single currency, both having of course conflicting economic interests inside but the first one leading to closer political integration, while the second leads to political disputes?

Externally, also at a political level, it should be expected that two strong powers will feel special responsibilities, leading to stable cooperation: in the framework of NATO, of course with the United States remaining with one main role in world security.

4. THE ROLE OF THE EURO IN A WORLD WITH REGIONAL BLOCS

The euro is coming on stage during a decade characterised by a new wave of regionalism, with an unprecedent number of new blocs, many of them formal and showing signs of success which could not be seen in the movements of the sixties. As a new feature, we see the United States participating in this movement, in particular in the formal bloc of NAFTA, giving up its earlier position of commitment only to free world trade.

The main issue is to know whether the blocs are protectionist or steps towards free trade (´stumbling blocs´or ´building blocs´). This is not the place to enter into this discussion (see Porto, 2001, pp. 499-505). Our concern is only to know whether the euro will be a factor in one or the other of these directions.

To the extent that the euro will be a factor of stability in the international monetary system, it will be an important factor in world economy, boosting trade and financial relations.

Moreover, a single currency, like a single market, makes business easier not only for the Europeans but also for the entrepreneurs of third countries, who will no longer have to face the problems of such a big variety of currencies.

5. THE NEED TO PROMOTE THE EURO WORLD-WIDE

5.1. A general campaign

To assure convenient world assertion of the euro (simultaneously diminishing the existing risks), an important factor could be a well conducted promotional campaign (stressing its purpose as a contributor to stability and openness).

The compaign which is taking place within the European Union is indeed very important. It will lead to better acceptability and to the required adaptations, for example in the banking institutions or in the retail market.

But for the reasons mentioned above it will also be of the greatest importance to have a well run promotion in third countries. A major world movement towards using the euro is both in our interest and in the interest of third countries.

This broad use will be specially relevant at a time of emerging world blocs, between which an increasing openness and close cooperation should be expected. A stable euro can be an important contribution to the achievement of these targets.

5.2. A campaign bearing in mind each world bloc

We can understand that special relevance is given to areas of the world (or to countries) having more trade (and other economic relations) with 'Euroland' than with any other area.

So, it should be expected that countries like the *outs* of the European Union, the CEEC's or the Mediterranean countries, with more than 50 percent of their trade (or of their financial relations and bank reserves) with the euro countries, will not make their payments and other financial operations with another currency [27].

There is also of course the case of African countries whose currencies are tied to EU currencies: the CFA countries, tied to the French franc, and Cabo Verde, tied to the Portuguese escudo. Since France and

---

[27] See Padoan (2000, pp. 101-3). Stressing the institutional problems which can arise with an increasing number of countries in the 'euro-club' see Bénassy-Quéré (2001).

[28] With an interesting Japanese view see Hama (1998).

[29] As suggested for example in a report of the Brasilian *Banco Nacional de Desenvolvimento Económico* (see IRELA, 1997).

Portugal are both ´euroland´ members, those currencies will be immediately linked to the euro.

But besides these cases we can see throuhout the world a major polarization of Europe, representing an important economic area for all of them (see Kol, 1996). With the United States we should expect the cooperative strategy mentioned above. In Asia and in Latin America, besides a greater use of the euro, we can hope that other important currencies, such as the yen [28] or a currency of the MERCOSUL [29], will be further factors of cooperation and stability in the world economy.

BIBLIOGRAPHY

AGLIETTA, Michel and THYGESEN, Niels
>1995 – *International Currency Competition and the Future Role of the Single European Currency*, Kluwer Law International, Boston

ALOGOSKOUFIS, George and PORTES, Richard
>1992 – *European Monetary Union and International Currencies in a Tripolar World*, in Canzoneri, Matthew B., Grilli, Vittorio and Masson, Paul R. (ed.), *Establishing a Central Bank: Issues in Europe and Lessons from the US*, Cambridge University Press, New York, pp. 272-300

ARTUS, P.
>1997 – *Comment Change l´Équilibre Financier International s´il Apparaît Une Seconde Monnaie de Réserve?* Caisse de Depôts et Consignations, Document de Travail, 1997.03/EI, Paris

ASH, Timothy Garton
>1998- *Europe´s Endangered Liberal Order,* in *Foreign Affairs* (March/ /April), pp. 51-65

BÉNASSY-QUÉRÉ, Agnès
>1997 – *Enjeux et Risques de la Monnaie Unique. L´Euro dans le Système Monétaire International*, in *Cahiers Français*, n. 282, pp. 30-7
>2001 – *L'Euro et le Reste du Monde*, in Le Cercle des Economistes, *Chroniques Economiques 2001*, Descartes & Cie, Paris, pp. 35-9

BÉNASSY-QUÉRÉ, Agnès, ITALIANER, Alexander and PISANI-FERRY, Jean
>1994 – *The External Implications of the Single Currency*, in *Economie et Statistique* (special issue), pp. 9-22

BÉNASSY-QUÉRÉ, Agnès, MOJON, Benoît and PISANI-FERRY, Jean

1997 – *The Euro and Exchange Rate Stability*, in Masson, Krueger and Trutelboom, ed., *EMU and the International Monetary System*, cit. pp. 157-93

BÉNASSY-QUÉRÉ, Agnès, MOJON, Benoît and SCHOR, Armand Denis

1998 – *The International Role of the Euro*, European Parliament, Directorate General for Research, Working Paper

BERGSTEN, C. Fred

1997 – *The Dollar and the Euro*, in *Foreign Affairs*, July-August

1998 – *Weak Dollar, Strong Euro? The International Impact of EMU*, Centre for European Reform, London (published before, with the title *The Impact of the Euro on Exchange Rates and International Policy Cooperation*, in Masson, Krueger and Turtelboom ed., *EMU and the International Monetary System*, cit., pp. 17-48)

COHEN, B. J.

1997 – *The Political Economy of Currency Regions*, in Milner, H. (ed.), *The Political Economy of Regionalism*, Columbia University Press, New York

COHEN, Daniel

1997 – *How Will the Euro Behave?*, in Masson, Krueger and Turtelboom (ed.), *EMU and the International Monetary System*, cit., pp. 397-417

COLLIGNON, Stefan

1997 – *Bloc-Floating and Exchange Rate Volatility. The Causes and Consequences of Currency Blocs*, in Collignon, Stefan, Park, Yung and Pisiani-Ferry, Jean (ed.), *Exchange Rate Policies in Emerging Asian Countries*, Routledge, London

COOPER, Richard N.

1992 – *Will an EC Currency Harm Outsiders?*, in *Orbis*, vol. 36 (Fall), pp. 517-31

EICHENGREEN, Barry

1997 – *Comments on Bergsten*, in Masson, Krueger and Turtelboom (ed.), *EMU and the International Monetary System*, cit., pp. 49-5

EICHENGREEN, Barry and FRANKEL, Jeffrey A.

1996 – *The SDR, Reserve Currencies, and the Future of the International Monetary System*, in Mussa, Michael, Boughton, James and Isard, Peter (ed.), *The Future of the SDR in Light of Changes in International Financial System*, International Monetary Fund (IMF), Washington, pp. 337-78

EUROPEAN COMMISSION

1989 – *Report* of the Delors Committee for the Study of Economic and Monetary Union

1990 – *One Market, One Money. One Evaluation of the Potential Benefits and Costs of Forming an Economic and Monetary Union*, in *European Economy*, n. 44, October

1997 – *External Aspects of Economic and Monetary Union* (SEC (97)803, 23rd April

FELDSTEIN, Martin

1997 – *EMU and International Conflict*, in *Foreign Affairs*, November-December, pp. 60-73

1998 -*Asking for Trouble*, in *Time* (19.1.98), p. 21

FUNKE, Norbert and KENNEDY, Mike

1997 – *International Implications of European Economic and Monetary Union*, OECD Working Paper, n. 174, Paris

GILPIN, Robert

1997 – *The Political Economy of International Relations*, Princeton University Press, Princeton

GRAY, H. Peter

1997 – *The Burdens of Global Leadership*, in Fatemi, Khornow (ed.), *International Trade in the 21st Century,* Pergamon, Oxford, pp. 17-27

GROS, Daniel and Thygesen, Niels

1992 – *European Monetary Integration*, St. Martin´s Press, New York

GRUNBERG, Isabelle

1990 – *Exploring the 'Myth´of Hegemonic Stability*, in *International Organization*, vol. 44 (Autumn), pp. 431-77

HAMA, Noriko

1998 – *The Euro´s External Dimension: A Japanese View,* in the Philip Morris Institute for Public Policy Research, *What Will EMU Add up To?* Brussels, pp. 34-44

HARTMANN, Philipp

1996 – *The Future of the Euro as an International Currency. A Transactions Perspective*, London School of Economic and Social Research Council (November), London (published also by the Center for European Policy Studies (CEPS) (December), Brussels

1998 – *Three Key Aspects of the Euro´s Global Impact*, in the Philip Morris Institute for Public Policy Research, *What Will EMU Add up To?* Brussels, pp. 46-55

HENNING, C. Randall

1996 – *Europe´s Monetary Union and the United States*, in *Foreign Policy*, vol. 102 (Spring), pp. 83-100

1997 – *Cooperating with Europe´s Monetary Union*, Institute for International Economics, Washington

2000 – *US-EU Relations after the Inception of the Monetary Union: Cooperation on Rivalry?*, in Henning, C. Randall and Padoan, Pier Carlo (ed.), *Transatlantic Perspectives on the Euro*, European Community Studies Association. Pittsburgh, Pennsylvania and Brookings Institution Press, Washington, pp. 5-63

ILZKOVITZ, Fabienne
1995 – *Prospects fot the Internationalization of the Euro*, DG.II, doc. II/362/96, European Commission (June)
IMF (International Monetary Fund)
1997 – *EMU and the World Economy*, in *World Economic Outlook* (October)
IRELA (Institute for European-Latin America Relations)
1997 – *MERCOSUR: Prospects for an Emerging Bloc*, dossier n. 61 (August), Madrid
KENEN, Peter B.
1995 – *Economic and Monetary Union in Europe: Moving Beyond Maastricht*, Cambridge University Press, New York
1997 – *The Outlook for a Tripolar Monetary System*, speech at the Annual Convention of the Italian Forex Club (January)
KEOHANE, Robert O.
1984 – *After Hegemony: Cooperation and Discord in the World Political Economy*, Princeton University Press, Princeton
KINDLEBERGER, Charles P.
1986 – *Hierarchy Versus Inertial Cooperation,* in *International Organization*, vol. 40 (Autumn), pp. 841-8
KOL, Jacob
1996 – *Regionalization, Polarization and Blocformation in the World Economy*, in Curso de Estudos Europeus, *Integração e Especialização, Integration and Specialization*, Coimbra, pp. 17-37
McARDLE, Pat
1997 – *Fixing Euro Exchange Rates*, in Temperton (ed.), *The Euro*, cit., pp. 129-45
MANSFIELD, Edward D.
1993 – *Effects of International Politics on Regionalism in International Trade*, in Anderson, Kym and Blackhurst, Richard (ed.), *Regional Intregration and the Global Trading System*, Harvester/Wheatref, New York, pp. 199-217
MARIN, Manuel
1997 – *Unión Monetaria y Política Exterior Europea*, in Argentaria *A Favor y en Contra de la Moneda Unica*, Madrid, pp. 83-97
MASSON, Paul R., KRUEGER, Thomas H. and TURTELBOOM, Bart G. (ed.)
1997 – *EMU and the International Monetary System*, IMF, Washington
MAYSTADT, Philippe
1997 – *Indications of EMU for FMI*, in Masson, Krueger and Turtelboom (ed.), *EMU and the International Monetary System*, cit., pp. 146-53
PADOAN, Pier Carlo
2000 – *The Role of the Euro in the International System: A European*

View, in Henning and Padoan (ed.), *Transatlantic Perspectives on the Euro*, cit., pp. 65-116

PATTERSON, Ben and AMATI, Simona
1998 – *Adjustment Within the Single Currency Area in Response to Asymmetric Shocks*, European Parliament, Directorate-General for Research, Working Paper ECON-104, Economic Affairs Series, Luxembourg

PORTES, Richard and REY, Hélène
1998 – *The Emergence of the Euro as an International Currency*, in *Economic Policy*, n. 26, April, pp. 307-43

PORTO, Manuel
1997 – *External Aspects of Economic and Monetary Union*, European Parliament, doc. 222.655
1998 – *Portugal e a Agenda 2000*, distr. Almedina, Coimbra
2001 – *Teoria da Integração e Políticas Comunitárias,* 3.ª ed., Almedina, Coimbra

QUADEN, Guy
1998 – *Factors that Will Determine the Euro´s International Role*, in The Philip Morris Institute for Public Policy Research, *What Will EMU Add up to?*, Brussels, pp. 68-77

SILGUY, Yves-Thibault de
1998a – *L'Euro,* Librairie Générale Française, col. Le Livre de Poche, Paris
1998b – *No Cause for Euro-Phobia*, in *Time* (23.2.98), p. 38

STRANGE, Susan
1987 – *The Persistent Myth of Lost Hegemony*, in *International Organization*, vol. 41 (Autumn), pp. 551-74

TEMPERTON, Paul (ed.)
1997 – *The Euro*, John Wiley & Sons, Chichester

TEMPERTON, Paul
1997 – *The Euro, the Yen and the Dollar*, in Temperton (ed.), *The Euro*, cit,. pp. 161-70

TRICHET, Jean Claude
1997 – *La Dimension Internationale de l'Euro*, in Kangaroo Group (org.), Conference *The Euro and the European Innovation Industry*, Toulouse, 16-18 October, pp. 19-22

EMU AND THE CEE CANDIDATE STATES

Tibor PALÁNKAI,
Budapest University of Economic Sciences

IMPLEMENTATION OF THE EMU AND THE ECONOMIC POLICIES OF THE CEE CANDIDATES

The full EU membership of Central and Eastern European (CEE) candidates countries necessarily includes their EMU participation. It corresponds to membership requirements of Copenhagen. In the paper, we analyse those countries, which join EU in the first round (Czech Republic, Estonia, Hungary, Poland and Slovenia).

The EMU has far-reaching impacts on the economies of CEE candidates and these should be analysed for different periods:

1. Prior joining the EU (1999-2002 at the earliest),
2. Before entering EMU by CEE candidates after a transition period (after about 2002)
   2.1. Early joining of EMU (with transition period of about 2002--2006, being already in ERM),
   2.2. Joining the EMU after 2006 (around 2010).

It seems that on balance the impacts of the EMU on CEE countries, on the long run, will be positive. The introduction of the Euro will bring positive effects and the "stronger Europe" is a basic CEE interest. On shorter run, the slower growth, the higher unemployment and the budgetary constraints, however, may negatively influence the relations between the EU and CEEcs and the enlargement process.

The conditions of any type of joining ERM (II. or III.) are that the inflation should be brought down to an acceptable (at least a one-digit) level and the deficit of the balance of payments could be kept manageable so that CEE could switch to a fixed exchange-rate from the present system of crawling peg (Hungary and Poland). The necessary monetary reserves are available in most countries, but their required level and proper structure for exchange rate stabilisation should be studied. This would assume the consolidation of the CEE economies to an extent at which its participation in the ERM does not threaten the "sustainable economic growth" and its export-competitiveness (the restriction of devaluation).

Can we assume that **CEE first round candidates can join EMU around 2006?** As it is clearly set in Agenda 2000, the EU does not expect that entry before 2006 and such target would be irrealistic also on the side of the new members. But there are several arguments, which support that this can happen already around that time. Of course, it should be also stressed, that the CEE candidates more or less will and should follow the same timetable of evolution to the EMU as in the case of present members.

1.1. Integration into the Single European Market (the first stage of the EMU), namely the complete realisation of the four liberties. In consideration of the White Book, the implementation of the internal market program has already started in all candidate countries. The complex tasks of legal harmonisation, institution building, application of the EU standards, reform of public services and policies takes long time and they will hardly be completed before 2004 or 2006. In certain fields, transition periods would be set. But at the same time, with a too long transition period, the single market could be undermined, and this is the reason, why both sides strive to minimise derogations.

1.2. The gradual fulfilment of the convergence criteria (the second stage of the EMU): It is hard to judge how long this stage will be. Most of the first round candidates expect to fulfil the criteria by around 2006 and the Hungarian estimations are similar. According to the Economic Strategy of Hungarian Government, published in December of 1997, the Hungarian budget deficit can be brought down to 3% by 2002, the consumer price index to 4-5% and the gross debt to 60-70% in the same year. The convergence of Hungarian economy can be consolidated till 2006, including the requirement of exchange rate stability.

In fact, although the CEEcs should not join the EMU immediately upon their full membership, the several elements of the acquis related to EMU should be applied by them. They should take part in the economic policy coordination, they secure the possibilities of surveillance of their economic policies and they have to prepare a national convergence programs. They are expected to follow the objectives of the Growth and Stability Pact, although they would not be sanctioned.

If we take above circumstances, the integration into the internal market and the meeting of the convergence criteria can be achieved parallel by 2006 in CEE countries, so the separation of such stages in time will not be necessary.

1.3. We have to take into account that the CEE countries will go to EMU when the Euro has already been introduced in most of the EU member countries. For the outsiders, the Euro will function with high probability as **"parallel currency"** and therefore, the possibilities and expenses of the **"crowding out effects"** and the Euro should be carefully examined. In case of parallel currency, it is hard to decide whether its expenses (interventions to stabilise the exchange-rates, monetary policies offsetting the pressure of the increased inflation expectations, the uncertainty of the control over the amount of money in circulation and its inflation effects) will not be bigger than the burdens resulting from a forced stabilisation expected on the basis of the convergence criteria. These considerations also **support the notion of rapid joining of EMU,** even if it assumes relatively high adjustment costs.

2. Joining the EMU around 2006 by CEE first round candidates, namely changing the national currencies (Forint) to Euro (the third stage of the EMU): The preparation of the micro (especially the commercial banks) and the macro-spheres may be done continuously and it is possible that the transition can be done in less than three years.

Several factors indicate, however, that **the joining of EMU by CEEcs cannot be expected before 2010 or even later.** In this respect, the position and the performance of the individual candidates may differ substantially and after joining EU they may follow more differing time-tables in terms of Euro. This particularly applies to those countries, who enter the EU in the second round.

First of all, we cannot exclude the probability of the prolongation of the stabilisation process if the liberalisation put too much burden on the economy. These effects can be strengthened by external factors, such as the unfavourable development of the European or the international economic situation. The process of the change to Euro in the EU itself may be delayed by several economic or political factors. It is not clear, how the full membership will effect the national budgets of the CEE candidates. Even if the inflations can be brought down to 2-4%, the criteria of exchange rate stability cannot be met because of balance of payments reasons. The delay in liberalisation of capital movement can postpone the inclusion into the single market.

HOW CEE CAN MEET REQUIREMENTS OF THE EMU?

If we examine the participation of CEE candidates in the monetary union, the first thing we have to analyse is to what extent they meet the structural and institutional requirements (how we fulfil the demands concerning the "optimal currency zone") and the fulfilment of the convergence criteria set up in Maastricht is only the second thing to observe.

Meeting the requirements of the "optimal currency area": The mobility of the "factors" (internally, the labour is highly immobile, due to bad housing shortage), the flexibility of the "factor prices" (relatively high wage flexibility in Hungary in the 1990s), the possibility of "asymmetric shocks" (in Hungary, diminishing as the country shows a dynamic growth of intra-sectoral trade) and the possibility of budget transfers (constrained).

IMPACTS OF THE EMU ON CEE

In summary, the effects of EMU on the CEE candidates will be complex. Some of them are quantifiable and some not and they can be influenced by proper policies to good or bad.

A concrete and comprehensive cost-benefit analysis would require more precise data and knowledge of conditions in order to make quantitative estimations regarding the factors mentioned above. But it is clear even without such estimations that if these countries met the basic criteria (structural and convergence as well), **the net balance of the integration into the EMU of CEE candidates (and Hungary) is favourable for both sides.** It particularly applies to micro-economic effects, which seem to be overwhelmingly positive, while the macro-economic effects are more contradictory, mainly on the short run. Therefore, it would be a mistake to concentrate only on some aspects (fiscal transfers by the EU, loss of monetary sovereignty and exchange rate mechanisms by the CEE candidates) and not to take into account all costs and benefits.

THE EURO: THE AMERICAN VIEW

Dominik SALVATORE,
Fordham University

1. INTRODUCTION

The Euro came into existence on January 1, 1999. Eleven of the 15 members of the European Union (EU) participated in it from the beginning and Greece was admitted a year later. The United Kingdom, Sweden and Denmark refused to be part of it from the start but reserved the right to join later. In this paper I will first present the American view on the euro in general and then summarize the benefits and the costs that the European Union is likely to receive from the creation of the euro as seen from across the Atlantic.

2. THE AMERICAN PERSPECTIVE ON THE EURO

American economists, with few important exceptions, wrote and said remarkably little on the formation of the new common currency (the Euro) in Europe before its creation and whatever they wrote or said was almost invariably negative. There are three reasons for this. First, many American economists knew very little about the Euro and so they did not feel qualified to comment on it. Second, many did not believe that the Euro would in fact be established on time on January 1, 1999 and so they felt no immediate need to evaluate its effects on Europe and the rest of the world. Thirdly, some American economists who were knowledgeable of European financial affairs refrained from saying much about the Euro for fear of being accused of interference in internal European affairs, or that if they said anything negative it could be interpreted as fear that the Euro might challenge the dollar as the most important international currency.

Nobel Laureates Milton Friedman, Robert Solow, Paul Samuelson, and James Tobin — all felt that Europe did not meet the conditions for an optimum currency area and that, as a result, it was premature and detrimental for Europe to establish a single at this time. In fall 1996, Dornbusch wrote an article entitled "Euro Fantasies" in which he flatly stated "The most likely scenario is that the EMU will occur but will neither end Europe's currency troubles nor solve its prosperity problem." Krugman (1994) felt generally the same. Frankel (1995) argued "There is little likelihood that some other currency will supplant the dollar as the world's premier currency by 2020". In 1991, Feldstein pointed out that all the benefits of free trade could be obtained without any need for a single currency (as it was the case, for example, with NAFTA). In a speech at the Euromoney Conference in New York on April 30, 1997, Summers, the then Deputy Secretary of the U.S. Treasury, stated "The dollar will remain the primary currency for the foreseeable future".

When Robert Rubin, the then U.S. Treasury Secretary, was asked to comment on the Euro, he declined to answer and politely changed the subject. William Greenspan, the Chairman of the Federal Reserve Board (and quintessential specialist in understatements) answered in generalities by saying that anything that benefits Europe is also good for the United States. Only Robert Mundell of Columbia University, McKinnon of Stanford University and a few other American economists were consistently positive on the Euro over time. Mundell's (1961) and McKinnon's (1962) positive views on the Euro are important because they were the originators of the theory of optimum currency areas.

Something strange, however, happened during 1998, on the way to the Euro. Some of the American economists who had previously been critical of the Euro have changed their views somewhat and began to speak more positively of it. It seems that as the Euro came closer to becoming a reality, they did not want to be left out of the party and be remembered as those who predicted (wrongly) that the Euro would never be created, or that if created it would fail. Here, a distinction must be made between those who were skeptical that the Euro would come into existence anytime soon and those who instead questioned only the wisdom of doing so at this time. My position was and is that since Europe wanted the Euro, it would get it, but its benefits would be more political than economic during the first few years of its existence. Only in time was the European Union likely to receive major economic benefits from the creation of the euro. One thing, however, was certain: the creation of a single currency in Europe represented by far the most significant event in the international monetary system since the collapse of the Bretton Woods System in 1971. Never in the past had a group of sovereign nations voluntarily given up their national currency for a common currency.

3. THE BENEFITS OF THE EURO

The general benefits from the establishment of the euro have been amply examined in Europe and most American economists generally agree with the analysis and the estimated benefits that are likely to result from it. Thus, I will simply summarize these benefits here. They are: (1) the elimination of the need to exchange currencies of EU members (this has been estimated to save as much as $30 billion per year); (2) the elimination of excessive volatility among EU currencies (fluctuactions would only occur between the euro and the dollar, the yen, and the currencies of non-EU nations); (3) more rapid economic and financial integration among EU members; (4) the European Central Bank could conduct a more expansionary monetary policy than the generally restrictive one practically imposed in the past by the Bundesbank on the other EU members; and (5) greater economic discipline for countries, such as Italy, Belgium and Greece, that seemed unwilling or unable to bring their house in order without externally-imposed conditions.

Other benefits of the euro on EU members are (6) seignorage from the use of the euro as an international currency (the use of the dollar as an international currency confers about $8-10 billion in benefits to the United States and the expectation is that the euro could provide about as much seignorage benefits to the European Union); (7) the reduced cost of borrowing in international financial markets (it has been estimated that U.S. cost of borrowing on international financial mariket are about 25-50 basis points lower than it would have been if the dollar were not used as an international currency for a total savings of about $10 billion and the expectation is that the EU could gain as much from the use of the euro as an international currency); and last but not least (8) the increased economic and political importance that the European Union will acquire in international affairs.

The only concern in the United States was that the European Union would not use this increased power to become more confrontational in transatlantic relations. To be sure, when there are real and important disagreements it is only proper and fair for the European Union to use its newly acquired clout to protect and foster its economic and political interests, but the hope was that it would not use it to pursue anti-American policies for their own sake and simply to assert its power. Similarly, the increased economic and political importance of the European Union in international affairs checks American power now that the fear of communism has vanished and the Soviet Union has collapsed as a military superpower.

4. THE MAJOR PROBLEM WITH THE EURO

The most serious unresolved problem, as seen from North America, that the establishment of the European Central Bank (ECB) and the euro would create is how an EU member nation would respond to an asymmetric demand or supply shock. It is practically inevitable that a large and diverse single currency area such as the European Union would face periodic asymmetric shocks that would affect various member nations differently and drive their economies out of alignment. In such a case, there would be practically nothing that a nation so adversely affected can do. It is clear that the nation could not change the exchange rate or use monetary policy to overcome its particular problem because of the existence of a single currency, and fiscal discipline would also prevent it for using this policy to deal with the problem (see Salvatore, 1996, 1997 and 1998; Fratianni and Salvatore, 1993; Fratianni, Salvatore and von Hagen, 1997).

A single currency works well in the United States because if a region suffers an asymmetric shock, workers move quickly and in great numbers out of the region adversely affected by the shock and toward areas of the nation with greater employment opportunities. This escape hatch is not generally available to Europe to the same extent as in the United States. In fact, the Organization for Economic Cooperation and Development (1986) and the European Commission (1990) found that labor mobility among EU members is from two to three times lower than among U.S. regions. To be sure, an attempt was made by Bini-Smaghi and Vori (1993) to refute this, but their reasoning is faulty. Bini-Smaghi and Vori compared the United States to the EU and concluded that the 50 states of the United States were much less alike than the 12 countries of EU. This does not make sense, however, because we cannot compare the 12 countries of the EU with the fifty States of the United States. If the three natural regions (north, center, and south) of Italy were considered separately instead of the nation as a whole and if the same were done for the other EU nations (so as to have forty or fifty regions of the EU), we would surely find the regions of the EU to be less alike than the states of the United States. But even that completely misses the point. The point is how much flexibility and how much labor mobility and fiscal redistribution are there in the United States as compared to the EU? As pointed out above, we know that these are much greater in the United States than in the EU.

Besides much greater regional and occupational labor mobility, there is in the United States a great deal of federal fiscal redistribution in favor of the adversely affected region. In the European Union, on the other hand, fiscal redistribution cannot be of much help because the EU budget is less than 2 percent of the EU's GDP and more than half of it is devoted to its Common Agricultural Policy (Salvatore, 1997). Furthermore, real wages are also somewhat more flexible downward in the United States than in the European Union. None of these escape valves are available to a EU member adversely affected by a negative asymmetric shock. Otherwise, how could we account for the persistence of a rate of unemployment of over 9 percent in Germany and 4 percent in nearby Netherlands? This difference in unemployment rates among EU member nations is much higher than among U.S. regions.

Facing an asymmetric shock the United Kingdom and Italy opted to leave the Exchange Rate Mechanism (ERM) of the European Monetary System (EMS) in September 1992 and, by allowing their currencies to depreciate, were able to move out of the deep recession in which they found themselves. With a single currency this would have been impossible. Remaining in the ERM of the EMS in September 1992 would have meant for Britain and Italy standing idly by and watching their unemployment rate increase from alwady very high levels until the recession came to an end naturally and gradually over time. No government can afford to do this. In any event, massive speculation against the pound and the lira forced a depreciation of those currencies. It is true that the establishment of a single currency will prevent such speculative attacks, but that also means that with a single currency the nation will have no policy choice available. It will simply have to wait out for the recession to be cured by itself.

Supporters of the single currency reply lhat the requirements for the establishment of single currency will necessarily increase labor market flexibility and, by promoting greater intra-EU trade, a single currency will also dampen nationally-differentiated business cycles. Furthermore, it is pointed out that highly integrated EU capital markets can make up for low labor market flexibility and provide an adequate automatic response to asymmetric shocks in the European Union. While these automatic responses to asymmetric shocks may in fact be present, however, they may not be adequate. It is true that meeting the Maastricht parameters will increase labor market flexibility, but this may be a slow process and may not be allowed to take place to a sufficient degree if EU labor insists on retaining many of its present benefits (such as job security and high unemployment pay). Furthermore, "excessive" capital flows may also work perversely by reducing the incentive for fundamental adjustment measures and may even produce supply shocks of their own by pushing up the exchange rate of the EU member adversely affected by an asymmetric shock.

To conclude, the move to a full monetary union in Europe without first creating the conditions for its success is like putting the cart before the horse. A major asymmetric shock would result in unbearable pressure within the Union because of limited labor mobility, grossly inadequate fiscal redistribution, and the European Central Bank that would probably want to keep monetary conditions tight in order to make the Euro as strong as the dollar. This is surely the prescription for major problerns in the next few years.

5. THE PROBLEM OF PERIPHERAL AREAS

The move to the euro was also expected to create serious problems for peripheral EU regions and nations. That is, the greater economic and financial integration that the move toward the euro would entail and encourage was likely to increase the geographical concentration of economic activities at the core of the EU area and lead to increased economic inequalities between the center and the periphery. Southern Italy, Scotland, Northern Sweden, and even entire peripheral countries, such as Greece and Portugal, were expected to become relatively poorer as a result of a process of "cumulative causation" so aptly discussed by Gunnar Myrdal in 1957. That is, peripheral areas and countries were likely to lose their best-trained people, who might be attracted by the higher salaries and the better career opportunities in EU core areas. Similarly, the savings of the peripheral areas may flow to and be invested in the EU core regions, attracted by the smaller risks and the likely higher returns there. Finally, it would be difficult for industries in peripheral areas to effectively compete with EU-core industries without the natural protection afforded by the previous existence of a national currency.

Such progressive relative impoverishment of peripheral areas is evident within many EU member nations, but the process was expected to gather steam as the European Union moved toward a truly integrated system. The experience with prior economic integration at the national level of many EU member nations clearly points in that direction. And EU regional policies to help peripheral areas are not likely to be sufficient to reverse the trend toward greater interregional inequality. For example, after 50 years of a massive effort by the national government to help the Italian South, the real per capita income of the Mezzogiorno is as wide, if not wider today, as it was in 1950. Despite accusations of waste, the Italian government tried almost everything imaginable to help the South to narrow differences with the more industrialized North. It tried a land reform, it built infrastructures, it built massive industries such as the steel industry at Taranto, it tried incentives to small firms, and it introduced programs to train labor — all seamingly to no avail.

It is wrong, however, to infer from this that the special national effort to help the South was entirely ineffective. The effectiveness of such a program can only be measured by counterfactual simulation. That is, what would the North-South difference have been without the massive national effort to help the South? Unless the program was a complete waste, the North-South and West-East differences would have been greater without the government's program to help its poorer region. The point is that the unhampered operation of the market mechanism can be expected to increase peripheral-center inequalities and even a massive government effort to reverse this trend may not be sufficient to prevent regional inequalities from increasing. Despite an even more massive and concentrated effort by Germany to help the Eastern portion of the country restructure its economy after decades of communism, West-East differences remain very large today. And peripheral regions can certainly not expect the same degree of effort from the EU Regional Development Fund. This fund is relatively small and with the admission of the much poorer former communist countries of Central and Eastern Europe into the European Union in the future most of these resources are likely to flow to them. Thus, the move toward the euro was expected to lead to even greater concentration of economic wealth at the EU core and result in widening inequalities with peripheral areas.

In fact, the opposite seems to have occurred since the creation of the euro. That is, some of the peripheral countries, especially Ireland and Finland, have been growing much faster than the Center. In the case of Ireland, this may have been due to its particular circumstances (being English speaking, having an excellent educational system, low crime and having been able to fully utilize all the regional funds made available by the EU). Furthemore, contrasting the polarizing forces discussed above are the forces of convergence, which would tend to encourage growth in peripheral areas relative to the Center. In Ireland and Finland, the forces for convergence overwhelmed the forces for polarization, but this has not been so for most other peripheral areas (for example, the Italian Mezzogiomo, Scotland, East Gennany have continued to lag in growth). And so, Myrdat's predictions that peripheral areas may be harmed by being part of a larger economic area may still be true (with some exceptions) and may create serious problems for the EU in the future.

6. OTHER PROBLEMS WITH THE EURO

The European Union is likely to face additional problems from the introduction of the euro. One such problem arises from the conduct of a union-wide monetary policy by the newly-created European Central bank (ECB). What type of monetary policy will the ECB do? With Ireland and Spain facing very rapid growth and a rise in the rate of inflation while Germany and Italy facing low growth rate and a high rate of unemployment, Ireland and Spain need a restrictive monetary policy while Germany and Italy require a lower rate of interest. Clearly, the ECB cannot accommodate both types of countries at the same time and is likely to conduct an average monetary policy, which is too easy for Ireland and Spain on the one hand, and too tight for Germany and Italy, on the other. It is true that with an international financial system even more integrated the ability of a nation to conduct even a semiautono-

The Euro: The American View   311

mous monetary policy is very limited, but with a single currency a nation will not be able to conduct *any* monetary policy.

Another problem that the European Union is likely to face is that various nations are likely to have very different growth rates. Would Germany accept a growth rate much lower than France's, year in and year out, if that is what will result from a common monetary policy and without Gemmany being able to provide much fiscal stimulus (because of budget restrictions imposed by the Maastricht parameters) or other strategic help to some industries that it could if the nation were not part of the EU? Still another problem that the EU will have to face during the next few years is the strong opposition of organized labor, especially in France and Italy, to the reduction in social benefits, the increase in the pensionable age, and the need of firms to be able to fire workers when justified by economic conditions — all made necessary by the globalization of the world economy. It is true that many of these changes would have to be made anyway, but the euro will accelerabe the time framework of the restructuring of the EU economies. Politicians will certainly blame market forces for having to introduce these changes, and that is true. But they will have to answer to an electorate that does not necessarily accept the American model of capitalism and which many European politicians themselves have in the past attacked severely in order to justify the much higher unemployment rate and lower growth rate in Europe than in the United States.

Finally, there is the question of the relationship between the euro and the dollar and the euro and the currencies of the nations (England, Sweden, and Denmark) that decided not to adopt the euro so far. In order to create a reputation for itself, the euro had to be a strong currency from its very beginning but this required relatively high interest rates in the EU, which would discourage growth. On the other hand, the exchange rate between the euro and the British pound, the Swedish krona, and the Danish krone could be afflicted by the same type of exchange rate crisis that affected the European Monetary System during the first half of the 1990s. Then there is the tension between France, which would like the ECB to manage the euro with a view to improving the EU's serious unemployment problem, and Germany, which wants instead a completely independent ECB dedicated only to fighting or preventing inflation in the EU.

A related problem was also expected to arise from the large volatility and possible misalignment between the euro and the dollar and the euro and yen. With the world breaking up into three major trading blooks (Europe, North America, and Asia), it was expected that interest would turn inward in each block and that, as result, the relationship between the euro, the dollar and the yen would be of less concern. This, together with the fact that exchange rates were expected to face the brunt of the economic adjustment among the major trading blocks, led to the expectation of a great deal of volatility and possibly large misalignments among the major currencies and that these could create serious trade inter-block disputes. In fact, many of these fears have come to pass. That is, since the creation of the euro, the euro-dollar and the euro-yen exchange rates have been highly volatile and the euro has become gressly undervalued with respect to the dollar and the yen.

7. CONCLUSION

The creation of a European Central Bank and the move toward the Euro was expected to create major benefits for the nations of the European Union, but also to result in significant adjustment costs for EU members affected by asymmetric shocks and also to exacerbate the economic problems of peripheral EU regions and nations in the form of increased inequalities with respect to the EU core areas. Other problems were expected to arise from the one-size fit-all monetary policy of the ECB, the possibly different growth rates in the various EU members countries and from the relationship between the euro, the dollar and the yen, on the one hand, and between the euro and the currencies of EU nations that have not yet adopted the euro, on the other. Although the creation of the euro was also expected to confer major benefits to EU members over time, during the first few years of after its introduction the EU was expected to also face adjustment problems much more serious than EU politicians had lead EU citizens to believe. In retrospect, some of these expectations proved to be correct, but the EU seems to have survived them rather well.

REFERENCES

BINI-SMAGHI, L. and VORI S., *Rating the EC as an Optimal Currency Area.* Rome: Bank of Italy, 1993.

DORNBUSCH, R (1996), "Euro Fantasies", *Foreign Affairs*, September-October.

EUROPEAN COMMISSION (1990), "One Market, One Money", *European Economy,* Vol. 44, Brussels, Commission for the European Communities.

FELDSTEIN, M. (1991), "Does One Market Require One Currency?" in *Symposium on Monetary Implications of Trade and Currency Zones* (Kansas City: Federal Reserve Bank), pp. 77-84.

FRANKEL J. (1995), "Still the Lingua Franca: The Exaggerated Death of the Dollar", *Foreign Affairs.*

FRATIANNI, M., D. SALVATORE and J. von HAGEN (eds.) (1997), *Macroeconomic Policy in Open Economies* (Westport, Conn.: Greenwood Press).

FRATIANNI, M. and D. SALVATORE (eds.) (1993), *Monetary Policy in Developed Countries* (Amsterdam: North-Holland).

KRUGMAN, P. (1994), "Lessons of Massachusetts for EMU", in Torres F. and Giavazzi F. *Adjustment and Growth in the European Monetary Union,* Cambridge, Cambridge University Press, pp. 241-260.

MCKINNON, R. (1993), "Optimum Currency Areas", *American Economic Review,* September.

MUNDELL, R. (1961), "The Theory of Optimum Currency Areas", *American Economic Review,* September.

MYRDAL, G. (1957), *Rich Lands and Poor* (New York: Harper & Row).

ORGANIZATION FOR ECONOMIC COOPERATION AND DEVELOPMENT (1986), *Flexibility in the Labor Market,* Paris.

SALVATORE, D. (1996), "The European Monetary System: Crisis and Future", *Open Economies Review,* December, pp. 593-615.

SALVATORE, D. (1997), "The Unresolved Problem with the EMS and EMU", *American Economic Review,* May, pp. 224-226.

SALVATORE, D. (1998), *The International Monetary System at the Turn of the Century,* Arezzo.

SALVATORE, D. (1998), "The Operation and Future of the International Monetary System", in Fratianni, M., Salvatore, D. and Savona, P. (eds.), *Ideas for the Future of the International Monetary System,* Massachusetts, Kluwer, pp. 1-35.

A VIEW FROM LATIN AMERICA*

Renato G. FLÔRES Jr.,
Fundação Getulio Vargas

1. INTRODUCTION

Portuguese popular wisdom tells that "*Ao menino e ao borracho, põe Deus a mão por baixo*". In a rather imperfect translation, which does not convey at all the flavour of the saying, this means "The Almighty does not let the child and the drunk to fall on the ground".

In a world with regions of drunk currencies – as is the case in Asia now –, and others of brand new baby currencies – as in South America, where currency changes were an integral part of most stabilisation strategies, a prospectively newcomer as the euro might be taken as a Messiah, who will protect the weak and shaky against Big Brother, will forgive their inflationary sins and deliver them from the evil of financial crises.

In overall terms, an expectation for a strong, stable ally and reliable partner is in the air. That is why this paper consists of one wish and two expectations – though I shall try to qualify this general optimistic feeling –, followed by one question[1]. The structure of the text goes accordingly. Section 2 discusses the wish and section 3 the two expectations,

---

* The auther is indebted to Manuel Porto for creative discussions and observations, and to the participants in the panel for valuable comments. The usual disclaimer applies.

[1] I had initially thought of formulating three wishes, but it came to my mind that this usually happens in fairy tales and I am afraid that economists are supposed to talk about the real life.

while section 4 formulates the question. The final section puts into perspective the global standpoint adopted, indicating a possible, more technical and detailed sequel to the present ideas.

2. ONE WISH

The wish relates to the euro as a new currency. We expect it to be strong, as an important alternative to strong currencies, or better, to the US dollar. Strong as should be the currency of Mercosul's most important trading partner and (usually) investor, as well as its principal supplier of development aid.

Strong but also successful; in the sense that it will overtly contribute to a more unified and just Europe, making it an even more important partner to Latin America. Undoubtedly, a growing, stable and less protectionist Europe is good for the world as a whole, but particularly strategically good for South America.

Is the wish feasible? If we look from a constructive perspective, yes. We all know that the euro is much more the great grandson of Karl der Groß than of Charlemagne. This allows one to think that non-European central banks will make a (progressive) shift from their Deutsche Mark (DM) reserves and positions to euro ones. Though, for at least risk averting reasons, it seems doubtful that all their financial assets in the existing Euroland currencies will be transformed into euro[2], it is certainly safe to take the ones in DM as a lower bound to the initial euro positions. However, three clouds loom over this (conservative and) positive start:

a) given this minimalist scenario, and taking for granted that the European Central Bank staff will deliver an optimal performance[3], in this much larger currency area, fundamentals will differ more than in the former, less heterogeneous DM-area. It seems then inevitable that asym-

---

[2] As it appears quite often in so many forecasts of the likely strength of the euro in the short run.

[3] It is this author's view that a bit too much fuss is being made over the ECB's performance. Of course, price stability will be its primary goal, but it will evidently combine this with the adequate fine tuning to any unexpected shock. The best predictor of the future ECB's monitoring skills seems to be the Bundesbank historical record.

metric shocks will take place, making the short to medium run exchange rate volatility of the euro higher than that of the DM. Higher volatility means higher uncertainty, and implies higher hedging costs in all forex-related transactions. It might also uncomfortably amplify a small mis-alignment, leading to distorting deviations from purchasing power parity with respect to the European Union's main trade partners [4];

b) though maybe everybody will agree that, in the long run, the British will rally themselves to the euro wagon, it is always worth to quote, with a Portuguese touch, the famous late English Lord and econo-mist who reminded us that in the long run we shall be as silent and cold as the stones of the *Sé de Braga* [5]. Given that the City of London is the most important financial centre in Europe (in spite of the brave efforts of Frankfurt, Zurich and even Paris), being the end and departure point of several international financial networks, and the core of key forex markets, the fact that it will stay outside Euroland might turn it into an even more strategic clearing house, where all – new and old – currencies will be available, and a huge volume of transactions will be settled. Large additional rents will then accrue to the City, creating a strong domestic pressure group – the financial sector – that will actively con-tribute, together with the existing institutional and economic problems (see, for instance, Pennant-Rea *et al* (1997)), to delay the UK entrance in the European Monetary Union – EMU;

c) finally there is the much pondered over relation between the US dollar and the euro. We are usually worried with the possible failure of the euro, and the ensuing tension therefrom. However, and ironically, as Portes and Rey (1998) have recently shown, a too successful euro also poses a problem. The main reason is that considerable gains in interna-tional seignorage will be transferred to the euro at the expense of losses for the US dollar and, also, the Japanese Yen.

These three points qualify considerably the initial optimism. The volatility issue might become worrying; the position of the City as an

---

[4] Dominick Salvatore's remarks, during the discussions, helped me to sharpen this argument.

[5] The *Sé de Braga* is one of the oldest Portuguese cathedrals. Though having suffered many alterations, its original construction dates from the XII century, already on the ruins of another church, destroyed during the VI century.

outsider is at least annoying, and the dollar case means that, in one way or another, some international friction will be unavoidable. Notwithstanding, none of them pre-empts my expectations.

3. TWO EXPECTATIONS

The first expectation relates to the euro as a way of strengthening the role of the EU in the international financial system. EU-11 with a single currency means a stronger player, with the ability to interfere in two key aspects of the system for Latin America.

The first is the important arena of discussions about international financial surveillance, covering foreign investment and international derivative products, the prudential regulation of multinational banks and investment houses, and the new role of monetary institutions like, for instance, the IMF. The plethora of issues raised by the proposal for a Multilateral Agreement on Investment – MAI, concocted at the OECD, are still all too fresh in many people's minds. Meanwhile, the Bank for International Settlements – BIS has been trying to have a more active international role, while a fraction of the discussants favours putting all regulations and agreements under the umbrella of the General Agreement on Trade in Services – GATS [6], at the WTO, in Geneva.

In all these instances, Latin America expects that the euro nation will not forget the multilateral principles that should be the basis of whatever framework is designed, in any of the possible forums. This multilateral and open stance should also take into account the different level of development of the financial system in the Latin American countries, specially as regards corporate governance.

Secondly, we hope that Euroland will built up an even more open domestic financial system, particularly in terms of access to financial products. Brazil and Argentina, for instance, are great issuers of DM--denominated bonds and want to continue to be of euro-denominated ones; both, with their Latin American cousins, want to have free access to fixed-income products, exchange rate options and other derivatives. We hope that European financial agents will perceive that their openness

---

[6] The point with the financial system – as with other service sectors, as airline transportation – is that the GATS seems sometimes a too general framework to accommodate its specific regulatory needs.

will be rewarded with higher gains in liquidity discounts (of global bonds and products, and even of government securities).

The second expectation relates to the euro experience itself. The launching of the EMU idea has triggered an enormous publishing activity in academic and specialised circles [7]. Thanks to it, many economists were able to increase, at least marginally, their annual output, by re--evaluating or re-discussing (until then) dormant theories like the one on optimum currency zones. Among this flood of euro papers, of unequal value, some outstanding work has been produced. With all the unfairness of singling out one example, we mention the (text)book by Paul De Grauwe (1997), he himself not exactly a euro-fan, whose qualities make it a sure reference in any future discussions on monetary unions. But this is only the tip of the iceberg. The problems posed by the euro experience, like the future management of the constellation of national central banks, the coordination of domestic fiscal policies with the ECB's monetary policy, the issues of cooperation and convergence, among many others, make it a tremendously rich, daring and encompassing experiment.

We, in Latin America, look very attentively at all these developments. We want to see how will the proposed solutions work out. We want to evaluate and compare the different results, its costs and benefits. Our intention is not to reproduce the adopted methodology – though parts of it might be useful sometime in the future for Mercosul –, but essentially to learn from this unique opportunity.

4. ONE QUESTION

Actually, many relevant questions can be posed, but I have chosen one which seems of particular importance.

Suppose that the euro goes on fine, with all its administrative, economic, political and cultural issues smoothly tackled. Suppose then that all the hopes embodied in the EMU project are progressively realised. What does this mean, in a single word? Simply *deeper integration* within Euroland.

There exist at present two alternative models on the interaction between the degree of integration and that of spatial concentration. In the

---

[7] This activity is mainly located in European centres, with much less output of North-American and Asian origins (see the papers from these regions in this panel).

first one, also known as the Krugman view [8], the deeper the integration the higher the concentration. Briefly, this is due to the effect of scale economies – a major companion to the abolition of trade barriers – enhanced by agglomeration effects. In a limit scenario, Krugman's model generates a configuration of mega-centres, densely populated, where providers of goods and services get together, surrounded by "deserts". The second view, informally known as the EC view, pledges exactly the opposite, namely that deeper integration leads to less spatial concentration. The clue to it resides in considering a different dynamics in the previous argument. Though at first scale economies will lead to the spatial concentration of larger producers, as integration proceeds, boundaries become less defined, allowing for the rebirth of natural economic spaces. The European territory is plenty of such spaces – a major example being the Rhine area, congregating parts of Germany, Belgium, Holland and France –, which were responsible in the past for many wars and disputes between kingdoms and/or states. Delamaide (1995) is an example of such possible regional scenarios within the EU. The blooming of these (natural) spaces would account for a more homogenous distribution of productive activities, progressively counteracting, and eventually outweighing, the (initial) higher concentration effect.

It is not the intention of this section to discuss the validity of each of the above arguments. It is however certain that the advent of the EURO will imply a further reorganisation of the EU-11 productive space. As old dogs don't learn new tricks, it is likely that a new round of higher internal competition and spatial concentration will take place. This means that the number of EU-11 members that will be net investment exporters will increase, especially among the periphery ones, as the two Iberian countries. However, due to higher competition, part of the performing entrepreneurs from those members will not be able to settle themselves in the major European productive centres. A spillover of foreign direct investment, outside the EU, will occur [9].

---

[8] I am borrowing the terminology on the two views from De Grauwe (1997), chapter 2. A recent appraisal of this first one is Krugman (1998) himself; the standard reference being Krugman (1991).

[9] I owe this idea to conversations with Jório Dauster. It should be pointed out that such a phenomenon is not new; a wave of Spanish businesses fled to Latin American, during the "Delors initiative", partially *because they did not find a place in the Northern, specially Dutch and German markets.* Of course, the higher competition had also an enabling effect, forcing them to streamline their operations and become more prone to such moves.

South American countries, which are so attractive to EU investors, partly because of their Iberian, Latin and, ultimately, European origins, should optimally explore this effect, stimulating competition between the two big transatlantic blocks. Without waiting for the right answer to the spatial question, it is perhaps high time to discuss, within the EU-Mercosul Framework Agreement signed in December 1995, a harmonised investment protocol between the Southern Cone and the EU.

5. CONCLUSIONS

The previous sections have outlined some broad points on the euro and Latin America. The main message is that, from a Latin American standpoint, and specially a South-American one, it is crucial that the euro establishes itself as an important piece in the making of a strong European Union, considered as a key partner in the international relations scenario of Iberian America. The paper by Manuel Porto elaborates further the political, *rapport de forces* side of this argument.

A sequel to this work could now focus on the individual, country by country impact of the new currency. In this instance, a detailed analysis of the trade relationships and of the main international financial practices of the major Latin American countries, *vis à vis* the EU-11 members, should be conducted. Undoubtedly, this is an important task to be done.

REFERENCES

DE GRAUWE, P. 1997. *The Economics of Monetary Integration,* Third Revised Edition (Oxford: Oxford University Press).

DELAMAIDE, D. 1995. *The New Superregions of Europe* (New York: Plume Printing – Penguin Books USA).

KRUGMAN, P. 1991. *Geography and Trade* (Cambridge, Mass.: The MIT Press).

KRUGMAN, P. 1998. "Space: The Final Frontier", *Journal of Economic Perspectives,* 12, 5, 161-74.

PENNANT-REA, R. *et al.* 1997. *The Ostrich and the EMU: Policy Choices Facing the UK,* Report on a panel study (London: CEPR).

PORTES, R. and H. REY. 1998. "The emergence of the euro as an international currency", *Economic Policy,* April, 307-43.

EXTERNAL ASPECTS OF THE EURO
– AN EAST ASIAN PERSPECTIVE

Soko TANAKA,
Tohoku University (Japan)

1. INTRODUCTION

The Euro has been working satisfactorily since its inception. But its exchange rate fell about 30 % vis-à-vis the U.S. dollar. The contrast shows that the internal aspect of the Euro is one thing and the external aspect is another.

But an optimistic view said that "the most likely outcome is that the dollar will have to share the number-one position" with the Euro zone (Portes/Rey(1998)). It based its assertion mainly on the scale (GDP) of EU economy and the size of the Euro financial market. If it were correct, why not the Japanese yen becoming an international currency? The scale of Japanese economy and its financial market are both about three fifths to a half (depending yen/dollar exchange rate) of the USA economy. Such kind of reasoning is misleading.

In contrast with Portes/Rey (1998), we will take a regional approach to the prospect of the international development of the Euro. In Section 2, we will analyze an example. In the 1990's, the D-Mark expelled the dollar from its position as the foreign exchange vehicle currency in Europe. We will investigate how the D-Mark succeeded in becoming the vehicle currency on European forex markets and what role the DM played in a global context as the European vehicle currency. On the process of the internal market integration, the capital movements were liberalized. There appeared a "European Monetary and Financial Zone (EMFZ)", that led the D-Mark the vehicle currency inside Europe.

Without considering this, we could not refer to the Euro as an international currency. In Section 3, international currency relations in East Asia will be examined. East Asia is a typical dollar zone. Comparing the dollar, the DM and the Japanese yen, it will become clear how difficult it will be to compete with the dollar there. Prospects of the yen will also be considered. In Section 4, we will pick up functions of the Euro in trade and other transactions. We will not evade some negative aspects of the Euro as an international currency, especially the disappearance of the EMFZ by the introduction of the Euro. In Section 5, we will conclude in brief.

2. "THE EUROPEAN MONETARY AND FINANCIAL ZONE" IN 1990'S

2.1. Functions of an International Currency

Magee and Rao (1990) defined two types of currencies in the pricing of internationally traded goods; vehicle and non-vehicle currencies. Non-vehicle currency pricing occurs when the currency of an exporter or importer is used; vehicle currency pricing occurs when a third currency is used. Non-vehicle currencies are divided into three groups: major, symmetric and minor currencies [1].

An international currency in a traditional sense of the word means a vehicle currency in international trade, namely trade vehicle currency. It invoices and settles trades between the other two countries.

We can consider the vehicle currency role as follows. Commercial banks choose a common vehicle currency within the interbank markets for foreign exchange to minimize the cost of transacting. With N convertible currencies from active trading countries, commercial banks have, in theory, $N(N-1)/2$ potential cross rates of exchange that they must be prepared to quote to their nonbank customers. If a Japanese company wants to import Australian wool invoiced in Australian dollars, it may

---

[1] For any pair of bilateral trading partners, one of the two currencies is defined as "major" if it is used as the dominant form of pricing in both directions; the other currency is "minor". "Symmetric" occurs when one country's currency dominates trade in one direction while the other country's currency dominates trade in the other direction. Maggie and Rao (1980), p. 368.

well ask its local commercial bank to quote a price of Australian dollars in terms of Japanese yen. The Japanese commercial bank then refer to the wholesale interbank market for an appropriate quotation.

There, an active wholesale market for Australian dollars in terms of Japanese yen is unlikely to exist either. The volume of trade or other economic transactions is simply too small to warrant the establishment of an elaborate system of bid-offer quotations at which major name banks are willing to trade directly. It would take much cost for the Japanese commercial bank to find a dealer who provides Australian dollars in appropriate volume. Commercial banks would be obliged to watch and operate in too many markets – N(N-1)/2 to be exact. Instead, search costs are minimized, if all convertible currencies are quoted against a single vehicle currency. If these currencies are actively traded only against the vehicle currency, the number of markets required is reduced to (N-1). If the vehicle currency is the US dollar, Japanese commercial banks watch yen/US dollar rate and Australian dollar/US dollar rate. And, in the above-mentioned case, the Japanese commercial bank sells yen to buy US dollars, and then sells US dollars to buy Australian dollars on the wholesale interbank market. The whole transaction proceeds as follows: yen/US dollar•EUS dollar/Australian dollar. The US dollar plays as the vehicle – foreign exchange vehicle [2].

Any international currency serves three important functions: a medium of exchange; a numeraire (also referred to as a unit of account or value standard); and a store of value. Thus, we can identify different functions for an international currency classified by the type of transactions and the functions of the currency [3].

Table 1 – Functions of an international currency

Function Agents	Unit of account	Medium of exchange	Store of value
Trader	Pricing (oil etc.)	Invoicing & settlements (trade vehicle)	
Int'l investor			Investment currency

---

[2] In explaining a forex vehicle here, reference is made to McKinnon (1976), pp. 38-39.

[3] Normally they divide into only private sector and monetary authority. But we believe a dimension of banks is indispensable to clarify the roles of an international currency.

Of all these functions, foreign exchange (forex) vehicle function occupies a basic position. Commercial banks of all countries centralize their bank deposits in all currencies they hold in their correspondent banks into their dollar accounts in the world financial center as working capital so as to minimize their transaction costs. In case of the dollar, the bank deposits are called "New York balance". The commercial banks always change the dollar deposits into/from other currencies. So trading volume of the dollar in interbank transactions is by far the biggest. As the transaction volume of the dollar is the biggest, a monetary authority is able to intervene most effectively against the forex vehicle currency. So it holds its forex reserve in the currency. If needed, it pegs its own currency to the forex vehicle currency. Commercial banks may well recommend traders to use forex vehicle as their invoicing currency, because the banks can minimize costs making use of their bank deposits in the world financial center. Therefore, Japanese importer of Australian wool tend to invoice in the US dollar.

2.2. The Changeover of the Vehicle Currency in Europe – From the Dollar to the D-mark

After the Second World War, two international currencies, the dollar and the sterling, were used in unison. In 1967 the sterling depreciated its parity against the dollar by about 16 percent. It marked the day of retreat. In the following year, 42 of 51 sterling bloc countries in Asia began to adopt the US dollar as the forex vehicle currency and finished switching to the dollar during the 1970's. In Japan, the transaction of the sterling on its interbank market became nearly zero in 1972. The US dollar became the sole international currency in the global context in the 1970's.

After the transition to the floating exchange rate regime, Western Europe could not avoid currency turmoil. It was typically accompanied by Dollar-Deutschemark polarization. The polarization compelled the "currency snake" of the 1970's to break apart to the small D-Mark zone ("mini snake"). As the US dollar was the only forex vehicle currency in Europe, commercial banks in Europe were obliged to use the dollar, so did the European central banks intervene with the dollar. Europe depended on the dollar totally until the late 1980's, contrary to the slogan "independence from the dollar."

But the D-mark expelled the dollar at last and became the forex vehicle currency on spot markets in Europe around 1990 [4]. The changeover of the vehicle currency depends mainly on transaction costs. The forex transaction costs, expressed as the bid-ask spread, is in general proportional to the volatility of the currency pair traded and inversely proportional to the volume transacted. High volatility widens bid-ask spread, since by so-doing forex dealers want to evade loss arising from the volatile rate fluctuations. On the other hand, "the volume-spread relationship probably reflects decreasing order-processing costs, decreasing inventory-carrying costs, and increasing market maker competition as volume increases [5]."

In Western Europe, the European Monetary System guaranteed the much lower volatility between the D-Mark, the nominal anchor of the EMS, and other EMS currencies than between these currencies and the dollar from the latter half of the 1980's. On the one hand, there were no realignments in the EMS for more than five years from February 1987 to August 1992. It lowered the volatility among the EMS currencies. On the other hand, the dollar depreciated drastically with high volatility against the European currencies after the Plaza Accord of 1985. This accentuated the low volatility between the DM and other EMS currencies.

The trade volume of the D-Mark rose tremendously in the same period as shown in Table 2. Between 1989 and 1992, the transactions turnover of the DM rose by 87% from \$247 billion to \$461 billion a day. The dollar rose by 11% and the yen only by 1%. On interbank spot markets, the turnover of the DM became 77% as high as the dollar. The inflows of portfolio investments into Europe (especially into high-interest peripheral countries) at the beginning of the 1990's were mostly predicated on continued, rapid convergence of economic and financial performance among EMS countries. As the D-Mark was used as a representative hedging currency in the transactions between other currency pair, its transaction volume rose so remarkably.

---

[4] TANAKA (1996) and IWATA (1996), presented to the "Workshop on Deutsche Mark, Euro and Yen as International Currencies", held at HWWA-Institute, November 25-26, 1996.

[5] Fleming (1997), p. 21.

Table 2 – Foreign exchange transactions turnover in 26 countries

(daily averages, April, 1992) (in billions of US dollars)

	Total	$	DM	\	P	ECU	FF	other EMS
Total amount(1)	832	682	330	194	113	24	32	29
(%)	(100)	(41)	(20)	(12)	(7)	(1.4)	(2)	(2)
Total amount(2)	1,130	928	461	256	150	35	44	102
(%)	(100)	(41)	(20)	(11)	(7)	(2)	(2)	(2)
IB Spot	332	238	185	65	49	10	12	29
(%)	(100)	(36)	(28)	(10)	(7)	(2)	(2)	(4)
IB Swap	277	269	61	68	36	10	11	27
(%)	(100)	(48)	(11)	(12)	(7)	(2)	(2)	(5)
Reference :in 1989								
Total amount(2)	932	838	247	253	138	8	na	na
(%)	(100)	(45)	(13)	(14)	(7)	(0.4)	-	-

Notes: # Total amount(1) is the value which is adjusted for local and cross-border double-counting
Total amount(2) is the value which is adjusted for only local double-counting
The sum of percentage is 100%. The sum of each currencies is 200%.
"IB" stands for "inter-bank". The value consists of the sum of "dealers or inert-dealers" and "another financial institutions" minus "against customers".
Source: BIS, Survey 1992 & 1989.

Let us look at a typical example: proxy hedge. For example, the US mutual fund firms invested "dollar funds into high yielding securities denominated in, say, Italian lira, covering the short dollar exchange rate exposure by purchasing dollars forward against sales of marks. The mark was used as a proxy hedge because, as the lowest-yielding ERM currency, its forward discount against the dollar was much less than that of the lira. The investor was left with a long lira/short mark position. As long as the lira/mark exchange rate did not change significantly over the term of the investment, the investor could earn the lira-mark interest differential on top of the dollar interest return [6]." The basket hedge is a technique to hedge by creating a "basket" consisting of 2 to 4 different currencies. The investors tended to take a similar technique as a proxy hedge. When a British investor sold sterling against purchase of several peripheral currencies, he covered the short sterling exposure by purchasing sterlings against forward sale of marks on the assumption that the DM moves in the same direction as other European currencies.

The convergence of foreign exchange rate movements within the EMS was an indispensable precondition of the rising transaction volume of the DM after the latter half of the 1980's. In response to the rise of

---

[6] Group of Ten (1993), p. 11. For the details of convergence trade, see IMF (1993).

the DM forex transactions in customers' dealings, commercial banks posted dealers who were responsible for mark dealings in financial centers in Europe. For example, many Japanese commercial banks began stationing such forex dealers at their London affiliates in 1989-1990. This, in turn, raised the DM trading further not only inside but also outside of Europe. For example, the direct yen/DM trading on the Tokyo spot market began at the beginning of the 1990's, though traditional "dollar against DM" transactions remain.

To sum up, the low volatility between the DM and the other European currencies and the steep rise of the turnover of the DM made the transaction cost using the D-mark as a forex vehicle currency much cheaper and safer than using the dollar. So the D-mark was chosen as the forex vehicle on interbank spot markets in Europe. We named the currency zone, where they use the D-Mark as the vehicle currency, the "European Monetary Zone".

The changeover of the vehicle currency can be most clearly illustrated by comparing the foreign exchange trading in 1992 with that of 1989 on the Danish forex market (Table 3). In April 1992, spot transactions were clearly dominated by transactions involving the DM. Danish National Bank said: "The great significance of the D-mark reflects that by far the majority of transactions in the Danish krone against other European currencies are made via D-mark transactions. DKK/NLG trading is thus most often broken down as DKK/DEM and DEM/NLG [7]." The turnover of the spot transactions "USD/Other EMS currencies" was less than one billion, whereas that of DEM/Other EMS currencies was $31 billion, DEM/GBP $16 billion and DEM/Northern European currencies was $17 billion. The same trend was seen very clearly in Sweden and Norway. In several other European markets, a similar trend was observed [8].

The D-mark became used as the representative of European currencies when they are transacted with currencies outside Europe, as shown in the figure below (the Swiss franc and the sterling kept direct transac-

---

[7] Denmarks Nationalbank (1992), p. 17.

[8] The trend of each European forex market is shown in BIS (1990, 1993) and articles published by central banks in 1992 in connection with the BIS's Survey. In a series of interviews in 1991 and 1994 with forex dealers in financial centers of Europe, we certified that the D-Mark became the vehicle currency on spot markets. See Inoue (1996) and Tanaka (1996).

Table 3 – Currency pairs in foreign exchange transactions

(Denmark, April, 1992)

	Spot	Swap	Forwards	Options	total amount		shares	
			1992			1989	1992	1989
			(in billions of US dollars)				%	
DKK/USD	8	39	2	0	49	61	9	24
DKK/DEM	22	4	4	0	30	15	6	6
DKK/Other ERM currencies	2	1	1	0	4		1	
DKK/SEK, NOK and FIM	1	0	0	0	1	3	0	1
DKK/ECU	0	0	0	0	0		0	
DKK/Other currencies	2	1	1	0	4		1	
DKK, total	35	45	8	0	88	79	17	31
USD/DEM	51	53	5	6	115	64	22	25
USD/JPY	3	8	1	1	13		2	
USD/GBP	1	19	0	0	20		4	
USD/ECU	0	8	0	0	8		2	
USD/Other EMS currencies	0	46	0	0	46	78	9	31
USD/SEK, NOK and FIM	1	50	0	0	51		9	
USD/Other currencies	7	23	2	2	34		6	
DEM/JPY	4	1	1	1	7		1	
DEM/GBP	16	3	3	4	26		5	
DEM/ECU	8	1	0	0	9		2	
DEM/Other EMS currencies	31	6	7	2	46	29	9	11
DEM/SEK, NOK and FIM	17	4	4	1	26		5	
DEM/Other currencies	19	4	5	3	31		6	
Other turnover	6	2	2	2	12	4	2	2
Total	199	273	38	22	532	254	100	100

Note: "Forwards" stands for "outright forwards"
Sources: Danish Nationalbank

tions with the dollar). So, the turnover of the D-mark, for example, on main East Asian forex markets (Hong Kong and Singapore) became comparable with that of the yen in the middle of the 1990's, as shown later [9].

---

[9] Portes/Ray (1998) proposed "the vehicle currency triangle" to consider prospects of the Euro. It presupposes only one vehicle currency in the world (the triangle can have only one vehicle currency in the middle of the triangle). So, it is inappropriate to show a double vehicle currency situation. The triangle they showed in Figure 4 (p. 318) to represent the "present situation" is incorrect, since it does not show the role of the DM as the regional vehicle currency. The triangle seems also inappropriate to draw prospects about the Euro, because the Euro will become a regional, not a global, vehicle currency and on spot markets for the time being.

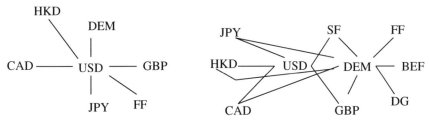

Spot Interbank Foreign Exchange Markets until 1980's

Spot Interbank Forex Markets in the 1990's

The role of the DM as the vehicle currency implies rising international banks' and non-banks' holdings of the DM. "It is, rather than reflecting risk aversion, international holdings of marks, particularly bank deposits, may result from nothing more than the close substitutability of the mark with other European currencies and the ease with which it can be transformed into any one of them...The mark is also an interbank vehicle for almost all trading among Continental currencies. When a bank exchanges a customer's French francs for Italian lira, it will typically transact a pair of exchanges in the interbank market: marks against lira and francs against marks. Of an estimated $150 billion of transactions among EU currencies in April 1995, the mark was on one side of the transaction in over $140 billion. Under these conditions, a European corporate treasury trying to minimize its transactions costs while reducing its working capital would centralize its bank deposits in European currencies in mark accounts [10]." The banks held bank deposits in the DM ("Frankfurt balance") as working capital and change the deposit into/from other European currencies. This reduces transaction costs of the DM holders.

Monetary authorities intervene on interbank markets by selling or buying their own currency against the vehicle currency. The DM became the intervention and reserve currency of the EMS countries. The amount of the foreign exchange market intervention by EMS currencies (mainly the DM) superseded the dollar for the first time in 1986-87 [11]. The intervention using the DM (selling the DM to buy own currency) has an effect to mitigate the polarization and to stabilize the exchange rates in the EMS. Europe became more independent from the dollar.

---

[10] McCauley (1997), p. 7-9.
[11] See Gros/Thygesen (1992), p. 139, Table 4.5.1.

However, the dollar has been overwhelmingly superior to the D-mark on the swap market. The swap market is funds market. The liquidity, breadth and the depth of the dollar market have been second to none. So there were two international currencies in Europe in the 1990's: the D-mark on the interbank spot market and the dollar on the swap market.

2.3. "The European Monetary and Financial Zone (EMFZ)"

We need to analyze what increased the transactions of the DM on customers' markets – the driving force of the transactions on the interbank market. As the foreign trade of goods and services denominated in the D-mark grew nearly in proportion to the GDP growth of Germany. The ratio of the DM invoicing in German and European trade did not seem to increase [12]. So, the capital transactions should come to the fore. The volume of the financial transactions rose drastically from the mid--1980's on.

At the European Council held in June 1988, the EU governments agreed to liberalize capital transfer until 1990 (for the core countries) and 1992 & 1994 (for the peripheral countries). Following the financial deregulation of the EU countries as a process of completing the internal market, the steep rise occurred in the crossborder transactions of financial securities in Europe. Issues of securities denominated in the dollar diminished on the offshore markets after 1987, as shown in Figure 1. Instead, the issues in EC currencies (not only the DM, FF and the sterling, but the ECU and other European currencies in lesser extent) rose year after year and relegated the dollar. Most of the issuers denominated bonds in their own national currency so as to evade foreign exchange risks. Issuing currencies diversified into various European currencies.

---

[12] According to Monatsberichte der Deutschen Bundesbank, November 1991, invoiced by the D-mark was 78.5 % of German exports and 53.2 % of German imports (S.41). The ratio seemed to be kept in the 1980's. See Scharrer/Langer (1988), where 81.5 percent of German exporting and 52.4 percent of importing firms that answered the questionnaires used the D-mark as their invoicing currency.

External Aspects of the Euro 333

Figure 1

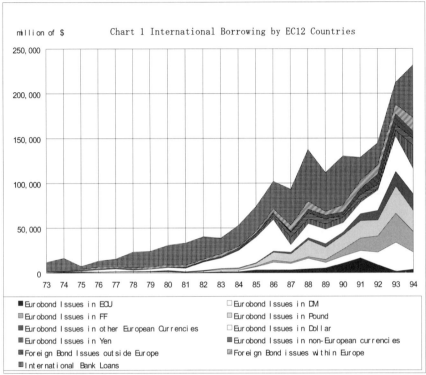

Source: Iwata (1996), p.4.

In the second half of the 1980's, the new form of international capital flows developed rapidly. It is foreign transactions in domestic bonds, namely crossborder dealings in bonds (mainly government bonds) by institutional investors located in various European countries. Figure 2 shows the turnover in international securities transactions in Germany with a breakdown by securities type. It separates the net balance (net inflow *minus* net outflow), the gross flows (gross inflow *minus* gross outflow) and aggregates (sum of all crossborder transactions). The expansion of aggregate capital transactions was remarkable after 1985. The steep rise after 1992 is due to the financing demands of the German government after the reunification and to the investment boom.

The expansion of crossborder securities transactions took place in the same period all over Europe. For example, the aggregate turnover in the Netherlands rose 369 billion guilder in 1987 to 1,297 billion guilder

Figure 2

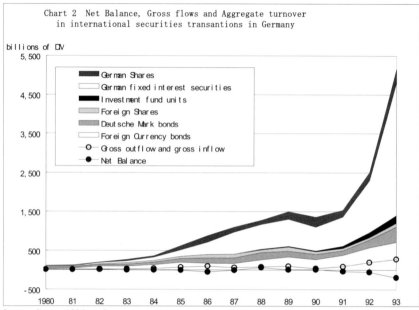

Source: Iwata (1996), p.7.

in 1993. The inflow of foreign capital into Spain was 719 billion peseta in 1986, 1,999 billion peseta in 1990 and 2,978 billion peseta in 1991 [13]. G10 report (1993) tells that "after 1986, securities markets tended to be the locus of dynamic change. The focus of modernization shifted to domestic markets, which rapidly began to emulate the high level of innovation that had been achieved in the offshore market, thereby greatly advancing the average level of financial sophistication throughout the OECD area and making it possible to link national markets into an increasingly integrated system [14]".

---

[13] IMF (1993), p. 70. The foreign capital inflow was seen to high-interested peripheral countries of Europe in the form of convergence trades, in which the D-Mark was used as a "proxy hedge" instrument. The unwinding of the convergence trades was said as the main reason why the EMS crisis of 1992 accompanied several unprecedented phenomena – suddenness, large-scale outflow of capital, contagion and unprecedented massive intervention of central banks (See Group of Ten (1993)). But this should be distinguished from the formation of the European financial zone. It is a structural change.

[14] Group of Ten (1993), p. 85.

External Aspects of the Euro 335

In such a tide of the worldwide financial innovations and structural change, Europe tended into a financial zone, where European investors were main players. According to the Bundesbank, EC12 accounts for 71% of the purchases and 74% of the sales on the German securities market in the year of 1986-1990 [15]. In this way, the European Financial Zone was formed. The D-Mark was utilized as the most useful hedging currency all over the European forex markets. It supported the DM to become the vehicle currency of Europe. Therefore, the European Monetary and Financial Zone was not only a product of the Germans, but much more a product of the unconscious cooperation of the European monetary and financial world.

3. THE DOLLAR AND THE INTERNATIONAL MONETARY REGIME IN EAST ASIA

3.1. Reference Currency Role of the Dollar and the East Asian Monetary Crisis

In the floating exchange rate regime, developing East Asian countries chose the dollar as their currencies' standard [16]. It brought various advantages. Firstly, it effectively stabilized their international economic transactions, especially their merchandise trade between the other dollar zone countries. Bénassy-Quéré (1996) pointed out that about 48 percent of the US trade are carried out with countries that de facto do not have a flexible exchange rate with the US dollar and that there were 33 countries in the dollar zone during 1989-1993 [17]. Secondly, for the East Asian countries with current account deficits, it was one of the best ways to promote inflows of the foreign capital. Thirdly, the link to the dollar

---

[15] Monthly report of the Deutsche Bundesbank, April 1991, p. 24.

[16] Officially the exchange rate regime of Korea, Singapore and Malaysia was a "managed float". The regime of Thailand was "pegged to a currency basket" and that of the Philippines became "free floating" at the end of 1994. But the movements of exchange rates of these countries show that these countries managed their rates with the US$ reference.

[17] The 33 countries including the US belong to OECD: 3, LA: 8, Asia:12 excluding Taiwan, Africa: 2 and the Middle East: 8. This has been one of the material bases of the "benign neglect" policy stance of the US.

Figure 3

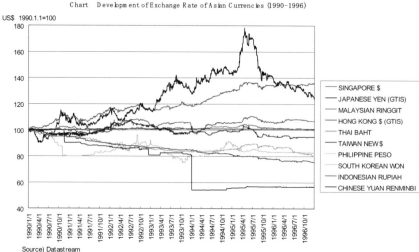

Chart Development of Exchange Rate of Asian Currencies (1990-1996)

Source) Datastream

facilitated to dampen the inflation of these countries through the rising real exchange rates *vis-à-vis* the dollar.

Figure 3 shows developments of foreign exchange rates of main East Asian countries during 1990-1996. The peg of the Hong Kong dollar has been almost perfect. The Chinese yuan (Renminbi) devalued intermittently. The Thai baht, Malaysian ringgit and Philippine peso also linked relatively tightly. The Indonesian rupiah depreciated constantly (=crawling peg) to compensate the inflation differentials between the two countries. As responses to US pressure, Taiwan and Korea revalued their currencies by about 50 percent respectively between mid-1986 and mid-1989. Only the Japanese yen fluctuated up and down, sometimes remarkably.

A virtuous circle was likely to exist in East Asia while the yen appreciated as a trend. Asian NIES and main ASEAN countries could strengthen competitiveness *vis-à-vis* Japan and export easily to the Dollar zone countries. They enjoyed high economic growth, rapid export increase, sound public finance and relatively stable prices, just as the World Bank called it an "East Asian miracle." The scene changed dramatically after the yen began to depreciate *vis-à-vis* the dollar from its record-high rate of $1=Y80 in April 1995. East Asian currencies appreciated with the dollar *vis-à-vis* the yen for two years (Figure 3). The Thai

External Aspects of the Euro 337

baht, for example, rose against the yen by as high as 50 percent until the summer of 1997.

The speculation to the Thai baht began in May 1997. The Thai government tried to keep the official trading forex margin of $1=25.84 to 25.88 baht by intervening on the forward exchange market and lost currency reserves. On July 2, the baht was put on a managed floating and fell drastically *vis-à-vis* the dollar. Then a chain reaction took place. The currency speculations spread to the Indonesian rupiah, Malaysian ringgit, Philippine peso and the Korean won etc. in the summer and autumn of 1997. The monetary crises triggered financial crises and social unrest.

These countries recorded relatively huge current account deficits before the crises: 7.9 % of GDP in Thailand, 4.9 % in Malaysia and Korea and 3.3 % in Indonesia. So it was said that the main cause of the crisis was the loss of competitiveness of these countries *vis-à-vis* Japan due to the appreciation of their currencies. But the current deficits were only one of severe economic problems. The most essential is too much capital inflow for so long time, which the governments and markets of these countries could not control. Redundant capital inflow caused too long economic prosperity, swelling and burst of financial bubbles, over-production capacity. Too early capital transfer liberalization and the dollar-peg regime should be regarded as main causes of the crisis.

3.2. The Transactions of the Dollar, the Yen and the D-mark on main Asian Forex Markets

In the Asia Pacific region, the US dollar is the sole international currency playing all the roles shown in Table 1. The dollar is the dominant invoicing and settlement currency in trade. The dollar accounts for about 90% of exports and about 80% of imports in Korea, Indonesia and Thailand. The yen and the DM follow with very small shares (Table 4). Even in Japanese trade, the invoicing in the dollar is more than the yen invoicing (see Table 9 in Section 4). However, *vis-à-vis* Southeast Asia, about half of Japanese exports and about a quarter of imports have been denominated in the yen since the latter half of the1980's. The share rose with both increasing exports and imports of machinery and parts and the subsidiary network building by the Japanese companies in East Asia.

The dollar is the sole forex vehicle currency on interbank markets in East Asia. On the Singapore forex market, the 4th biggest in the world in 1995, is a typical offshore market. More than 90 percent of the trans-

Table 4 – Shares of Currencies in Invoicing in East Asian Countries

(Unit: %)

	Exports			Imports		
	US$	Yen	DM	US$	Yen	DM
Korea (1992)	88.8	6.3	2.9	78.6	13.6	3.8
Indonesia (1997)	93.2	1.3	0.4	79.1	8.0	4.1
Thailand (1997)	91.3	3.6	0.4	79.4	9.8	3.6

Source: METI

actions are "the dollar against", and the dollar intermediates JPY, DM and other European and Asian currencies as the vehicle currency. The transactions of "other currencies" (mainly East Asian currencies) increased drastically from 1992 to 1995. The share of the direct transactions of the D-mark ("DM against") was stable as high as 7 percent in both years (Table 5). Surprisingly, the turnover of the DM is as much as that of the yen in spite of the gap between the two countries in trade and financial transactions with Singapore or East Asia. This is because the D-mark intermediates between Asian currencies and various European currencies as the vehicle currency of Europe. The transactions of the DM against the yen are also large. As Table 5 shows, there is little direct transaction of the yen *vis-à-vis* the East Asian currencies. The yen has no vehicle role on the Singapore market.

The Hong Kong market is also an offshore market, as shown in the very small share of the Hong Kong dollar. There is no transaction of the Chinese yuan which is highly regulated. The transactions of "the dollar against" JPY and DM are dominant. The transactions of various East Asian currencies increased as shown in the transactions between the dollar and "other currencies." The dollar found its new business by becoming the partner (vehicle) currency of these local Asian currencies.

Figure 4 shows how the foreign exchange rates of six Asian currencies developed during and after the crisis. The movement of the yen is as unstable as before. Malaysia rebuilt its dollar-peg regime around 1$=3.8 ringgit in September 1998 and has kept it by introducing the capital control. Thailand and Korea are likely to stabilize its rate below about 30 % from the pre-crisis level *vis-à-vis* the dollar, though the fluctuations are more flexible than before the crises. The Singapore

External Aspects of the Euro

Table 5 – Currency composition of foreign exchange transactions in Singapore

(average per day)

{Unit: %, ( ): US$ million}

Period	1992/4	1995/4
All currencies	100(75,860)	100(105,421)
US$ against	90.4(68,594)	90.9(95,818)
Singapore dollar	2.9(2,220)	5.3(5,545)
JPY	27.5(20,865)	25.4(26,820)
DM	28.9(21,944)	24.5(25,852)
Ù \	12.4(9,395)	6.7(7,040)
Swiss Franc	9.1(6,920)	5.6(5,947)
Australian dollar	2.4(1,829)	2.9(3,076)
Canadian dollar	2.7(2,071)	2.6(2,748)
French franc	1.0(745)	2.4(2,548)
Other EMS currencies	1.8(1,369)	1.3(1,412)
Other currencies	1.6(1,236)	14.1(14,830)
DM against	7.7(5,852)	7.3(7,745)
Singapore dollar	0.0(19)	0.0(27)
Singapore dollar	0.2(171)	0.3(309)
JPY	n.a.(n.a.)	0.1(65)
Australian dollar	n.a.(n.a.)	0.0(40)
Canadian dollar	n.a.(n.a.)	0.0(1)
Western European countries' currencies	n.a.(n.a.)	0.0(28)
Other currencies	n.a.(n.a.)	0.2(174)
Residual	1.6(1,245)	1.5(1,549)

Source: BIS (1993, 1996), Singapore Monetary Authority

dollar continues its reference to the dollar as before. Indonesia could not stabilize the rate because of a series of political and social unrest. Thus, East Asian countries are likely to have returned to a flexible dollar standard regime, despite critiques about the dollar standard.

Stabilizing their currencies to the dollar must be their must. The dollar may be compared to the air without which no one (who transacted

Table 6 – Currency composition of foreign transactions in Hong Kong (average per day)*

{Unit: %, ( ): US$ million}

Period	1992/4	1995/4
All currencies	100(60,906)	100(90,198)
US$ against	90.2(54,961)	93.3(84,155)
Hong Kong dollar	13.5(8,241)	15.8(14,286)
JPY	25.7(15,665)	28.7(25,868)
DM	26.8(16,325)	25.0(22,554)
Ù \	10.1(6,164)	6.8(6,135)
Swiss Franc	4.6(2,794)	4.0(3,619)
Australian dollar	2.4(1,488)	3.0(2,747)
Canadian dollar	3.2(1,926)	1.6(1,477)
French franc	0.9(575)	n.a.(n.a.)
ECU	0.5(316)	n.a.(n.a.)
Other currencies	2.4(1,468)	8.3(7,470)
Hong Kong dollar against U.S. $	0.9(569)	1.1(1,019)
Residual	8.8(5,376)	5.6(5,024)
DM against JPY	2.3(1,387)	2.4(2,182)
DM against Ù \	3.4(2,041)	1.1(1,010)
Other currencies	3.2(1,949)	2.0(1,832)

Note

*: The figures are based on interbank, bank-to-other financial institution and bank-to-customer transactions.

The data used in the table were already adjusted for local inter-dealer double-counting. The figures of April 1992

Include spots, forwards, swaps, futures, and options. The daily average turnover was 100,000 U.S. dollars in futures and 560.9 billion U.S. dollars in options in April 1992. The figures of April 1995 include spots, forwards and swaps only.

n. a.: not available

Source: BIS (1992, 1995)

foreign countries) can live. The foreign exchange rate stability between the dollar and the East Asian currencies implies low volatility of the dollar. Because of the overwhelming transaction volume and the low volatility, the dollar is unrivaled. It may well be very difficult for the Euro to substitute for the dollar in this region even after a relatively long time.

Figure 4

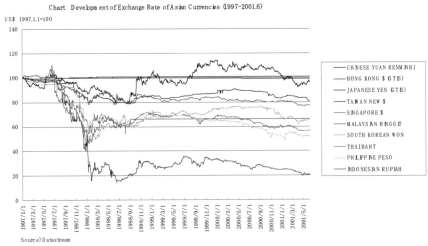

3.3. A Yen Block or Liberalization of the Tokyo Financial Market?

A "yen bloc" may seem an alternative for Japan that has suffered from violent yen/dollar rate fluctuations. "Yen bloc" is used here to refer to a grouping of countries that use the yen as an international currency and maintain stable exchange rates against the yen.

Kwan (1994, 1997) has been a representative advocate of a yen bloc. He applied the theory of optimum currency areas (OCA's) to Japan and East Asia to provide a regional perspective of a currency bloc. The theory of OCA's is a theory to judge whether a currency area is appropriate or not by considering the costs and benefits to participating countries in a monetary union or a fixed exchange rate regime. The main benefit of an OCA is scale economies of money and the main cost is involved in abandoning an independent monetary policy. The theory of OCA's, pioneered by Robert Mundell (1961), has various types. Kwan applied to East Asia loose criteria of an OCA – strong economic linkage, similarity in economic structures and similarity of macroeconomic policy objectives – and recommended formation of a yen bloc between Japan and Asian NIES (Korea, Taiwan and Singapore) as appropriate. It is easily understood how it will be difficult for these countries to leave the dollar zone. Preconditions for it is, according to Kwan, as follows:

(1) a sharp increase in US inflation resulting from a sharp depreciation in the dollar, (2) deepening economic integration and shrinking gap in the level of economic development between Asian countries and Japan.

Kwan's policy recommendation is problematic in some regards. Firstly, the currency bloc is so small that it would not be advantageous or even harmful for the countries concerned. For Japan, the share of three countries of its exports occupies below 20% in 1995. Secondly, Japan has been moving away from playing a central role of East Asia. While the role of Asia is growing for Japan, the role of Japan as a trading partner is declining for most of the other Asian countries because of the difference of economic growth rates, as Bénassy-Quéré (1996) pointed out criticizing Kwan's view [18]. Thirdly, the East Asian countries Kwan nominated as the candidates have political reasons why they cannot go forward towards a currency bloc. Korea has regarded the security coo-peration with the US as the most important as it is faced with North Korea and China. A bloc formation with Taiwan is likely to be impos-sible because of the foreign policy stance of the mainland China to Taiwan. As Singapore wants to strengthen further its role as the offshore financial center in Asia by making the most of the US dollar, it is quite improbable to participate in a yen bloc. Therefore, Kwan's methodology to apply the theory of OCA's to East Asia seems to have essentially missed the mark.

It is true that the yen already plays a major role in the external debt of Asian countries. The yen stands second to the dollar. Japan's financial role in East Asia will grow surely in the future, since Japan will keep its current account surplus, which will be lent to Asian countries. Not a small number of Japanese banks will be positive to finance the economic development in Asia. But the fundamental problem is that Japanese companies and banks situated in East Asia must operate on the "ocean" of the dollar. Most of the subsidiaries of Japanese non-bank companies settle their debts in the dollar. Where banks use the dollar because of by far the cheapest transaction costs, customers must operate in the dollar. In the Asian dollar zone, this causal chain is difficult to break [19].

---

[18] She pointed out two trends: (1) intra-NIES trade is developing at the expense of exports to the US and to Japan, and (2) NIES also become major suppliers for ASEAN countries, at the expense of Japan.

[19] It is remembered that Germany challenged the UK to make the Mark a competing international currency before the First World War with very little success.

External Aspects of the Euro   343

The East Asian crises in 1997/1998 led to forming swap networks among central banks in East Asian countries and Japan. But the swap networks are in the dollar, not in the yen. Since 1996 on the Japanese government has taken comprehensive measures for "free, fair and global" Tokyo financial market. To facilitate the use of the yen by nonresidents is an element of the measures. The internationalization of the yen is not directed to form a yen zone, but to make the yen more convenient for the non-residents.

The success of the European monetary integration shocked the leaders of the political and economic world in Japan and East Asia to talk about regional integration agreements and regional currency coope-ration. I think it highly doubtful that this process is going to stimulate a move towards an East Asian monetary and financial zone.

4. EXTERNAL ASPECTS OF THE EURO

4.1. The Euro in International Trade

In invoicing of world exports, in 1992, the share of the U.S. dollar is as high as 48% and that of major five currencies of the European Union is 34% in 1992 [20]. Intra-Euro area trade becomes domestic in currency terms, the Euro's share would be 18% in comparison with 59% of the dollar (Table 7).

A currency denomination of international trade matrix (Table 8) shows the so-called Grassman's Law [21] with the exception of Italy and

---

[20] The data on the denomination of international trade are poor. The very useful efforts by the European Commission (Ilzkovitz (1995)) to bring together data from the US, Japan and major European countries made an estimate possible. But there is little information of developing countries. The invoicing of trade among Asian countries other than Japan is estimated using Japanese data and trade among Latin American countries is taken to be a mix of US and European behaviour, with two-thirds and one-third weights. So, the Dollar's share is maybe under-represented. See McCauley (1997) p. 61.

[21] Sven Grassman (1973) found that trade in manufactured goods among indus-trialized countries is invoiced in the currency of exporter in most cases. Most of the remaining contracts are denominated in the importer's currency, while third currency invoicing is relatively rare. He found this invoicing pattern in Swedish trade. It was

Table 7 – Invoicing of international trade by currency

| | 1980 | 1987 | 1992 | | | | | |
| | | | World | | Intra-EU | | Extra-EU | |
	in %	in %	US$ billions	in %	US$ billions	in %	US$ billions	in $\%^1$
US dollar	56	48	1,741	48	141	4	1,599	59
Major EU currencies	31	34	1,225	34	627	17	598	22
Deutsche mark	14	16	559	15	297	8	263	10
French franc	6	7	230	6	117	3	114	4
Sterling	7	6	208	6	103	3	105	4
Lira	2	3	124	3	62	2	62	2
Guilder	3	3	102	3	48	1	54	2
Japanese yen	2	4	176	5	4	0	171	6
Global exports	100	100	3,656	100	-	-	2,693	100
Memo item: EU15^2							679	25

Note: Components may not sum to total owing to rounding.
1: Of extra-EU exports. 2: Estimate.
Sources: Hartmann (1996), p. 7, citing Ilzkovitz (1995), and United Nations

Japan. Especially, the dollar's share is very high in its own trade and in any other trade with an exception of German export. The share of the D-Mark is relatively high only in the Continental European countries. According to the European Commission [22], the internationalization ratio of the D-Mark, which is defined as the ratio of the invoicing share of the DM in world exports to the share of Germany in world exports, is 1.4 in 1995. It can be concluded that most of the trade denominated in the D-Mark outside Germany must be exports to Germany and imports from Germany. It looks that the D-Mark remained a "major" currency and did not become a trade vehicle currency even in Europe. The internationalization rate of the dollar is 3.9, three times as high as that of the DM. Excluding the trade invoiced in exporters' or importers' currencies, nearly all of the world trades are probably invoiced in the US dollar.

---

extended by Scharrer (1981), Page (1982) and Tavlas/Ozeki (1992) to currencies of the developed countries. In Europe, traders were compelled to use their own currencies in trade invoicing by the dollar shortage in the 1950's. The restoration of free convertibility in 14 Western European countries in 1958 raised further the invoicing ratio by their own currencies.

[22] See Bekx (1998) p. 7, Table 3.

External Aspects of the Euro 345

Table 8 – Currency denomination of international trade in 1995

(in %)

Exports	USD	JPY	DEM	FRF	GBP	ITL	NIG	Other
United States	92.0	2.4	0.9	0.6	0.9	0.3	0.6	2.3
Japan	52.2	36.0	2.4	0.7	1.4	0.3	0.9	5.8
Germany	9.5	0.9	74.7	3.2	2.6	2.2	1.3	5.6
France	18.6	1.0	10.5	51.7	4.2	3.1	1.5	9.4
United Kingdom	23.1	1.1	4.0	3.1	61.6	1.6	2.3	3.0
Italy	21.0	0.6	18.0	8.0	3.5	40.0	1.5	7.4
Netherlands	20.6	0.6	18.5	4.5	4.1	1.5	43.8	6.4
Imports								
United States	80.7	2.8	3.8	0.9	1.7	0.8	0.3	9.0
Japan	70.2	22.7	2.7	1.0	1.3	0.8	0.3	1.0
Germany	19.5	1.4	51.5	2.5	1.7	1.0	0.9	21.5
France	23.1	1.0	10.1	48.5	2.9	3.7	1.4	9.3
United Kingdom	24.6	2.0	11.1	4.6	43.0	1.8	2.5	10.7
Italy	29.0	1.0	14.0	7.0	3.8	37.0	2.4	5.8
Netherlands	25.4	1.3	17.5	2.8	3.4	1.0	42.8	5.8

Source: Bekx (1998), p. 8.

What is the prospect of the Euro as an international trade currency? Industrial countries outside Europe will fundamentally keep their invoicing practices because of the strong inertia effect in this field. A report of the MITI of 1998 shows that 35% of Japanese exports to the EU was invoiced in the Yen, 52% in the European currencies. According to a survey on the Euro carried out in June 1999 by JETRO, 72% of 118 Japanese companies that responded to the Euro changed their invoicing currencies into Euro. Of these 85 companies, 69% changed to the Euro from European currencies, 13% from the Yen and 6% from the dollar. So it is probable that the share of the Euro as a trade invoicing currency becomes higher than the share of the legal currencies altogether. However, European currencies' share is so low *vis-à-vis* the USA (see Table 8) that the rise of the Euro's share would be limited.

Vis-à-vis developing countries, it is very difficult to predict because of the limited availability of data about European currencies. Trade in primary products (raw materials and foods like cereals) is invoiced in the dollar in most cases, and to a lesser extent, in the sterling [23]. The inertia

---

[23] In the USA, there are most of the mercantile exchanges that have global influences, for example NYMEX (New York Mercantile Exchange), where they deal in

effect will work here. Concerning Asia, the competition of the Euro against the dollar will be very severe as mentioned above. The lack in production and distribution networks of European companies in Asia [24] may make the competition much more difficult. The Euro's challenge will also be difficult in Latin America, a dollar zone.

Summing up, it looks doubtful that "the introduction of the Euro will present a structural break in the invoicing practices in international trade relations and trade invoicing in euro will start to increase very rapidly [25]." In Europe and possibly a part of Middle East and Africa, the invoicing in the Euro will increase rapidly and the Euro will become the trade vehicle currency. In the world context, I agree to McCauley (1997), when he says that "the euro would start off with an intensity (i.e. internationalization rate) of about 1, like the French franc or sterling today" and "to assume that the euro will rise to an intensity of 1.4 (in case of the DM) is to posit that the zone of heavy euro use will be as large relative to the euro area as Western Europe is to Germany [26]."

4.2. The EMFZ Disappeared with the Euro

As the economic size of the Euro area is matched for the US economy, it seems no wonder when Portes/Rey(1998) said as follows: "Given the euro's fundamentals – the EU's economic size, the liberalization and integration of its financial markets, and confidence in its international creditors status and stability-oriented monetary policy – we find

---

crude oil, and CBT (Chicago Board of Trade) for wheat and CMT (Chicago Mercantile Exchange), where they deal in lumber, agricultural and livestock products. Not only spot but also forward markets develop very well there. There are several metal and tropical products exchanges etc. in London.

[24] "The longer standing links of Japanese and United States companies with Asian developing countries, and the regional core networks that they have, in consequence, established, give them a competitive edge over their European counterparts." (in: European Commission /UNCTAD Division on Transnational Corporations and Investment (1996), p. 10).

[25] Bekx (1998), p. 22.

[26] McCauley (1997), p. 63. In this chapter, the "Euro area" is defined as a space with no monetary border inside (= Euroland) and the "Euro zone" as a space within which they use the Euro as the forex vehicle currency. The Euro zone includes the Euro area and countries surrounding the area (the "pre-ins" countries, Eastern European countries and others) at least for a while.

that the most likely outcome is that the dollar will have to share the number-one position".[27] Portes/Rey (1998) concentrated their attention on transaction costs on the financial markets and concluded that transaction costs on forex market of the Euro will be almost equal to the costs of the dollar because of the comparable sizes of the both financial markets.

Economists basing their conception of the vehicle currency on monetary network externalities like Portes/Rey (1998) tend to pay too much attention to transaction volumes of a currency and too little to the volatility factor. It is related to foreign exchange stability and a stable currency zone. Our regional approach indicated that in the DM-dollar competition the DM could become a vehicle currency only in Europe, where the EMFZ offered to the currency the rising transaction volumes and the lowering forex volatility. In the Euro-dollar competition, the Euro will follow a similar path, since the forex transaction costs of the Euro must be lower only if its volatility is much lower than the dollar, namely within the Euro zone. So the Euro will be an international currency in the European context, not in the global context.

We should take the other special aspect of the Euro into consideration. The introduction of the Euro drastically diminishes international transactions in Europe, since they change into domestic transactions, and the EMFZ disappears (except the relationship with the "pre-ins" and the CEECs). So the turnover of the foreign exchange transactions inside the Euro zone must be less than that of the legal currencies altogether.

The well-known BIS estimate indicates, based on the 1995 data, that daily foreign exchange turnover in the EU would diminish from $1,099 billion (84% of the turnover of the dollar) to $799 billion (60% of the turnover of the dollar) by the introduction of the Euro [28]. The turnover of the forex transactions of four main CEECs (Poland, Hungary, Czech and Slovakia) was 4.6 billion $ in October 1997. It is much smaller than that of other emerging market countries (Asian 7 countries: 20 billion $ and Latin America: 24 billion $)[29]. Therefore, the forex turnover of the Euro zone may be inferior to the D-Mark zone at least in its early stage.

---

[27] Portes/Rey (1998), p. 308.
[28] McCauley (1997), p. 10. The calculation was made in BIS (1997), p. 90.

4.3. Trading of the Euro on the Tokyo Foreign Exchange Market

The Euro has an opportunity to be stronger than the DM in financial transactions on the basis of the unified financial market, since overwhelming majority of the forex turnover is occupied by crossborder financial transactions [29]. As a comprehensive turnover statistics of the Euro is not available today [30], let us take a glance at the turnover on the interbank tradings on the Tokyo forex market (Table 9).

Table 9 – Foreign Exchange Transactions on Tokyo Market (1997 – 2001): Spot

(In billions of US dollars)

	$/\	DM, */$	DM,*/\	Pstg./$	other	total
1997	3,055 (69.9)	1,045 (23.9)	144 (3.3)	39 (0.9)	879 (2.0)	4,371 (100.0)
1998	3, 425 (78. 5)	787 (18. 1)	75 (1. 7)	24 (0. 6)	139 (1.1)	4, 362 (100. 0)
1999	2,722 (76.3)	732 (20.5)	62 (1.7)	19 (0.5)	31 (0.9)	3,565 (100.0)
2000	2,235 (71.7)	808 (25.9)	54 (1.7)	6 (0.2)	17 (0.5)	3,119 (100.0)
2001	939 (75.9)	273 (22.0)	23 (1.8)	0.8 (0.1)	2 (0.2)	1,238 (100.0)

Note 1. Through brokers only. Electronic and voice broking altogether.

   2. *: Euro (from 1999 on)

   3. 2001 : January – May 2001.

Source: Money Brokers Association (Tokyo).

On spot trading, the trading volume on the Tokyo market has been declining since the Asian currency crises in 1997. The composition and volume of the Euro against the dollar and Yen have been almost similar to those of the D-Mark. The figures rose a little in 2000, but it is not clear whether this expresses a new trend. The share of the Pound Sterling declined. In September 2000, G7 countries cooperated to intervene in support of the Euro. There the Bank of Japan sold the Yen against the dollar at first, and then sold the dollar against the Euro. The direct Yen/Euro market is so small that the Bank of Japan cannot intervene directly to sell the Yen against the Euro. Although the net effect was to sell the Yen against the Euro, the dollar worked as the forex vehicle.

The effect of the Euro is seen in forwards trading (Table 10). The volume and share of the Euro against the dollar trading jumped to double in 1999 at the cost of the $¥ trading. The share in the direct Euro/Yen

---

[29] BIS (1998), p. 111. See also BIS (1997), p. 92.

[30] The survey carried out in April 2001 by about 30 central banks under the arrangement of the BIS will be made use from coming autumn on.

External Aspects of the Euro 349

Table 10 – Foreign Exchange Transactions on Tokyo Market (1997 – 2001): Forwards

(In billions of US dollars)

	$/\	DM, */$	DM,*/\	Pstg./$	other	total
1997	3,864 (84.9)	413 (9.1)	0.4 (0.0)	141 (3.1)	131 (2.9)	4,550(100.0)
1998	4,566 (88.5)	357 (6.9)	0.4 (0.0)	143 (2.8)	947 (1.8)	5,161(100.0)
1999	3,670 (77.1)	714 (15.0)	3.7 (0.1)	230 (4.8)	139 (2.9)	4,757(100.0)
2000	3,981 (75.2)	920 (17.4)	7.1 (0.1)	150 (2.8)	238 (4.5)	5,296 (100.0)
2001	1,759 (75.7)	410 (17.7)	3.8(0.2)	44 (1.9)	106 (4.5)	2,323 (100.0)

Note 1. Forwards trading includes outright forwards and currency swaps trading.
2. The notes and the source of Table 9 are common in Table 10.

trading also got jumped in 1999, though the volume is very little. A reason is that Japanese institutional investors have been increasing security investment in the Euro area, making use of forwards trading. The forex turnover of the Euro on other forex markets in the world will increase much stronger, if the Euro financial market becomes more liquid, broader and deeper. The action plan for the completion of the Euro financial market towards 2005 looks very important.

High liquidity, breadth and depth of the emerging Euro financial market are essential elements to raise the share in the future [31]. But this factor does not seem enough for the Euro to substitute for the dollar as the forex vehicle currency in a world context, since the liquidity etc. of the dollar financial market will be also superior in a foreseeable future.

4.3. The Euro Exchange Rate and Benign Neglect Policy Stances

The Mexican, East Asian and Russian monetary crises from 1994 to 1998 led to reforms of the international monetary and financial system. International institutions like IMF, BIS and G7 etc. examined issues related to the stability of the international financial system and the effective functioning of global capital markets. They chose three key areas: enhancing transparency and accountability; strengthening domestic

---

[31] If nonresidents will hold financial portfolio denominated in the Euro in proportion to the size of the Euro financial market in the future, the international capital transfer into the Euro securities were reckoned as high as 300 to 700 billion $. IFO Institute summed up evaluations of international portfolio transfer into the Euro area made by the European Commission, Gros/Thygesen, Henning and Bergsten. It proposed its own calculation, too. See IFO (1998), S.8.

financial systems; and managing international financial crises. But the stability of the foreign exchange rates was not included in the key areas.

The Euro was expected to be a catalyst to develop to a more stable international monetary system, since the appearance of the second important international currency would press the US government to take more stability-oriented attitude in its foreign exchange rate policy. This proved an illusion.

Even after the introduction of the Euro, the US government has kept its benign neglect exchange rate policy stance, because the floating rate regime has been truly advantageous to the country. A large volume of international capital inflow to the US has financed its huge current account deficits, thus supported the strong dollar and its economic prosperity.

The foreign exchange rate of the Euro depreciated *vis-à-vis* the dollar and the yen by about 30% to November 2000 since its introduction. Main reason was huge outflow of capital from the Euro area to the US: bonds and equity investment and FDI (foreign direct investment). The rate recovered somewhat after November 2000, when the growth rate of the US became lower. But the recovery became weak in 2001. Though the growth rate and the interest rate of the US lowered, the inflow of capital in the form of stock investment and FDI to the US from the Euro area is not likely to stop, let alone reverse. During these two years and a half since the introduction of Euro, the ECB intervened only several times – June 1999, September 2000 (cooperative intervention of the G7) and November 2000 (three times). The ECB looks to work under another "benign neglect" policy alongside the USA [32].

As the Euro drastically decreases the vulnerability of Europe arising from the currency polarization, the ECB need not bother the forex fluctuation. This is one of the main cause of the European monetary integration. Europe got what it wanted by the Euro. The other reason is the so-called the "inconsistent policy triangle." They say that the monetary authority cannot attain three policy objectives at the same time in the long run: price stability, free capital movement and foreign exchange stability. Therefore, under free capital transfer the ECB is able to keep only price stability.

---

[32] Though the European Commission and the ECB often deny such views, the same view was expressed also in Europe. For example, see CEPR (1997).

External Aspects of the Euro   351

If, in theory, the volatility of the Euro *vis-à-vis* other currencies outside Europe would be low enough to cancel the inferiority of the turnover in comparison to the dollar, the Euro would be able to widen its zone over Europe. But for the ECB, stability in Europe belongs to its supreme objective. Another "benign neglect" policy stance is its result.

In this chapter, we insist that only when the Euro can keep lower volatility than the dollar against other currencies in the world, it will have a chance to become an international currency. If the Euro is characterized by another benign neglect policy, it means that the Euro would give up an opportunity to become an international currency in the world context and that it will remain one only in Europe.

5. CONCLUDING REMARKS

Expelling the dollar, the D-Mark became the foreign exchange vehicle currency on spot markets in the European Monetary and Financial Zone around 1990. Prospects of the Euro as an international currency should be examined on this precedent of the DM-dollar competition. Commercial banks choose a common vehicle currency on the interbank foreign exchange markets to minimize the cost of transacting. The transaction cost, expressed as the bid-ask spread, is in general proportional to the volatility of the currency pair traded and inversely proportional to the volume transacted. On the one hand, the D-Mark showed much lower volatility than the dollar against other European currencies, thanks to the stability of the EMS from the end of the 1980's to the beginning of the 1990's. On the other hand, the transaction volume of the D-Mark on European forex markets rose remarkably due to the steep rise of the crossborder securities transactions led by institutional investors and the hedging demands on the currency in Europe.

Optimistic views on the future role of the Euro as an international currency predict that the Euro will share the number-one position with the dollar. Such views pay attention mainly to the economic size of the Euro area and the Euro financial market. In other words, the forecast is based on the concept of monetary network externalities, a kind of economies of scale on forex markets. It tends to disregard the volatility element in the transaction costs.

Based on our consideration about the precedent of the DM-Dollar competition, we take a regional approach in this chapter and consider the strength of the dollar as the only international currency in East Asia. The share of the dollar in the turnover on Tokyo, Singapore and Hong Kong forex market has been about 90%. East Asian countries, which suffered from the monetary crisis of 1997/1998, returned to a dollar standard regime, though more flexible one, once the crisis was over.

It is no easy task for the Euro to share the number-one position with the dollar outside Europe, because the volatility between the Euro and the dollar zone currencies remain much bigger than between the dollar and these currencies. As of today, it looks improbable for East Asian or Latin American governments to switch their foreign exchange rate policy from the dollar reference to the Euro reference.

The Euro will surely become the second most important international currency. But the Euro will probably remain a regional international currency in Europe for a relatively long time. The foreign exchange rate policy of the ECB for more than two years is likely to justify this view.

REFERENCES

BÉNASSY-QUÉRÉ, Agnes (1996), *Potentialities and Opportunities of the Euro as an International Currency*, European Commission.

BIS (1997, 1998, 2000), *67th, 68th and 70th Annual Report*, June.

BIS (1990, 1993, 1996), *Central Bank Survey of Foreign Exchange and Derivatives Market Activity in the year 1989, 1992 and 1995.*

CEPR (1997), *Options for the Future Exchange Rate Policy of the EMU*, CEPR Occasional Paper No.17, December.

DENMARKS NATIONALBANK (1992), *Monetary Review*, November.

EUROPEAN COMMISSION/UNCTAD Division on Transnational Corporations and Investment (1996), *Investing in Asia's Dynamism. European Union Direct Investment in Asia.*

EUROPEAN COMMISSION (1997), *Economic Policy in EMU, Part A: Rules and Adjustment*, by DG2 of the European Commission, Economic Papers No.124, November 1997.

EUROPEAN COMMISSION (1997a), *External Aspects of Economic and Monetary Union*, SEC (97) 803, April.

FLEMING, Michael J., *The Round-the Clock Market for U.S. Treasury Securities*, in: Federal Reserve Bank of New York, *Economic Policy Review*, July 1997, Vol. 3 No.2.

FRANKEL, Jeffrey A. and Shang-Jin WEI (1994), *Yen Bloc or Dollar Bloc? East Asian Exchange Rate Policies*, in *Macroeconomic Linkage*, eds. Takatoshi Ito and Anne O. Krueger, University of Chicago Press.

GROS, Daniel and Niels THYGESEN (1992), *European Monetary Integration. From the European Monetary System to European Monetary Union*, Longman.

GROUP OF TEN (1993), *International Capital Movements and Foreign Exchange Markets*. A Report to the Ministers and Governors by the Group of Deputies.

IFO (1998), *Der Euro – das Ende der Vorherrschaft des Dollar?* in: Schenlldienst 8/98 vom 16. Maerz.

IMF (1993), *International Capital Markets. Part I. Exchange Rate Management and International Capital Flows.*

INOUE, Ichiro (1996), *International Currency in Asia*, mimeo.

IWATA, Kenji (1996), *Portfolio Investment within Europe After the Mid-1980's – The key factor which makes the German mark the vehicle currency –*, mimeo.

KWAN, C. H. (1994), *Economic Interdependence in the Asian Pacific Region – Towards a Yen Bloc*, London and New York, Routledge.

KWAN, C. H. (1997), *The Theory of Optimum Currency Areas and The Possibility of Forming a Yen Bloc in Asia*, Nomura Research Institute, mimeo.

THE JAPAN RESEARCH INSTITUTE (1997), T*he Research on Economic Relations Between Asia and Europe,* March.

MAGEE, Stephen P. and RAMESH K. S. RAO (1980), "Vehicle and Nonvehicle Currencies in International Trade", *American Economic Review*, Vol. 70, No. 2 (May), pp. 368-373.

McCAULEY, Robert N. (1997), *The Euro and the Dollar*, BIS Working Papers No. 50.

MUNDELL, Robert (1961), "A theory of optimum currency areas", *American Economic Review,* Vol. 51 (September): 657-65.

PAGE, S. A. B. (1982), "The Choice of Invoicing Currency in Merchandise Trade", *National Institute Economic Review*, November.

SCHARRER, Hans-Eckart (1981), *Currency Diversification in International Trade and Payments*, in: Sergent, J.R. (ed.), *Europe and the Dollar in the Worldwide Disequilibrium.*

SCHARRER, Hans-Eckart und Christian LANGER, "Wechselkursverschreibungen und Unternehmensraktionen", *Wirtschaftsdienst*, 9/1988.

TAGUCHI, Hiroo (1994), "On the Internationalization of the Japanese Yen", Takatoshi Ito and Anne O. Krueger (eds.), *Macroeconomic Linkage*, The University of Chicago Press.

TAVLAS, Geroge S. and Yuzuro OZEKI (1992), *The Internationalization of Currencies: An Appraisal of the Japanese Yen*, IMF Occasional Paper No.90.

TANAKA, Soko (1996), *How the Deutsche Mark Zone Works – Discussion in Japan –*, Tohoku Discussion Paper No. 136.

LES INCIDENCES DE L'EURO SUR L'AFRIQUE (LE CAS DE LA ZONE CFA)

Luc Marius IBRIGA,
Université de Ouagadougou (Burkina Faso)

INTRODUCTION

En cette fin du XXème siècle, le monde subit une évolution sous l'effet de forces puissantes qu'aucun Etat ni même aucun groupe d'Etats n'a la capacité de maîtriser par soi-même. En effet, «des sociétés qui se croyaient naguère complètement autonomes, se savent désormais intimement liées les unes aux autres. La vie de chacun, d'où qu'il soit, s'inscrit aujourd'hui dans un contexte planétaire. Il est maintenant admis que les objectifs les plus élevés de l'humanité – paix, justice et prospérité – ne pourront être atteint qu'au prix d'un effort de plus en plus largement concerté»[1] De nos jours, l'interdépendance et la solidarité apparaissent non seulement comme des impératifs moraux de comportement mais aussi comme des principes d'action. C'est dire que coopérer à l'intégration mondiale constitue un objectif primordial pour tous les peuples s'ils veulent être capables de relever les grands défis de cette fin de siècle et de gérer en harmonie les importants changements qui se produisent à l'échelle mondiale.

C'est assurément la philosophie qui sous-tend l'organisation du présent colloque dont l'objectif est tenter de repérer, d'analyser et de comprendre les implications, tant aux plans interne qu'externe, de cette

---

[1] Boutros Boutros *Ghali.– Message à l'occasion du cinquantième anniversaire de l'ONU.* – New York, Secrétariat Général, 20 octobre 1994.

«révolution monétaire» qu'est la création de l'Euro. Le thème de la présente communication se rapporte au second volet de la question et a trait aux incidences de l'Euro sur l'Afrique.

La formulation du thème, par l'accent mis sur le critère géographique se révèle très ambitieux. Si l'idée est séduisante, sa mise en oeuvre expose à la superficialité. En effet, vouloir embrasser une problématique aussi vaste relève de la gageure; l'étendue du cadre d'étude, par l'éventail et la diversité des situations à considérer, rend aléatoire toute tentative d'appréhension globale et suggère, pour peu que l'on veuille affiner l'analyse, une approche plus sectorielle.

Pour une telle approche, la zone CFA [2] offre un champs d'investigation intéressant à plus d'un titre.

- d'abord et en parallèle avec l'Union Européenne, il s'agit d'une zone monétaire;
- ensuite et de façon dynamique, les deux zones monétaires sont en interaction par l'intermédiaire de la France;
- enfin et en rapport avec l'actualité, la création de l'Euro suscite interrogations et inquiétude quant à l'avenir du franc CFA.

L'entièreté des développements à venir sera donc consacrée à cette zone monétaire regroupant quatorze pays de l'Afrique subsaharienne et qui fonctionne selon les règles suivantes:

- la fixité de la parité franc CFA/franc français [3];

---

[2] La zone CFA regroupe aujourd'hui 14 pays d'Afrique subsaharienne. Il s'agit d'une part des six pays de l'Union Monétaire de l'Afrique Centrale signée en 1972 à savoir le Cameroun, le Gabon, la Guinée Equatoriale, la République Centrafricaine, le Congo et le Tchad avec comme institut d'émission la Banque des Etats de l'Afrique Centrale (BEAC) d'une part et les huit pays de l'Union Monétaire Ouest Africaine (UMOA) signée en 1973 à savoir le Bénin, le Burkina Faso, la Côte d'Ivoire, la Guinée Bissau, le Mali, le Niger, le Sénégal et le Togo avec comme institut d'émission la Banque Centrale des Etats de l'Afrique de l'Ouest (BCEAO). La zone CFA est incluse dans la zone franc qui outre ces quatorze Etats de l'UMAC et de l'UMOA comprend la France, les Départements d'Outre Mer (Guadeloupe, Guyane, Martinique, Réunion), les Territoires d'Outre-Mer (Nouvelle Calédonie, Polynésie française, Wallis et Futuna), les Collectivités territoriales de la République française (Mayotte, Saint Pierre-et-Miquelon), la Principauté de Monaco, et la République des Comores.

[3] Dans un rapport 50 francs CFA pour 1 franc français depuis 1948, cette parité, longtemps considérée immuable, a été modifiée en janvier 1994 suite à de la dévaluation de 50% du franc CFA. La parité étant désormais de 100 francs CFA pour 1 franc français. Cette dévaluation a brisé le mythe de l'immuabilité du taux de change fixe.

- la décentralisation dans la conduite de la politique monétaire avec la participation de la France aux instances techniques de décision [4];
- la garantie de la convertibilité illimitée du franc CFA en franc français [5];
- la libre transférabilité [6].

Mais même limitée à cette sphère, l'étude ne demeure pas moins complexe du fait de son aspect prospectif. Il s'agit de pressentir, de prédire, d'anticiper, en quelque sorte d'imaginer l'avenir avec ce qu'un tel exercice a de périlleux. C'est pourquoi le présent exposé, loin de servir des certitudes ou des réponses clé-en-main, aura simplement pour ambition, eu égard au thème et à la qualité des participants, de nourrir le questionnement et la réflexion dans le sens d'une meilleure connaissance des incidences de la nouvelle donne que constitue l'Euro sur les Etats de la zone CFA.

La monnaie unique européenne est-elle porteuse d'espoir ou lourde de dangers pour la zone CFA? Ouvre-t-elle de nouvelles perspectives de développement ou aura t-elle pour conséquence le renforcement de la marginalisation de ces pays africains? En somme, faut-il se féliciter de l'avènement de l'Euro ou au contraire le redouter?

La réponse à ces interrogations conduit à explorer les avantages et les inconvénients de la survenance de l'Euro pour la zone CFA. A ce propos, la tendance est, du fait de la nature de l'événement, à privilégier

---

[4] Chaque sous-zone (UMAC, UMOA) a son institut d'émission, la BEAC et la BCEAO, et la France siège au Conseil d'administration de chacun d'eux. Il existe donc en réalité deux monnaies même si elles ont le même sigle.

[5] La libre convertibilité est assurée par l'ouverture par chaque union monétaire et auprès du Trésor français, d'un compte d'opérations dans lequel les banques centrales doivent déposer au moins 65% de leurs avoirs extérieurs. Ceci permet, du fait de l'accès ainsi ouvert au marché des changes français, la convertibilité du franc CFA en toute autre devise. C'est aussi et surtout un véritable compte de solidarité pour les Etats d'un même institut d'émission. En effet, dans le compte d'opérations, un pays peut être déficitaire dans son commerce extérieur tant que son déficit est couvert par les excédents des autres membres. Tout se passe comme si les pays déficitaires dans leur commerce extérieur bénéficient en permanence de prêts sans intérêt de la part des pays excédentaires.

[6] Il y a liberté de mouvement des capitaux entre la France et chacune des unions monétaire et harmonisation de la réglementation des changes pour l'extérieur de la zone franc.

les aspects économico-financiers reléguant ainsi au second plan les implications politico-institutionnelles de la question. Implications qui, quoique moins apparentes ou immédiates, s'avèrent tout aussi déterminantes. C'est donc à ces deux niveaux de réflexion que sera portée l'appréciation des incidences de l'Euro sur la zone CFA.

I – LES INCIDENCES AU PLAN ECONOMICO-FINANCIER

«Le destin de l'homme se joue sur la monnaie» [7]. Par extrapolation, il est possible d'affirmer que le destin de la zone CFA se joue sur l'Euro. L'enjeu est de taille car il comporte une grande part d'inconnu. En outre, l'événement en question prend un relief particulier pour deux raisons principales:
   – il concerne la première puissance commerciale du monde avec laquelle les pays de la zone franc réalisent l'essentiel de leur commerce extérieur;
   – et surtout, il va entraîner la disparition du franc français.

Cette conjoncture de profondes mutations n'est pas pour rassurer les opérateurs économiques et les populations de ces pays qui y voient le spectre d'une nouvelle dévaluation. L'avènement de l'Euro a ainsi remis à l'ordre du jour la question de la souveraineté monétaire mais aussi conforté l'option pour une intégration économique régionale plus poussée.

A) – La réactivation du débat sur la souveraineté monétaire

«Si le franc français disparaissait aujourd'hui, de la scène internationale, il entraînerait la disparition du franc CFA» [8]. La première partie de cette hypothèse se réalisera en 2002. Reste à savoir si la relation de cause à effet ainsi établie entre l'existence du franc français et celle du franc CFA se vérifiera. Le franc CFA survivra-t-il à la disparition du franc français ? C'est toute la question du devenir du franc CFA qui est ici posée.

---

[7] RUEFF citée par Joséphine GUIDY WANDJA in «Peut-on dévaluer le franc CFA», *Afrique 2000*, novembre 1993, p.75.

[8] Joséphine GUIDY WANDJA in «Peut-on dévaluer le franc CFA», *Afrique 2000*, novembre 1993, p.76.

Appréhendée sous l'angle du droit, cette question reçoit une réponse non équivoque: l'existence du franc CFA ne serait aucunement remise en cause par l'établissement de l'Euro et ce référence faite à l'article 234 du traité de Maastricht. Celui-ci dispose, en effet, que «les droits et obligations résultant de conventions conclues antérieurement à l'entrée en vigueur du présent traité, entre un ou plusieurs Etats membres, d'une part, et un ou plusieurs Etats tiers d'autre part, ne sont pas affectés par les dispositions du présent traité». Il serait même conforté par l'article 109.5 selon lequel «sans préjudice des compétences et des accords communautaires, les Etats membres peuvent négocier dans les instances internationales et conclure des accords internationaux». Or une évaluation du coût de la garantie de convertibilité du franc CFA au regard de discipline budgétaire qu'impose le pacte de stabilité fait apparaître que non seulement le financement des découverts des comptes d'opération de la zone CFA n'affectent que la trésorerie de la France mais aussi et surtout qu'il ne représente qu'une fraction très marginale du déficit budgétaire français [9].

La seule disposition du traité de Maastricht qui inclinerait à la réserve est l'article 109.1. qui énonce que «le Conseil des Ministres statuant à l'unanimité [...] peut conclure des accords formels portant sur un système de taux de change pour l'Euro vis à vis des monnaies non communautaires». Ce qui reviendrait à qualifier le niveau communautaire pour le maintien ou la modification de la parité CFA/Euro au 1er janvier 1999. Mais à l'analyse, l'article 109.1 se révèle inopérant en considération de nature des accords en cause et du mode de décision applicable en l'espèce. En effet, et malgré leur dénomination, les accords de coopération monétaire entre la France et les Etats de la zone CFA doivent être interprétés comme des arrangements budgétaires entre le Trésor français et les deux banques centrales de la zone CFA (BEAC et BCEAO) et non des accords de change [10]. De plus le mode de décision unanimitaire au sein du Conseil donne à la France un véritable droit de

---

[9] Les statistiques à ce propos font apparaître que sur la période 1981-1995, la masse monétaire des pays de la zone CFA ne dépassait pas 2% de la masse monétaire française et que le PIB de la zone franc dans son ensemble représente moins de 5% du PIB de la France.

[10] «En effet, les déficits des comptes d'opération des banques centrales (BCEAO et BEAC) ne conduisent à aucune création monétaire, car ils sont financés, depuis l'origine, par une ligne du Trésor français et non par la Banque de France» Cf. Lettre de Conjoncture de la B.N.P. de janvier 1998, p.3.

veto. Par conséquent et en vertu du principe de subsidiarité qui a maintenu la politique budgétaire dans le domaine de compétence des Etats, une décision en la matière ne requiert pas l'agrément du Conseil des Ministres européens. Sur le fondement de ces différentes dispositions tirées du traité de Maastricht, l'avènement de l'Euro serait sans incidence sur l'existence de la zone CFA puisqu'il n'affecterait pas le fonctionnement de la zone franc. «Ainsi, la convertibilité du franc CFA serait indépendante du processus européen et la parité fixe envers le franc français pourrait être automatiquement reconduite en équivalent Euro»[11]. Il n'existerait ainsi, au plan juridique, aucun d'obstacle ou empêchement au maintien de la zone franc et partant de la zone CFA.

Mais si le droit offre des arguments en faveur du *statu quo*, l'économie, elle, indique des évolutions notables à plus ou moins long terme.

En effet, au-delà de la question de l'avenir juridique de la zone CFA[12], le passage à l'Euro, en secouant les conservatismes, alimente le débat sur le système monétaire le plus adéquat pour les pays de cette zone. Si à court terme, et pour éviter toute improvisation, l'arrimage du franc CFA à l'Euro *via* le franc français semble s'imposer, des voix s'élèvent de plus en plus pour souhaiter si ce n'est un décrochage, du moins d'autres formes d'arrangement monétaire. Il importe d'examiner chacune de ces alternatives.

L'arrimage ou l'ancrage du franc CFA à l'Euro sur la base d'une parité fixe et avec une garantie de convertibilité présente des aspects positifs non négligeables. Au nombre des avantages potentiels les analystes[13] mentionnent les avantages classiques attachés à une telle situation à savoir:

– la confiance dans la monnaie;

---

[11] Alain N'KONTCHOU, «L'avenir de la zone franc», *Jeune Afrique Economie*, n°263, 14-17 mai 1998, p.180. C'est d'ailleurs, référence faite au *Financial Times* du 2 juillet 1998, la décision qu'a prise la Commission de l'Union européenne: «The Commission said the present arrangements, under which France guarantees the fixed parity, *should not be materially affected by the transition to the euro*». Responsability for the fixed parity lies with the French treasury, and does not entail any obligations for the central bank». Cf. «CFA franc to be tied to euro» in *Financial Times*, Thursday July 2 1998, p. 4.

[12] Sur cette question consulter l'article de Emil-Maria CLAASSEN, «L'avenir de la zone CFA face à la monnaie européenne» in *Le Monde* du 12 mai 1998/V.

[13] Voir Document de travail n° 97/156 de novembre 1997 rédigé par Michael T. HADJIMICHAEL et Michel GALY ainsi que le Bulletin du FMI Vol. 27, n° 1 du 19 janvier 1998.

– la réduction de la fluctuation des prix et des coûts des transactions;
– et des taux d'intérêts relativement bas.

Plus spécifiquement, l'arrimage à l'Euro devrait avoir des effets bénéfiques dans le sens:
– d'un développement des exportations en direction de l'Union Européenne;
– d'un accroissement des investissements européens dans la zone CFA;
– d'une amélioration de l'accès des pays de la zone au marché des monnaies et des capitaux européens [14].

Bien qu'il apparaisse riche en opportunités, l'ancrage à l'Euro ne sera cependant pas une sinécure; il comporte des risques indéniables. Les plus souvent évoqués sont:
– la vulnérabilité aux chocs extérieurs pour des économies tributaires de matières premières et donc très sensibles à la détérioration des termes de l'échange [15];
– la poursuite et renforcement, dans une situation socio-politique difficile, des efforts de redressement économique et financier [16];
– les effets néfastes sur la compétitivité des Etats de la zone en cas d'appréciation et d'instabilité de l'Euro [17];

Ces différents risques renforcent l'idée d'un abandon de la parité fixe et une évolution vers plus de flexibilité dans la politique de change. Une évolution qui serait d'autant plus recommandée que les pays de la zone sont sous ajustement. Dans ce climat de rigueur où les marges de manoeuvre en matière de politique fiscale sont assez étroites, les Etats membres de la zone CFA en demeurant dans un système de change à

---

[14] Pour plus de détails voir Jacques ALIBERT, «Le franc CFA et l'EURO», *RJPIC*, n° 2, mai-août 1998, pp. 128-129.

[15] Surtout au moment où l'on constate une diminution de l'aide publique au développement.

[16] Les Etats de la zone seront peu ou prou tenus de respecter les critères de convergence définis par le traité de Maastricht

[17] Pour garder le cap de la parité fixe, les Etats de la zone seront contraints de mener une politique monétaire stricte, ce qui induira un ralentissement de la croissance voire une stagnation.

taux fixe «se privent de la possibilité d'utiliser l'outil monétaire pour accroître leur potentiel de croissance économique» [18]. D'où la nécessité «[d']introduire plus de flexibilité dans le système monétaire de la zone franc, car l'arme fiscale (quand elle existe) et le Trésor français ne pourront à eux seuls jouer le rôle de stabilisateur» [19]. Les hypothèses d'un rattachement du CFA à un panier mobile de monnaies, d'un CFA à change flottant ou à change fixe aux parités ajustables sont de plus en plus envisagées dans l'optique d'une politique monétaire flexible [20].

Ces différentes projections ou hypothèses traduisent les incertitudes d'une période de transition. Elles laissent présager des évolutions futures et notamment le fait que la zone CFA ne sortira pas indemne de l'épreuve de l'Euro. Une chose est certaine, l'avènement de la monnaie unique européenne ne peut qu'élever la prise de conscience d'une liaison plus étroite entre les pays de la zone CFA et d'un réel investissement dans l'intégration économique régionale en maîtrisant leur hétérogénéité.

B) – La validation de l'idéal d'intégration

Avec la globalisation actuelle de l'économie mondiale, les choix stratégiques qui s'offrent aux Etats de la zone sont très limités. Ils passent principalement par la création d'un large marché local pouvant servir de moteur pour une croissance interne et de stabilisateur en cas de chocs exogènes [21].

L'environnement concurrentiel dans lequel sont appelés à évoluer les pays de la zone exige, en effet, un haut degré de cohésion interne à même de prévenir les tendances particularistes qui résulteraient d'évolutions trop divergentes des politiques nationales. Il s'agit d'assurer l'insertion de la zone dans un marché mondial dans lequel l'accent est mis sur les questions de compétitivité/spécialisation des économies par application de la théorie des avantages comparatifs et des principes libre--échangistes. Dans de telles conditions, l'intégration économique régionale, pour des Etats appartenant aux groupes les plus exposés aux risques de pauvreté et de marginalisation, ne relève plus d'un choix de raison mais se présente comme un impératif de survie sous peine de se voir réduits à la diplomatie alimentaire.

---

[18] Alain, N'KONTCHOU, *op.cit.*, p. 181.
[19] Alain N'KONTCHOU, *Ibid*
[20] Jacques ALIBERT, *op. cit.*, p. 130.
[21] Alain, N'KONTCHOU, *Ibid*

En effet, l'interdépendance croissante des économies accentue l'effet de débordement des politiques économiques nationales. Ce faisant, la dimension régionale acquiert une importance capitale et l'intégration économique devient l'étape préalable et indispensable pour une participation à l'activité économique internationale. Pour des Etats sous ajustement structurel comme ceux de la zone CFA, elle se révèle une stratégie d'accompagnement, une condition essentielle de leur réussite car, au delà de la cohérence régionale des PAS, l'intégration régionale est appelée à jouer un rôle de facilitateur de l'ajustement. Elle se révèle ainsi «un moyen de favoriser l'adoption de politiques économiques mises partiellement à l'abri de pressions particulières» [22].

Les Etats de la zone semblent l'avoir compris car depuis la dévaluation du franc CFA en 1994 l'intégration économique régionale connaît un nouvel élan avec la signature de deux traités portant respectivement création de l'Union Economique et Monétaire Ouest-Africaine (UEMOA) [23] et de la Communauté Economique et Monétaire d'Afrique Centrale (CEMAC) [24].

L'objectif principal visé par ces deux traités est le renforcement de la compétitivité des activités économiques et financières des Etats membres dans le cadre d'un marché ouvert et concurrentiel et d'un environnement juridique rationalisé et harmonisé. Il ne s'agit plus d'insulariser les économies de la zone par des protections, mais de les amener à devenir compétitives sur les marchés extérieurs. La libéralisation des échanges commerciaux, couplée à la stratégie d'intégration fondée sur le protectionnisme minimum devient le vecteur par excellence de l'intégration. L'approche préconisée se veut progressive mais globale. Le caractère progressif découle du mode de création des nouvelles organisations. Au lieu, en effet de les créer *ex nihilo* comme il était de coutume, la technique utilisée par les initiateurs des projets UEMOA et CEMAC a consisté à étendre et à renforcer une forme fonctionnelle de coopération déjà existante, en l'occurrence l'UMOA et l'UMAC. Le caractère global lui vient du fait que la nouvelle approche privilégie le parallélisme des mesures des mesures économiques et des mesures monétaires en vue d'asseoir un cadre homogène et un environnement propice à la libre

---

[22] Patrick GUILLAUMONT, *Revue d'économie du développement*, 2, 1993, avant--propos, p. 3.

[23] Traité signé le 10 janvier 1994.

[24] Traité signé le 16 mars 1994.

circulation des biens et des services, de la main d'oeuvre et du capital. Ainsi les efforts se portent sur l'assainissement et la transformation de l'environnement institutionnel et judiciaire (intégration par les règles, l'autonomie du pouvoir monétaire et judiciaire vis à vis des pouvoirs nationaux, harmonisation du droit), la constitution d'un espace financier commun grâce à l'uniformisation du droit (des affaires, des assurances, de la sécurité sociale)[25] et d'un espace commercial grâce à des réformes fiscalo-douanières.

Véritables modalités d'insertion dans le marché mondial, ces organisations ont été conçues comme:

– des espaces de liberté ouverts;
– des facteurs de cohésion;
– des cadres d'ajustement.

En outre elles s'affichent comme des vecteurs de l'idée supranationale par une affirmation expresse des principes de l'effet direct et de la primauté du droit communautaire.

Si la pertinence de l'option régionale ne fait aucun doute, les pays de la zone doivent, cependant, avoir présent à l'esprit, et l'expérience des divers processus d'intégration dans la zone CFA l'atteste, que l'union douanière a toujours joué les arlésiennes ayant constitué la pierre d'achoppement, la falaise contre laquelle sont venues mourir les vagues successives de projets d'intégration. C'est dire que pour porter ses fruits, ces aménagements doivent être sous-tendus par une véritable volonté politique mais surtout bénéficier d'un environnement immédiat propice. Dans cet ordre d'idée une meilleure coordination voire une rationalisation des stratégies d'intégration UEMOA/CEDEAO et CEMAC/CEAC s'avère indispensable pour éviter les distorsions et les double-emplois préjudiciables à l'avenir du processus d'intégration.

Les incidences économico-financières ci-avant évoquées ne sont pas les seules à être considérées; d'autres de nature politico-institutionnelle méritent attention.

---

[25] Cf. Traité constitutif de la Conférence Interafricaine des Marchés d'Assurance (CIMA) signé le 10 juillet 1992; Traité institutif de l'Organisation pour l'Harmonisation en Afrique du Droit des Affaires (OHADA) signé le 17 octobre 1993; Traité portant création de la Conférence Interafricaine de la Prévoyance Sociale (CIPRES) signé le 21 septembre 1993; Traité créant l'Observatoire Economique et Statistique d'Afrique Subsaharienne dénommé (AFRISAT) signé le 21 septembre 1993. Ces traités signés dans le cadre de la zone franc associent parfois des pays tiers comme la Guinée.

II – LES INCIDENCES AU PLAN POLITICO-INSTITUTIONNEL

Plus sous-jacentes, elles affectent non seulement les relations internationales des Etats de la zone mais impliquent aussi des remises en cause au plan interne. Les changements qu'elles impriment vont dans le sens d'une plus grande diversification des partenaires des Etats concernés et d'une meilleure prise en charge endogène du développement.

A) – Le renforcement de la multilatéralisation

Les accords entre les Etats de la zone CFA et la France ne sont pas uniquement des accords monétaires. Les relations avec les pays dits du champ ou du pré-carré sont éminemment politiques. L'avènement de l'Euro, par la perte de la souveraineté monétaire française, ne sera pas sans conséquences sur ces relations qui risquent bien de se distendre.

Cette évolution se lit d'abord dans les statistiques qui laissent percevoir un recul de la position française dans le commerce extérieur des pays de la zone franc. Ainsi les importations en provenance de la France qui constituaient 75% des achats de la zone CFA aux pays de l'OCDE dans les années 1960 ont fléchi pour ne représenter que 50% en 1996. Les principaux bénéficiaires de cette redistribution sont les autres pays de l'Union européenne puisqu'ils totalisaient 35% des achats des pays de la zone franc en 1996 contre seulement 15% au début des années 1960. Pour ce qui concerne les exportations, celles à destination de la France sont passées de 70% des ventes faites aux pays de l'OCDE en 1960 à seulement 18% en 1996. En contrepartie les Etats Unis et les autres pays de l'Union européenne deviennent des clients majeurs des pays de la zone franc puisque le taux des exportations passent respectivement de 7% et 22% en 1960 à 20 et 45% en 1996 [26].

Elle se dessine ensuite à l'observation des nouvelles orientations de la politique française en Afrique. Les réformes institutionnelles opérées traduisent une volonté de banalisation des relations franco-africaine et leur inscription dans le cadre normal des relations internationales. Une tendance qui n'est que la prise en compte de la diversification nécessaire des relations extérieures des différentes parties prenantes dans le sens de la *realpolitik* et de l'idée selon laquelle: «les Etats n'ont pas d'amis, ils ont des intérêts».

---

[26] Source: Banque de France, Rapport Zone Franc 1996.

Elle se déduit enfin de la philosophie qui sous-tend une union économique et monétaire. Le passage à la monnaie unique ne saurait être un événement politiquement neutre. Elle contribuera, sans nul doute, à l'affirmation d'une identité externe de l'Union Européenne et partant l'élaboration d'une stratégie sinon unique du moins concertée. Cette affirmation se déduit du rapport de la Commission européenne du 25 mars 1998 dans lequel on peut lire: «en se dotant de l'euro, les peuples européens ont décidé d'occuper sur la scène internationale une place que l'histoire et leur force économique et commerciale justifient. *Ce faisant, ils manifestent leur unité vis-à-vis du reste du monde en affirmant leur existence dans le domaine monétaire*»[27]. Les relations franco-africaines ne sauraient donc éternellement rester en dehors des compétences communautaires surtout dans la perspective d'un développement de la PESC. Les arguments juridiques même les plus solides risquent fort d'abdiquer face aux considérations d'ordre politique et aux marchandages politiques internes à l'Union européenne. Comme le note Jacques ALIBERT: «Il n'est pas exclu que la France soit amenée à revoir avec ses partenaires, tant européens qu'africains, les règles de fonctionnement de la zone franc et à envisager, dans un esprit de concertation et d'ouverture, de nouveaux accords monétaires»[28]. Dans un tel cas de figure, il paraît impensable que l'Union européenne soit tenue à l'écart; «il s'agirait alors d'une autre négociation, à laquelle la BCE ne pourrait pas être étrangère, et qui serait dominée par les préoccupations politiques des pays européens participants à l'Union monétaire»[29]. Il faut donc être conscient que «la tutelle de la France ne restera pas exclusive dans l'avenir»[30].

Cette évolution possible sinon probable déteindra sans nul doute sur la manière de conduire les politiques internes dans le sens d'une plus grande responsabilisation. A la mentalité d'assisté devrait se substituer celle de battant.

---

[27] Partie 1 – Recommandation: points 31 et 32. Souligné par nous.

[28] Jacques ALIBERT, *op. cit.*, p. 132.

[29] Jacques ALIBERT, *op. cit.*, p. 131. C'est aussi l'analyse de Samer Iskander qui écrit: «When the euro is launched next year, France and the other 10 participating countries will transfer competence for the external exchange rate of the euro to the European central bank». Cf. *Financial Times, op. cit.*, p. 4.

[30] Jacques ALIBERT, *op. cit.*, p. 130.

B) – L'exigence d'une culture d'excellence

Le passage à l'Euro intervient au moment où s'affirment de plus en plus la «déliquescence» de certaines théories du développement telles le développement autocentré et déconnecté et «l'alignement» sur les règles de l'économie de marché et sur les programmes d'ajustement structurel des organismes financiers internationaux. En effet, les Etats de la zone CFA ont décidé d'assumer les conditions de la compétition internationale en optant pour un développement fondé sur le marché et une politique commerciale tournée vers l'extérieur. Or ainsi que vient de le démontrer la récente crise asiatique, le «capitalisme de copinage» la corruption et une gestion publique gabégique sapent les bases d'une économie solide. Dans le contexte de capitalisme sauvage et débridé qui est celui des pays de la zone CFA, de profondes réformes institutionnelles sont indispensables pour faire en sorte que la bonne gouvernance ne soit pas un simple slogan. La transparence, la rigueur et la participation doivent devenir réalités si l'Afrique veut participer avec quelque chance à la compétition internationale.

Autre élément à souligner, l'Euro survient à un moment où s'opère une redistribution des influences dans le monde. La formule américaine *«trade not aid»* préfigure de ce que seront les relations futures entre pays du Nord et du Sud. Il est de plus en plus question de «partenariat» et de moins en moins d'aide. Les idées d'égalité et de responsabilité contenues dans ces différentes expressions doivent convaincre les Etats africains qu'ils devront désormais s'assumer. C'est la nouvelle orientation que risque de prendre la politique communautaire de développement vu que dans le cadre de la renégociation de la convention de Lomé, l'Union européenne manifeste une inclination à se rallier aux thèses de l'OMC par un passage, certes progressif mais certain, du système de préférence non réciproque à un système de réciprocité commerciale. Le statut de «majeur incapable» semble bel et bien révolu. Comme le souligne avec lucidité le gouverneur de la BCEAO au sujet des garanties françaises quant au maintien de la parité franc CFA/franc français: «il n'y a pas d'assurances! Chacun est maître de son destin. L'assurance, on se la donne soi-même, en faisant la politique qu'il faut pour mériter la monnaie qu'on a voulue»[31].

---

[31] Interview de M. Charles KONAN BANNY in *Jeune Afrique Economie* du 18 au 31 mai 1998, p. 33.

CONCLUSION

Le passage à l'Euro doit être l'occasion pour l'Afrique en général et de la zone CFA en particulier d'un examen de conscience pour assumer son histoire, s'interroger sur son présent et imaginer son avenir. Dans le cadre de cette introspection, les Etats de la zone CFA pourraient s'inspirer de cet adage de la sagesse africaine: «celui qui dort sur la natte du voisin dort à même le sol».

L'EURO ET LA MÉDITERRANÉE

Felice GNAGNARELLA,
Università "G. d'Annunzio", Pescara

Depuis un certain temps l'Europe s'intéresse aux rives sud de la Méditerranée; cette attitude a été encouragée par les résultats obtenus grâce aux programmes de coopération avec les pays de l'Europe de l'Est, aprèrs la chute du mur de Berlin. Les états européens du Sud ont exercé leur pression pour renouveler ce succès avec les pays tiers de la rive sud de la Méditerranée: ces efforts se sont concrétisés dans plusieurs initiatives, parmi lesquelles la Conférence Euroméditerranéenne de Barcelone '95.

A notre avis tout programme d'intégration représente moins une nécessité qu'une opportunité pour l'Europe, mais on ne peut pas nier que l'accroissement démografique du Nord de l'Afrique, la mondialisation de l'économie, le débouché de nouveaux marchés, les aides en faveur de la paix dans tout le bassin soulignent qu'il existe un parcours obligé: l'UE ne peut pas rater l'occasion de créer une zone d'influence si importante.

La tendence générale se traduit par un regroupement des régions, a travers la réalisation de systèmes ouverts et interdépendants. Au moment où l'euro-monnaie devient une réalité, la mondialisation a révolutionné les horizons préconstitués, en créant des régions qui, au lieu de disparaître, s'organisent en système. Les Etats-Unis ont déjà réalisé des accords avec le Sud de leur continent (Alena) et l'Europe aussi a programmé une zone de libre échange avec les pays de la Méditerranée dont la réalisation est fixée pour 2010. Cela se traduira par un essor des rapports commerciaux entre l'Europe et les pays du bassin méditerranéen: aujourd'hui ces rapports représentent 8% de tous les échanges de l'Union, 9,1% des investissements, 24,8% des importations des ressources énergétiques, et la tendance est en hausse.

Regardons de plus près les conséquences d'une liaison plus étroite de l'Europe avec les pays de la Méditerranée.

— L'Intégration; si l'on arrive à réaliser un cercle "verteux" par le biais du commerce et de la privatisation, qui ont besoin d'une stabilité politique, toujours recherchée dans ces pays, l'intégration réalisera un essor plus rapide; l'intégration, à son tour, accroît le flux des investissements étrangers grace à la compétitivité des salaires plus bas.

Les entreprises européennes peuvent envisager de déplacer certaines productions, comme par exemple les semi-finis, dont la réalisation est moins chère dans ces pays, pour être plus compétitives sur les produits finis.

— L'Emigration: les pays situés sur la rive sud de la Méditerranée, auparavant des pays d'émigration, sont devenus des sources d'immigration en causant différents problemes aux pays européens. Le sondage effectué par la Communauté à propos des immigrés en Europe a montré que 65% des Italiens, 50% des Français et Anglais et entre 15 et 20% des citoyens des autres états membres estiment que les immigrés sont trop nombreux. Dans cette situation difficile, chaque pays a pris ses mesures de protection. Tous les économistes se trouvent d'accord: pour baisser le flux des migrations, il faut soutenir le développement des pays d'origine. Des études ont montré que les immigrés se placent dans les secteurs à forte intensité de travail manuel. Ce type d'activité demande en général de la main-d'œuvre peu qualifiée et il pourrait avoir lieu dans les pays d'origine, tandis que les pays développés pourraient se dédier aux productions affectées aux exportations, en réalisant un flux de commerce plus important et une plus grande demande de produits industriels ou semi-finis, qui donnent à ces pays un avantage comparé; n'oublions pas que sur les produits manufacturés les pays industrialisés subissent un désavantage comparé et qu'ils arrivent à garder leur niveau de production grâce à des mesures protectionnistes.

— Le Commerce: avec la spécialisation, le commerce est le moteur du développement, mais il a besoin d'intégration économique, de stabilité politique et d'investissements. Les politiques d'ouverture encouragent les investissements, la production, le commerce et la richesse; au contraire, les politiques de fermeture entraînent la sous--production et l'émigration. En outre le commerce européen avec les pays de la Méditerrannée est déjà important, puisque 50% des exportations de ces pays se dirige en Europe et 50% des importations provient des pays membres de l'Union. Il faudrait donc s'ouvrir encore plus au commerce, même si cela signifie lutter contre la tendance au protectionnisme. On ne devrait pas encourager le commerce *inter-industrial* dont seulement peu de productions peuvent bénéficier, mais le commerce *intra-industrial*, rentable pour tout le monde, qui n'est réalisable qu' à condition d'un revenu assez élevé, comme en ce moment c'est le cas de Malte, de Cypre et de la Turquie.

Qu'est-ce que l'on peut faire pour obtenir ces résultats? La parole magique est partenariat. La coopération a laissé une grande place à la libre initiative des forces du marché. Exception faite pour certains pays du Nord de l'Europe, comme les Pays-Bas, la Suède et le Danemark qui affectent environ 1% du PIB à la coopération avec les pays en voie de développement, les autres états d'Europe sont encore loin du niveau minimum de 0,7%. Dans la Méditerranée la coopération a mis en place le programme Meda (4,6 milliards d'ecu et d'autres affectés par la Banque Européenne des Investissements pendant la période '95/'99), chargé de créer les conditions favorables aux investissements étrangers, afin de rendre convenable le déplacement des cycles de production. Rappelons-nous que l'offerte de main-d'œuvre bon marché est la ressource la plus importante de pays tels que la Tunisie, le Maroc, la Jordanie, Israël et la Turquie, mais aussi de tous les pays en voie de développement, qui sont donc obligés de concurrencer les autres. La garantie du respect du droit, de la propriété et de toute condition favorable aux investissements pourrait être un vrai atout.

En ce qui concerne la fiabilité des pays de la Méditerranée, on doit reconnaître qu'elle a progressé ces derniers temps grâce à plusieurs événements: la fin de la Guerre du Golfe, la paix au Moven Orient, l'établissements du processus d'intégration régionale et des codes d'investissement. Pour cette raison, le partage de l'UE ente le Sud et le Nord joue un rôle très important, plus encore qu'aux Etats-Unis, puisque le Sud de l'Europe est une région bouleversée d'un point de vue politique et social. Il faut aussi ajouter que parmi les pays de la Méditerranée, ceux qui produisent du gaz ou du petrole se trouvent dans des conditions tès différentes par rapport à ceux qui qu'ont pas ces ressources; que certains pays, comme la Tunisie et le Maroc, ont ouvert leur production à la libre concurrence, tandis que d'autres gardent de mesures protectionnistes; que Israël et 1a Turquie déterminent 50% de toute la production des pays de la Méditerranée.

Seulement le flux des investissements fera démarrer l'accroissement du revenu, même si en '96 les pays de la Méditerrané on profité seulement de 1,5% des investissements étrangers, dont 59% en Turquie et en Israël. Dans cette situation, la réalisation de l'Euro jouera un rôle considérable, il sera probablement la monnaie courante dans les pays du Maghreb, utilisant aujourd'hui le franc français pour les échanges internationaux et comme reserve. Cela ne sera pas sans conséquences pour les rélations financières en déhors de l'UE. La Banque Mondiale, par exemple, a prêté environ 50.000 milliards (£ italiennes) à ces pays, mais elle envisage un taux d'acroissement du PIB de 3,1%, c'est à dire assez bas, surtout par rapport au taux d'accroissement de la population et par rapport aux pays de l'Asie et de l'Amérique du Sud où un taux plus haut est envisagé. Il faudrait donc toucher un taux de 6% pour pouvoir les concurrencer, mais comment peut-on le faire?

On dispose des "outils" macroéconomiques et l'on peut suivre l'exemple de la Tunisie, du Maroc et de l'Egypte, qui ont baissé l'inflation et les déficits publics. On peut adopter une approche plus commerciale et promouvoir la participation du secteur privé. On peut aussi renouveler les infrastructures qu'aujourd'hui représentent un emboutillage pour toute forme de développement. On peut aussi utiliser le crédit sous plusieurs formes:

– prêts publics, affectés par la Banque Mondiale et par Le Fonds Mondial des Investissements: en 1997 la Tunisie a obtenu 75 millions de dollars pour réaliser un programme de coopération avec l'UE. La condition pour obtenir de tels emprunts est la reforme de la situation politique, institutionelle et législative.

– prêts privés: en 1996 ils ont touché le chiffre de 600 millions de dollars, et l'on envisage des sommes encore plus importantes pour les années à venir. La coopération est donc seulement le moteur de l'affluence de capitaux privés, sous forme d'investissements étrangers. Il vaudrait mieux abandonner la vieille image des pays sous développés en tant que concurrents potentiels et soutenir plutôt leur développement. Ce processus ne peut que tirer profit de l'introduction de l'Euro, parce qu'il sera le point de repère de toutes les nouvelles réalités économiques.

En conclusion, nous croyons que l'introduction de la monnaie unique jouera un rôle important dans le processus d'intégration, en facilitant les échanges des pays de la Méditerranée avec l'UE.

CONCLUSION: THE EURO AND ITS PERCEPTION BY WORLD BLOCS

Tibor PALANKAI,
Budapest University of Economic Sciences

The session was devoted to the external aspects of the introduction of the Euro, particularly from points of view of outsiders. The main papers presented the views and perceptions of the main world partners and the impacts expected from the functioning of the new currency. The session shared the view that the Euro will become number one international currency in Europe and a second most important one in global context. The Euro will gradually take that role, both in terms as a unit of account (pricing), a medium of exchange and a reserve currency. In the short run, the Euro will first simply replace the DM, both in terms of the foreign markets and as a major investment currency. The same applies to the other European currencies (CFA zone). These processes are based on the shares of the EU in world production and trade, and in international capital markets. At the same time, it is unlikely that the Euro may totally take over the role and replace dollar.

The main paper of the session (that of Professor Manuel Porto) stressed the political aspects of European monetary integration and he pointed out that the introduction of Euro will bring important changes in international power relations. His conclusions were broadly shared and it was agreed that these mean positive changes not only from points of view of Europe, but also in global terms. The international currency role of the Euro will lead to increased political role of Europe on the international arena and that may and will enhance the international stability and security in general in the broad sense. "The Euro will make the EU a superpower and offer prospects for the European Union towards the

21st century in international monetary matter." (Prof. Tanaka paper) That will increase the possibility and also the necessity of more coordinated foreign and security policies of the EU. With stronger political union, the risks of conflicts both inside Europe, but also in the world, will diminish.

If it will be a stable money, all the participant, including all of the outsiders considered the emergence of the Euro as an international currency as a welcome development. However, will it be good for the outsiders, it will depend on several factors, basicly on the policies pursued by the EU, and particularly by the ECB. Fears were expressed that an overstressed prices stability as a single and supreme objective of the ECB could mean the continuation of the policy of "benign neglect" characterising the policies followed so far by the US. "Countries which will not belong to either the Euro zone or dollar zone would be victims of the two 'benign neglect' superpowers" (Prof. Tanaka paper). In such case, the Euro may bring further instabilities in the foreign exchange relations. It was acknowledged that the price stability is an important policy objective from points of view of international currency role of the Euro, but at the same time, it should be combined with proper exchange rate policies, which take into account also the stability of international money markets.

There was a broad agreement among the participants that the Euro will be a strong currency on the long run, but on the short run its introduction may be accompanied by increased volatility on the currency and capital markets. That possibility was strongly raised and broadly discussed by the previous meetings of the this group. These developments can be boosted and reenforced by the crisis of other regions. It is unclear how the introduction of Euro and the transition process may be influenced by the repetition and prolongation of the Asian crisis. The proportions of this danger and its consequences can not be foreseen. On the one hand, it was stressed that these processes can be handled, and all of the main agents, both on micro and macro levels, have the proper tools and techniques to cope with them. On the other hand, these possibilities have to be taken seriously, and in case, such crisis can take such proportions that even the mere fate and progress of the Euro can be endangered.

Professor Dominick Salvatore raised it, that beyond the volatility, the misalignment of the Euro rates is a more serious danger. This view was broadly shared by most of the participants. It might bring distortions in allocation in resources and in competitive positions and on longer

Conclusion. *The Euro and its Perception by World Blocs* 375

terms may even lead to such conflicts as trade wars. These possibilities should be seriously considered and should be dealt with.

On these grounds, strong views were expressed that an increased international cooperation and coordination are desirable in terms of monetary policies, particularly between Euro and dollar. In fact, the optimism and the positive expectations were centered on that cooperation by all of the participants. "The Euro will be a harbinger of a cooperation between the US and the EU and of a reform of the international monetary system" (Prof. Tanaka's paper).

Several factors may point toward that cooperation. First, the elimination of the supremacy of dollar, and as there are two major actors, they best interests may be to coordinate. The tensions arising from the possible crisis due to the swings of large volumes of funds between the dollar and Euro, may also enforce that cooperation. In the future, the US can not pursue the policy of financing its current account deficits based on supremacy of dollar, which means that the interest rate and the exchange rate of the dollar can not be set without cooperation with G7 or "G3" countries. This will push the US toward the reforms of the international monetary and financial systems. "It can be expected that a strong and credible Euro will be also a benefit for the world economy, which will be no more dependent on the policies (good or bad policies) of one country: as with two great currencies the responsibles for the monetary policies will feel the need to follow cooperative strategies, being penalised if they do not follow them" (Prof. Manuel Porto paper). The Euro may have a potential role in international crisis management, which require political leadership and adequate resources. Countries like Japan have also a strong interest in cooperation between US dollar and the Euro. The outsiders expect clear definition of the role and policies of EU institutions and clear relations to the IMF and international monetary cooperation.

The institutional aspects of the reform of the international monetary system were also raised, particularly in terms of the need of a "new Bretton Woods". Details of that reform, however, were not discussed (except such questions as the establishment of target zones). As a long term perspective, beyond the realistically foreseeable time horizons, the idea of a global currency was mentioned, which may emerge "with some kind of arrangements among Euro, Dollar and Yen." (Prof. Ramon Tamames paper).

The impacts of Euro on the world economy were touched upon, but were not analysed in details. The Euro may increase the global competitiveness of the EU economies, but it also will require substantial adjustment costs. Particular attention was given to regional problems, the further differentiation of the regions. The monetary integration may strengthen spatial concentration, and doubts were expressed that there are proper and efficient means and policies to balance them. These doubts were particularly stressed in terms of necessary transfers to achieve cohesion and maintain solidarity. These effects may arise not only internally inside the EU, but also in global terms. Fears were expressed in relation of African and Latin-American countries, whether Euro would be beneficial for them or it would lead to their further peripherisation in the world economy. The Euro may provoke further development of regional trade and currency blocs. These dilemmas, which can hardly be answered properly in advance, were raised by Prof. Ibriga's paper: "La monnaie unique européenne est-elle porteuse d'espoir ou lourde de dangers pour la zone franc? Ouvre-t-elle de nouvelles perspectives de développement ou aura t-elle pour conséquence le renforcement de la marginalisation de ces pays africains?"

Fears were repeated also about the possibility of "fortress Europe". Although Euro may lead to diversion in trade and capital investments, the outsiders strongly stressed that Euro should contribute to a freer international trade and easier access to European capital markets. As it was expressed as a Latin-American view (by Professor Flôres) – "Euroland should be an open market for financial products".

From the presentations of the session, good overviews were given, how the EMU and the Euro was and is seen from the outsiders, particularly in America and in Japan. In the past, for a long time, these views were characterized by neglect, scepticism and often hostility. These apply to political, academic and business circles as well. The main reasons have been the lacks of information or misinformation and, of course, the fears that Euro may affect negatively their interests. As Euro is becoming more and more a realistic prospect, these views are changing in a positive direction. The group feels and recommends that it would be important to give more and better information about the prospects and possible effects of Euro for the outsiders both to the governments and business sectors. This would be highly useful in terms of avoiding misunderstandings and undesirable reactions, particularly as Euro takes effects.

It was also mutually agreed by all sides that the enlargement and the deepening, particularly the launching of EMU and the Euro, could and should be mutually enforcing processes. Both deepening and enlargement point to the same directions and require the same reforms in terms of institutional changes or in structural adjustments as well. These particularly apply to the reform of the CAP and the budget. Realistically the entries of the CEE candidates are conditioned by the successful completion of the EMU plan and after a transition period they may also join the EMU. According to the Copenhagen membership criteria, on the long run the CEE candidate are expected to take part fully in the EMU and their interests correspond to that requirement. The analyses of CEE countries support that for the long run the advantages to join are more than costs, particularly that of staying out. The CEE countries need substantial adjustment and preparation, but if they are prepared they should join and they should be accepted.

PALAVRAS DE ENCERRAMENTO

L'INITIATIVE DES CHAIRS JEAN MONNET

Leo TINDEMANS,
President du Conseil Universitaire

Quel est l'origine de ce colloque? Vous le savez sans doute, mais enfin permettez-moi quand même d'en dire deux mots. C'est un colloque des Chairs Jean Monnet des pays membres dont l'idée avait été lancée il y a un an par les Professeurs Jean Monnet du Portugal qui pensaient qu'une telle initiative pouvait avoir lieu à l'occasion de l'Expo de Lisbonne 98, comme nous disons en Belgique, nonante-huit.

Plus de cinquante Professeurs Jean Monnet ont répondu avec enthousiasme à cette invitation et ont travaillé pendant deux jours dans la ville universitaire de Coimbra. Je tiens à remercier ces Professeurs et de l'autre coté je suis fier de pouvoir travailler avec vous. Ceci prouve que les Chairs Jean Monnet et les Professeurs occupant ces chairs voient l'importance de cette initiative et veulent contribuer à approfondir certains aspects de l'intégration européenne. Et permettez-moi de le dire toute de suite, la qualité de ce colloque m'a frappé. C'était vraiment très intéressant. Et ces Professeurs ont tenu à donner un exposé original, pas banal du tout, sur des aspects de cette intégration, plus particulièrement concernant l'Union Monétaire.

J'ai pu assister à une grande partie des travaux et j'ai pu apprécier la haute qualité scientifique du colloque de ce réseau Jean Monnet. C'est la vitalité et la grande motivation des Professeurs pour ce genre d'exercice qui permet de développer des réflexions en commun sur des sujets d'actualité communautaire.

J'ai été frappé par l'importance des travaux préparatoires à cette conférence. Vous savez ce que c'est qu'un Professeur. Il sont tous très occupés, ils sont donc tenus à préparer un papier destiné à ce colloque ce qui, à mon avis, est un très grand succès intellectuel et universitaire. C'est un comité scientifique qui a donné la structure de ces journées de travail. Le thème de l'euro et le monde a permis d'avoir la participation de scientifiques d'autres continents, vous voyez l'expansion, l'élargissement, le rayonnement des Chaires donc a permis d'avoir la participation de scientifiques d'autres continents afin d'apporter un éclairage sur la perception de l'euro par les grands, je n'ai pas le mot mais permettez-moi de l'employer ici: les grands blocs mondiaux. Je viens de le dire, mon impression personnelle, je tiens à vous féliciter, la qualité était excellente, ça m'a très frappé, et puis les contacts privés m'ont permis de conclure que vous y tenez, vous appréciez d'appartenir à ce cercle de Professeurs de Chaires Jean Monnet, et donc j'ai pu constater que la volonté existe de coopérer, j'aillais dire encore, d'avantage, à l'avenir. C'est donc, comment dois-je dire, un cercle d'intelligences remarquables qui veut dans ce cadre approfondir d'avantage encore certains aspects de l'intégration européenne, des aspects qui dans l'actualité donc requièrent que des scientifiques se penchent sur certains aspects de ces problèmes.

FACING EUROPE AND THE EMU: REFORM OR DIE

António SOUSA FRANCO,
Portuguese Minister of Finance

1. Since the beginning of European economic integration – in 1958 – the European Economic and Monetary Union and the single currency are perhaps the most important reforms that happened in Europe, with the important exception of the end of Communism in Russia and Eastern European countries in the final years of the eighties. It is a great honour and a pleasure for me to speak to this distinguished audience on the future of Portugal and of Europe under the Euro. New Money for the Old World: what a challenge! Only big challenges make big successes. In the first weekend of May Europeans formally began this exciting and important project known as the Euro, selecting 11 countries that will begin on January of 1999 that experience unparalleled in history: a currency common to a set of independent States. The long years of preparation and difficulties are over and a new era is with us, and this was clearly acknowledged by the markets since the beginning of the Asian crisis. Our task is to ensure that it brings prosperity not only to Europe but to the whole world. Overcoming past quarrels and the wars of the 20th century, Europe will, once again, create new institutions for a better world. The single currency for 11, soon 15 countries, perhaps 30 around 2010, after the enlargement of the European Union, will mean a new presence of the European economy in the Monetary and financial markets, thus responding to the challenge of European unity, after centuries of division, in the global World. Thus, it is also new money for a new World! Less than one year ago, most people asked if the Euro would ever be effective, many doubted that it could be a reality, as scheduled, in 1999, there was a powerful opinion trend moving in the sense of reserving the central core of the EMU to a small number of central European countries. Now it is clear that the Euro with 11 countries will be effective on January 1st 1999.

First of all the markets, and their confidence, afterwards the European Governments have made this a real fact.

I – New Money for the Old World

2. My first remarks are organised around three ideas: first, the euro is a sign of European unity as well as a springboard of the never ending work of building a united Europe; secondly, the introduction of the Euro has major international repercussions, hence we must endeavour to strengthen transatlantic links and institutions and think about better international monetary arrangements to promote stability and growth in World economy. And finally – speaking about my own country – the success of Portugal in meeting the convergence criteria is also an European success story, meaning that the new Europe is open to all willing European nations and will be a factor of growth and development for the smaller and less developed European economies, as well as a strong presence of the European Union in the World economy and markets. Our case – as a small size relatively low developed and largely traditional economy until the 80's may be, I think, inspiring for other European countries, inside or outside the EU, but wishing to join the club. Insofar EMU is structured by an international European Treaty, the rules bind all parties of the agreement. It would had been tragic for Europe if EMU or other European institutions were not designed to every free and democratic European State. That is not the case and I am happy for things being like this.

3. The first meaning of significance of the Euro is political. The Euro will provide a powerful magnet and a sound basis for a renewal in Europe. It is a stepping stone for building better understanding and unity of all European peoples – that is, a closer and deeper union in Europe –, and, as many observers noted, the advent of the Euro shows that Europeans were able to carry out a difficult but essential task of the highest political importance. Thus, it is understandable that there is some Euro-phoria!

Europeans accepted the basic tenets of sound currency and stable macroeconomic framework as necessary conditions for economic and social progress – as we can only redistribute and create a fair and just society by allocating what has been produced and these principles are enshrined in European international treaties and embodied in new, reinforced institutions. As you know, the European Council in Luxembourg of last December provided new impetus for EU Member States to tackle the difficult tasks of creating new jobs on the basis of the progress achieved in monetary union. Common and national employment policies will be, from then on, at the core of the EU concerns and of the EMU.

By working together, Europe overcame decades of euro-skepticism, divisions and drifting in indecision. The current plan of an Euro zone of 11 Member States is a sound one, both politically and economically. With a smaller group the letter and the spirit of the European Union Treaty should be infringed upon and the euro could be far away from the ideal of a united Europe, built by common efforts of all willingable European States and a framework of peace and prosperity both in Europe and in the World. The fact that only few Member States did not fulfil the necessary requirements, shows clearly the political will of European Governments to work together in the joint endeavour of building a prosperous and peaceful Europe, with social justice and solidarity as well as with open and free markets and more room and place for private business.

Economically, the membership of Italy and that of Spain – as Portugal since 1996 has never been in doubt – are clearly of great importance to have a coherent European monetary zone. So you can see that all European Governments understood the need to begin a joint project with as much Member States as possible. I'm proud that Portugal had adopted this European policy and the fruits are there to be seen, both for Europe and for my own country.

The Treaty of the European Union, signed in Maastricht in 1992, set Europe on an extraordinary undertaking – to create, after the single market, a single European currency, substituting the national currencies of those Member States participating in the Economic and Monetary Union by a single common European currency. The European Council confirmed in Madrid in December 1995 that the starting day of EMU will be January 1st, 1999. The European Union has already a large set of mechanisms for coherent economic policies in Member States. Art. 103 of the EU Treaty includes the preparation of Broad Guidelines of Economic Policies which, in its final form, are communicated by the Council of Ministers of the EU to the European Parliament. Furthermore, the provision of multilateral surveillance mechanisms is also present in this Article and the experience has been, up to this moment, quite positive. This effort coordination of economic policies can – and will certainly – be made more fruitful, and new modalities of co-ordination in some specific cases shall be tested, taking into account the principle of subsidiarity. In fact, there is already a well tested experience in the form of the excessive deficit procedures and analysis of Member States Convergence Programmes, that has achieved, in just five years, tremendous success in fiscal consolidation and stability in most European Union countries through common action in co-ordinating large areas of the national policies – budget unchanged and monetary policy public desk, financial policy.

The work of creating the new European Central Bank (ECB) and the European System of Central Banks (ESCB) progressed very well under the chairmanship of both M. Lamfalussy and Mr. Duisenberg at the European Monetary Institute. The tasks of the new institutions are well known. The EU Treaty states that the ESCB is accountable for the definition and implementation of the monetary policy of the Euro zone as an independent institution, conducts foreign exchange operations, holds and manages the official foreign exchange reserves of the member states and promotes the smooth operation of payment systems. Despite the differences of national traditions, the main features of the system are now set and principles adopted. The most important of these new principles is that the ESCB will have an independent status and the exclusive conduction of monetary policy focus on price stability; national central banks' statutory independence has been adopted in new national legislation or is under way until the end of this year. Under the EU Treaty, meetings of the ECB Board may be attended by the president of the Ecofin Council of Ministers and a member of the European Commission, though they do not vote. Similarly, the ECB president may attend Ecofin Council meeting on matters relating to the ECB's objectives and tasks. So, between economic and monetary policies dependence and interdependence are granted. The European Central bank shall be created and effectively, working by the end of June 1998 – on the basis of the current EMI – and, together with the national central banks, will be responsible for stability oriented economic policies of the Union and the single currency area, maintaining the current long levels of inflation and creating convictions for the Euro as a strong currency – stronger and more stable that each one of the present national currencies – and so the

ECB will take the role that de *facto* has been, in recent years, effectively taken by the German Bundesbank and the D. Mark.

The need for better coordination of monetary and fiscal policies has been subject to recent debate. The Amsterdam European Council (June 1997) adopted the Stability and Growth Pact which will provide the necessary framework for permanently balanced fiscal, policy, both in the budgetary and in the public debt fields, of all the Member States participating in the monetary union. This stability oriented framework for economic policy constitutes a new and significant development for the Union and Member States. But monetary and fiscal discipline work better within social consensus, that is, will be more efficient if underpinned by steady and sustained employment creating growth.

Last December, agreement has been reached on the now Euro Council, where the Finance Ministers of the now 11 Euro States will seat together and discuss common matters of economic policy specific to the euro zone. Enhanced coordination will ensure a coherent and consistent policy-mix in the Euro zone and so, coupled with structural measures, Europe will be better prepared to keep low inflation – min. about 1, and 2 p.c. and achieve sustainable growth which will bring lasting reduction in unemployment. These challenges are the two faces of the same coin. Europe must meet both of them and create a new institutional framework for the co-ordination of macroeconomic and social policies.

Even before the effective creation of the Euro – in the first weekend of May 1998 – the benefits of the convergence policies are self evident in the European economies: low inflation rates, low and uniform interest rates, monetary stability, smaller budget deficits and public debt in the European states, the disappearance of competitive devaluation, the trust of the financial markets. The enhancing of a single and unified European market of goods, capital and labour will follow, in the context of economic and social reform.

We are fully aware of the difficulties, arising from the historical singularity of the experience, the needs of reinforced policy coordination, the high unemployment rates in Europe and the problems of take-off during the next years. But success and a stronger political unity in the EU shall be, I am sure, the outcomes of this challenge, if it is followed by deep and quick economic reform, needed to adapt EU economies to the competitiveness of a global economy.

4. It is reasonable to bet that the Euro will become quickly a major world currency, being widely used as an invoicing currency for trade and for olher purposes. The size of the expected euro market should be larger than the Japanese and compare favourably – for the time being in the sound place of course – with the huge American market. As a matter of fact, in terms of potential for growth, measured by GDP and population, the euro participants have even larger GDP and population than the United States, so that an increase in financial deepening will be translated into very significant competition and growth rates in the near future. For instance, EU countries, as a whole, are already the larger shareholders of the IMF and World Bank, but, due to the lack of common policies, do not have voice and weight proportional to this. The Euro will change this situation. It is, moreover, foreseeable an increased competition in European financial markets, as well as increasing financial market depth and liquidity, that will lower costs and make euro denominated assets more attractive to hold. Hence many new business opportunities will surely arise as larger and more liquid monetary, financial and securities markets in Europe shall emerge and develop during the next years, opening more and more the European economy to effective competition and integrating our European market and institutions even more strongly and deeply in the world global market.

The international implications of the Euro are also very important. For Central and Eastern European countries, the Euro will become a natural peg or indicator for their monetary / exchange rate policy even before their future and next membership of the European Union. In my judgement even the Russian Federation would also benefit by probably agreeing on an arrangement with the Euro countries. May be a certain demonstration effect could arise from a successful experience in that field to other regional areas with integration processes. But the most important task for Europe and the World is the co-operation and very good working relationship with the USA authorities and institutions, based on mutual knowledge, necessary further information and common interest. There are, as you know, many multilateral institutions in which Europe and the USA play important roles and there are also many bilateral mechanisms. So what is needed is not very dramatically new, but demands an urgent increase in information in the USA about the euro reality and problems and more and more dialogue, as Europe has from now on an unified voice in monetary and financial matters. The Euro will soon become a major international currency, second only to the US dollar.

I believe in international co-operation and I think all of us will profit with better understanding and stronger working relationships: Europe, the US and the whole World. Monetary unification in Europe will enhance co-ordination among the most important World financial areas. The euro will become a coherent centre in the monetary arrangements in Europe, making its mark in the World monetary system towards a more structured situation. Europe will increase its monetary independence, pursuing more successfully monetary policies designed to its own needs. Hence, greater and enhanced co-operation is required between the regional monetary areas and at global level. I'm sure that the Euro will be a pole of stability and make a positive contribution to world monetary progress, integration and institutional reform, which the Asian crisis has shown is urgent and necessary.

5. Let me, to conclude, speak about my country and the Euro prospects.

For Portugal, the integration into the European Union helped to consolidate democracy and social harmony, provided the necessary framework to strengthen structural reforms, developing the economy from a GDP by head at the level of 50% of the European average in 1986 to 72% last year, modernising the economy and adapting it to an environment of increasing global competition. Joining the European Union represented a clear choice and commitment to an open and democratic society based on market economy with a high level of solidarity. The convergence strategy aimed at the Euro membership has been remarkably effective in creating a stable environment, putting the economy in line with the conditions for participation in the 3rd phase of Economic and Monetary Union, as well as it has been a leverage for growth, relatively high employment catching backwardness and economic reform and modernisation.

Portugal fully met all the Maastricht criteria and is well placed to be a founder member of Economic and Monetary Union. Our economic fundamentals improved significantly since the last recession in 1993 and the country is now in the fifth year of a balanced economic expansion with uninterrupted nominal and real convergence with the other EU economies.

The accrued credibility of economic policies played an important part in these developments and has been evident in rapid interest rate convergence (the spread towards the DM was about 4 p.p. in 1996 and is now near 0,1 p.p.; 15 basic points). Public deficits undershoot the targets set in the Budget – under 2.5% of GDP in 1997, to compare with 5.7 in 97 and public debt fell markedly, as the strong privatisations' progress, proportionally the biggest in all the EU, with higher receipts than expected, were largely used to redeem public debt (to the level of 60% of GDP in 1998). Inflation is low and in a downward trend. The Escudo will give way to the Euro from January 1st 1999. Wage moderation and productivity gains have kept unit labour cost low and improved the competitiveness of the Portuguese economy.

After 1996, the economy began a new expansionist business cycle phase, with strong growth based on exports and investment. The unemployment rate stabilised in 1996 and fell in 1997, while employment rose despite the continuation of the restructuring of the Portuguese productive sector. The prospects of the Portuguese economy are good, with consensus forecasts of remaining vigorous growth over the next two years, boosted by strong exports – induced by the current recovery in European economies – and investment and supported by higher private consumption growth.

The participation of Portugal in the European monetary union from the beginning of the Euro is a clear case of European progress towards a closer union. The efforts matched the political will in achieving sustained convergence, fulfilling the commitments Portugal made when the Treaty on European Union was ratified by the Portuguese Parliament in 1992. It was clear at the outset that the goal of convergence and full participation in the EMU project were crucial to the future of Portugal and had a positive effect both on modernisation and economic recovery.

If Portugal did not achieve the convergence criteria – all of them – it would not be possible to succeed in the participation in monetary union; our credibility would be at stake, and the cost of convergence would have to be bear in full without the benefits of being a member of Euro. We think competition and openness, not protectionism, are the right paths to modernisation and growth, and the success of the economic expansion with stability, growth and better employment than the EU average have shown this was the right attitude. Moreover, to Portugal EMU is but a part of the process of building the new Europe within which our future lies; therefore, we could not miss the *rendez-vous* of 1999, despite many sirens voice pleading for delaying our participation and failed prophecies of doom, unemployment and long lasting recession as the Euro goal approached.

Our national success shows also that binding rules for stability, growth and, we hope, unemployment, as are those of the European Union Treaty, as well as a multilateral surveillance process, can work. It is a clear example that Community law and institutions provide the right framework for national authorities both to exercise subsidiarity and achieve common goals. It also shows – and this is a good example for other economic integration areas around the World, how very different they are from the European Union, and for the European countries of Central and Eastern Europe that now plead for EU membership, that stability, fiscal discipline and monetary soundness are necessary preconditions for competitivenesss, growth and employment in our contemporary economies. Either growth is non inflationary and grounded as stability, or sustainable growth can not be reached.

The political will that my country developed towards the EMU project made also an important contribution to Europe. Thus, the idea that the Southern European countries were unable to develop a stability by culture and sustainable stability by policies showed itself to be false as Spain and even Italy will join the Euro from the beginning. Otherwise, Europe should be divided, the single market would be destroyed, as well as the original aim of building a closer union among European peoples, which is the real ground and foundation of the European Union.

Today, the project of a United Europe is making a decisive, historical new step, that, together with the enlargement of the Union to Central and Eastern Europe, in the next decade, shall reinforce freedom, democracy and solidarity that are our bequest to the World, new and old. I am confident that the single currency will be, as it happened before with other successful challenges of the European integration, from the fifties up to this moment, an unprecedented experience, consistent with the logic and the method of the European integration in our times. All the former successful historical experiences of monetary union have started from an unified political power to create a single currency, evolving higher levels of economic optionality.

The challenge for the European Union is to create a single currency as an answer to global competitiveness, as a means of marking the monetary and financial presence of Europe in the global world economy proportional to its economic and commercial dimension (as to speak about other cultural and social criteria) and as a gravitation center for the progressive enlargement of the European Union to Central and Eastern European countries. From this process will emerge, I hope, new vitality for the European and the World economy and a new European reinforced political power. New money, for the Old World?

Yes, also New Money for New World. And, above all, New Money for the whole World.

II – More cohesion or more strains

6. Leet me, as a second part of my contribution to your dialogue, put another decisive question of the future: will the Euro create, for the EU and Europe as a whole, move political cohesion or strains?

7. The answer to this question, if we wish to avoid the simplistic approach which always results in obvious errors, should reject the dilemmatic form of the question. The Euro will certainly create *greater cohesion and more strains*. What are the respective factors?; how these can be generated, supplied or opposed?; what is the desirable, possible or probable final outcome or trade off to be arrived at?; and how does this come together in terms of greater progress and unity in the move to construct Europe?: these are the underlying questions which must be expanded upon and discussed in order to answer the question in a constructive manner.

8. *Ab initio*, there are two opposing views as to the effects of the Euro on the cohesion or divergence between the European States.

For many – among whom I undoubtedly include myself – the Euro will fundamentally be a factor of cohesion between the States committed to European integration. It was for this purpose that the project was created in Maastricht and confirmed in Madrid. It is to this end that the ability to overcome divergences has contributed – concerning agenda and name (in Madrid), concerning the Stability and Growth Pact (in Dublin), concerning co-ordination of policies (in Amsterdam), concerning employment and the creation of powers of the Euro-11 Council (in Luxembourg), concerning the name and the mandate of the president of the European Central Bank (in Brussels). In the face of all of these issues, there was natural opposition, but the decision process always managed to overcome the differences (political, ideological or national) and generate decisions which united the Europeans and advanced our integration. The success of convergence and stability policies influenced this decisively.

The broad, justified and unquestionable choice of 11 countries which fulfilled the criteria of Maastricht (which some considered barely accessible to only six or seven), the reality of the birth of the Euro on the 1st of January, 1999, the growth and the strong financial attraction of the Euroland's economy (and only this) in the face of the crisis of the developing markets (in Asia, Russia and, in part, in Latin America), revealed the market's confidence in the Europe of the E:uro and even a certain capacity for leadership in the world economy (in the face of a certain and undesirable power vacuum in the United States, which, it is hoped, will end after the political clarity of the results of the last elections on November 3rd).

To the surprise of many, ranging from the majority of our North--American friends to the European Euro-sceptics – I believe that, all this was achieved due to the firmness, success and commitment with which this process was conducted, due to the good prospects of the economic policies pursued and to the new competitiveness in the European economy and even for reasons which go beyond this.

The Euro represents a unique experience in History contributing towards the strengthening of European integration and towards making a new political threshold possible for the Member States which possess the right conditions to be a part of the "Euro zone". After the customs union, after the common market and the single market with total free movement of production factors, the harmonisation or co-ordination of so many economic policies converged towards the highest level of economic union – the single currency with close harmonsation and unification of social and economic policies. After this there is only progress to be made in the political arena.

Thus, the actual existence of the Euro – as well as the economic and monetary union – will necessarily create decisive progress in the political power of the European Union, producing favourable conditions for the emergence of a new political Europe and of new and stronger European institutions, which are more able to respond positively to the political, economic and social challenges of the globalised world society in which we live. What failed to happen in Amsterdam – because things were not as yet ready – will have to happen in 2002 due to impositions of the Euro and the EMU.

It would be appropriate to recall the pessimistic position of some political sectors in relation to a prior question, which is that of the very creation of a European economic zone, so that we can better understand how, what seemed impossible or of dubious usefulness in the past, transformed itself into a factor of confidence and progress today and which, as from 1999, is something inevitable and desirable for the future. It would be disastrous to revive the old controversy over federalism, as Europe is built with its own, original solutions, without copying the unification of Germany or of the United States. The Euro demands – and will create – a new political Europe.

9. No less important as a set of factors for cohesion, will be the positive effects which can be expected from the Euro and the enlarged EMU, which in fact already characterise the undeniable confidence which the world markets and economic agents deposit in Euroland.

It is true that as the exchange rate instrument ceases to exist, the external imbalance can only be overcome, from a structural perspective, in the medium and long term, with higher productivity (binomial productivity/quality), involving, namely the improvement in the quality of goods and services, economic and technological innovation and economic reforms. This is the challenge of Europe's competitiveness with a credible, strong and stable currency, a challenge which is even more crucial for the less developed countries of the Euro-11 group (which do not claim additional support, although it would be senseless and bad for everyone to deprive real convergence of the support of the structural funds and the Cohesion Fund).

However, obtaining the necessary increases in productivity could and should also result from fully reaping the benefits of the Euro, which could be expressed, in their basic and most simplified form, through the following essential aspects:

- enlargement of the domestic market to a European scale;
- increase in competitiveness within the "European block" and consequently the strengthening of its position in the world (with internal compensation for the inequalities and the predatory effects of competition exclusively because of regional and social policies);
- exchange rate stability, the absence of exchange risks and the end of "competitive devaluation";
- the simplification of inter-European trade;
- stable monetary policy cautiously aiming at lower interest rates (in the framework of disinflationary trends);

- increase in direct investment from abroad and thus a more consistent sustained growth in the European economy;
- easier harmonisation of national economic policies;
- the international role of the Euro as a major currency;
- social benefits coming from growth, stability and structural reforms for more employment, flexibility and transparency;
- greater transparency of prices (competition based on productivity/quality);
- the enlargement of financial markets, with an increase in the potential diversity of financial products;
- an improvement in the conditions of access to capital markets;
- the simplification and consequent improvement in terms of distribution networks;
- the appearance of new business opportunities (new products, new markets, new partners and corporate reorganisation) and the increase in competitiveness and competition;

In order to take full advantage of this greatly improved environment and for a better management of the transition (1999/2002) it is obvious that there will be a strong need to invest in the adaptation/restructuring of companies, whether in terms of computer and information systems, or in terms of human resources and in the very management of credit and loans. Special priority shall be given to the renewal of the fabric of small and medium-sized companies which are further behind but very decisive in this effort to restructure the economy.

I do not deny that there will be negative factors, risks and costs; but I believe that the answer to globalisation which the Euro presents – and, in fact, Europe would find no other answer – is more likely to bring success than failure and, for that reason, create cohesion and not division.

I also do not forget the divisive factors which have been avoided. Thus, in general, we can say that the instability caused by the fluctuations in the exchange rates of the non-participating countries (which should, in fact, tend towards a devaluation) would always depend on the initial dimension of the EMU. A larger EMU could cause greater uncertainty in respect of the conversion rates of the currencies which will form part of the Euro zone immediately prior to the definitive establishment of parities and will experience less instability due to the exchange rates of the non-participating economies.

If the EMU were more restricted everything would be the other way round.

It is known that, in proceeding towards a "Euro zone" with eleven participants, the first solution was chosen, which, in a medium to long term perspective, will not fail to bring benefits, avoiding greater exchange instability within the European area.

This does not mean that one should not be careful in respect of the parity situation of countries that will stay out of the third phase of the EMU and which will come to be linked to the Euro via a EMS-2, with a "fluctuation band" not greater than 10-15%. The EMS-2 – now with the drachma and the Danish crown – will strengthen monetary and exchange cohesion outside of the Euro zone; the same will be the case with the exchange management of the Swedish crown and with the unilateral peg of other important European currencies, a factor of European cohesion resulting from the Euro beyond the very borders of the European Union. As for the United Kingdom, we shall see; but I would dare to imagine the paradoxical situation where it will probably be the Euro which will finally bring the UK into the centre of European construction, where it is so sorely needed.

On the other hand, the ECB should be called in to intervene whenever it appears necessary to maintain effective exchange stability between those who are "in" and the "pre-in" (for now, it is Greece; but judging from the development in public opinion in Denmark and in Sweden and from the interest in the City, in London, together with the development in European policy, I would dare to predict that, at the end of the transition period, the Euro will be the currency of 15 countries and not just 11).

Finally, it will be necessary to oblige those who are "in" to respect the "Stability and Growth Pact", with penalties for those who do not fulfil the stability criteria, although, in these initial stages, the rigidly automatic application of sanctions does not make sense. A short forewarning period should be granted for the necessary adjustment of policies, without detriment to the effective application of the penalties established. But there should be no hesitation: the Stability Pact *as it is* should and must be strictly fulfilled, but not with additional requirements which do not form part thereof as these were always rejected in successive Ecofins.

10. I would also like to indicate other possible factors or challenges for European cohesion resulting from the Euro and the EMU for the years post-1999:

First, the creation of a trusted European Central Bank as a relevant common European institution, to which the common monetary policy of the Euro is entrusted with independence. The model is a good one, and should not be put at risk because of national or partisan discussions. The ECB could draw on the experience of the Federal Reserve System in these terms:

a) co-operation, with independence but not in isolation, with other organs of the Union – namely, the Ecofin Council, the Euro-11 and the European Parliament;

b) transparency, information, explanation and accountability of the organs of the ECB;

c) the adoption by the ECB of an attitude which is sensitive to the policy mix and the general priorities of socio-economic policies, defined by the respective political bodies, without detriment to its responsibility for conducting a stable monetary policy and the appropriate establishment of its common objectives for the Euro area as concerns inflation and the exchange rate. In other words, these priorities, as with the Fed, cannot be indifferent to the ECB.

Second, the effective operation of the unification and co-ordination of policies, as came out of the Ecofin and the European Council of Amsterdam, are clearly and firmly resolving some difficulties which could already be felt in 1999:

a) harmonisation and co-ordination between the Euro-11 (the Euro and Euroland policies) and the Ecofin (EMU for 15);

b) effective co-ordination between stability policies (ongoing stability programs, created by the Stability Pact 1997), employment (annual national employment plans, created by the European Council of Luxembourg in 1997) general macro-economic policy (broad guidelines for economic policy, introduced by the Treaty of the European Union in 1992) and policies for economic and social reform (the subject of annual reports, planned in the European Council of Cardiff: employment flexibility, support for Small and Medium-Sized Companies, reform of health and of the social security systems, etc.). All this, without forgetting the return to tax co-ordination and harmonisation, combining the savings taxation package and taxation withholding on dividends, interest and royalties with the Tax Code of Conduct, applied by the Tax Policy Group and aimed at reducing harmful fiscal competition, in accordance with the decisions taken in the European Council of Luxembourg,

c) effective co-ordination between the organs which define economic policy and the European Central Bank and the European System of Central Banks, the former avoiding any temptation to impose criteria for monetary policy and the latter accepting the extra-monetary, macro-economic priorities defined by the political bodies, without destroying the coherence of the policy mix or wanting to impose ultra-orthodox options on Keynesian governments (as these cannot upset the options of monetary policy);

In short, a policy mix drawn up independently by both poles of decision and sensitively negotiated in a trade-off which is permanently discussed and evaluated by both sides. A strong and stable Euro, with low interest rates, in a competitive Europe with growth and employment: indeed it is a complicated challenge, but not an impossible dream.

Third, the effective orientation by the Euro-11 and by the Ecofin of the instruments of the Administration of the European Union, which are essential for the definition and evaluation of community policies, common and national (e.g. in the area of statistics).

Fourth, the rationalisation of the organs providing support for the definition of the macro-economic policies of the European Union (in co--operation with the European Parliament in the case of the Union's budgetary policies) and, perhaps, improved articulation and simplification of the system of reports and instruments for defining macro--economic policies which will tend to be increasing: either community policies (as with those of the Community Budget and of the Euro) or co--ordinated national policies (as with those for employment or structural reform).

Fifth, a clear definition of economic policy priorities for the transition period 1998-2002 (it seems evident to me that with detailed, time--tabled and quantified precision of the trade-off between growth/employment and stability) in the internal plan (without omitting the restrictions in the external competitiveness of the European economy and of the Euro with the dollar – as well as the European social and environmental model).

Sixth. In fact, for the same period of transition, why not complement the Stability and Growth Pact with a Pact for Growth and Employment? The community budget which should respect the demands of discipline and stabilily, could be more of an instrument of common investment at the service of Growth, Employability, Productivity and the reduction of Regional Asymmetries, and less of a budget of subsidies and transfers, as it is today.

Finally, I will restrict myself to mentioning the involvement of the Euro-11 – and possibly the very desirable future involvement of the Euro-15 – in the solution of the monetary-financial crisis which, starting off in Asia and many other developing markets, could become global if it were met passively or in the wrong way. Time is running out, but there is still time. And there are very encouraging signs. The Euro-11 and the United States are the pillars of the only possible – and indispensable – agreement to face up to the crisis and, immediately thereafter, to re-examine the institutions of economic regulation and supervision at the universal level – without harming or retreating from the freedom which has already been reached – in dialogue with other regional economic areas (like the Mercosul). In short, no later than throughout 1999, we shall correct courses that have gone astray, to create supportive financial instruments and to undertake a profound institutional reform – a new Bretton Woods for the twenty-first century. Therefore, the EU has to quickly overcome one of its delicate but highly complex instrumental problems; that of representation outside of the Euro zone. Whosoever has already resolved so many fundamental questions should receive enough credit for not falling, even though it may take time, on a question which is, after all, instrumental.

This is a list of the most important challenges of the transition period obviously besides the political and technical management of the period itself and the strengthening of the European economic unit between 1998-2002. The benefits of the European Union comfort the main – and very certain – conviction that the road for the European Nations to assert themselves in a World of macro-States and macro--Regions lies only with the progressive and intense construction of the unit.

I therefore think that these challenges could be:
- factors of cohesion, if, in spite of the natural strains of a living, complex and dialectic process, they are resolved;
- factors of dissolution, rather than strains, if, by mere chance, they were not resolved.

The reading of the European historic process allows one to believe that the Euro will be the detonator of a global European answer to the challenge of the globalisation of the world economy.

As I have just stated, there is much work ahead of us and little time to do it.

11. I will also, however, make a short list of other decisive challenges which, together with those of the Euro and even kindled by it – positively or negatively –, will have to be resolved in this same transition period of 1999-2002:

11.1. A radical reform of the organs of the European Union. I will only comment that the necessary co-ordination of policies imposed by the Euro will accelerate it, requiring a stronger Executive deriving from the Governments (instead of a Commission of "technicians without a homeland"), better articulation in the European Council (which being only one is so varied that, in its various make-ups, it contradicts itself every day), a European Central Bank which is independent but with accountability before the European people, a Parliament of two chambers with a parity Chamber of States.

11.2. The practical resolution, in this light, of the old difference between a Directory of three or four large European States and the prospect of an integrated Executive, in 2010 or 2015 of more than thirty sovereign Governments.

11.3. A new vision of the financing arrangements of the European Union, with greater tax harmonisation and co-ordination and a structure of own resources; fairer and more modern justice and equity in the sharing of the financing of the community Budget; a global redefinition of the community expenditure, favouring investment which creates employment, training, corporate, scientific and technological innovation, regional and social development concerning policies of transfers in favour of specific interest groups.

11.4. A clear affirmation of Europe in the World in the areas of foreign policy in the new regulation of social and cultural globalisation, for example, – so that the Euro, as a world currency, will be an invaluable instrument, as a reserve currency, a contract currency and a financial currency, besides encouraging growth in the European capital market, which is rather smaller and less sophisticated than that of North America.

11.5. The defence of Europe's external frontier, as much for security as for employment reasons.

12. As enlargement – which is the priority objective of an European Union at the service of the European ideal – advances slowly and will take place in successive stages between 2005 and 2020, another of the false dilemmas which have confounded European debate seems to be resolved.

(1) Federalism or sovereignty of the States? Neither one nor the other. A stronger and more intergovernmental European Union and with subsidiarity; more European Union at the service of a greater assertiveness in the world on the part of the European Nations.

(2) An economic Europe or a social Europe? The choice does not arise. The better the economic Europe the better the social Europe, and vice versa.

(3) A political and cultural Europe or a "monetarist" Europe of the Euro? Peace amongst the peoples, well-being, justice and social protection; the competitive prosperity of Europe in the world has depended on the concrete Europe which improves the living conditions of its citizens (both at work and at company level, in consumption and leisure time, in markets and before the States). Political and cultural abstractions which gave rise or said nothing to its citizens would destroy the strength of Europe and take away its benefits from the real lives of the citizens, thus rendering it a vague superfluous and luxurious super-structure instead of one increasingly acting as the leverage present in employment, communications, education and the social security of each individual European (and increasingly so, in the lives and projects of the younger generations). The Euro is the decisive step forward for the lives of citizens and of the economy towards the construction of a political Europe, the opposite of the so-called "monetarism" (moreover, always incorrectly named). The EU has progressed through sucessive enlargements in the past; and so will be in the next future.

To these examples – and there are others – I would like to add a false dilemma: strengthening or enlargement? It is by strengthening the construction of a United Europe – namely, with the internal market, the Euro and the advanced EMU (the third phase) – that a solid enlargement will be possible. One which will not dilute Europe, but boost growth, productivity and the transition to a market economy, in step with the structural reforms of each economy which the differentiated advance of each country will place on the agendas and the calendar. The stronger Europe becomes, the better it will be able to receive and stimulate the enlargement economies. The more it restructures itself within the context of the *fifteen*, but always with enlargement in sight, the better equipped its economic structures, regulatory systems and renovating institutions will be to welcome the new countries to a tidy house with a clear framework, instead of inviting them to come in and add to the existing and increasingly difficult to reorganise confusion and disorder, or presenting them with the deep-rooted problems arising from a premature membership. Please allow me to evoke Portugal as the illustration: if Portugal had joined immediately after the establishment of a democratic rule in 1974 the result would have been a disaster; as entry only took place in 1986 jointly with Spain, it proved to be a success. On the other hand, the negotiation of the Agenda 2000 has to be restricted to its true sense: it is not one of enlargement.

13. For the countries outside the European Union, the transition to the Euro will bring about three immediate results (in addition to establishing itself as a world currency in due time):

    a) For European countries with sound currencies and financial markets (such as Switzerland) it will reinforce the reasons and the moves towards a desirable membership;

    b) For enlargement candidates it will stimulate Europe to "tidy the house" and the applicant countries to strengthen preparatory and transitory reforms (namely via EMS-2);

    c) For the countries outside Europe with bilateral exchange agreements, it will strengthen the links to the European Union and support growth with stability, immediately reinforcing the position of Europe in the World (in Africa among others).

In short, the Euro will place the European Union in an economic and financial leading role jointly with the United States, a role it did not have in the past and has been witnessing from its links with Asia, Russia and Latin America.

14. In conclusion. Is this a sunny, overly optimistic picture? I believe not. Almost everything in the well oriented processes such as the Euro has been, is, or can be, both a risk and an opportunity. If the many problems I have mentioned – and which are all to some extent connected to the Euro – are well resolved within this transition period, that will decisively strengthen European cohesion. I believe this to be the interest of the Nations and of the European Union itself. Should we fail – something which I do not believe – we would not prove worthy of the moment. More than causing mere *strains*, the result would mean the dissolution of the European Union.

The historical and strategic significance of this challenge is very clear to me.

Europe has lost the political world hegemony which it held from the 15th to the 20th century. Today this power lies in the hands of the United States of America in all its aspects – to quote Brzezinski "the economic, military, technological and the cultural – the mediatic – predictably, during the first thirty years or more of the 21st century." There are two strategic and structural problems, albeit contradictory at times, to be solved in the global economy: on an external level, competitiveness, and at the internal level, unemployment. But Europe continues to be the privileged strategic partner of the United States, the second economic block and the Euro will consolidate that co-leadership position, not only at the monetary and financial levels but also in everything that gives Europe the appropriate political and financial dimension, which was missing. A greater level of openness (8 or 9% of GDP in external trade shows that the European Union and the Euro-11 are not very open, contrary to the generalised but erroneous idea, and must become more so) and push towards greater innovation and dynamism in the other domains of power and civilisation, where we have somewhat fallen asleep and a wake-up call has become necessary. The Euro may prove to be the necessary psychological and institutional stimulus towards structural reform which we Europeans have to carry out so that we can play an active and determining role in the global and information society, as we have play an in the former phase of universalisation and the establishment of the industrial society – but now, with new leadership and stronger gigantic competitors (such as China, Japan or Brazil); otherwise we will continue to remain passive and lose ground, as has been the case in the *dolce far niente* of the last decades, of pleasant living but systematic retreat.

The key word to success or defeat, both in the EU and within all our countries, especially those like Portugal, is simple: *reforms*. Reform or die.

Anibal lost the war while in the "delights of Capua". Europe – and Portugal – either take advantage of the Euro to reform itself, or continue downward on the same path and run similar risks. While there is still time let us learn the lessons of our history. Let us also remember the words of George Santayana: "Those who are unable to remember the experience are condemned to repeat it".

THE SINGLE CURRENCY AS A FACTOR
FOR POLITICAL AND INSTITUTIONAL CHANGE

Marcelino OREJA,
Member of the European Commission

Let me offer my congratulations on this initiative to my Portuguese and other colleagues who hold the Jean Monnet Chairs.

I am delighted that they have chosen to come here to the European Union pavilion to draw the conclusions from their two days of meetings in Coimbra.

After these days of discussions, and before listening to the closing address by my dear friend the State Secretary, Mr Seixas da Costa, my task is not an easy one. Even those of us who have not attended the symposium have been getting accurate reports of the debates, thanks to the chairmen at the sessions.

So I will confine myself to making a few general comments on the political situation at the moment, as we move towards the entry into force of stage 3 of economic and monetary union, and then share some of my thoughts on various institutional issues of direct concern to me, as that is one of my areas of responsibility in the European Commission.

I will start with the political situation at the moment:

It is 15 days since the Cardiff European Council, and we are just four days into the Austrian Presidency. Only 48 hours ago, the Commission and the Austrian Presidency held the usual start-of-term meeting to prepare the ground for the next six months' work.

1. Introduction

At this point in the process of monetary union and after two days of a symposium at which distinguished world experts on the single currency have given their views, the task of winding up the proceedings is, to be quite honest, difficult and calls for special care.

It was Seneca who said that a cautious man is one who knows how to adapt to his responsibilities.

And as my area of responsibility in the European Commission for nearly four years has been institutional questions, I hope you will allow me to focus my remarks through that lens.

As we approach the 21st century, the European Union is going through a succession of decisive moments, marked by two facts of historic importance:

If we look back a little way, two dates catch the eye:

30-31 March: the start of negotiations on accession;

2 May: the Council decision on the countries participating in the euro and the election of the President and members of the board of the ECB.

If we look ahead, there are two dates which catch the eye:

October: informal meeting of the Heads of State or Government on institutional questions;

December: the European Council which will see the start of discussions about financial issues, although these will go on till February and March.

Such is the background to the subject of this symposium.

Before addressing a number of institutional questions relating to the euro, I would like to share with you a few thoughts about the gradually emerging outline of the single currency within the Treaty.

Firstly, we have less than six months to go to the launching of economic and monetary union, when a new era will begin for the European Union. Never before have eleven completely sovereign States freely decided to give up what has traditionally been one of the fundamental symbols of national sovereignty, the national currency, and in one way or another this will have political implications which at the moment are hard to define.

Also in a few months' time, we will be starting on negotiations for the enlargement of the European Union. Six new countries will be invited to become fully fledged members of a European Union which in a comparatively short space of time will have 21 countries in it.

This enlargement calls for an institutional reform to adapt a set of institutions and procedures which were designed for a considerably smaller number of Member States. We need institutions which are more democratic, more effective and closer to the ordinary citizen, and a decision-making system which produces results and does not paralyse Union business by obstructing it.

Although the Treaty of Amsterdam has to some extent limited the scope for decision-making by unanimous vote, the fact is that unanimity is still the rule in a great many areas in which the EU operates.

All through the IGC, economic and monetary union was the only chapter on which, right from the outset, there was agreement that nothing should be changed.

I am not proposing to go into the background developments here.

Passing over its beginnings with the Werner Plan and the decision on the European monetary system which was to be the culmination of an idea advocated by the President of the French Republic, Mr Giscard d'Estaing, and the German Chancellor, Mr Schmidt, the closest antecedents are the Hannover European Council of 1988 and the setting up of the Delors programme with the governors of the central banks and four independent personalities. And we should remember, in this connection, that after their report came out in the first half of 1990, monetary integration did not necessarily mean the establishment of a single currency which would replace each of the Member States' currencies.

The United Kingdom and some other Member States were opposed to the establishment of a single currency.

In 1989 the UK Treasury proposed an alternative plan to the Delors report, involving direct competition between the national currencies.

There were, in fact, many people who thought that monetary integration should come about through the use of a common, but not a single currency, a sort of "hard ecu" which would circulate in parallel with the national currencies.

It was also said that although this would entail slower monetary integration, it had the advantage of being an approach acceptable to all the Member States, which could use it as a way of getting to a single currency together, even though the timetable would be rather vague.

The Rome summit in October 1990, however, opted for a radical approach which would not make the objective of monetary union conditional on all the EU Member States moving forward simultaneously and which went back to the Delors formula of a single currency, not just a common currency; and it was agreed that those who did not wish to subscribe to that approach could not be allowed to hold back the others.

It was an imaginative and, above all, a brave decision, which left the United Kingdom and Denmark with an opportunity of opting out.

If we turn now to the institutional blueprint for economic and monetary union in the Treaty of Maastricht, which was not changed in Amsterdam, we will see that there are a great many things in it which, from a political and institutional point of view, are highly innovative.

To single out two of them: the changes to the method of reinforced cooperation to adjust it to monetary union, and the establishment of the European Central Bank.

The first of these is also what some people have called integration at different speeds or the variable geometry arrangement.

From the beginning it was clear to the ten countries which said they wanted to achieve monetary union that the establishment of the single currency could begin with a smaller number of countries and that there was no need for all of them to start at the same time. There were objective reasons for this.

To reach a high degree of economic integration, they had to satisfy certain objective conditions relating to economic convergence.

The future of the scheme depended to a great extent on this.

In 1990, when discussions started about what the conditions would be, the Bundesbank issued a report which had a considerable impact on the whole process.

The report highlighted the differences there were between countries in terms of budgets, interest rates, inflation rates and exchange-rate stability. The Maastricht convergence criteria were the practical expression of these objective conditions in the Treaty.

This is not the place for me to go into whether these nominal convergence criteria were necessary and/or went far enough.

What I am concerned with is to stress that when the criteria were drawn up, all the countries agreed to them.

And this at a time when there were considerable differences between the countries when it came to fulfilling the criteria.

So the countries which constituted the Community and which wanted to join the monetary union accepted the possibility, not to say the probability, of the single currency being launched with fewer countries, given that this was required by the circumstances and by the importance of their shared objective.

The number of countries signing up for monetary union gradually grew, as there were at the time ten countries which had said they wanted to be involved, and that this would happen as and when they satisfied certain specific, objective conditions.

What is more, no less an institution than the Council, such a stickler for the rule that decisions should be taken unanimously, agreed to a decision of such major importance as the membership of the first group of countries to adopt the euro being taken by qualified majority!

If we leave aside a few instances of transitional periods linked to Community enlargements, we can say that this new departure in the form of an economic and monetary union based on variable geometry is an innovation of the greatest importance in the building of a united Europe.

I would also be loath to pass over a particular feature of the last stage of the Maastricht negotiations. This was the idea of solidarity, the driving force behind a new instrument, the Cohesion Fund, designed to help those countries which had the farthest to go in terms of convergence so that no one would have to abandon this ambitious shared objective.

Although I see no need to labour the point, I hope you will let me say, from an institutional point of view, how shaky the ground is under the feet of those who want to exclude from the Cohesion Fund those countries which, with a gross domestic product of less than 90% of the Community average, are going to take part in the single currency by dint of satisfying the conditions for nominal convergence, which is not the same as real convergence. This is a line of discussion never raised before and it does not hang together at all.

To summarise, flexibility in institutional solutions, solidarity and a determination to reach an ambitious shared goal set at the beginning of the 1990s, that the single currency should now be a reality within our grasp and, what is more, a reality which affects eleven countries.

This, for me, is the main lesson taught us by the launching of economic and monetary union.

The second great institutional contribution of economic and monetary union is the establishment of the European System of Central Banks, with the European Central Bank at its heart.

The Bank has been given the greatest possible degree of independence, greater than that enjoyed by the Bundesbank or the United States

Federal Reserve, as the best foundation for achieving its primary special objective, price stability, and its general objective, the European Union's economic targets as set out in Article 2a of the Treaty.

In a sense this gives the Bank legitimacy from a democratic point of view, as responsibility for electing its management bodies lies with the Heads of State or Government and machinery is being set up by the European Parliament to monitor its conduct with respect to monetary policy.

The creation of the European Central Bank marks the establishment of one of the most powerful economic institutions in Europe and the whole world.

On the Governing Council of the European System of Central Banks, the representative of each national central bank has a vote irrespective of the size of the country concerned.

The Bank's Executive Board, on the other hand, has six members, which it was known from the outset would be fewer than the number of Member States signing up for monetary union.

This means that there is no link between national representation and the membership of the Bank's highest executive body.

For all these reasons, and because of the high degree of independence which it enjoys, some have seen in the ECB the first truly federal European institution.

The introduction of the concept of a variable-geometry Union and the establishment of new institutions like the ECB are perhaps the two farthest-reaching innovations in the blueprint for economic and monetary union. What makes them so particularly important is that they both open up new opportunities for the institutional development of the Union. And this leads me on to considering another two questions: the so-called Euro-11 and the contribution of monetary union to the external protection of the Union.

Let us start by remembering that in a monetary union in which the countries have to conform to strict fiscal policy rules laid down in the Stability Pact, the coordinating of their economic policies becomes an essential requirement.

That is the objective pursued by the first rule in the Stability Pact itself, when it stresses the importance of the recommendations made by the Council in accordance with Article 103 of the Treaty.

Similarly, the declaration by the Member States which is also in the Stability Pact transforms the main economic policy guidelines into the central instrument for the coordination of economic policies.

The Council of Ministers of Economic and Financial Affairs is the institution with decision-making powers on economic questions and its functions have been reinforced so that it coordinates the Member States' economic policies.

One of the most interesting developments in economic and monetary union from the institutional point of view, however, has been the establishment of what is known as Euro-11, the informal Council of Ministers of Economic and Financial Affairs which is to meet before Ecofin every month to give the eleven countries in the euro zone an opportunity of discussing, exclusively among themselves, the economic problems which affect them directly.

Exactly a month ago a remarkable event took place. At the first meeting of this informal Council, the United Kingdom Chancellor of the Exchequer, Gordon Brown, was invited to open the session, but after a few minutes he left the meeting discreetly and the Austrian Finance Minister, Rudolf Edlinger, took the chair of the "Council".

As has been said recently, Euro-11 symbolises the concept of variable-geometry integration to which I was referring earlier.

Euro-11 is a sort of "institutionally unidentified flying object", although nowadays no one doubts that it can be a very useful instrument for coordinating the economic policies of the eleven countries in the euro zone.

No decisions will be taken officially in this particular Council, but it will obviously carry enormous weight in the discussions in Ecofin.

What is more, any informal agreements reached in forums of this kind have major practical repercussions in many cases, since interests active in the economy shape their expectations on the basis of them.

So Euro-11 is shaping up to be a quite new feature of our institutional framework, one which does not fit in with the traditional structures of our institutions but which can serve as a key to the future of monetary union if it proves to be as useful as is hoped.

The other subject I would like to refer to is the role of monetary union in the EU's external policy. I will start by telling you that my perception of the common foreign and security policy is fairly critical and the problem is not so much a lack of instruments as a lack of political will. But I do think that the development of monetary union can be a factor which will help the Union find an identity for itself in the outside world.

During our discussions at this meeting, one thing which has undoubtedly emerged is the importance of the single currency in the international economic and financial context.

Given the economic dimensions of the euro zone, the single currency is clearly going to be called on to play a major role, alongside the United States dollar and the Japanese yen, in the international financial and trading systems.

And although the EU member countries will carry on being individually represented in international financial bodies such as the IMF, their community of economic interests in the international sphere will mean that the countries taking part in monetary union will also club together to defend political interests in the world.

What is more, the fact of belonging to a single monetary bloc will have the effect of making non-member countries increasingly identify us as a union in our external relations, not just in the economic but also in the political sphere.

The outcome of this perception of the Union on the part of others as a common entity, with shared economic and political interests, will be that we ourselves will become more aware of our own common identity.

Clearly, the establishment of the single currency in Europe cannot be a politically neutral development, at a time when we are on the point of carrying out a major enlargement towards the east and are embarking on a wide-ranging discussion about the future of the Union, as agreed at the Cardiff European Council.

A willingness to take coordinated action to solve our problems and solidarity will be two fundamental values in maintaining economic stability and, indeed, political stability in the monetary union.

Those two values are our best guarantee of success for the single currency as a joint project by Europe's peoples.

We must preserve those values so that our institutions are able to channel the principles which have guided the European integration project since its beginnings.

The experience of monetary union has recently proved to us that the institutions are capable of evolving in order to achieve ambitious goals.

In recent statements on the awarding of the Prince of Asturias Prize for Social Sciences this year, the former Prime Minister of Luxembourg, Pierre Werner, one of the fathers of the single currency, recalled that when they were drawing up the report which bears his name and which forms the embryo of the single currency, they were fully aware how difficult the project they were designing would be to carry out. Even so, they thought it could be done because they were inspired by a determination to do it.

Since 1970 the plan for a single currency for Europe has run into a great many difficulties. However, through determination to overcome them, since 1989 and up to the present day the requisite steps have been taken and our institutional and legal framework has been altered in such a way that the scheme is now a reality within our grasp.

These changes are probably not the only ones the introduction of the euro will bring with it. The need to develop automatic stabilising mechanisms and the need to find answers to the two major questions still outstanding in the economy of Europe, taxation and social questions, may require us to make new changes.

In my opinion, though, the great lesson of monetary union is that has shown us the benefits which flexibility in finding institutional solutions can bring us.

It does not in any sense mean that the Union has to give up its intention of moving ahead on a united front. I am the first person to stress the need to avoid the Europe of the euro, or "Euro-Europe" as some are calling it, gradually separating off from the European Union as a whole.

But differences between countries and the temporary circumstances of particular countries should not be an obstacle to the whole Union moving forward towards new integration targets.

With the political will to advance in that direction and the spirit of solidarity among the peoples of Europe, we will be able to deal successfully with the challenges that face us, just as Werner and all the European leaders who followed him used them to achieve their dream of a single currency for Europe.

THE ROLE OF THE EURO IN THE BALANCED DEVELOPMENT OF WORLD TRADE

Francisco SEIXAS DA COSTA,
Portuguese State Secretary for European Affairs

It was a great pleasure for me to accept the invitation to speak at the closing ceremony of this colloquium.

I am sure we will all agree that if there is one subject that is set to have a structural influence on the future of European policy it is, without any doubt, the single currency.

This is the reason why the work done by such a well-qualified group of specialists as yourselves, discussions which have come up with interesting conclusions that we must now analyse and reflect upon, is bound to be a source of great satisfaction to anyone involved in coordinating Portugal's involvement in the European Union.

I feel that the period running up to the establishment of the euro gives us an opportunity to put together a substantial "critical mass" of forward thinking about the effects which will flow once it comes into operation. There are some future developments, such as the forthcoming enlargement and the way in which it can be reflected in the whole spectrum of EU policies, which seem to have been looked at in less detail as regards the connection between them and the future single currency, and it is rather worrying that a document as important as Agenda 2000 virtually overlooks that fact.

Leaving aside any gaps of this kind that there may be, I think it is obvious to all of us that only practical experience will help us to predict the actual effects and that we must be prepared for a few surprises.

What is certain, however, is that the studies and discussions which have just been embarked upon will be vital in responding to the new situations we are going to have to cope with.

The feeling I have from what has just been said about the single currency and how it will affect the political and economic environment in the societies which adopt it – and those with which they come into contact – is that nothing will be the same after the euro.

This is an observation drawn from the realities of the situation and based, too, on the undeniable climate of confidence in which business interests are starting to come round to the idea of the future currency.

But there is one question which I think it is important not to sidestep, since disregarding it may have undesirable effects.

There is an urgent need to start talking about the institutional implications, and the effects in terms of the overall policy consistency which must be guaranteed after the launching of the euro.

There is clearly a growing awareness that the arrival of stage 3 of EMU is going to have effects on economic and social matters closely related to it, and that we will soon reach a point of no return where we will have to take steps to guarantee consistency between certain non-monetary policies of the EU and the running of the integrated currency mechanisms.

This is already obvious in the way some areas of the Community process are developing, and this is a movement which is bound to become stronger and stronger.

Faced with this scenario, some people think that the only answer is to guarantee that the policies concerned will be taken still further, in line with, and consistent with, the requirements created by the positive tension which the single currency will generate.

Anyone who thinks that, however, should not forget one very simple fact: it does not necessarily follow from the wording of the Treaty that there will be an integrating, harmonising line of development which is the same for each of these collateral policies, and, what is more, we are certainly going to be faced with pressures in terms of subsidiarity which will be just as varied as the different effects of the euro on the social and economic fabric of the Union.

And we must be aware that if these obstacles win the day, we are going have to accept right now that the euro will not be able to achieve its full potential.

That is why, as many people stress, it is going to be important to set out towards a new era, to something which may even be an operation which makes the Union deeper through a renewed political determination to consolidate it, involving all the States which adopt the euro.

My main question is this: are the proper conditions being created for this qualitative leap forward, in terms of public acceptability? Is the debate on future models for political union, which are vital if the project is be consistent, properly under way?

Frankly, I myself think the answer is not yet. I feel there is a very clear lack of discussion in this field, that we are all somewhat to blame, and that we may one day have some difficulty, simply under pressure from events, in ensuring there is a political response, at the right time, which guarantees that the qualitative leap forward which we regard as essential takes place.

Sailing by dead reckoning in this particular area seems to me a highly risky undertaking, and that is why I think it's vital that university circles, not to mention the press and politicians, start seriously discussing this question as soon as possible. I think it is high time we overcame any fears we may have about certain subjects or "proscribed words" – as someone put it here today – which used in the past to raise spectres and provoke artificial crises about giving up sovereignty or similar matters. If we do not take steps to break with this culture of defensiveness we may be putting difficulties in the way of success for what is surely today a project vital to development and stability in the European continent.

I have to say, though, that despite all these difficulties my message is one of optimism. Europe has a capacity for regeneration and for finding forward-looking solutions which has always won out in the end. The euro is proof of that vitality. Finding the capacity to turn the euro to good account as the driving force behind the European ideal is the challenge which faces all of us in this generation of Europeans.

I would like to finish by once more congratulating you on the holding of this colloquium and pledging that the Portuguese Government is firmly committed to following and furthering this debate.

Thank you very much.